韩国最受父母推崇的亲子教育图书
全神贯注，集中力是教出来的

集中力！
决定孩子的人生

[韩]李明京 著
李敏姬 译

全国百佳出版社
中央编译出版社
Central Compilation & Translation Press

图书在版编目（CIP）数据

集中力决定孩子的人生/(韩)李明京著；李敏姬译.
—北京：中央编译出版社，2011.12
ISBN 978-7-5117-1185-4

Ⅰ.①集… Ⅱ.①李… ②李… Ⅲ.①少年儿童－注意－能力培养
Ⅳ.①B844.1

中国版本图书馆CIP数据核字(2011)第258420号

集中力决定孩子的人生

出 版 人：和 龑
策划编辑：冯 章
责任编辑：冯 章
策　　划：董保军　张天罡
特约编辑：蔡荣建
版式设计：姜晓宁
出版发行：中央编译出版社
地　　址：北京市西城区车公庄大街乙5号鸿儒大厦B座（100044）
电　　话：（010）52612345（总编室）　（010）52612351（编辑部）
　　　　　（010）66161011（团购部）　（010）66130345（网络销售）
　　　　　（010）66130345（发行部）　（010）66509618（读者服务部）
网　　址：http://www.cctpbook.com
经　　销：全国新华书店
印　　刷：三河祥达印装厂
开　　本：154×230毫米　1/16
字　　数：170千字
印　　张：16
版　　次：2012年3月第1版第1次印刷
定　　价：28.00元

本社常年法律顾问：北京大成律师事务所首席顾问律师　鲁哈达

目录 contents

推荐序1　集中力造就伟大的孩子/001
推荐序2　为烦恼的父母所写的书/003
序　　言　父母能给孩子的最好礼物就是集中力/005

第一篇　孩子们的身上藏有集中力的种子

　　什么是集中力？/003
　　　　集中力是在规定的时间内完成任务的能力/006
　　　　集中力是选择性做出反应的能力/007
　　　　集中力是自我控制能力/008
　　集中力三节拍：自我控制能力，信息处理能力，注意力/010
　　　　"我不会"的智秀/014
　　　　"我不要"的泰永/017
　　　　"又忘了"的敏秀/020

父母分辨集中力种子的能力/023

集中力检测题目列表1 | 我的孩子集中力到底高不高？/027

破坏子女集中力的父母/030

　　过分期待型父母/032

　　不要问型父母/034

　　Never Ending型父母/035

　　散漫型父母/037

父母的信任是集中力的开始/039

　　称赞的惊人威力/042

　　称赞能让鲸鱼跳舞/043

集中力检测题目列表2 | 我有多信任孩子？/045

How To | 集中力的钥匙——称赞/047

　　让集中力提高一百倍的四种称赞技术/050

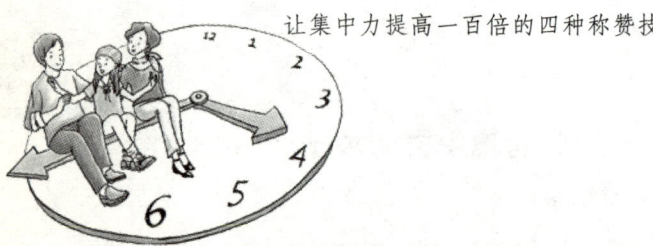

第二篇　孩子的集中力消灭法、集中力挽救法

准备与孩子共度的时间/061

　　能让情绪安定的身体接触和对话/064

　　爸爸和孩子一起共度时光的五种方法/067

站在孩子的立场上讲话、行动/069

　　听完孩子的话/073

　　为了站在孩子的立场讲话，父母应该遵守的对话方法/076

绝对要避免负面评价/078
  正在承受绝望的孩子们/081
  开始实施摆脱绝望的计划/082
不要强调千篇一律的东西/085
  父母的忍耐力愈强,孩子的集中力就愈高/088
  如果是真心为了孩子,就应该站在孩子的立场考虑问题/091
培养集中力的水分和养分,五阶段思考法/094
  五阶段思考法,心里话和自言自语的力量/097
  第一阶段:定义问题/100
  第二阶段:制订计划/102
  第三阶段:中期检查/106
  第四阶段:最终检查/107
  第五阶段:称赞和鼓励/109

集中力检测题目列表3 | 父母要多留意孩子的话/111

How To | 和孩子一起制定规则/113

第三篇 利用五种感觉的集中力学习法

让孩子去看、去听、去摸、去尝、去闻/121
  与其阻隔外界对孩子的影响,不如换一种方式让孩子接受/124
  通过感官调节外界刺激/125
调节身体的紧张感/127
  排除身体紧张感的缓解训练/130

好好利用各种刺激/136

　　被动式集中力和主动式集中力/140

　　培养主动式集中力的方法/142

让孩子在脑海中画画/145

　　让孩子在脑海中画画/149

通过心智图让发散思考和收敛思考均衡发展/153

　　同时培养逻辑思考和创意思考的"心智图法"/156

　　活用心智图形式的图表/157

集中力检测题目列表4 | 孩子缺乏的2%，寻找妨碍集中注意力的原因/160

How To | 不同性格的集中力学习法/163

第四篇　明智的父母提高集中力的秘诀

为提高集中力准备充足的营养/171

　　有规律的睡眠可以提高集中力/174

　　摄取可以提高集中力的食物/175

　　通过咀嚼刺激大脑，可以提高集中力/176

创造有利于集中注意力的环境/178

　　在同一个地方做同一件事能提高集中力/181

　　安静的场所有助于提高集中力/182

　　清洁的环境有助于提高集中力/183

"再一次"原则和"像玩游戏一样"原则/184
  做完以后"再"检查一次/186
  学习也要像玩游戏一样规定时间/188
十分钟学习法和Only one学习法/191
  十分钟学习法/193
  Only one学习法/195
运用自拍相机、数码相机和记事本/197
  用数码相机反省自己的过失/200
  活用集中力分散手册/201

集中力检测题目列表5 | 身为父母，我有哪些改变呢？/203
How To | 提高集中力的学习姿势和消除压力的呼吸法、
              减压法/204

附 录

针对孩子的爱好提高集中力/211
数学逻辑能力 语言能力 空间感 人际关系交往能力
自我理解能力 运动能力 音乐能力

和孩子一起进行提高集中力的游戏/220
掷骰子游戏 飞行师游戏 扑克牌游戏 镜子游戏
"我爱你"游戏 拍手游戏

推荐序1　集中力造就伟大的孩子

现在的小学生、初中生的家长都是成长在经济急速增长的时期，经历了各类升学考试的一代。他们的成长时期，待在家里的时间远远少于耗在学校里的时间，相对于感性，他们更加注重理性。而这些父母的上一代，在贫穷和战争中度过了一生，并不知道如何跟子女共度时光和进行情绪上的交流，除了想办法让子女吃饱穿暖之外，无法为下一代提供任何教育子女的秘诀。所以，目前我国（韩国）的学生家长都处在一种焦急和不安的状态。

小学是一个人的认知和情绪（即智商和情绪智商）渐渐形成并定型的重要时期。在这段时间里，学生适应了学校的规章和文化，开始在同年龄层的人们之中建立社交网络，渐渐地意识到家庭、学校、社会所期待的自我形象，开始勾画自己未来的蓝图。在这个时期，为自己勾画具有积极肖像画的人，将会创造充满自信、责任感和进取心的人生；相反，为自己勾画消极肖画像的人，将会过着自卑、不负责、没有希望的人生。

那么，"集中力"为什么会在现今受到如此热切的关注呢？**集中力是反映子女的认知和情绪的形成过程是否健康的一种指标。**但是，由于父母双方都要工作，孩子们没有足够的时间和父母相处，同时，在电玩游戏和动画片等绚丽影像毫无过滤的刺激下，孩子们的行为变得散漫、冲动，出现了患有ADHD（注意力缺陷过动症）等严重注意力障碍的孩子。对这些不能在限定时间内完成任务、只能完成简单事情的孩子们来讲，集中力已经不是可有可无的东西，而是直接与往后生存相关的严重问题。这是因为，只有具备了集中力，才能够完美地塑造自己的思想和情绪，并使自己积极地开辟人生的道路。

本书不是一本专业的学术教材，而是由韩国集中力中心李明京所长撰写的，融合了鲜活的经验实例和学术涵养的一本教育指南。想要提高集中力，不能只偏重智商或情商的某一方面，因此，在集中力教育的过程中，也要让理性和情绪找到均衡点。所以，父母要切实理解开发集中力的重要性，并在家庭生活中提供更多的协助。

父母为提高子女的集中力所必须做到的事项，如一颗颗宝石般镶嵌在这本书里。这本书的每一节都附上了能够让父母直接仿效的具体事例，并附有诊断孩子集中力指数的测试题及帮助孩子提高集中力的趣味游戏，是一本结合了理论及实例的好书。仔细观察这些蕴含着集中力养分的宝石，并且边读边付诸实践，就会看到孩子的集中力在不知不觉中提高了很多，也会看到子女比过去更加成熟的样子。

金东日 ｜ 首尔大学教育学教授

推荐序2　为烦恼的父母所写的书

集中力是人类一项非常重要的能力。不仅是在学习的时候，即使是在呼吸或吃饭等日常生活中，我们也需要集中力。但是，最近随着科学技术和娱乐事业的发展，吸引目光的东西愈来愈多，不论是成人还是儿童，罹患集中力障碍的人数都在急速增加。

其中，集中力严重不足的孩子愈来愈多，这不得不说是一个严酷的现实。这些集中力差的孩子们，不要说是学习了，就连日常生活都不能正常进行。现在的成年人小时候常常听到"该学的时候学，该玩的时候玩"的原则，如今却很难要求孩子们做到这一点。

培养一个学习时认真、该玩的时候认真玩的小孩，能够给父母带来莫大的幸福感。但是，这类孩子并不是从出生开始就有这样出色的集中力。孩子只是附带着集中力的因子出生，再根据父母内在的心理、生理环境而成长，锻炼出成熟的集中力。这时候，父母的影响和帮助，将发挥着决定集中力命运的巨大威力。

父母正因为不懂得这种集中力的原理，才会在孩子的成绩止步不进时，一味地责骂孩子，或者放任他们的心病，使其自生自灭。这是因为，父母只关注表面现象，而对于真正应该了解的集中力问题，大多数都是门外汉。

这种情况发展下去，只会导致孩子的自尊心降低，待人接物的能力也会变得更糟糕，他们无法学好社会生活中必备的基本素质和知识，最后比集中力高的孩子落后很多。另外，解决小朋友的集中力问题，不能单纯地让小朋友吃尽苦头，这样会给家庭中的所有人带来压力、留下创伤。

有很多父母虽然知道孩子身上有什么问题，却不知道产生问题的原因，也不知道如何帮助孩子，所以，他们才会感到焦急和无能为力。这本书系统地整理了有关集中力的相关研究，从基础到实践、从理论到应用的所有问题。因此，为那些正在为孩子有集中力问题而苦恼的父母，提供了克服焦虑和无力感的一帖良方。在读这本书的时候，父母除了站在孩子的立场上思考孩子的需求外，也要和孩子一起认真思考自己应该具备什么样的知识。从某一方面来说，虽然本书的主题是看似严肃的集中力问题，但通过趣味盎然的实例和丰富的咨询经验，会让家长们在不知不觉中处理好孩子的问题和自己的烦恼。希望更多的父母和孩子能够通过这本书，共同分享集中力这个人生最珍贵的礼物。

刘翰旭 ｜ 慧修少儿青少年精神科院长

序言　父母能给孩子的最好礼物就是集中力

父母对子女的期望很多。

希望学习更努力

希望有开朗积极的性格

希望和朋友们相处得愉快

希望读很多书

希望学好英语

希望一直保持健康……

这些希望从积极的层面上来讲，都是父母期望孩子能过着幸福的生活。"至少要做到这样的程度，将来在人生的路上才能获得成功，过着幸福的生活啊！"基于这样的心情，父母对子女的期望变得愈来愈多。

但是在很多的情况下，父母只是怀有这些期望而已，并不懂得如何去实现这些期望。由于父母没有子女教育的基本信念和哲学，父母的殷切希望很难用正确的方法去实现。在这种情况下，对未来的茫然和不安，再加上眼前窘迫艰难的现状，只会让父母的焦虑变得越来越严重。

正如只知道目的地却没有地图和指南针的游客，不断地在路上徘徊一样，父母们的心也会因此感到疲惫不堪。有时从新闻或者电视节目里、有时从书上、有时从邻居家阿姨那里……父母不停地寻找更好的方法。但是，这些方法与自己的教学态度、期望以及孩子的现状，有什么相关之处呢？父母亲欠缺这方面的思考。他们害怕在考虑这些问题的时候，别人家的孩子已经远远超过了自己的孩子，所以不管三七二十一，先让孩子执行了再说。

但是，跟着没有地图和指南针的父母踏上旅途的孩子，心情会更加沉重。就算旅行以孩子的成功和幸福为目的地，就算父母甘心为孩子做出莫大的牺牲，当大家辛辛苦苦地朝着目标一步步迈进的时候，如果父母老是说"嗯？不是这条路吗？难道应该走那边"之类的话，那么孩子早晚会对父母的善变感到疲惫。不仅如此，如果孩子在旅途中不能为了偶遇的朋友和美丽的大自然而稍作休息，却总是被催促着要马不停蹄地努力，还要听从父母亲常挂在嘴边的"要是你好好努力，我们也不至于走上这条路"、"要不是你，我们何必受这种苦"之类的抱怨，久而久之，孩子迟早会因此失去信心。

最近，集中力低的孩子有增多的情形。而且，人们对这些孩子的关注程度也愈来愈高。所以，我们把集中力特别低的孩子称作ADHD，并给予这些孩子特别的关照。当电视节目经常报道"注意力缺陷过动症儿童"的行为特征，以及这种病症将会导致的不利结果时，很多父母都担心自己的孩子会不会也是ADHD。每当我说某个孩子没有精神方面的障碍时，就会看到有些父母庆幸地抚着胸口，甚至流出喜悦的眼泪，但我也因此觉得大家对集中力有着太多的误会，因此心情也变得沉重起来。

舆论对ADHD的关心将过去"因为懒惰或脑袋不聪明"才会无法集中注意力的观念，逐渐转变成这是一种"无法抗拒的疾病"。一方面，这些舆论引起了父母对子女集中力问题的注意，我也因此感到高兴；另一方面，这也让我感到十分沉重和不安。"障碍"这种诊断如果稍不留神，就会带来"一辈子需要药物治疗"的沉重包袱，这正是我担心的情况。另外，孩子也会被贴上有障碍和没有障碍的标签，而受到不同的待遇，我相当不愿意看到这种情况发生。在我见过的诸多孩子中，就算是被诊断为ADHD的孩子，也相当正常。ADHD的孩子和正常的孩子比起来，其实共同点更多。

人类的大脑中，有从一出生就相当发达的部分，也有随着成长渐渐发育的部分。大脑中管理集中力的额叶部分在出生时没有发育完全，换言之，集中力的好坏绝大部分是由后天的成长决定的。而且，额叶的发育将会一直持续到青少年时期。因此，ADHD也可以通过持续的教育和努力来改变，而且能否取得良好的效果，父母的影响和帮助是相当重要的。**实际上，集中力教育的成败，可以说完全取决于父母的努力程度。**

在不久前，一个教育补习班在对小学教师授课的时候发生了一件事。我们在课堂上对"儿童散漫行为是以前就存在，还是最近才出现"的问题展开了讨论。我们探讨到底是孩子们以前就有散漫冲动的本性,只是我们没有意识到这个问题,直到最近才曝光;还是现在的孩子比起过去的孩子更不容易集中精神,更容易散漫。大家对此众说纷纭。

根据学者的研究,一个班级之中被诊断为ADHD的孩子一般为一至二名;但是,现场的教师们却说,一个班里行为散漫到会影响授课的孩子有三至五名。特别是有一位教了20多年书的教师说,现在的孩子确实远比20年前的孩子散漫得多。她表示,过去只有学习态度不好或卫生习惯不佳的孩子才是问题孩子,而现在很多孩子却因为不能安静地坐在自己位置上或不服从教师的指示,而影响了课程。而且,这样的孩子还在增加。周围也有很多人说:"我们小时候可不是这样的……"虽然这种状况并没有通过统计资料得到证实,但是,现在的孩子比起过去的孩子更散漫的确是事实。

现在的孩子比过去的孩子更散漫的原因有很多,但是,其中最常见的原因就是玩电子游戏。很多孩子玩电子游戏的时候注意力非常集中,但学习的时候却办不到。有的妈妈还会开玩笑说:"我家孩子玩电子游戏的时候精神很集中呢,我消失不见了,他恐怕还不知道。"孩子们在玩电子游戏时很投入的原因是,电子游戏提供了强烈且快速的刺激。集中力在当事人接触到新鲜或神奇的东西时,不需要通过人为的努力,自然就会提高。但是,由于此时的集中力是与本人的意志无关,所以可以称做"被动性集中力"。

只要这个世界上的所有事情都像电子游戏那样吸引人,想必没有父母会因为孩子的集中力问题而苦恼了。但是，现实并不允许我们像玩电子游戏那样快乐，有时候也要从事无聊和辛苦的工作。问题是，已经习惯于接受来自电子游戏刺激的孩子们，在缓慢、平和的刺激下，想要集中注意力会感到吃力。

电视也是一样。我们的眼睛和耳朵总是被电视吸引，因此，会被动地接收电视中提供的各种视听信息。孩子们每天通过听和看认识新的事物，又通过尝试或模仿，很自然地熟悉事物。但是，从电视中学到的很多东西很难在现实中不断地重复。因为，孩子们喜欢的大部分电视节目并非带有思考的主题，而是仅仅能给孩子带来一时乐趣、不断更新、花样百出的娱乐性节目。

对于电视里播放的内容，孩子们只是被动地接收到大脑中，但不会正确处理这些信息，进而使孩子感受到类似背负着沉重行李的压力。就是这种压力造成孩子心理上的紧张，让他们表现出散漫的行为。

添加在食物里的各种人工调味剂，以及含有很多糖分的食物，也是导致集中力低下的主要因素之一。人工调味剂对集中力的影响还没有通过研究得到证实，但是，从心理咨询室里孩子们的饮食习惯来看，二者之间似乎有不小的关联。愈是散漫的孩子，可乐和饼干就愈没有离开过他们的嘴边。

孩子对电子游戏的迷恋程度也与集中力的发育有很深的联系。孩子们都是通过积极运用自己的感官来接触这个世界。在尽情玩耍的过程中，他们也可以缓解累积在心里的紧张情绪。但是，现在的孩子连在空旷的空间里尽量玩耍的机会都没有了。过去，孩子们在外面玩到太阳下山才回家,而现在的孩子一进门就开始热衷于电脑游戏。他们即使想到外面玩,也没有朋友陪伴,因为所有人都在忙着上补习班或才艺班,根本没有玩的时间。

现在的情形是,很多家长觉得与其让孩子在外头交个朋友,不如把他送到才艺班去。孩子们在四四方方由水泥墙围成的家、学校或才艺班里,都会安静地学习、生活,不给他人带来麻烦。因此,他们失去了释放身体里充沛能量的机会,也无法学到调整和管理这些能量的方法。于是,他们以到处走动或坐在位置上不安分的方式来消耗一些能量,可是这种行为通常都会被禁止。

当孩子面临一大堆要做的事情时,集中力也会明显下降。孩子们生来就是充满好奇心的科学家。但是,很多父母在小朋友依据自己的兴趣去探索世界之前,就开始急着进行早期教育,这种行为反而让孩子们失去了对这个世界的关注和好奇。要学习比实际接收能力高出好几倍的课程,不停地朝着更高的目标前进,很容易让孩子绝望和放弃。这样的孩子最后只是看着父母的眼色,敷衍地学一学,并不会集中注意力认真学习。这时如果父母的唠叨愈来愈多,孩子就会感到自己很没用,渐渐表露出没有自信和泄气的样子。想要提高孩子的集中力,就要改变孩子所处的生理和心理环境。想做到这一点,就需要父母的努力。

集中力是未来成功和幸福的基础。同时,也会对目前的学习成绩造成很大的影响。但是,我并不希望本书被当做提高孩子学习成绩的工具。原因是,在父母的教育理念和期望不正确的情况下,只为了提高成绩而付出努力,反而会让孩子的集中力下降。

集中力是展示一个孩子对自己目前的生活，是否感到安定和是否适应的指标。孩子们无论是以女儿或儿子、哥哥或弟弟、姐姐或妹妹，还是学生或朋友的身份出现，在不同的情况下都扮演着不同的角色。如果在这些角色中，一旦有哪一个角色让孩子感到力不从心，孩子就会失去集中力，表现出散漫、冲动的行为。孩子会对自己扮演的角色失去信心，这是因为父母为他定下的标准和他的能力不相应。

我希望父母可以有通过这本书，反省在过去的时间里，自己是如何提高或者降低了孩子的集中力，好好思考应该为提高孩子的集中力做出怎样的努力。如果再贪心一点的话，我希望父母能依照自己的教育理念，从本书中得到孩子需要的帮助，也希望本书能成为大家在实践过程中的地图和指南针。期望能够借此提高孩子的集中力，也让父母感受到更多的幸福。

为此，我在这本书中尽量注入更多有关集中力发展的知识和经验。为了帮助父母创造自己的教育理念，我深入浅出地介绍了多种教育心理学的理论，并加进了自己的经验。此外，就像很多人明知道"减肥就要少吃多运动"的道理却无法付诸行动一样，我担心大家不能把"要改变孩子就要先改变父母"的信念转化为行动，所以，尽可能具体地将父母需要实践的事情写进了书里。

虽然这本书还有很多不足之处，但是，我相信父母本身的热情和努力能够弥补这本书的不足，因为我所碰到的许多父母都比我想象中的更为贤明、温柔。最重要的是，当父母怀着一心只为子女的信念时，所表现出的变化让我非常吃惊。正是因为相信会有这样的父母存在，我才敢说这本书能为很多人提供帮助。但愿更多的父母和孩子能有更多的笑容，分享更多的爱，更加幸福健康地生活。

李明京　谨识

第 一 篇

孩子们的身上藏有集中力的种子

什么是集中力?

用心书写的日记 1

　　一瞬间的判断失误,把一个8岁的孩子变成了1岁的婴儿。我知道,到现在才后悔已经无济于事,但是,一想到发生在我家辰秀身上的事情,同样可能会发生在其他孩子的身上,所以我还是决定向大家陈述这段故事。

　　对早期教育颇为关心的我,一怀有身孕就开始对宝宝进行英语胎教,从英文音乐到受到好评的英语相关教材几乎无一不涉猎。辰秀出生以后,我继续给他播放英文录音带和CD。当辰秀能够开始和爸爸妈妈进行基本对话时,我的欲望也变得愈来愈大。我决定为辰秀播放英文录像带。

　　从参加各种早期幼儿教育的节目和说明会的结果来看,看起来已经到达了我家宝宝的适合阶段,似乎可以开始进行早一步的教育,于是,我狠下心买了几部英文经典电影的DVD。这个时候的辰秀大概只有18个月大。像所有同年龄段的孩子们一样，辰秀也对移动的物体充满好奇，完全沉浸在电影华丽的影像和移动的画面中。

辰秀听不懂电影里的内容是理所当然的事，但是我和他爸爸却认为，宝宝一定能够像渐渐学会韩语一样，通过看电影自然而然地学会英语。这个时候，辰秀沉浸在电影DVD中，我和他爸爸却沉浸在这种期待中。此后，我们持续不断地更新电影，甚至更新播放设备。事实上，这才是祸根。

我们夫妻俩都要工作，白天就把辰秀交给奶奶照顾，晚上很晚才会回家。那个时候，我们还没有意识到问题的严重性，当时一看到孩子完全沉浸在电影中的样子，只是感到欣慰和满足而已。问题是，辰秀到了四五岁还是只会叫"爸爸、妈妈"而已，语言能力丝毫没有提高。他每天连吃饭都会忘记，只知道一整天坐在电视机前。自从学会播放DVD的方法以后，辰秀更加沉迷于电影的世界。我们意识到不能再坐视不管，开始阻止他看DVD，结果他大声叫嚷并且反抗我们。

辰秀到了5岁时，我们觉得把他送到幼儿园，情形可能会好上一些。但是，对于只会讲"爸爸、妈妈"的孩子来讲，适应幼儿园的生活也不是一件容易的事情，因此他最终连幼儿园都去不成。时间飞逝，转眼辰秀已经8岁了，但是，他还没能进入小学，目前还是沉浸在DVD电影中。如今，想让我的孩子离开DVD恐怕是不可能了。如果可以的话，我宁愿自己承受这种痛苦，也要让辰秀摆脱"DVD中毒症"。

有人说："孩子天生是天才。"但是，这样的孩子没有成长为天才，就是因为我们常向他们灌输和强调单一的教育方式。我们没有以孩子的能力和视野为出发点，而是为了满足父母的欲望或为了在父母间的竞赛中获胜，而把孩子的天赋磨损掉了。

上面提到的"DVD Baby"辰秀也不例外。父母该做的不是要帮小孩创造天赋，并亲切地送到孩子的面前；而是开通一条路，让孩子在自己的众多长处中选择一样来发挥和享受。这个长处也许是孩子天赋中最有可能让他成为天才的一项，但是，到孩子自己做出决定之前，最好也应该帮助他理解自己的种种长处，并喜爱这些长处。

"DVD Baby"案例中父母的错误想法在于，我们总想以成人的标准将孩子培养成天才。父母总想把自己意识中的天赋标准单方面地灌输到孩子身上。孩子刚刚开始分辨自身和周边的事物，父母就想向一个连母语对话都还没有掌握的孩子过分强调英文学习。

那么，如何才能让孩子发现隐藏的天赋并发挥这个天赋呢？首先，应该让孩子全心全意地去感受这个世界。父母要引导小朋友去观察周围的世界，让他们倾听生活在这个世界上众多生物们的声音，闻它们的味道，用手抚摸并感受它们的存在，以及和它们进行对话。父母要和孩子一起去完成这个练习。

通过这种趣味练习，小朋友能够捕捉到隐藏在自身的各种潜能，从中选择一种可以相伴一生的能力，并与父母和身边的人一起培养这种能力。这就是我在这本书中想和大家一起分享的"集中力"。

事实上，天才们并不拥有比别人高的智商。主张进化论的达尔文小时候不过是一个拥有平凡智商的孩子，毕加索小时候被人评价为愚钝的学生，爱因斯坦也有过报考苏黎世大学却落榜的经历。这样平凡的他们后来能够留下伟大的功绩，并不是因为他们有多高的智商，而是因为有很强的集中力。

调查科学、哲学、艺术等各个领域的天才们的研究结果显示，他们成功的共同秘诀正是在于集中力。8岁上大学的神童宋有根的父母也说："有根的特殊才能在于他惊人的集中力和老实的个性。"有根一旦拿到一本有趣的书或者开始组装一个器具，最长可以在同一个地方坐上14个小时。就是这种集中力让他拥有了大学生水平的数学和科学实力。

那么，如何才能培养这种惊人的集中力呢？首先，在埋头苦思如何培养集中力之前，先从正确理解什么是集中力开始吧！

集中力是在规定的时间内完成任务的能力

集中力高的人能够在短时间内完成一个规定的任务。相反，集中力低的人很容易因周围细小的刺激而转移其注意力，因此很难在规定的时间内完成一件事情或者是学习。

当老师在课堂上分配个人作业或团体作业时，集中力低的孩子很难立即开始动手。一般都是坐在位置上胡思乱想，或者呆呆地看着周围的同学，直到被老师点名或被老师训斥之后，才会迫于无奈开始动手。不仅如此，由于他们很容易变得注意力涣散，因此完成的速度也会很慢。所以，在别的孩子完成作业时，他们连一半都不能完成，通常要留下来继续补课。

而对于集中力高的孩子来讲，从任务开始到完全投入任务所需要的时间非常短。这些孩子认真听取老师的讲解，可以很快理解任务的内容，并且立刻开始动手做自己应该做的事。像这样的孩子，一旦开始一项作业，就不再会有其他杂念，而是全身心投入到这个课题当中，因此能够比别人更早做完功课。

集中力是选择性做出反应的能力

我们在一天当中会受到数千万种来自周围的刺激。其中，有一些会被我们意识到，也有很多事物不被我们意识到而不自觉地放过。如果你正在书店里站着阅读这本书，那么应该能够感觉到其他人谈话的声音，感觉到有人从旁边擦身而过，以及周围淡淡的背景音乐声等等。

这时，集中力高的人就不会被周围的刺激分散注意力并继续读书，而集中力低的人虽然手里拿着书，视线往往会停留在其他的地方。当然，也有人认为这本书应该拿回家静静地读，于是拿着书去柜台付款，这种人了解自己的集中力在什么状况、什么时候能发挥得最好，并具备配合这种规律来调整自己的能力。

像这样，**集中力是能在各式各样的刺激中，把握自己现在最应该注意的事物，并选择性地对某事物加以关注的能力**。集中力高的孩子在听老师讲课的时候，不会去理会窗外的声音、穿漂亮衣服的同学、写在黑板角落上的明日必备品等事物，只是对老师的讲解和教科书中的内容倾注注意力，所以，他们能够专注于目前正在做的某件事情。

但是，集中力低的孩子不会分辨哪些是值得自己注意的刺激，哪些是不必在意的琐碎刺激，因此，对所有的外界刺激均会表现出兴趣。所以，他们在解答数学题的时候，听到电话铃响就会跑出房间，读书的时候又不自觉地模仿着图画书中的插图而耗费了时间。

集中力是自我控制能力

所谓自我控制，是指人遇到任何事件或情况之下，都不会立刻做出反应，而是先调整自己的想法和感受，预测未来可能的结果，再实施行动的能力。**自我控制能力强的人不会对突发的情况作出仓促的选择，而是具有很强的耐心。他们即使碰到艰难而冗长的课题，也能够想象自己能在未来获得补偿并以此激励自己，因此能够长时间集中于同一件事情。**

自我控制能力强的孩子能够想到不完成作业时老师的训斥，或迟交作业后将导致的不安，于是会忍受漫长的过程而完成作业。另外，即使对朋友感到很生气时也会加以忍耐，离开现场后再去考虑下一步怎么做。但是，自我控制能力差的孩子，如果在写作业的过程中遇到难题，马上就会无法忍住冗长的学习而走出房间。此外，和同学发生争执或对同学生气的时候，也会立刻挥动拳头。

很多父母都因为孩子的集中力而苦恼。一天到晚坐在电视机前的孩子，废寝忘食地沉浸在网络游戏的孩子，20分钟就能完成的作业却做了两个小时还没完成的孩子，学习中发呆、胡思乱想的孩子，昨天刚刚讲解过的东西今天就忘记的孩子，散漫地左右闲逛的孩子，在书桌前坐不到5分钟就坐立不安的孩子，没有认真听老师的讲课并且没有准备好作业和文具的孩子，上课的时候说出奇怪的话而被老师点名的孩子……这些孩子们都是集中力不足的孩子。

集中力不仅是基本的日常生活中所需的能力，也是学习或做事时所必需的能力。想要把孩子培养成集中力高的人，就要培养他们从熟悉的事物中寻找新事物的能力，以及通过自己的意志调整自己的能力。美国的心理学家丹尼尔·戈尔曼（Daniel Goleman）博士曾说："集中力是心灵的肌肉。正如锻炼肌肉一样，人的集中力也可以锻炼出来。"换句话说，正如肌肉在人体中的重要作用一样，集中力对人的心灵的作用也非常重要。所以，就像为了锻炼肌肉而保持运动一样，为提高集中力同样需要持续不断的训练。通过父母不厌其烦的关心和努力，孩子的集中力一定可以得到提高。

集中力三节拍：自我控制能力
　　　　　　　信息处理能力
　　　　　　　注意力

用心书写的日记 2

　　在不久前，我和宰贺一起去了心理咨询所。经过再三考虑后，我感到事情已经不能再耽搁了，于是硬拉着孩子的手，敲开了咨询所的门。人们一般不会想到去心理咨询所或精神科接受治疗，在这一点上，我的家人也是一样。但是，看着常常连饭都不吃而沉浸在网络游戏中的宰贺，我决心要带他接受治疗。

　　起初，宰贺的爸爸也是极力反对。

　　"现在的孩子都那样，才到这种程度就把他当成精神病患者吗？你是不是太敏感了？"

　　不过我也不甘示弱。

　　"最近你和宰贺见过面没有？你一点都不知道孩子在家里是

怎么过的，就不要用那种方式讲话。这孩子上课的时候总是趴在课桌上，他的老师都打电话来了。"

一瞬间，丈夫像受了巨大的打击一般呆住了。半天他才吐出了一句话：

"我没想到已经到了这种程度……要真是这样的话，还是赶快接受治疗比较好。"

宰贺变成现在这个样子是从7岁那年开始的。最初，我们买了电子游戏给他，让他和朋友们一起玩，那个时候他并没有什么问题。但是，自从和退伍回来的舅舅共住一个房间后，问题就出现了。原来是舅舅教会宰贺打网络游戏。

宰贺一下子沉浸在自己扮演的角色中，在虚拟的空间里纵横四海。从那个时候开始，平常和他一起玩耍的朋友也渐渐跟他疏远了。由于不分白天黑夜地玩网络游戏，他在幼儿园里也开始打瞌睡，甚至有时候会赖着不想去幼儿园。

上了小学之后，问题变得更为严重。我觉得不能再这样继续下去，就禁止他再碰电脑，结果他从我的钱包里偷钱去了网吧。后来宰贺没有上学，就在网吧里度过了一整天，直到没钱花才会回家。

如果爸爸和妈妈叫他不要再玩网络游戏，他就会做做样子，放下电子游戏。但是过一段时间后，只要我稍不留神，宰贺就会马上坐回电脑前，张大了眼睛玩电子游戏。对他来说，电子游戏值得他关心，所以他对学业完全没有兴趣，也从来不和朋友一起玩。只有网络游戏提供的虚拟世界才是宰贺的唯一依靠，他像英雄一样活跃在那个世界里。

他长期把时间消耗在网络游戏当中，如果不玩电子游戏的话，就长时间发呆。如果为了上课而不能玩电子游戏的话，他会做出违反学校纪律的行为。如果把沉迷于网络游戏的他撵到学校，他就会在上课时间一直睡觉，回家后重新玩电子游戏。

到了9岁的时候，宰贺的状况不仅没有好转，反而变得更加严重，我们不得不找心理咨询所寻求帮助。在仔细查看了宰贺之后，咨询心理师说，如果他的网络游戏中毒症状再变严重的话，甚至会混淆假想世界和现实世界。然后咨询心理师又说，从宰贺现在的状况看来，短时间内很难把他治好。但是，咨询心理师提出了第一步治疗方案，先不要让他无条件放弃网络游戏，而是和他约定在限定时间内可以玩电子游戏。另外，咨询心理师叮嘱说，要用比以前更多的时间来陪伴宰贺，把他从网络虚拟空间里拉回现实的世界，给他足够的时间观察树木和花朵的形态。虽然这比想象中还要困难得多，但为了孩子，我们夫妻绝对不会放弃。

科学技术的发展的确让人类获得了不少好处，但是，由此引发的副作用也不少。其中最严重的就是网络游戏中毒现象。在网络游戏中，孩子们可以超越成年人，可以做大将军，甚至可以力挽狂澜，抵抗威胁帝国和平的势力，做一个伟大的英雄。华丽的画面、美丽的角色，游戏空间能够让他们实现平时无法实现的愿望。

太早接触虚拟世界的孩子们，容易完全沉醉在这个绚烂的世界中，不愿意再回到外面的世界。在真实的世界里，他们不过是小孩子，但在那个地方，他们可以做任何自己想做的事情。

有些父母认为孩子只要能做好一件事情就很棒，因此反而会认为沉浸在网络游戏中的孩子很了不起。最近，随着电玩竞赛和职业选手的人气愈来愈旺，对网络游戏担忧的声音相对减弱了很多。但是，在这些沉迷于电子游戏的孩子中，能够成为得到认可的职业选手，不过是极少数。另外，**在自己可调整的状态下选择一项事情并持之以恒的能力才是"集中力"，沉迷于虚拟空间不能自拔的状态绝对不能当作是"有集中力"**。

沉迷于网络游戏的孩子，通过自我意志脱离虚拟空间的几率几乎为零。同时，正是由于他们只想停留在这个空间里，所以，他们接受现实世界信息的能力也比其他孩子差。而且，他们关心的只有网络游戏而已，所以，不论是在家里还是学校，他们都不会对学习产生丝毫的兴趣。

但是，也不能因此和计算机网络这个现代文明的宠儿完全断绝关系。正因为如此，孩子和电脑的第一次接触尤其重要。请家长按照下列规则，规范孩子使用电脑。

第一，把电脑放在客厅里，让孩子在所有家庭成员都能看见的地方使用电脑。另外，禁止同时开电脑和电视，避免让孩子同时受到两种事物的刺激。

第二，在使用电脑前，父母要花一些时间，和孩子认真讨论使用电脑的理由。同时，父母也不要让孩子从电脑上获取网络游戏或有关明星绯闻的信息。

第三，规定电脑的使用时间。考虑到孩子的年龄和实际使用电脑的时间等因素，规定孩子每天放学后使用电脑一小时，周末使用三小时，另外从晚上8点到10点绝不能开电脑等原则，并严格按照规定执行。

第四，如果玩电脑游戏的话，要本着孩子与父母一起在规定时间里娱乐为原则。除了电脑游戏以外，也可以安排和家人一起玩棋盘游戏或其他娱乐游戏，做到娱乐和交流互相结合，寓教于乐。

第五，父母要常常为孩子制造谈话的机会，当孩子想和朋友一起游戏的时候，要让他想到必须先和父母商量。但在这个时候，千万不要让孩子留下父母在时刻监督他们的印象，只要不是玩暴力或具有煽动性的电子游戏，父母就应该给孩子传递"虽然我们有些担心，但我们相信你自己的控制能力"的信息。使用电子邮件或网络聊天工具来对话也能收到很好的效果。

在以上五个原则中，**孩子和电脑的第一次接触，父母和孩子之间持续不断的沟通，是避免孩子沉迷于网络游戏的重要原则**。如果孩子还没有开始使用电脑，那就务必从第一条开始执行这个原则。另外，如果孩子已经出现了网络游戏中毒状态，那就从现在开始帮孩子解释这些原则，并努力争取孩子们的理解。

"我不会"的智秀

其实，与成年人比起来，孩子更容易感到不安和压力，因此也容易导致失去安全感。很多父母会反问，又没有让他们赚钱回家,又没有让他们做繁重的家务,又不需要面对公公和婆婆的脸色,他们有什么不安,有什么压力?但实际上,孩子们承受着比大人大得多的不安和压力。孩子们认为自己很弱小,而且事实上他们解决问题的能力比成年人差,因此,他们更容易觉得这个世界充满了危险。

每天行程安排得满满的,有太多事情要做的时候;经常受到责备的时候;兄弟间受到称赞的时候;父母和周围的人期望太高的时候;父母之间展开冷战的时候;父母对自己相同的行为表现得反复无常的时候;父母亲的教育观相差很大,对孩子的行为做出完全不同的评价的时候……每当面对这些情况,孩子的不安感和压力都会增加。

承受太多压力的孩子会更容易丧失自信心。所以,很多孩子在尝试陌生或困难的课题时,会比做自己熟悉或简单的事情,还要容易表现出散漫的样子。由于他们对自己完成某一件事情的能力缺乏自信,所以,无法毫不犹豫地接受挑战,而是一遇到小小的难题就会轻易放弃。又或者是,要回答问题或考试时,更容易因为紧张而失常。让我们看看小学四年级的"我不会"少女智秀的例子吧!

小学四年级生智秀做事情经常有始无终、半途而废。只要是看起来有点难或者需要多动一点脑筋的题目,她会马上说:"我不会。"相反,她只喜欢反复做一些已经会的题目。特别是在做数学题的时候,她只会根据问题的长度来判断难易程度,凡是问题较长的题目,一定会全部标上星号,因为只要标上了星号，妈妈就会陪她一起解答。而且不管妈妈怎样告诉她"先自己多想一下，真的不会时再标上记号"，她都只会当场点头说知道，却从来不会真正努力去尝试一下。

在学校里，老师分配好工作后，她通常不会集中精神去完成，而是左顾右盼或自己发呆。等到老师走到身边说："智秀，你在干吗？怎么还不快开始？"她才会无可奈何地开始做事。因此，她几乎不能准时完成工作。所以，她时常要放学后留在学校里继续工作，迟迟不能回家。

除此之外，由于她精神散漫，时常坐立不安，手上总有些小动作，上课时常会被老师点名。而由于她总是被老师点名，因此同学们也瞧不起智秀，不愿意理她，智秀的妈妈因此十分担心。事实上，智秀也没有特别要好的朋友。

智秀喜欢习惯性地啃指甲。智秀的手指甲总是被啃得光光的，因此帮智秀剪指甲就成为妈妈不能实现的愿望了。现在，智秀的妈妈意识到，凭自己的力量没有办法让智秀改变，因此准备通过心理咨询来解决问题。

像智秀一样做事情不能有始有终、喜欢半途而废的孩子中，有不少孩子都隐藏着心理压力。特别是精神散漫、好动、喜欢啃指甲等行为，都是因为心情不安或者心理上正在承受压力。习惯性地搓手或抖腿也是这个原因。有些孩子表现出在不知不觉中经常眨眼睛、发出哼哼的声音或脸部抽搐等症状，有很大可能是因为感受到了心理压力所致。

要提高集中力，就需要具备自我控制能力，而自我控制能力则往往需要稳定的情绪。所以，为了提高集中力，就必须培养孩子们的情绪安全感。**集中力的最重要因素——自我控制能力是在情绪安定、有自信时才会被激发出来。**而孩子的情绪安全感和自信心，在某种程度上都会受到父母、心理环境的影响。父母对待孩子的各种行为，会因此达到决定性的作用。

承认孩子的现状，相信孩子会获得幸福和成功，这样的父母才能够提高孩子的集中力。相信幸福和成功与担心是不同的。父母相信孩子时，首先会看到孩子的优点，觉得缺点是能够改正的，因此可以保持轻松的心情，给予孩子帮助。但是，当父母只知道担心孩子时，即使发生小小的失误也会对孩子提出严厉的批评，在这种状态下，孩子的不安和压力只会增加，集中力也会愈来愈差。在本书的前半段将一直强调父母的语言和行动，特别是在第一、二篇里，会具体讲解这一类的问题。

"我不要"的泰永

想要集中精神，就要提高处理周围信息的能力。信息处理能力，是指将自身接触的事件或事物信息接收到脑海中，在需要的时候再拿出来使用的能力。信息处理能力强的人，能够快速有效地处理这些信息。人类利用视觉、听觉、触觉、嗅觉、味觉这五种感觉来接受刺激和信息，并通过反复经历或者在脑海中重新回顾，将这些信息储存在大脑中的某个地方。在储存信息的时候，信息处理能力强的人会整理得较有条理，便于以后方便查询。他们的头脑就像按照季节分类整理好衣物的衣柜一样，将相似或有关联的事情各自分类储存好。只有这样，将来需要的时候才能够迅速找出来使用。我们看看初中一年级的"我不要"少年泰永的事例。

上初中一年级的泰永有一个梦想，那就是快点长大成人。因为只要变成大人后，就可以不用看爸爸、妈妈的眼色，从早到晚坐在电脑前玩电玩。自从小学五年级进入青春期后，泰永的嘴上就无时无刻说着"我不要"。

泰永一天中有四五小时盯着电脑，完全沉迷于其中。有很多时候，例如父母亲下班回来时，泰永都还在玩电脑。他还时常翘掉补习班的课，跑到网吧里去玩。在课堂上，他也沉浸在虚拟世界的动画美少女角色中，呆呆地做着白日梦。

但是，泰永最近又发生了新的变化，就是从新认识的一个朋友那里，得到了下载色情影片的网址。在朋友家看过一次色情影片之后，色情片就开始腐蚀着泰永的灵魂。在发生这件事情以前，对于泰永来说，单纯在电脑上玩些简单的电玩或在网络上和朋友们作一些信息的交流，就是网络生活的全部。可是现在，他却成天以下载和观赏色情影片度日。

泰永被色情影片中残酷和赤裸裸的性场面所吸引，开始用脏话谩骂父母，除了看色情影片以外，难以对任何事情集中精神，并表现出冲动的行为。做梦也没有想到孩子会看色情影片的妈妈，在知道这个事实后，受到了莫大的打击，爸爸也一气之下扔掉了泰永的色情光盘。但是，泰永对父母的这种行为感到格外气愤，他大发雷霆，并重新开始下载色情影片，甚至锁上房门，拒绝与父母对话。现在，再劝他用心读书为时已晚，让孩子从房间里出来与家人吃一顿饭，成了泰永父母最简单的一个愿望。

像泰永这样沉迷于色情影片的孩子，在处理事情的时候很容易表现出冲动的行为。当孩子习惯于色情影片带给他的残酷、轻浮、野蛮的刺激后，就会逐渐失去仔细考虑后再付诸行动的能力。所以，他们做事缺乏逻辑、缺乏考虑，行为也不够干练、精明。他们往往行动先于思考，感情先于理性，轻则做事经常出错，重则时常做出暴力的行为。而且，他们不能控制自己的情绪，喜欢突然发脾气或哭泣，甚至对周围的女孩子做出类似性骚扰的不良行为。

沉迷于色情片中的孩子，其信息处理的能力得不到正常的发育，无法正确处理有关自身所处的环境和身边众人的信息。如果沉迷的程度加深，孩子就会用扭曲的眼光看待包括人类本身在内的世间万物。信息处理能力的成长，是通过接收某种刺激或信息，在脑海中反复回顾，并与过去所记忆下来的相关信息取得联系来完成的。但是，色情片却不会为孩子提供这样的空间，反而会完全扭曲孩子的观念。

不仅是色情片中的信息，甚至大多数从电脑或电视中摄取的信息也是非常容易造成刺激，使孩子来不及对信息进行深入的思考就先行吸收了。另一方面，电脑或电视会在一瞬间提供太多的信息,导致我们的大脑没有时间去充分回顾这些内容。所以,经常接触电脑和电视的孩子会显得缺乏思考能力,不考虑自己要做什么、该怎么做,就开始盲目地采取行动。

集中力高的孩子和集中力低的孩子相比,前者在学习的时候会在心里默想"要怎么做呢"、"课堂上好像见过类似的例子,到底是什么呢"、"要仔细认真完成,以免出错"、"做到这里就可以休息了,所以快点完成吧"。他们会在心里和自己进行有助于完成任务的对话。相反,集中力低的孩子从来不和自己进行心里对话,即使有过,也只会想"今天晚上最好是出去吃饭"、"智衡为什么老是要欺负我"等等与作业毫不相关的内容。

能够对自己进行有助于完成课堂上内容的心理建设的孩子,其信息处理速度更快、更有效,因此,更容易集中精神。提高孩子的信息处理能力的集中力学习法将在第三章详细讲述。另外,积极活用第二章的"五阶段思考法",可以培养孩子时常回顾自己的想法、感觉、行动的能力。同时,这也可以让孩子自然而然地学会与自己对话,借以调整自己内心的冲动,帮助提高集中力。

"又忘了"的敏秀

注意力通常会受到环境剧烈的影响。如果生活或学习的环境没有秩序,那么孩子就很难分辨什么是很重要的事情。在未经分类和整理的空间里,光是要找到需要自己集中注意力的事物,都会花费很多的时间。所以,我们一方面要营造有助于提高孩子注意力的空间，另一方面也要培养孩子常常进行信息整理的习惯。同时，也要努力减少引起分心的情况发生。比如，对于经常忘记带学校东西的孩子，最好在玄关前设置一个备忘物品盒，让孩子早早将第二天要带的东西放进盒子里，这样可减少因注意力低而导致的问题。让我们看看小学二年级生"又忘了"敏秀的例子。

小学二年级学生敏秀的外号叫"又忘了"。"联络簿为什么又没带来"，"辛辛苦苦写好的作业，为什么没有交给老师"，"雨伞放在哪里了"，每当妈妈问起的时候，敏秀都会回答说："我又忘了。"所以才会得到这个外号。

活泼、好奇心重的敏秀对周围的一切都很关心，时常会关心地问："哇！这是什么？"但是，她总是坚持不了多久，就要去找其他能引起她好奇的事物。有时敏秀会在老师讲解的时候，突然冒出一句自己想说的话，或者在授课途中从座位上起来乱转，因此也时常影响老师的正常教学流程。而且，敏秀在和其他人对话的时候，也只顾及单方面地表达自己的想法，所以很难和别人进行对话。

敏秀的书包里全部都是玩具和卡片。妈妈把她的书包清空并整理好后，过不了几天，书和联络簿还是会消失得无影无踪，取而代之的全是垃圾和乱七八糟的杂物。有一次，妈妈在敏秀的书包里发现了一张折得皱皱的考试卷。妈妈一方面是看到了成绩而备受打击，另一方面也知道到孩子连拿考卷给父母签名都会忘记，更何况这东西已经在书包里放了好几天了，真是气得无法忍受。所以，妈妈一边打敏秀一边狠狠教训了她一顿，可惜过不了几天她又会犯同样的错误，导致妈妈几乎想放弃管教。

对于像敏秀一样丢三落四、不会整理的孩子，父母要培养他们的注意力。注意力是从通过五官来获取的各种信息中，找到最重要的信息，且只对这些重要的东西才会倾注心力的能力。在课堂上，不是关心朋友掉在地上的橡皮擦，而是把焦点放在老师的教学上；吃饭的时候，不要想着玩电子游戏，而是集中注意力吃饭。但是，注意力差的孩子无法判断老师的教学和朋友的橡皮擦哪一个比较重要，很容易将注意力集中在周围的刺激上。

注意力在生活有规律的时候才能够逐渐成长。吃饭时间、睡觉时间、上学和去补习班的时间都按固定的规律安排的时候，孩子才能情绪稳定地注意到周围各式各样的信息。在这种安定的情况下，孩子才更容易发现更重要的事物。提高注意力的方法将在第四部具体讲解。

父母分辨集中力种子的能力

用心书写的日记 3

　　每个假期举办一次的集中力训练营,会有四到五天的时间让孩子们一起学习、吃饭、玩耍、睡觉,并通过这样的生活让孩子深入地了解自己。在最近一次训练营中碰到的艺智和艺瑟就是典型的例子。艺智和艺瑟姐妹只相差一岁,在整个训练营期间,她们也和其他所有的小朋友一样,表现出互相喜欢及依赖对方,但同时又互相竞争。

　　艺智和艺瑟虽然相貌很相似,但性格和才能却完全不同。姐姐艺智性格外向,喜欢交际,重视朋友,追求漂亮的衣服等比较现实的快乐。相反,妹妹艺瑟性格内向、独立,追求自身独特的想法和价值。艺智关心其他人的语言和行为,努力不对别人造成伤害。

　　在训练营中,她买糖果分给老师和朋友们,以此来表现她的亲切。相反,艺瑟喜欢一个人到处走动,自己探索周边的事物,比起考虑别人的情绪或立场，她更注重能有系统地整理自己的意见，并正确地表达出来。在自己发言后要指定下一个发言人的情况下，艺智不知道在举手的两个人中，到底给谁发言权，最后让两个人猜拳来决定；而艺瑟却说："珠贤刚刚已经讲过很多了，所以这次就由雪雅来发言吧！"于是她很轻松就决定了下一个发言人。

艺智和艺瑟擅长的东西也不尽相同。妹妹艺瑟的语言表达能力非常出众，比她高一年级的学生都认可她是"聪明的孩子"。艺瑟从小就喜欢读书，一拿起书就可以花好几个小时在书上，因此擅长有条理地表达自己的想法和感觉。她报告时就像老师一样严肃，读起故事来就像童话表演一样有趣。就算旁边的孩子们好奇地看着她，或者在下面窃窃私语，她完全不会受打扰，只专注于了解文字所要表现的东西。她写字也像大人一样认真漂亮。艺瑟的这些表现很容易让她受到身边朋友的关注。但是，比起艺瑟，艺智却得不到别人的注目。在得到别人的承认和喜爱时才会高兴的艺智眼里看来，常常受到瞩目的妹妹艺瑟让人感到又羡慕又忌妒，因此，她常觉得没有自信。但反过来，对受艺智羡慕的艺瑟来说，比起被别人认可，她更在乎自己的满足感，所以，她不在乎别人是否关心自己。

不过，艺智也拥有艺瑟没有的才能，那就是弹钢琴。艺智说她最擅长的事情就是弹钢琴，最喜欢做的事也是弹钢琴，她读书的时候觉得时间过得很慢，但是一弹起钢琴就觉得时间过得很快了。事实上，这就表示艺智在弹钢琴的时候表现出了不起的集中力。

据她们的妈妈说，艺智从小就很喜欢音乐。心情不好的时候，她就听声乐家赵秀美的CD来转换情绪，非常懂得利用音乐的魔力。听到隔壁家孩子弹钢琴的声音，她会不时地说"她又错了，总是错在Fa上"，表现出相当水平的音感。和拥有语言才能的艺瑟不同，艺智拥有的是音乐上的才能。

正如上面的例子中所提到的一样，孩子们都有与生俱来的某种才能。同时，这个才能就是集中力的因子。**集中力会依因为才能的种子种在什么地方及如何培养而有所差别**。如果对喜欢读书、并开始形成逻辑思考或抽象概念的艺瑟说："你怎么每天都只会读书呢？为什么不练习弹钢琴呢？"或者对正在通过钢琴学习音阶和节拍美感的艺智说："我们又不是要成为钢琴家，还是别太经常弹钢琴，多念书吧！"这两种做法都可能导致孕育集中力的种子无法成长为健康的大树。

孩子所拥有的性格和才能的种子，有时与父母的期待不同，甚至可能会出现得太慢，让父母焦急不已。但是，父母要相信孩子，并和他一起等待，种子迟早会发芽、长出树枝，长成一棵优秀的树木。不要随意改变树枝生长的方向，或者随意折断这些树枝，只有适当地清理多余枝叶才能够让树木更加健康。

每个人的集中力程度都有差异。即使是同一个人，也会根据不同的事情而表现出不同的集中力。满2周岁的儿童，能够集中约7分钟的注意力，但是，当他们读自己喜欢的童话书、或者玩自己喜欢的玩具时，他们可以持续半天。但是，他们由于不能自己控制集中力，因此，很容易受其他事物的影响。一般小孩子的集中力能超过10分钟，但是在4岁以后，孩子们就有可能将较长时间集中在一件事情上。上幼儿园的5至6岁儿童可以集中约12分钟，所以，他们可以听老师讲课。小学的时候，孩子们会依据不同的事情，表现出差异极大的集中力。做喜欢做的事情可以集中注意力超过1个小时，而对于不喜欢的东西，就连5分钟都无法集中。所以，一般在写作业的时候，小学低年级学生只能平均集中15至20分钟，而高年级平均可以集中约30分钟以上。

贤明的父母要了解孩子喜欢什么、擅长什么，可以令他们长时间集中精神做的事情又是什么，然后再加以培养这些才能。这一切都要从承认孩子与生俱来的性格和才能为出发点。

集中力检测题目列表1

☑ **我的孩子集中力到底高不高?**

专　　　　案	从不	有时	经常	一直
1. 呆呆地想着别的事情	☐	☐	☐	☐
2. 因为把握不住问题的细节而不断失误	☐	☐	☐	☐
3. 不能按照顺序完成课业或功课	☐	☐	☐	☐
4. 似乎对别人的故事不感兴趣	☐	☐	☐	☐
5. 需要很长的时间才能适应环境	☐	☐	☐	☐
6. 经常忘记带学习用品、雨伞、准备物等	☐	☐	☐	☐
7. 不能一口气完成作业	☐	☐	☐	☐
8. 不喜欢需要不断思考的活动	☐	☐	☐	☐
9. 很容易忘记刚刚讲过的内容	☐	☐	☐	☐
10. 不能持续地做一件事,很快就想找别的事来做	☐	☐	☐	☐
11. 不能安静地做事,总是吵吵闹闹	☐	☐	☐	☐
12. 不喜欢遵守游戏规则,想照自己的意思乱来	☐	☐	☐	☐
13. 问题还没有问完,就突然抢答	☐	☐	☐	☐
14. 喜欢妨碍或干涉别人的活动	☐	☐	☐	☐
15. 情绪容易出现变化	☐	☐	☐	☐
16. 特别喜欢讲话	☐	☐	☐	☐
17. 容易兴奋地发脾气或容易哭泣	☐	☐	☐	☐
18. 在一个座位坐不久,一直动来动去	☐	☐	☐	☐
19. 一旦有所要求,就要全部听从他的意思	☐	☐	☐	☐
20. 行动先于思考	☐	☐	☐	☐

从不_0分　有时_1分　经常_2分　一直_3分　　　总分____

38~60分：集中力相当不足

集中力十分缺乏。注意力散漫，对一般事物细小的部分无法集中，集中精神所需的意志力相当薄弱，时常做出冲动的行为。由于上课时不能集中精神，课后不能及时完成作业，导致学习成绩很快下降的可能性很高。有时候他们会因为在上课时恍神或在面对老师的问题时答非所问，而受到老师的指责。他们和同年龄的人也无法融洽相处，时常被大家所排斥。这样的孩子需要父母给予更多的关心和帮助。

21~37分：稍微缺乏集中力

虽然谈不上集中力严重不足，但因为集中力低，还是无法尽情发挥自己的能力。在做自己喜欢做的事情时就能集中精神，而在学习或写作业时就无法集中精神，因此随着课题的不同，集中力会表现出相当大的偏差。如果孩子的各科成绩相差较大，或者成绩随心情不同而时高时低，主要就是这种原因。在这种情况下，孩子连会做的题目都会答错。

10~20分：普通程度的集中力

集中力达到了平均水平。能够集中精神在限定时间内完成自己的任务。和同年龄的朋友间关系相当好，对自身的学习态度也很积极。如果能够培养出比现在更高的集中力，就能让孩子有更强的学习能力，未来能获得更好的社会地位。

0~9分：相当高的集中力

具备出众的集中力。由于集中力强，做事能够按部就班，能比预定时间提早完成任务，还能够掌握别人还来不及发现的原理及概念。对自身有积极的评价、相信自己，也和同年龄朋友们相处融洽。如果找到能让他发挥出更高的集中力的学习领域，并加以培养，就可以促进他的学习，并使其在人生的道路上遥遥领先。

破坏子女集中力的父母

用心书写的日记 4

有一件事情,虽然我心里明明清楚,但是到现在都不愿意承认,那就是我家善政的语言能力不如同年龄的孩子。擅长国文的我从怀孕开始就试过所有胎教,从善政出生后,更是用尽一切办法利用我的专业知识来提高他的语言能力。

正如其他的父母一样,我也相信我的孩子肯定会在各个方面比别的小孩优秀。但是,在善政5岁那年,我这些美梦被他的幼儿园老师击得粉碎。老师说,善政的语言能力不如班上的其他孩子。

天啊!这个消息犹如晴天霹雳般砸到我的头上。我的孩子居然有语言障碍,而且是在国文系毕业的我用心教导之下……一定是老师看错了。从那时候起,我格外注意善政的语言和行为。

因为这样,我一直没有发觉的缺点如决堤般向我涌来。善政讲话结巴,而且无法集中精神做一件事,对刚刚讲过的问题也会不停地重复询问，直到让旁人也觉得很疲倦为止，还有最重要的一点，他无法有条理地讲清楚一件事情。在我确认了这些事实以后，善政在我心里完全变成了一个问题儿童。看到这种结果，我再一次去拜访幼儿园的主任老师。主任老师说，先观察两个星期，如果到时候状态还是没有好转，那就要接受专业的教育和咨询。

一瞬间，我变得很难过。从来没在书法上输过别人、比谁都讨厌说话没有条理性的我，居然有一个患有语言障碍的孩子！我突然间浑身无力。

"我们家善政只能过比别人落后的生活了吗？真的没有别的办法吗？"

只要是思维正常、身体健全的父母，谁也不会故意讲出对子女有害的话，做出有害的行为。反而会为了让子女能活得更好，做出更多努力。但是，不管父母怎么爱自己的孩子，父母的语言和行动中，有不少妨碍集中力提高的东西。

比如说，有很多父母沉浸在"我的孩子在所有方面都要比别的孩子强"的错误认知当中。愈是受过高等教育的家长，这种症状表现得愈突出。父母给孩子穿好衣服，让孩子参加三四个课外辅导，全是基于这种竞争心理。

刺激父母竞争意识的婴儿及儿童用品真的是数不胜数，从简单的数百万韩元的胎教设备到著名的妇产科医院和产后调理院，以及高价的婴儿用品、名牌教育用具、名牌儿童服装，还有私立幼儿园和私立小学等等。正是如此，我们的社会环境便怂恿父母通过提高孩子的物质生活条件，来展示自身的身份和财力。

但是，不管使用多么高级的东西，都不能保证孩子不会辜负父母的期待。而且，有时父母过分的期待反而会让孩子无法正常发挥自己的才能。正如上面的例子中出现的一样，妈妈看不见孩子的长处，只能热衷于列举孩子的缺点。这位妈妈从幼儿园老师口中听说自己孩子的问题后，由于太看重自己的自尊心，而不能正视孩子现在的状态，完全依据自己的标准来判断孩子的优劣，这是相当错误的做法。

事实上，只要是父母，谁都有可能这样做。那么，你是否属于破坏孩子集中力的父母呢？请认真思考一下。

过分期待型父母

过分期待型父母，就是在其内心深处有着"我的孩子怎么只能做到这种程度"或"虽然做得不错，不过还没有达到最高的标准，所以我们不应该感到满足"等想法的父母。这种类型的家长通常成长在父母受过高等教育，同时社会地位、经济水平也较高的家庭里，由于父母期待子女变得优秀的期望过高，而使孩子感到严重的不安和绝望。这些孩子实际上智商很高，在学校也能取得好成绩，但是却没有自信，而且对未来也抱有消极的想法。同时，由于时常感到不安，因此行为就显得很散漫。

在小学三年级时就开始向韩国集中力中心求援的志勋，正是因为父母的过分期待而承受了过多的不安和压力，导致集中力下降的典型例子。志勋的父亲因为事业的缘故，经常去美国，而母亲从怀孕开始就辞去工作，改做全职的家庭主妇，志勋正是出生于这样的家庭。

爸爸和妈妈都毕业于韩国的知名大学，特别是爸爸，还获得了美国东部一所知名大学的经济学硕士学位。虽然志勋后面还有一个小他4岁的弟弟，但是，志勋的父母仍然对他寄予了相当大的期待。所以，他们给志勋最好的教育和环境的熏陶，希望他成为最伟大的人才。而且，他们还经常用言语和行动向志勋传达"你是我们家的长子"、"所有人都在看着你"、"你要做弟弟的好榜样"等信息。

要求志勋做到最好的期待，成了他的巨大负担，逐渐转化成散漫的行为。此外，在来到韩国集中力中心之前，他还出现了不规律的眨眼睛症状。通过咨询和讨论，志勋的父母意识到了导致他集中力低下的原因，其实就是父母教育的问题。通过持续不断的努力，志勋散漫的行为症状减轻了许多。

孩子对父母的评价很敏感，而且很容易受影响。即使父母在表面上说"做得好"，但在内心里还觉得不够，孩子也能敏感地意识到这一点。如果父母能降低自己的期待标准，心平气和地接受孩子现在的状态，那么，孩子就会开始对自己的能力产生自信，能够好好地发挥集中力。

不要问型父母

不要问型父母，是指完全不管孩子的智力水平或潜力如何，只管给孩子安排很难的功课，或只让他重复简单的题目的父母。为了让孩子不要丧失自信，或者是为了让孩子时常和聪明的孩子们在一起接受教育，父母喜欢把孩子送到超出孩子现有能力的补习班里，让孩子学习一些自己无法理解的内容，所以，孩子们根本无法在课堂上集中精神。另外，有些孩子完全不知道这些科目对自己有什么帮助，而盲目地接受补习班的学习或课外辅导，也会让孩子们的集中力逐渐地下降。

初中二年级学生敏智的父母住在首尔大峙洞。在他们的坚持下，敏智要到十多个补习班去学习课外技能，同时还要接受课外辅导。虽然敏智的妈妈制定好了每周的课程表，但实际上敏智对自己所上的补习班的种类和具体时间并不了解。由于妈妈会按时开车送她去、接她回来，因此，她没有必要自己管理自己的行程安排。

敏智在补习班里虽然不惹是生非，但上课却很难集中精神，总是喜欢呆呆地胡思乱想。据补习班的老师说，她只是翻一翻书本上的内容而已，从来不喜欢深入研究其中的内容。

当别人问敏智自己的想法或感受的时候，她也是以"我不清楚，去问我妈妈吧"之类的话来搪塞。这都是因为她已经习惯由母亲来替她决定一切事情。但是，连为敏智制定好行程列表的妈妈，都不清楚这些学习内容对敏智有什么必要，也不确定是否真的适合敏智的能力。妈妈只是怀着不安的心情，跟着其他家长的做法尝试罢了。

为了提高敏智的集中力，最先采取的行动就是取消一部分不适合敏智的补习班或不必要学习的科目，培养她自动学习的习惯。起初，妈妈感到很不安，但是，当她听了我的详细讲解，知道过去的学习方法将敏智变得很被动，又如何降低了她的集中力之后，她果断地决定让敏智退出其中几个补习班的学习。

如果不想成为不要问型父母，就要在平时通过对话与观察，掌握孩子的能力和接受知识的限度，并学会区分应该由孩子自己完成的功课和需要父母帮助完成的功课。另外，也要**通过智商检验、成绩检验等方式了解孩子在智商方面的优缺点以及可开发的潜力，并结合孩子在学校、补习班的成绩，来制定适合孩子能力的教育计划。**

Never Ending型父母

Never Ending型父母喜欢管理孩子的所有计划，一等到孩子完成一部分任务，马上督促他进行下一步的学习。从孩子的立场上来讲，父母剥夺了他们判断应该学习什么、什么最重要以及应该先做什么等问题的权利，他们只能被动地按照父母的指示行动，自然会表现出懒散的态度。在这样的环境里成长的孩子，只要有任何事情不按照他的意愿发展，就会说"都是因为妈妈"、"都是因为老师"，最终把责任推给别人。而且，他们知道就算学习告一段落，还有另外的科目等着他，所以，他们喜欢坐在书桌前一边胡思乱想一边消磨时间。

就像Never Ending型父母培养孩子的方法一样，我曾在不同的环境里体检过类似的情况。我上大学的时候，曾经兼职过一段时间，负责的工作是担任一位知名研究员的助手，帮助他收集数据、统计并处理数据。这名研究员在学术界颇受认可，参加了不少研究活动，因此，能够辅助他的研究，既是一个很好的学习机会，也是一件相当愉快的事情。但是，有一位前辈知道了我在他手下做事的消息后，却给我提出了非常重要的忠告。

忠告的核心内容是："不要把丢给你的球太快地丢回给对方，这样，对方就会以更快的速度将球还给你。"正如有二人参与的互相接发球的乒乓球或网球运动一样，我们应该给自己创造调整节奏和呼吸的机会。一开始我并没有明确地理解忠告的意义，但是，在研究的过程中，我感受到了这位研究员惊人的精神和热情，也让我领教了他对工作的严格要求和愈来愈繁重的作业量，我后来不得不感叹前辈有先见之明的忠告。

我碰到的很多孩子都很了解"调整速度"的原则，他们无法用明确的语言来解释，但却可以通过行动来实践这些原理。和妈妈一起制定规则、确定每天的学习量的时候，他们会对妈妈的意见产生质疑。他们会反复询问："真的只要做这些就可以吗？要是我做得很快，你能保证不让我再学别的？"有些孩子甚至会学妈妈的表情和语气，嘲讽地说："这么快就学完了！那我们再做一页数学题吧！"在完成了一项任务后又有别的任务在等着，却又不知这些任务何时才能结束的情况下，与其努力地集中精神学习，倒不如看着妈妈的眼色消磨时间要来得容易。

孩子在父母的唠叨和监视下无可奈何地学习时，最好多给他们机会去单独判断该做什么、该怎么做。与其由父母单方面下达命令，不如通过"今天应该做什么"、"什么时候写作业"等问题，等待孩子自己思考，做出决定。当孩子参与一些反应自我意志的活动时，能发挥出比平时还强烈的集中力。

散漫型父母

对于散漫型父母而言，大都是因为父母的散漫，导致了孩子行为的散漫。比如，有开着电视去洗碗，途中要是来电话，就放着没做完的工作去讲几十分钟电话的父母；有一口气给孩子训了很多话，结果自己却忘记了谈话的内容，没能遵守约定的父母。出乎意料的是，像这样精神散漫的父母还不在少数。和这样的父母一起生活，孩子自然也学会了散漫的行为方式。他们连整理书桌或记笔记等习惯都没有，陈述事情的时候也经常表现得没有头绪。

曾经参加过集中力训练营的敏哲之母，从打电话来咨询有关训练营的问题时，就表现出了散漫的习惯。"训练营会教我们什么内容？""敏哲虽然没有大问题，不过我时常为他感到不安。""敏哲上小学三年级的时候转过学，不过好像到现在都还喜欢以前的学校。""以前也送他去过其他的训练营活动，但他好像不怎么喜欢。""本想让他在升初中之前到国外去游学一下，但又不知道他能不能适应。""来参加训练营的孩子一般是什么样的孩子啊？"她毫无顺序、毫无头绪地问问题，却又不认真听取工作人员的讲解，不断地重复提过的问题。

敏哲做事也缺乏思考逻辑，想起什么就做什么，表现得非常散漫，做笔记和整理数据也不如同年龄的小孩。

如果父母具有集中力不足、散漫等特点，那么应该和孩子一起尝试提高集中力。如果父母还停留在散漫的状态，也就不可能有效地转变孩子的现状。父母做一套，却要求孩子做另一套，这只会让孩子随着年龄的增长表现出愈来愈强烈的反抗态度。

首先，要检查家中是否有妨碍提高集中力的要素，并立刻整理这些因素。比如说，如果在孩子学习的房间里能听到客厅里电视的声音，就要调整书桌或电视的位置，或者干脆改变生活模式，将孩子学习的时间定为全家的阅读时间。另外，也可以在显眼的地方挂上白板或日历，养成在上面做记录或留言的习惯。

父母的信任是集中力的开始

用心书写的日记 5

我说这话真的是对不起贞熙,不过说真的,我对她真的没有什么期待。在三个孩子当中,年龄最小的贞熙没有什么特别的优点,也没有什么特别的缺点,只是一个平凡的初中一年级女生。哥哥和姐姐都在初中、高中担任学生会长,成绩也非常优秀,都排在全校前五名以内,唯有贞熙没有什么特别出众的地方。

正如大多数父母一样,我们夫妻都觉得前两个孩子成绩好,那么小女儿也应该学习好,因此,一直在耐心地等待着她的进步。所以,我们经常对贞熙说:"你要学习哥哥和姐姐,努力学习,取得好成绩才行呀!"可是这孩子并没有对我们的话表现出特别的反应,所以,我们夫妇只要一有时间就会跟贞熙强调学习的重要性,以及成绩会怎样决定她的未来。

但是,这却埋下了祸根。这孩子似乎每听一次这样的话,都在心中累积压力。因为，在任何方面都很出众的哥哥和姐姐，学习时间不够用，根本没时间和妹妹一起玩，现在连爸爸妈妈都要强调学习。因此这孩子变得愈来愈不爱讲话，同时，表情也变得很阴暗。

就这样到了六年级时，贞熙开始成为一个偶像歌手的歌迷，从此整个人完全变了。贞熙加入了这位歌手的歌迷后援会，开始不分昼夜、异常热情地参加所有的活动。她不仅要看这位歌手参加的电视节目，而且连歌手公演的地方都不会错过。贞熙对学习失去兴趣，正是从这个时候开始。

我们劝过她很多次，也曾经狠狠地教训过她，但是，贞熙却一直不顾家人的劝诫。甚至因为爸爸的训斥而离家出走，到其他歌迷家过夜。事情到了这步田地，贞熙似乎也成了被我们放弃的孩子。

贞熙只要一回家就走进自己的房间，放着自己偶像的音乐，每天只沉浸在偶像的世界里，而其他家庭成员似乎也对她感到绝望。有人讲过，人际关系中最可怕的就是"不再对他人抱有任何期待"，现在，我们一家人就是对贞熙不抱有任何期待了。说不定贞熙对家人也有类似的想法吧！

有一位小学四年级女生的母亲在咨询中一边叹气一边对我说："我最清楚我孩子的状况了，她就是一个再平凡不过的女孩。所以，我也不想对她抱着太高的要求，可是欲望却一直挥之不去呀！我只希望她能努力做自己应该做的事情，可是她现在连这一点都做不到，变得愈来愈散漫了。"在旁边听到这些话的孩子，表情变得很生气，一直在逃避我的目光。孩子在听到妈妈这样的评价时，一般都会默认自己的能力，而且就像妈妈讲的一样，把自己定位成连事情都做不好的散漫小孩。

正如我们所知，孩子可以通过集中力找出自身的天赋。但是，要实现这种伟大的成就，绝对需要父母来助孩子一臂之力。父母可以把孩子培养成天才，也可以把他培养成连平常人水平都不到的孩子。

父母同样的期待，但使用不同的方法也会让结果大相径庭。比如，像上面提到的例子一样，**如果父母想把对孩子的期待"强迫或强制"性地注入到孩子的身上，那么只会造成孩子"反抗或绝望"的对待**。也就是说，这只会让孩子把父母的期待当做"破坏性的攻击"，而不是"爱"，其结果会以"逃避或放弃"的态度来呈现。

但是，**如果孩子通过"称赞或认可"的方式了解父母的期待，其结果就会以"自尊心和成就感"来呈现**。这样的话，孩子就能通过幸福、愉快的谈话，与父母和家人分享所有的问题，从中获得强大的勇气和自信，用来实现自己的梦想。

不管是孩子做了好事称赞他时，还是做了坏事批评他时，都不能拿他和别的孩子做比较。父母只能就事论事，只能依据这件事情的本身来夸奖或批评孩子。孩子本身拥有无限成长的空间和机会，可是，如果父母以某一种对象做标准和他进行比较，孩子们就有可能以此为标准来调整自己的价值观，这是值得父母思考的问题。所以，父母要持续不断地信任并且鼓励孩子，让他们能创造出属于自己的人生。

称赞的惊人威力

　　1968年，美国旧金山的一所小学实施了一次智力测试。测试结束后，学校整理出20%的高智商学生名单，并交给了老师。8个月后，学校又做了一次智力测试。其结果是，这些成绩优秀的20%的学生，都显示出比一般学生更高的智商，成绩也比前一次有了更大的提升。

　　这是学术界很有名的一次试验，虽然是很久以前的研究结果，但至今依然受到很大关注。头脑聪明的小孩自然会有好成绩和高智商，但这样显而易见的研究结果为什么会受到人们的关注呢？

　　事实上，这是由哈佛大学教授罗伯特·罗森塔尔（Robert Rosenthal）和小学校长雷诺·约考森（Lenore Jacobson）一起设计出来的"掺杂了一点谎言"的实验。研究人员交给老师的高智商学生名单，事实上是随意编出来的名单。也就是说，其中可能有一些聪明的孩子，但也包括了普通的孩子，甚至是智商较低的孩子。

　　但是，这些孩子为什么在8个月之后的第二次测试中都得到了比其他孩子更高的智商和成绩？这是因为孩子们得到了老师的期待和鼓励。

　　当研究人员拿着高智商学生的名单对老师们说"这些孩子的头脑非常聪明，由于智商很高，更有可能在学业上取得好成绩"时，老师们都毫不怀疑地接受了，同时，他们也认为这些孩子比一般人聪明，自然会期待他们比别的孩子能更有效率地学习。因此，老师们就能以肯定的眼光看待这些孩子的行为，并常常称赞他们。

这个试验印证了，老师对学生的期待实际上会对学生的成绩产生提升的效果。这个道理也适用于父母和子女之间。父母以怎样的期待和眼光看待孩子，也会影响到孩子们的行为结果。

称赞能让鲸鱼跳舞

父母即使不用言语来表达，其想法也会传递给孩子。在孩子不小心摔破了杯子时，家长怀着"这孩子怎么天天就只会惹麻烦"的想法打扫，或怀着"是不小心吧，我也有这样的时候"的想法打扫，虽然同样是不讲话，但家长的想法最后还是会传递到孩子心里。如果孩子感受到了第一种信息，就会感到绝望和不安；如果感受到了第二种信息，就会通过一次失误，平静地学会新的经验。

所有的父母都希望自己的孩子有出息。但是，真正相信自己的孩子能出人头地的父母并不多。看着愈来愈激烈的社会竞争，父母会担心自己的孩子会不会愈来愈落后，所以没办法让自己的心情轻松起来。因此只要孩子有一点点失误或经历一次小小的失败，父母都会显得比孩子更焦急。比如考试没有考好的时候，父母会比小孩更伤心、更生气，所以，孩子们开始会觉得成绩不是自己分内的事，而是由父母安排、管理的问题。然后，他们对学习的兴趣和自信也会愈来愈被动。在这种情况下，集中力当然会下降。

"你怎么总是这个样子？"

"就按妈妈说的做。如果这次再失误的话,你就完了。"

"就因为你,我才没完没了地担心。"

比起这些话,父母应该常说以下的话:

"妈妈和爸爸相信你一定可以做得好。"

"没关系,人人都有失误的时候。我们好好想一想,如何努力才不会再次失败。"

"你性格开朗又积极,肯定会很有人缘。如果你能再为别人着想的话,别人甚至会尊敬你、崇拜你哦!"

这些话可以增强孩子的自信,也能让他们有更好的表现。

父母如果真的想为孩子说这样的话,就要真正相信孩子们身上所具备的潜力。

希望自己愈过愈好是人类的天性。无论多么糟糕的人,都不希望自己比过去更差。但是,如果这种追求进步的心态遭到轻视,或者从父母或老师那里感受到对自己的不信任,那么孩子就很容易放弃或绝望。作为父母,应该时时注意自己是否将那份信任感传达给孩子,并努力使这份信任感有所升华。那么,我们从现在开始努力吧!

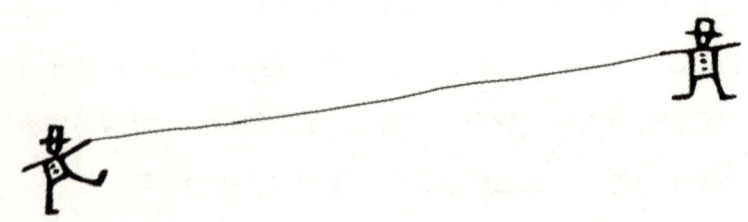

集中力检测题目列表2

☑ **我有多信任孩子?**

专　　　　案	是	否
1. 我家孩子如果放任不管的话，会一整天什么事都不做，只玩电子游戏	☐	☐
2. 有太多比我家孩子优秀的孩子，这件事让我感到很不安	☐	☐
3. 没有我，我家孩子什么都不做了	☐	☐
4. 我家孩子没有什么突出的能力	☐	☐
5. 未来社会的竞争将更加激烈，所以要让孩子学会更多才能	☐	☐
6. 常常担心孩子长大了能做什么	☐	☐
7. 我家孩子没有一项擅长的技能	☐	☐
8. 我家孩子能做到这种程度，只是因为我在旁边监督、提醒	☐	☐
9. 害怕通过心理测试了解孩子目前的能力和状态	☐	☐
10. 经常不知不觉拿别人家的孩子和自己的孩子作比较	☐	☐

有3个或3个以下"是"的情况

不但对孩子有适当的关心，同时也很信任孩子。相信孩子的力量，但是为了在孩子需要时能够及时给予帮助，应时时在旁边守护着他。

有4~6个"是"的情况

有点缺乏对孩子的信任。由于对孩子的能力和未来感到担忧，因此时常干涉孩子的行为，并经常对孩子唠唠叨叨。

有7个以上"是"的情况

对孩子严重缺乏信任感。认为没有父母的帮助，孩子什么都做不了，所以会过分干涉孩子的行为，而且经常教训孩子。父母的不安会传递给孩子，容易让孩子感到不安。

集中力的钥匙——称赞

提高孩子的集中力，没有比称赞更有效的方法了。称赞可说是研究父母教育的课程中不可缺少的主题，也是多数父母教育中相当值得强调的内容。但实际上，大多数父母在听完课程走出教室的一瞬间，或在合上书本的一瞬间，都把这一点忘得干干净净。有不少父母都觉得，称赞虽然只是说孩子好话，但要适时地用在孩子身上，却是一件困难又高深的"技术"。

很多父母都说："我也知道要多称赞孩子，可是没那么容易呀！孩子天天都在找我麻烦，我要怎么夸奖他？根本就没有事情值得夸呀！"同时，也有不少父母会反问："我心里也觉得孩子做得不错。可是，我哪能全都用言语来夸奖呢？而且，就算我不说，孩子也应该知道吧？"

就算是没什么值得夸奖的孩子，也不可能一天24小时都在惹是生非，说不定偶尔也会变得安静稳定。父母应该把握住这样的瞬间，及时称赞孩子的积极行为。或许你会觉得，找机会夸奖他比找机会教训他困难得多，但是，就算是琐碎的小事情，也一定要找出来夸奖一番，这样才能提高孩子的集中力。成贤过去也因为学习感到吃力而不太能够集中精神，但是，他的父母在接受父母教育后，把一天夸奖三次付诸实际，让成贤的集中力得到相当大的提高。

有一些孩子的确能够解读父母的心理，知道父母在为自己感到自豪，但同时也有不能解读父母想法的孩子。有时大人们的言谈间，都会出现不另外说明也无法搞清楚的情形，更何况是这些小孩子们，也难怪他们不明白父母的想法。所以，即使是内心里的话也要通过言语来传达给孩子。

如果下定决心想要夸奖孩子，却总是忍不住教训他的话，那么可以反省一下在孩子做错事的时候，作为父母的你做出了怎样的反应，并记录观察日记（参照49页）。我们可以回顾自己以前的行为并且记录下来，也可以专门拿一天来观察，记录孩子的行为和自己的反应。

第一栏中"孩子的问题行为"，只要简单地记录下"不写作业"、"整天只玩电子游戏"、"和弟弟吵架并且打人"等内容即可。

下一栏"具体情况"中，要依据时间、地点、人物、事件、方式、原因等六个要素，将当时的状况详细记录下来。比如，可以写："晚上全家人一起坐在地板上看电视，9点钟看完电视剧后，在新闻开始之前问他有没有写作业，结果到这个时候他还没有写完作业。但今天并没有写不完作业的特殊理由。"

"父母的反应"一栏中，记录爸爸或妈妈当时是如何处理的。比如，可以写："我很生气，想叫他赶快回房写作业。于是发脾气地对他喊：'我每天都在告诉你，写完作业再做别的事情，你怎么不听呢？'"总之，要像这样诚实而详细地记录自己的行为。

观察日记

2009年6月3日

孩子的问题行为	没有按时完成作业。
具体情况	全家一起看电视。9点新闻开始前问他有没有写完作业，他说没写完，并且躲避我的目光。
父母的反应	想到他闲晃了一整天，到现在都没有写完作业，我非常生气，所以，对他大喊："赶快进去写作业！"
结 果	孩子回到自己的房间，大声甩门。本想追上去教训一通，还是忍住了。我心里真是着急呀！

最后一栏的"结果"里,要详细记录所有过程产生的结果。可能会出现"孩子气呼呼地回到自己的房间,过了晚上11点都还没完成作业,我则是在旁边一直唠叨"、"我继续看电视,孩子回房间写作业了,不过,我并没有去确认他最终是否写完了作业"等结果。

让集中力提高一百倍的四种称赞技术

按照上面的模式,只要记下五种对孩子不满意的事,你就很容易发现自己的反应是多么无效。仔细想想,我们教训孩子、吓唬孩子、对他们生气的行为,到底有没有引导孩子做出我们所希望的事情?我想大多数父母都会摇头否认。那么,我们还要继续使用这种无效的方法吗?难道就没有别的好办法吗?答案是有的,而这个好办法就是称赞他。

比起从来不被夸奖的孩子,那些经常接受称赞的孩子的心态会更好。但是,称赞也要掌握要领。按照这些要领来称赞,效果会更好。也就是说,称赞也是一门艺术。

1.点出称赞的理由

称赞孩子的时候,要让他明确了解是因为什么行为而得到称赞。一位参加韩国集中力中心父母教育课程的母亲说,从孩子小时候开始,她一直都很吝于对女儿称赞,导致孩子现在不会替别人着想,只把自己当做公主,很让人担心。这种情况是因为父母没有针对孩子的具体行为作出称赞，而是不管与其行为有没有关联，总是含糊表达赞扬的结果。

那些老是听着"真听话"、"真帅呀"、"真漂亮"之类的称赞长大的孩子，可能会有两种结果。一是，不试图通过多做好事来赢得称赞，而是认为自己的所有行为都应该会无条件受到称赞。所以，如果没有得到周围人们的注意或者称赞，他们就会忍不住继续用夸张的行为来引起人们的注意。他们认为自己是世界上最棒的，没有人有资格批评自己的缺点，所以，绝大多数会表现出王子症候群或公主症候群的行为。

另一种是，孩子只想当一个"乖孩子"。换句话说，他们只想做父母或社会希望做的事情，所以，表现得就像一本活生生的道德百科全书。有些人会想，做一个听话、乖巧的孩子有什么不好，但事实上，人活在世上必然会出现偶尔撒个谎、找个理由、或者迫不得已爽约的时候。

但是，这些孩子有过分的心理负担，觉得只能做正确的事情，只要有一点违背了父母的期待，就会感到深深的自责，失去了很多自己的想法，时常生活在紧张及不安的情绪里。

称赞孩子的时候，要很具体地告诉他们什么地方做得好，并只对这一部分提出称赞。总是把房间搞得脏兮兮的孩子，突然有一天打扫整理了房间的时候，比起简单地夸他几句："真乖，还会打扫房间。"不如说："哇！今天房间真干净呀！书桌也干净，学过的书也都放回了书架！"这样，孩子就能找到正确行为和错误行为的标准，同时，也知道什么样的行为才能使自己得到称赞，以后也才会更努力地去做能够得到称赞的事情。

2.结果固然重要，但过程更重要

很多父母容易犯的错误之一，就是无视孩子的努力过程，只依据结果来称赞孩子。如果考试成绩有提高或得到了奖状，当然要称赞一下孩子，但是，也有付出了努力却没有得到预期中之成绩的状况。即使在这样的时候，父母也不能单凭结果做依据，而是要以孩子的努力过程为焦点，毫不吝惜地称赞他、鼓励他。

如果不管孩子努力与否，只针对结果来称赞，那么孩子就会变得不喜欢挑战更有难度的课题，而是只挑选简单的课题来做。甚至会出现，孩子们会不惜使用各种手段来得到想要的结果，所以，这会让他们毫不犹豫地采取作弊、修改考试成绩等方法。

此外，即使孩子们没有完美地完成任务，但是，哪怕有一点点进步，也要强调和夸奖这一点进步。比如说，听写成绩一直只有70分的孩子，有一天得了80分，妈妈可能就会说："哇！做得好。下次要努力，一定要得到一百分！"但这并不算是真正的称赞。这样的称赞，没有给孩子足够的时间品味由努力换来的成果，而是立刻给了孩子更高的目标，这反而很容易让孩子感到疲倦。

也有很多妈妈会说："你看，你不是也可以做得很好吗？妈妈不是一直告诉你要集中精神注意听老师讲课的内容吗？要是听了妈妈的话，成绩就会提高了，多好啊！"这样的称赞方式也不正确，它并没有把焦点放在孩子的努力过程上，而是变成了妈妈自己夸奖自己，无法让孩子体会到更多的成就感。

但是，如果妈妈说："哇！拿了80分啊！星期五晚上练习了听写，成绩果然有所提高。做得很好呀！"如果把称赞的焦点放在孩子的努力上，孩子自然就会在心里想："我下回要做得更好。"这就是注重努力过程的称赞方法。

3.全面称赞孩子的各个领域

孩子都有自己特别想得到的称赞。比如，有的孩子喜欢关于学习方面的称赞，而有的孩子则是喜欢别人称赞他的衣服很漂亮。所以，有些孩子听到别人夸奖说"你真聪明，九九表都已经背下来了"，就会高兴地耸肩；而有的孩子听到"哇！你穿粉红色的衣服太相配了，肯定是因为皮肤白，长得又漂亮"，就会高兴得想要飞上天。因此，如果孩子们对称赞的种类有特别的偏好，经常称赞他这一方面的特点会有很大的效果。不过，称赞也不能太偏重于某一方面。

在首尔大学从事大学生咨询工作时，我看到很多大学生会因为没有做好学习以外的事情而失去自信，以至于适应不了学校的生活。直到高中毕业的时候，他们都因傲人的成绩而受到瞩目和赞扬，然而，一到首尔大学后才发现除了自己以外，还有太多成绩很好的学生。

而且，成绩好、口才好、性格好、长相好的人不在少数。这样一来，他们就会觉得自己看起来寒酸又不起眼，变得自卑、畏缩。这时，他们就想通过更努力地念书来恢复自己的自信心，但是，当这种想法愈强烈时，就愈容易产生杂念，于是根本没有办法集中精神来读书，因为这一类的问题而受忧郁症折磨的学生不止一两个。

他们的共同点在于，除了在读书方面以外，几乎没有因为别的事情而受到过称赞。如果大家能想象一下，只靠一条腿来支撑的桌子，也就能知道只在一个领域受过称赞的孩子是多么危险了。只要支撑桌子全部重量的这一条腿断掉，那么这张桌子便会倒下。但是，如果是有十条腿支撑的桌子，即使其中一条腿坏掉，也不会因此而动摇，因为，在我们修补这条腿的过程中，其他的腿还是可以支撑桌子。

即使读书的能力不太好，但是歌唱得很好；不能在歌唱比赛中得奖，但是很会体谅和关心别人；虽然讲话不是很好听，但是责任感很强；偶尔做事情有点拖拖拉拉，但是从不偏食、身体健康……其实，孩子可以被称赞的优点是无穷无尽的。

不要只局限在一个领域里称赞孩子，要在各种方面寻找孩子的优点。

4.不要只用语言称赞孩子！

灿烂的笑容、亲切的眼神、抚摸、亲脸、拥抱、轻拍后背等称赞的肢体语言，比起口头的称赞更有效果。据人类意识交流研究员阿尔伯特·梅拉宾（Albert Mehrabian）的研究，假设我们想表达100%的意思时，语言只能传递其中的7%而已，而说话的方式、语气、声音等可以传递38%的信息，身体语言则能传递55%之多。人们在谈话的过程中很少因为谈话内容而产生信赖，常常是受到讲话的方式和态度的影响。

比起一些父母眼睛盯着电视,对孩子说:"嗯,不错!把写完的作业本放在餐桌上吧!"不如一边说:"哇,做得真好!拿来让我看一看。"一边灿烂地微笑,一边拍拍孩子的肩膀。这样,孩子才会感受到不可言喻的成就感。

另外,通过奖赏让孩子充分感受到成功的喜悦也是好办法。做一顿孩子喜欢吃的饭菜,或者买一个小玩具给孩子,都比只用言语来夸奖他更有效果。除此以外,延长孩子的游戏时间,或者由父母陪伴一起玩耍,也不失为一个好方法。

在说出"做得好!下次要做得更好才……"之前,要让孩子充分感受满足感和成就感。如果能够做到这一点,那么不用父母开口,孩子也会自己努力,下一次将会争取更好的成绩。

和孩子一起制定称赞记录表

称赞记录表

日期	情况	称赞的话	具体吗?	是针对过程吗?	哪一领域?	有何种行动?
6.11	外出回来的时候,看到孩子在学习	"在学习啊?"(虽然心里觉得孩子今天很了不起,但好像没有好好称赞)	不太具体	没有吧	念书	完全没有
	提前写好了日记	"这么快就写好日记了?做得好。好了,那就回去睡觉吧!"	有针对写日记,应该算是具体	不是	日记	只用了言语来称赞

找自己优点的宾果游戏

和孩子一起玩"找自己优点"的宾果游戏。宾果游戏只要有一张5行5列构成的25个方格纸就可以进行。游戏方法就和我们平时写上国家名字、歌手姓名或艺名等主题进行的宾果游戏方法一模一样，只是把当中的主题改成了孩子的优点而已。和孩子一起，把他的优点一个个地填入网格中。

大部分孩子都没有办法记满自己的25个优点。所以，开始玩的时候孩子会有些犹豫，这时，爸爸或妈妈应该先替孩子多记几个优点。最好一边提醒孩子这只是游戏，一边轻松地进行下去。游戏中不一定要记下什么很大的优点，如"擅长记电话号码"、"擅长吃辣的食物"、"和粉红色很相配"等细微、容易被忽略的优点也行。

在记下全部25个优点以后，玩游戏的人要定出一个顺序，轮流念出记录下来的优点，而宾果游戏就是以这样的方式进行。当一个人念出自己记录下的优点以后，就在这一格中画圈或画叉以作为标记。其他人则在此人念出优点的时候，如果发现自己的表格中也出现了同样的优点，便在那一格中做标记，如果没有相符的，就不用做任何标记。大家按照顺序轮流重复讲述优点和做标记。这种宾果游戏的胜利者，是最先在横排、竖排、对角线的任何一个方向，将五条连续的标记连成一条直线的人。

结束这个以孩子的优点为主题的游戏后，再用同样的方式以爸爸、妈妈的优点为主题进行游戏。

第 二 篇

孩子的集中力消灭法、集中力挽救法

准备与孩子共度的时间

用心书写的日记 1

晚上7:30左右，是李俊爸爸的下班时间。但是，从这个时候开始，我也会变得很忙。

和其他的妈妈们一样，我的每一天过得并不简单。早上起床伺候老公上班，再把大儿子李俊送上幼儿园的交通车，整个早上的时间一下子就过去了。接着，我就要急急忙忙开始为老二秀京准备断奶食品，和孩子一起吃完午饭后，再洗一些衣服，做一些清洁的工作就到了准备晚餐的时间。到了下午3:30左右，我就要走到公寓正门前，迎接从幼儿园回来的李俊，回到家里，就要帮两个孩子洗澡。

然后，到了晚上7:30，就是我最忙碌的时刻。我丈夫对家务事几乎不闻不问，这不是因为他养尊处优，当然，他在待人接物上也没有什么问题。但是，每天吃过晚餐后，我就开始蜷曲着身体做家事，而他对电脑的迷恋程度几乎到了中毒的程度。

他只要一坐到电脑前面，就完全无视家人的存在，玩电子游戏一直要玩到凌晨不可。每当李俊黏着他、要和他玩的时候，他都会不耐烦地把孩子推给我，接着，他又开始专注于电子游戏。为了享受电子游戏的背景音乐和声音效果，他甚至要在家里戴上耳机。

"求你别再玩了。我洗碗的时候，你帮我看看孩子不好吗？"

"孩子们都自己玩着呢！有什么好看的？"

"刚才孩子找了你好几次，要和你一起玩，你就当作没有看见，最后孩子才会放弃嘛！"

"哎呀，我现在已经很累了，你就让我多玩一会儿吧！"

对话以这样的方式持续下去，最后以互相吵架，或者某一方先放弃结束。但问题在于，爸爸的这种行为并不是以我们两人的吵架而结束。李俊满6岁的时候，爸爸的行为仍然没有变化，孩子们也自然而然地把爸爸和电脑联想在一起。看不见爸爸的时候，李俊都会最先跑到有电脑的房间去找他，要画爸爸的时候，他们也只会画坐在电脑前的爸爸。有时候，他们甚至在爸爸玩电脑时，突然拔掉插头或胡乱敲打键盘。但是，爸爸对李俊的这种行为，只有生气和教训而已，并没有因此留出和孩子们一起玩的时间。

在幼儿园里，也发生过类似的情况。在幼儿园里玩积木玩具的时候，李俊经常不按照老师的讲解来做，而是把玩具丢得到处都是，甚至会把同学做好的东西弄坏。上英语课的时候，他不但不能集中注意力，反而会一边大声喊叫一边到处乱跑，导致老师无法正常上课。

不仅如此，在各类电视节目中，李俊特别喜欢有关电玩游戏或漫画的节目。如果我想转到别的台，他就会哇哇叫喊，甚至抓起身边的东西就扔。当然，就算遇到这样的情况，爸爸依然专注于电脑。

这样一来，我自然也少不了经常对李俊发脾气或打骂。现在，我也没有力气再独自照顾李俊了，也感觉到不能再让孩子在与爸爸心灵上有所隔绝的环境下成长。今天不论如何我都一定要和孩子们的爸爸认真讨论这个问题。

最近经常见到很多沉迷于电脑的孩子，但是通过和这些孩子的谈话会发现，问题都是缘自他们的父母。直到不久前，还有很多夫妻均要上班的家庭迫于无奈，把孩子交给爷爷奶奶照顾。但是，最近却发现不少这样的情况，就是在只有一人上班的家庭里，出现不合理分配做家务、照顾孩子的家庭分工，导致孩子身上出现了众多问题。特别是很多年轻的夫妻们，过分执著于自己的事业和爱好，于是在家庭生活中冷落了自己的孩子。

上面提到的"电脑爸爸"也是属于这种情况。这样的父亲不但没有关心正处于敏感年龄的孩子，而是沉迷于自己喜欢的电脑游戏当中，对家庭视若无睹。如果原本应该是一家之主的父亲坚持大男人主义，坚持由妈妈来支撑整个家庭，那么妈妈自然会感到非常疲惫。当孩子看到爸爸不理妈妈的劝告，也不和自己一起玩耍，那就会逐渐累积不满及失落的情绪，最后受到爸爸潜移默化的影响，未来会表现出很强的独占欲和暴力倾向。

正因为这样，在孩子塑造自身个性的幼年时期，父母要下定决心不能用任何理由来剥夺和孩子在一起的时间，并把这个决心付诸实践，这一点非常重要。

能让情绪安定的身体接触和对话

集中力会出现在一个人情绪安定的时候。但是，孩子们一般都比大人更容易感到不安。这是因为，孩子会觉得自己比大人还要不成熟得多，没有能力应对突发的危险状况。当然，孩子们也缺乏根据实际情况来应变的能力。所以，父母要为孩子的情绪安定提供帮助。让我们看看小学三年级生泰贤的例子。

小学三年级生泰贤在同龄的孩子中，算是比较懂事又善于表达的聪明孩子。在智力测验中，他也能名列前茅，是个智商很高的小孩。老来得子的泰贤父母只要是为了泰贤，便可以毫无保留地付出。特别是工作繁忙的妈妈，虽然自己已经很劳累，但是每个周末都会抽出时间陪孩子去博物馆或展览会，下班之后也会亲自检查孩子的作业。但是，泰贤的妈妈很害怕学校或补习班的老师找她，因为老师们总是说泰贤很不安分。由于懂得很多的知识，泰贤很喜欢在别人讲话的时候插嘴，而且一旦开始讲话后，就一定要把所有知道的东西全部讲完才甘心。泰贤的这种个性经常会打断老师讲解，破坏老师授课的气氛。

在韩国集中力中心受教育的期间,泰贤也经常表现出这些毛病。所以,我给了泰贤一本"杂念手册",让他每一次在课堂上心生杂念或想讲话的时候,就在这个本子里简单地记录几句。这是为了控制他插嘴而妨碍他人交流,使他自己集中注意力的手段。

泰贤很小心地利用这本杂念手册。在接受我的咨询教育的过程中,如果想起了别的事情,他也会立刻拿出这个本子记一些东西,也不时地给我看一些在家里写的内容。但是,泰贤的"杂念"内容非常单纯。在这个本子里反复记着"妈妈抱",有几天甚至记下了"妈妈抱×10"、"妈妈抱∞"等。

"妈妈抱"是什么意思呢?第一次看到这个手册时,我很难理解这是什么意思。泰贤按照我教过的方法,每当有杂念的时候,都会在最短的时间内简单记下自己的想法,然后立刻将集中力回归到其他正事上。所以,写下的内容都是一些简称,字体也很潦草,这一点表明他还是很有希望的。我问泰贤"妈妈抱"是什么意思,他说那是"妈妈,你抱我一下吧"的简写。已经看过杂念手册的妈妈笑着说,虽然她也知道泰贤很喜欢和妈妈有身体接触,喜欢妈妈抱他,但是,没有想到他连学习的时候都会有这样的想法。最后妈妈反省说,在以前那段时间里,虽然她自以为为泰贤付出了很多的努力,但是,与其说她尽到了一个母亲的责任,不如说她只是单纯地扮演着从学校、补习班接送孩子的角色。她理解到泰贤真正需要的是和妈妈在一起的幸福时光。

能为孩子带来安全感的最好方法就是身体上的接触和对话。如果想提高孩子的集中力,就要多安排与孩子面对面、手牵手交谈的时间。如果只询问孩子"有没有吃饭"、"有没有认真上补习班"、"作业有没有写完"、"第二天的物品有没有准备好",发现其中有任何一项没有做好,就立即严厉地批评孩子,这并不是提高安全感的对话方式。这只是从监视和管理的角度出发的谈话而已。其实,孩子在学校里的生活很丰富,比如和谁要好,那个同学成绩怎么样,他有哪些优点,老师今天穿了什么衣服,学校的饭菜味道如何,喜欢的漫画书里讲了什么内容等等。因此父母可以和孩子交谈的内容其实非常多。

与孩子交谈的时候,千万不能因为时间紧迫,匆匆忙忙地结束谈话。父母要以自在的姿势与孩子面对面,自然地把手搭在孩子的肩膀上或者一起挽着手臂谈话。特别是父亲对孩子的自然身体接触,对提高孩子的集中力很有帮助。和父母一起投入运动或游戏中,度过彼此亲密接触的时光,不仅有助于提高孩子的集中力,也有助于帮助他们塑造正确的价值观。

爸爸和孩子一起共度时光的五种方法

1. 好好利用零散的时间

和孩子在一起的时间不会很长。只要利用上班前或睡觉前的一些零散的时间,也可以和孩子进行有益的交谈。哪怕是和爸爸面对面交谈一下,孩子也能感受到爸爸的关爱。像这样时间比较不够的时候,与其问一些关于作业、零用钱等平常生活上的问题,不如把焦点放在现在的心情、今天发生最让人高兴的事情等方面,这样会让交谈更有益处。

2. 把孩子喜欢的内容当做交谈的题材

一旦与孩子进行交谈,有很多爸爸就会长篇大论地进行说教,或者一开始就问孩子苦恼的事情。这样一来孩子们就会认为,和爸爸交谈等于是听他说教,因此产生了逃避的心理。为了让孩子喜欢与爸爸交谈,应该从一些轻松愉快的话题开始谈起。爸爸要在电子游戏、电视、朋友、衣服等孩子关心和喜欢的东西上表现出热情。这样,孩子才会敞开心扉认真听爸爸的话。

3. 安排只属于两个人的时间

最好是安排一段其他家人不在场,只有爸爸和孩子交谈的时间。当全家人聚在一起的时候,某些孩子会很难感受到自己得到了充分的重视。最好是爸爸和老大、妈妈和老二,或者爸爸和老二、妈妈和老大分开进行交谈。不和哪一个人分享爸爸的关心和爱,而是完全独享这种感受，可以给孩子带来巨大的安全感。特别是在兄弟姐妹之间竞争激烈、有严重嫉妒现象的家庭里，爸爸和妈妈分别和一个孩子交流，效果更为明显。

4. 多进行身体接触

爸爸比妈妈更容易和孩子一起进行有身体接触的活动。一起运动或登山时，自然的身体接触比语言更有效。特别是在没有足够的时间与孩子相处时，更应该定期进行能够产生身体接触的活动。

5. 多称赞孩子

称赞不只能让人心情雀跃，它也可以在孩子的心灵种下自信和安定的种子，以便更容易发挥集中力。和孩子在一起的时间不够，虽然原本应该经常称赞孩子，但实际上，父母教训孩子的时候却比较多。这是因为比起孩子做的好事，没有做好的事情更容易引起父母的重视。有时要对孩子的缺失睁一只眼闭一只眼，表现出更关心孩子的优点，这样父母和子女才能建立更亲密的关系。

站在孩子的立场上讲话、行动

用心书写的日记 2

直到现在我才敢把这些话讲出来,以前真的是没想到夏恩会变得如此暴躁、散漫。现在想起来,我们夫妻真是犯了很大的错误,可是当时怎么都不知道呢?

我们夫妻俩是年过30以后,在别人的介绍下结婚的,过没多久就生下了这个孩子。因为我们的年纪都不小了,所以不能再拖下去。我是男人,所以年纪也不算太大,但是比我大2岁的老婆却因为年龄时常苦恼。正因为这样,在怀孕的时候,我们也反复做了很多次让人提心吊胆的畸形儿检查。还好,10个月后,夏恩顺利地来到了我们的怀抱。那个时候,我们幸福得感觉拥有了全世界。

夏恩一天天健康成长着,终于可以一句、两句地开始讲话了。

看着夏恩从"妈妈、妈妈"开始到可以叫"妈妈、爸爸",我们仿佛正体验着世界上最奇妙的事情。夏恩对我们来讲,是快乐和活力的泉源。

可能是因为孩子得来不易吧，从夏恩3岁可以表达自己的思想开始，我经常以各种方式和孩子开玩笑。比如，夏恩因为没有零食而哭闹的时候，我就以更大的声音假装哭闹，这时，她就会惊奇地看我一会儿，立刻停止了哭泣。

夏恩上幼儿园之后，学会了几首儿歌。原本平时就很喜欢唱歌的她，不管何时何地，总是开口就唱。所以，每当她唱歌的时候，我就立刻抢她的歌，或者干脆从中间开始插入别的歌来戏弄她。那个时候，我以为这也是和夏恩一起玩耍的方式，但现在想起来，这是一种攻击孩子的行为。

"学校铃声当当当，快快聚起来。"

"新国家的小朋友们都早早起床。"

"爸爸，我正在唱歌呢！你干吗呀，每次都这样！"

"没有懒虫的好国家，就是我们国家。"

"爸爸，我——在——唱歌！"

甚至在开车的时候也是这样，有时坐在后座上的夏恩气得用拳头直打我的后背。自从夏恩以这样的方式发泄以后，之后在面对其他问题时，她也会表现出同样的反应，但我只觉得孩子这样反而很可爱。甚至有时夏恩问我问题，我会因为她不停地提问而打断她的话。就这样在和夏恩相处的几年里，我还一直把这种行为当作是和她开玩笑。

但是，夏恩从7岁的时候开始，就渐渐表现出一些让人不安的征兆，因为她开始有点口吃。

"爸爸，那个，嗯……嗯……今天，嗯……我想和朋友们一起去郊游……"

"然后呢？"

"朋友们，嗯……以后，嗯……不来幼儿园了。我……要去……学校。"

"你在讲什么？给我好好说话！你连话都说不好吗？"

我们之间的交流总是这样不顺利。她不仅有口吃，而且每次开始一个话题以后，她都无法持续地表达自己的意思。夏恩的性格变得愈来愈急躁，只要没有满足她的要求，她就会开始大发脾气。在家里学习数学或英语的时候，她也无法集中精神，经常会突然拿玩具出来玩，或者开始画画，完全不理会爸爸妈妈。

夏恩现在快8岁了，但是，情绪一直处于非常不安定的状态。口吃的现象仍然很严重，而且只要稍微移动她的玩具，她就会大吵大闹。回想过去的日子，我觉得这完全是我这个爸爸的责任，因此感到后悔不已。

爸爸妈妈和孩子交谈的时候，时常站在成人的立场上讲话。不但如此，就像是诉说自己成长的时候一样，他们经常强调考第一名或做最好之类的话。但是，不可能所有的孩子都是第一名或最厉害的人。当孩子做错的时候，父母通常会说："你连这个都不会？刚刚不是做过吗？你是傻瓜吗？唉，真是让我郁闷啊！"当孩子做得好的时候，父母都会无意识地强调："哇，我家孩子是第一名，第一名！没错，你就像你爸爸一样，当然要得第一名。"但是，大家可以先仔细观察一下当孩子听到这些话时的表情，再来决定以后是否还要用这种方式表达情绪。父母抚养儿女非常辛劳，因此都会自然而然地变成大嗓门，情绪很容易兴奋。而处在还不能正确分辨自身行为阶段的孩子们，在幼儿园与朋友和老师一起玩，回家以后，虽然希望能由父母来代替这一角色，但在一般的情况下，这种期待都会被无情地拒绝，孩子们则备受"快给我过来！你敢不听话？怎么这么吵！臭小子，小心我教训你"等威胁的折磨。

父母一方面希望把孩子教育成最好的孩子，另一方面却没有意识到本身并不重视这一切的基础——孩子的自信心。如果父母因为无知或在无意识中经常使用带有威胁性质的言语和态度，那么只会导致孩子用散漫和带有攻击性的态度来面对问题。

和那些天生就具备了本能，而且很快就能成长的动物不同，人类出生的时候几乎什么都不会，而需要长期而缓慢的成长。牛或马之类的动物出生没多久就可以走动，但是，人类要经过10个月的时间才能勉强站起来。婴儿大脑的体积只有成人大脑的1/4，而要长成一颗健全的成人大脑需要20多年的时间。一个出生时弱小的婴儿，在学会说话、形成自我意识、长大成人的整个过程中，绝对需要父母的帮助。这时很多父母都为孩子不成熟的缺点而伤心。但作为人类来说，**每个小孩子绝对是不成熟且有众多缺点的，这就是孩子的本质**。正因为父母养的是一个孩子，而不是一头牛或一匹马，所以父母需要在各方面认真引导及帮助孩子。要记住，孩子就是处在一个成长的过程，要站在孩子的立场想问题并给予帮助。

听完孩子的话

小孩子无法像大人一样表达自己的想法和感受。所以，父母有时要代替孩子感受他的心情和想法，替他进行必要的判断。这种情况在孩子们小时候是必然的情形，但是，随着孩子们的成长，会表现出愈来愈多的副作用。特别是语言和智力都快速发育的6到7岁以后，父母和孩子进行交谈的时候，不能再代替他讲话或提前预测话题，而是应该认真听完孩子的话，这种态度比什么都重要。

集中力低的孩子往往没有听完别人的话，就会急忙回答。所以，常常会回答出与谈话内容毫无关系的奇怪答案。这正是因为他无法集中注意力听别人的话所致。同样的，如果不认真听孩子说的话，父母也无法掌握重要的内容，听懂话中隐含的意思。

不能将精神集中在倾听别人谈话上的孩子，即使是在上课的时候都会用冲动的言语，不分场合地随意插嘴，常常令老师觉得相当头痛。有时候，他们不完全理解老师的意思，却要举手回答问题，最后会乱说一些奇怪的话。还有，他们常常在老师讲解问题的时候突然插嘴，说出自己想说的话，破坏课堂上的气氛。这样的孩子在和朋友一起玩的时候，也是想说什么就说什么，而不愿意倾听别人说的话。所以，他们往往在同学中没有人缘，时常被其他同学排挤。

小孩子不能静下心来聆听别人讲话，反而讲毫不相干的事情，或者只讲自己想讲的话，这都是从小养成的对话习惯。父母不认真聆听孩子们的话，只是单方面地讲自己想讲的事情，或者不等到孩子充分表达自己的意思,就急着代替孩子说完谈话的内容,这样的情形反复下来,孩子就逐渐无法学会集中精神对话的方法。所以,孩子往往学不会轻松自然的对话方法和适当的对话方式。

如果父母经常代替孩子讲出他的想法和感受,就会让孩子想表达自身想法的欲望受挫。尽管父母已经有了成熟的思想,也不一定能像孩子那样正确地表达他的想法和感受。父母在打断孩子的话时,自以为了解孩子的想法,而通常家长的判断和孩子的实际想法有很大的出入。在这种情况下,孩子虽然心中感觉到有些不满意,但是,通过以往的经验已经了解到,不可能用自己的道理和口才来说服父母,所以,只好默认父母的想法就是自己的想法,闭上嘴不再反驳父母。

这些孩子一旦得到了讲话的机会,为了满足自己一直被压抑的表达欲望,就会冲动地和别人争论,没完没了地讲话,而且想到什么就说什么,因此讲的往往是不合时宜的、不合常理的话。

如果想让孩子能够专心倾听别人讲话,那么父母就要先学会倾听孩子说的话。换句话说,父母应该做到的事情,就是认真听完孩子说的每一句话。如果在孩子讲话的时候用"那老师说什么"、"你快点说,还要准备什么"等问题来打断孩子,就会导致孩子的语言能力和思考能力的发育停滞不前。

很多父母都在担心自己的孩子缺乏表达能力和自信心。其实,想在别人面前条理清晰地表达自己的感受和想法,需要有许多能轻松谈话的经验。与父母对话就是累积这种经验的训练过程。就算孩子有时胡言乱语、或者表达方式太过冗长,但只要父母坚持认真倾听孩子所说的话,就能让孩子们认为在别人面前讲话是一件轻松的事情。

我们进行集中力教育的时候,会经常询问孩子的想法或感受。这时举手发表意见的孩子,通常都不能像大人一样清晰地回答问题。有时,孩子们甚至会答非所问,回答一些与问题毫无关联的答案。这是因为小孩子在小学时期的智力发育所导致的。对小学生来说,眼前的具体事物或曾经经历过的事情都有自己的独到见解,但却不擅长意识抽象的概念或假设性的推论。

然而,很多听过孩子回答问题的父母,都对孩子的表现相当不满意,甚至会感到有些丢脸。当孩子的回答肤浅而奇怪的时候,特别是有人当场笑出声音来时,孩子就会脸红,显得相当尴尬。下课休息时,有些妈妈就会教训孩子说:"要是只能回答成那样,那就干脆不要举手。这样反而让别人觉得好笑,你不知道吗?像个傻瓜一样。"

孩子表现出的肤浅、怪异的言行,其实是为将来铺路的基石。虽然孩子们的理论尚未成熟,但父母还是要认真倾听孩子的意见。

不打断孩子讲话,并不意味着要放任他随心所欲地讲话。如果在孩子讲话时,穿插"是吗"、"啊"等话语,或者用"所以呢"、"后来呢"等反应表现出对谈话的关心,都能让孩子讲得更加兴高采烈。当孩子结束一段话题之后,父母就可以针对其中的问题发问。

父母的这种态度是培养孩子逻辑思考能力的基石,能够让孩子在逐渐被重视的表达能力上取得相当大的进步。口才并不是在优良的补习班里用良好的教材培养出来的，而是在给孩子充分的思考空间，思考眼前的道理，并由自己创造更加完善的理论时形成的。父母与其代替孩子思考，不如尊重他们的想法和感受，关心他们的经验，并认真倾听，如此一来，孩子的集中力才会逐步提高。

为了站在孩子的立场讲话，父母应该遵守的对话方法

1. 相对于谈话的内容，父母应该把焦点放在孩子的想法和感受上

在谈话过程中，通过"你的想法呢"、"那时候是怎么样的心情"、"你感受到了什么"等问题，认识孩子在经历这些事情时产生的想法和感受。

2. 看着孩子的眼睛讲话

与孩子对话的时候，要暂时放下手上的事情，看着孩子的眼睛对话。无论是谁，当他感受到别人正专心倾听自己谈话时，才会有兴致讲下去。

3. 穿插一些话语，帮助孩子继续讲下去

用"啊"、"所以呢"、"嗯"等词语，表现出对孩子的谈话持续性地关心。

4. 在谈话告一段落时，简明扼要归纳谈话要点

在孩子继续讲下一个话题之前，要简单地归纳一下，确认父母是否真正理解孩子的意思。

5. 谈话结束之后，要对"六大要素"中的部分提出发问

当孩子讲完故事之后（千万不要在中途打断），对哪些人、什么时间、在哪里、什么事、如何处理、为什么如此行动等六个要素中的部分提出疑问，让孩子自己仔细讲出这部分的内容。

绝对要避免负面评价

用心书写的日记 3

今天送正秀到幼儿园，刚要回来时，院长把我叫住，想要跟我谈一点事情。据院长所述，从几周前开始，孩子变得不爱说话，总是一个人躲在角落里玩。老师鼓励过正秀去和别的小朋友一起玩，但是，没多久他又会回到自己的位置，一个人打发时间。

经过两周的观察，正秀都是面无表情、紧闭嘴巴，院长觉得不能再置之不理了，才会要求和我谈谈这件事。听了这些话，我也觉得这段时间正秀变得有些奇怪，但是没想到会严重到幼儿园的院长要和我亲自面谈的程度。而且在这之前，正秀还是个非常调皮的捣蛋鬼，所以，我想都没想过这样一个孩子会变得如此消极，而让人担心。可惜，孩子的确发生了变化。那天，我把正秀叫来，和他谈了话。

"正秀，你是不是生病了？"

"……"

"我问你是不是哪里不舒服？不舒服就说出来啊！"

"……"

"你没听见妈妈说话吗？为什么这个样子？你要是能像我一样，那一定能把话说清楚，可是你现在是什么态度！这都是因为你像你爸爸！"

我性子急，没说几句就提高嗓门发起了脾气。而且，总是说孩子这也不行那也不行，就像他爸爸一样。回想起来，在孩子开朗调皮的时候，我也总是这样数落他。

以前，带着孩子去公园或者一起散步的时候，我一定不会忘记带上湿纸巾。一旦正秀摔倒或想捡起地上的树枝，我就伸手拦住他。但是，小孩子哪会好好听父母的话啊！这孩子早就跑得老远，蹦来蹦去，免不了摔倒在地上，而且会在泥土上写自己的名字。每当孩子做这些事情时，我就紧张得不得了。

"正秀，快过来，用湿纸巾擦一下手吧！你要是不擦手，就会生病喔！到时候就要住在医院里，连爸爸妈妈都不能见了。"

听到这样的威胁，正秀就会吓得铁青，把手擦干净。

最近，我似乎因为狗粪、鸟粪里的害虫和细菌的问题而变得更加敏感，所以洁癖更是变本加厉，搞得正秀不得安宁，现在连游乐场所都不准他去。在我看来，也许正是我的这些不正常的态度和行为让孩子战战兢兢，最后导致了自闭的结果。而现在，我又多了这种需要担心的事。

"孩子如果无法远离这样的状态该怎么办？眼看就要上小学

了，这到底该怎么办呢？"

孩子不是机器人。正如每一位父母不愿意在家庭和社会中充当机器人的角色一样，孩子们也不希望拥有相同的待遇。总而言之，孩子也有他想要的东西，也有自己的想法。但是，大部分的父母都希望让孩子成为被社会承认的模范生。正因为这种愿望并不容易达成，所以，父母才会无止境地向孩子强调这一点。

父母对孩子负面的强迫性语言和行为，就是从这些原因中所诱发的。许多父母亲对身为父母的作用和道理有着不正确的认知。"因为孩子不喜欢就不让他做，最后会遭到孩子的埋怨；想让孩子不在竞争中落后，那就要逼孩子多学点东西；绝不能让孩子继承我所承受的挫折和失败；孩子稍有闪失，我就没办法向公公婆婆或者是岳父岳母交代。"这些信念最容易导致父母用强制性的方式对待孩子。

我们可以找一天的时间，把孩子和家人一起相处的情形录下来，再找个安静的时间一起回顾。从记录中可以看到父母是如何干涉、责骂孩子，表现出了哪些负面的行为，也可以从录像中观察自己和孩子的言行。

很多父母会从录像中感受到，自己讲出太多负面的话，就算不是这样，至少也会看到，自己鼓励孩子的话太少了。父母们都会发现，小时候自己如此讨厌父母的干涉和唠叨，但现在却对自己的孩子也是这样。要想改变这些不合理的信条，就需要不断地努力和忍耐。

就像前面提到的正秀一样，正是妈妈想要实现自己没有实现的愿望，造成了正秀沉默的结果。孩子没有按照自己"塑造"的模式成长，反而让父母更加担心和愤怒，父母的这种情绪传达给孩子，最后将导致孩子与父母的期望背道而驰。

在对孩子讲负面的话语之前，先反问一下自己。

"我的这些话对改变孩子的行为能有多大的帮助呢？既然没有多少帮助，我为什么要重复这些话呢？"随着深入的思考，父母就会寻找另一种方式来变更教育的模式，进而对理论式、理想化的父母教育论有更全面的理解。

正在承受绝望的孩子们

美国宾夕法尼亚大学马丁·塞利格曼（Martin Selligman）博士的研究团队通过对狗的实验，来表现人类承受并接受绝望的过程。塞利格曼为了研究狗放弃逃避痛苦的过程，对狗采取了电击刺激。电击的刺激强度并不大，但也足以让狗感到难受和烦躁。

塞利格曼将一部分的狗安置在可以摆脱电击的地方，它们只需要用鼻子按住一根木棍就可以停止电击；一部分狗安置在无论怎样都无法摆脱电击的地方；最后一组狗安置在完全没有电击的地方。第一组狗很快就发现利用鼻子就可以停止电击，于是轻松地摆脱了电击的痛苦。但是，第二组狗无论怎样都无法摆脱电击。

第二天，塞利格曼博士开始了第二阶段的实验。他将这些狗放在可以自由穿梭的盒子里。这个盒子由一个矮小的篱笆分隔成两个小房间，一个房间里有通电，另一房间里则没有电。起初所有的狗都放置在有电的房间里，但是，只要跳过这一道矮小的篱笆，它们就可以跳到另一个没有通电的房间里。

在第二阶段的实验中，狗大致分为了两类，一部分狗跳过了篱笆到了另一间没有电的房间，而另一部分狗则蜷缩在有电的房间里，忍受着电击。而后者都是当初被安置在无法摆脱电击房间里的狗。

前一天被放置在可以利用鼻子摆脱电击的房间里的狗，以及没有受到电击的狗，都跳过篱笆逃到了没有电击的房间里，但前一天无力摆脱电击的狗却没有跳过篱笆的念头，而继续留在了通电的房间里。

塞利格曼通过这个实验说明人类承受并接受绝望的过程和罹患忧郁症的原因。就像是第一天被关在无法摆脱电击房间里的狗一样，那些通过努力仍无法摆脱痛苦的人，将来再遇到类似状况的时候，比起努力尝试摆脱痛苦，更容易出现选择忍耐和蜷缩。愈是不断体验失败和挫折的人，愈是会用消极的态度对待问题，习惯在痛苦中抑郁地呻吟，这都是因为在失败的过程中学会了承受绝望。

开始实施摆脱绝望的计划

集中力低的孩子们都在成长期间不知不觉地受到了很多伤害。一提到伤害，多数人都会想到长久留在心中的大伤口，实际上，日常生活中重复的琐碎言语和行动都可能留下伤口。就像是被放置在无法摆脱电击的房间里的狗，已经体验过了电击的滋味，而这种刺激虽然不会严重到让它们无法承受，而只是让它们感到不舒服和烦躁而已。

孩子们在大人的语言和行动中承受着绝望。如果父母和老师多做正面的评价和称赞，孩子们就会找回自信。但是，父母或老师负面的评价和重复的责骂，只会让他们感觉到自己无能、没有存在的必要，会消极地过生活。

"你怎么这么散漫？给我乖乖地站在那边！"

"成绩怎么这么差？"

"哎，多答对一题就是一百分了……"

"听说美星在钢琴比赛中得奖了，真羡慕美星的妈妈呀！"

"就知道玩电子游戏……真不知你长大能干什么！"

常常听到这些话的孩子，虽然表面上看来左耳进右耳出，但却在承受着严重的痛苦和挫折感。

最近遇到的正民也是一个非常消极的孩子。正民有着一双大大的眼睛，性格可爱又开朗，正在读小学二年级，但他因为学习的时候常常发呆，而且行为散漫，才到我们这里来接受集中力教育。在教育正民的过程中，我发现了一件事，那就是在整个对话教学的期间，正民一直不停地观察妈妈的眼色。当妈妈在近处看着他的时候，他对教学活动的适应力反而降低了。

在面谈中我了解到，正民的这些状态和妈妈的行为有着直接关系。正民的妈妈是一位颇有才气的家庭主妇，但是在辅导孩子做功课的时候却是另一种样子。看到教了几遍还学不会的孩子（事实上，大部分孩子都是这样），她就会气得忍不住大发脾气，甚至还会打他。

发完脾气之后，她又因为自己没有耐心而感到后悔，对孩子感到愧疚，常常独自流泪，有时候也会抱着孩子一起哭。她每次都下定决心再也不伤害孩子，但只要辅导孩子的功课，就会控制不住自己的脾气，对着孩子大喊大叫。

在这种情况下，孩子的自尊心会受到严重的伤害，而且会陷入自责当中。他会觉得不能满足妈妈要求的自己是一个没有用的人，让心爱的妈妈哭泣的自己是一个坏人。不仅是正民，有很多孩子都习惯看父母的眼色，对父母的评价做出十分敏感的反应。这都是因为他们害怕自己让父母生气，随时都怀有一种不安的情绪。

在不安的状态下，绝对没有办法提高集中力，经常受到责骂和体罚的孩子都无法集中注意力。父母总是责骂孩子注意力不集中，只会让孩子的注意力更加不集中。**要想塑造一个注意力集中的孩子，就算有时候孩子有一些缺点、学习不太勤快，也要有耐心地等待孩子成长，常常留意并且夸奖孩子的优点和长处。**另外，也要经常给孩子提供可以自己做决定、自主行动的机会，这也能为提高集中力的训练提供不少帮助。

不要强调千篇一律的东西

用心书写的日记 4

最近只要看到在石就想叹气。这孩子成绩差得让人怀疑他是不是傻瓜。在石现在已经就读小学二年级了,可是不只是数学不好,就连英语的音标都没办法正确地读出来。不管怎么讲解,他都没办法理解。

为了教他英语发音,我连口腔构造图都画了下来,把发音也录下来给他听,可是他却一点兴趣也没有,反而硬着头皮消磨时间。如果偶尔表现出一点兴趣,也不会理睬我的教导,只管自己大喊大叫地乱发音。

"你看看这边。发[f]音的时候,要把门牙贴在下嘴唇上,再轻轻移开。来,看看妈妈的嘴形再跟着读。[f]!"

"p!"

"不是p,是[f],[f]!你为什么总是两个嘴唇贴在一起,发p

的音呢？这是英语呀！"

"p！p，对了吧？"

每次在石尴尬地一笑了之，却依然不能学会我教的东西。学数学的时候也是一样，刚刚教过一道题，也练习了同类型的题，但是回头让他自己解答的时候，他还是会做错。而且，这种情形不是一两次。

在石从5岁开始做创意练习题，玩著名的智力开发玩具，从6岁开始去外语补习班学习英语，可是，到现在还没有什么进步。我小时候为了不输给别人而拼命学习，可是在石却一点都不像我。做错题目的时候还会无动于衷，要是做对了那倒是一回事……这孩子的消极态度真的是要把我逼疯了。

我也怀疑过是学校教育方面的问题，所以也换过几次补习班，换过几套练习题，也试过在家里亲自教导，但是都收效甚微。每次让他学习的时候，他不是像麦田里的麦子一样望着远山发呆，就是突然站起来吵着要去喝点饮料，态度极为散漫。

而且在不久前，在石又吵着说不想去补习班学习了，说放学后想和朋友一起玩耍。但是，一考虑到这样只会让他落后于其他小孩子，所以只好连说带劝说服他回心转意，继续去补习班学习。

几天前，他在朋友家玩电子游戏，玩到很晚才回家，之后就一直嚷着要我买游戏机给他。现在这个样子已经完全不能集中精神学习了，如果再买游戏机给他肯定更不思进取，我只好对他说以后再买，让这件事暂时压下来。我很想把在石培养成最优秀的孩子，可是怎么会发生这么多让人忧心忡忡的事情呢？难道没有办法让他

专心学习吗？

我认为我们韩国的父母一生都在承受着来自学习的种种压力。小时候，学校和家里都让他们用功念书，导致他们一直在考试的压迫感下成长。结婚后生了孩子，又为了孩子的学习而无法入眠。小时候学习成绩好的家长会想："我小时候成绩很好，但现在还是过着苦日子，只有让孩子学得比我更好，才能过舒服的日子。"小时候学习不好的家长会想："我要是好好读书，现在就不会过这样的日子了。所以，你一定要好好学习，至少要比我过得更好才行。"学习好的父母想把自己从学习当中得到的教训传给孩子，学习不好的父母想在孩子身上实现自己不能实现的愿望，所以总是对孩子重复那句"这都是为了你"。他们不管孩子真正需要什么，只管对孩子喊"先学习再说"。

前面提到的小学二年级学生在石的妈妈，因为孩子总是做错同一类型的数学题目而担心。只要孩子坐在自己身边，就能准确无误地答对题目，可是一旦让他独自解题，他就连做过的题目都会算错。妈妈担心这是不是因为孩子的集中力问题。

想提高孩子的集中力，父母就要接受孩子的现状。只有承认和接受"孩子现在解答不好数学题，发不好英语读音"的事实，才有可能解决问题。让我们先站在孩子的立场上，体会一下因为学不好数学和英语而天天被妈妈和老师责骂的心情。孩子会沉浸在"我没有任何事情做得好"、"爸爸妈妈总是因为我伤心"、"可能我是笨蛋吧"、"妈妈好像不爱我"之类的想法当中，每天过着抑郁而痛苦的日子。他们不能积极乐观生活，做事情总是要观察妈妈的眼色，脸上挂着忧郁的表情，行动疲惫且迟缓，还要为妈妈可能随时发火而坐立不安。

对于这些孩子，与其每天让他们不断做那些做不好的事情，不如先找出他们所擅长的事情，和父母一起练习。同时，与其让父母来决定他们该做什么，不如由孩子自己来选择喜欢的方式。或是暂时丢下英语或数学的教科书，偶尔让他们看看有关自然的书籍，或者全家人一起参与相关的计划。孩子可能会唱歌，可能会喜欢运动，和家人一起尝试这些可能较为擅长或喜欢的活动，就能培养孩子的自信心，也有助于提高孩子的集中力。这样一来，他们也会对一直提不起兴趣而感到吃力的英语和数学产生想要学好的欲望。这时候，再由父母来帮助他们学习英语和数学就可以了。

父母的忍耐力愈强，孩子的集中力就愈高

如果孩子在自己能够做好的事情面前表现得马马虎虎或心不在焉，因此导致不断失误的话，这一定和集中力有关。这种情况下，要培养孩子做完题目后要再检查一遍的习惯。不要让他们做完题目就想合上书本跑出去玩，而是坐下来认真检查有没有失误、有没有遗漏的地方，确定万无一失之后再合上书本。

但如果孩子在反复做对他的能力来讲太过简单的事情时接连失误的话，就有可能不是因为集中力低造成的。虽然孩子已经通过很多次练习充分掌握了这些方法，但在这种情况下集中力会有所下降，是因为他们再也提不起好奇心而失去了成就感。这种情况下，愈是重复练习就愈容易产生失误。

当孩子在重复的内容上一直失误时，父母要确定这是因为他们没学会，还是明明会却做不好。如果是因为没有掌握好基本的概念和原理才出错的话，当然要再为他们讲解一遍，这时候需要反复学习。但是，如果已经掌握了基本概念和原理，仅仅是在重复演算的过程，那么这并不是一件好事。

现在市面上有很多让学生反复练习同一类型题目的参考书。但是，这一类参考书对培养孩子的集中力帮助并不大。对智商高的孩子来讲，反而会有害处。

学习数学的目的是为了培养思考的逻辑性和系统性。如果是单纯地计算数学题，那么计算机会比人脑更快、更准确地完成任务。如果不是以培养孩子的耐力为目的，大可不必让他们反复解答题目。在反复解答同一种题目的过程中，孩子们会感到数学是冗长而无聊的科目，因此渐渐对数学失去兴趣。

托马斯·爱迪生或阿尔伯特·爱因斯坦等著名的科学家也不喜欢单纯的数学运算，而且也不擅长运算。比起让孩子在数学考试中得满分，培养他们的数学思考能力会显得有意义得多。如果出现孩子已经明白的内容，就要果断地喊出"到此为止"！相反，想培养孩子独立思考的能力，就需要给孩子提出更有价值的问题，并且耐心地等待他们的答案。

被称为爱因斯坦之后最优秀的物理学家的理查德·费曼（Richard Feynman）因为找出了美国挑战者号的爆炸原因，获得了诺贝尔物理学奖。费曼的父亲只是一位普通的公司职员，但由于十分热爱科学，因此在费曼出生之前，父亲就希望孩子将来能成为一名科学家。但是，费曼的父亲从来没有跟儿子说过希望让他当科学家的愿望，而是每周末都带着小费曼出去散步，在自然环境的熏陶中刺激孩子的思考能力。

"那种鸟叫树莺。不过，我们知道它的名字，并不等于了解了它的一切。知道了鸟的名字，也只是知道怎样称呼它而已。"

"先看看这一片树林，我们所看见的其实不到全部的一半。如果所有的东西都只会不停地成长的话，树林只有愈来愈大。但是，这片树林却一直保持着自己的平衡状态，这是因为这树林中的树木有一部分正在成长，也有一部分却正在消失。"

父亲一面说一面踢开旁边的烂树根，让小费曼仔细观察里面的虫子和细菌分解树根的过程。通过这样的观察，费曼渐渐对事物的原理和演变过程产生了浓厚的兴趣，最后终于成长为一位优秀的科学家。

在和学生家长谈话的时候，我常常举这样的例子来告诉他们，不要把多做一两道数学题当做不得了的大事。这时很多家长会说，如果考试考不好，老师就会认为孩子很笨，跟着同学们也会瞧不起他，所以只有想办法让孩子多学几道习题，才能让孩子抬起头去上学。

的确有一些老师会不喜欢或是瞧不起不太会读书的学生。但是，并不是所有老师都是这样子。现在，会把做错一两道计算题的孩子当做问题学生的老师并不多。退一步来讲，就算碰巧遇到了这种老师，父母也应该向校方和老师传达自己的教育理念来说服他们。

如果是真心为了孩子，就应该站在孩子的立场考虑问题

爱迪生是一位不适应学校生活的典型人物。众所皆知，爱迪生孵蛋的故事正说明了他是一个多么调皮而充满好奇心的孩子。有一天，爱迪生看到母鸡孵蛋觉得很神奇，就去问妈妈为什么母鸡要孵蛋。妈妈告诉他这是为了孵出小鸡。随后家人就找不到爱迪生的踪影了，后来找遍了家里的每一个角落，终于在仓库里找到了正在孵蛋的爱迪生。他以为像母鸡一样孵蛋就能孵出小鸡来，于是几个小时都趴在这里孵蛋。

如果我们的孩子做了同样的事，家长们又有怎样的反应呢？爱迪生的妈妈跟他说明人和鸡的体温有很大的差别，让他理解了人是不可能孵出小鸡的。她没有责骂爱迪生怎么会做一些奇怪的事情而让家人担心，也没有嘲笑他像个傻瓜一样自己孵蛋，更加没有怀疑爱迪生的头脑有问题，将他带到精神科去作检查。

爱迪生极不擅长读书、写作，连简单的计算题也做不好。一部分学者认为爱迪生有学习障碍。在强调读、写、算术的小学教育里，爱迪生总有不少奇怪的行为，因此常常受到老师的批评。"1+1为什么是2？也可以是1吧？"爱迪生总是问这一类的问题，以至于老师把他叫做"脑袋坏掉的笨蛋"。

如果孩子在学校里被说了这样的话，每个家长听了都会感到伤心。想必爱迪生的妈妈也是一样。但是，爱迪生的妈妈并没有为了让孩子适应学校的生活而吓唬他说："求求你不要在学校做那些奇怪的事了。以后好好听老师的话。你要是常做那些事情，连同学都会瞧不起你、讨厌你。"而且,她也没有帮他找课外辅导老师,想办法让他跟上学校的进度。

爱迪生的妈妈只是到学校找到老师,堂堂正正地对老师说:"我家孩子不是笨蛋,他是一个有好奇心、喜欢提问的孩子。"此后,她就没有再送爱迪生去上学了。她认为爱迪生不能适应学校的生活,这不是爱迪生有问题,而是学校的教育体制太死板的缘故。

当然,这并不是要所有的母亲都和学校作对。**就算这个世界、学校、老师把孩子当做奇怪的学生而排斥他,父母也要一直和孩子站在同一阵线。**因为没有谁能比父母更了解、理解孩子。当老师说"孩子的这种行为有问题"的时候,不要无条件肯定老师的话,然后马上设法纠正孩子的问题,而是应该先想想"孩子为什么会这么做?孩子在家里和学校里的情形是完全不一样,这是为什么?"父母也可以直接问孩子这些问题。

这时千万不能忘记的一点就是,一定要站在"孩子的立场"考虑问题。

不要以责备或担心的心态去接近孩子,而是要怀着真正想了解孩子的心态才行。怀着真正想理解孩子的心情与他对话,就能够发现老师担心的问题出现在哪一个环节上。在这之后,父母可以为孩子提供必要的帮助,或者等待孩子自己领悟自身的问题。此后,父母可以将自己的想法和对策传达给老师,有必要的话还可以请老师一起执行自己的教育理念。

很多老师都喜欢学生家长和自己交换意见,共同努力教育孩子，而不是家长全力接纳老师的意见，被动地等待老师的处理。我们的教师比家长想象得更加温和，也具备更开放的思想。不要忘了，老师和父母是平等的，没有尊卑贵贱之分。

培养集中力的水分和养分，五阶段思考法

用心书写的日记 5

"这是我第一次尝试了解敏书的心情。敏书每天都在想些什么？他对爸爸妈妈有什么想法？对遇到的人又有什么想法？你看！还没开始了解敏书的心情，我就让自己的想法先入为主了。不管怎样，一步一步开始吧！"

※ 早上7：40：第一次起床

"嗯，妈妈去哪里了？啊，昨天她说腰痛，现在应该在床上睡觉吧！不知道为什么，妈妈不在身边我就感到不安。快点去看看妈妈吧！喔，爸爸都已经上班了。早上想见爸爸一面真是难啊！先躺在妈妈旁边再睡一会儿。"

※早上8:45：第二次起床

"嗯？妈妈什么时候起床了？刚刚还躺在我旁边呢！等等！这不是妈妈做饭的声音吗？好渴呀，先去喝点饮料吧！在妈妈叫我喝柿叶茶之前，赶快先喝点果汁饮料。"

※上午8:50：吃早餐

"敏书啊！快点吃饭。今天你不要迟到了！还不快点过来坐在这里！"

"真不明白妈妈为什么从一大早就开始喊我快点吃饭。去幼儿园只要10点之前到就可以了，干吗从现在就开始……反正妈妈继续喊的话我也会害怕，还是先假装吃两口吧！"

※上午9:10：穿衣服

"哎！这衣服要这样穿！每次都教你，你怎么不按照妈妈说的穿呢？"

"呼，终于穿完衣服了。我很喜欢穿衣服的感觉，可是妈妈为什么总是叫我快一点穿呢？每次妈妈大声对我喊，我的脑袋里就空空的。我上次已经对她讲了不要大喊大叫，可是妈妈还是对我喊。等一会儿穿鞋的时候也会大吼吧。对了，妈妈，能不能给我买双新鞋呀？人家熙星都买了新鞋呢！"

※上午9:20：向幼儿园出发

"快点走！其他孩子一定都到齐了。"

第二篇　孩子的集中力消灭法、集中力挽救法　**095**

"妈妈，别再拉我的手了！我现在都是被你拖着走，求求你了！就算这样走路也不会比散步快5分钟，你一定也知道啊！还有妈妈，你最近老是对着我吼，你知道吗？妈妈，你是不是对我不太满意呀？"

"呼，试着了解敏书的想法后，发现多少还是能理解他的心情。没错，我一直没站在孩子的角度考虑问题。早上准备出门的气氛是应该换换了，以后对他吼之前都要多考虑！还有，就算迟到一会儿，也不要再给敏书压力。要不然就跟他商量，让他再早起30分钟吧！看来我也有很多东西要学啊，不如以平常心去面对吧！"

为孩子带来美好的一天，应该从早上一睁开眼就让他感受到幸福。爸爸妈妈明朗的笑容和温暖的话语，可以给孩子带来平和的心情。但是，在自己无意识的情况下，父母对孩子大吼大叫，强调各种要求，都会将家庭的气氛变得非常不和谐。

想将这种不愉快的早晨氛围转换成平和的气氛，需要父母有决心地去做努力。要做到这一点，站在孩子的立场考虑问题将会是重点，但首先应该想到的是，和孩子一起度过的时光不会重来，因此应该和孩子共同珍惜相处的机会。不管遇到多少困难，只要想到自己亲爱的孩子，相信可爱的孩子会始终陪伴在自己身边，就能克服一切困难。

怀着这样的心情，多和自己说说心里的话，那么你一定能感受到心情的变化，这和单纯把孩子当做"被教育的目标"有着天壤之别。这样一来，不仅可以告别跟着孩子团团转的日子，享受前所未有的清闲，也会自然而然思考自己存在的问题。通过强硬的方式逼迫孩子背下来的东西，和那些只为了提高成绩而反复做的练习题，都无法带来明显和持久的效果。但是，当父母的爱通过语言和行动传达给孩子时，孩子的心智也会随之成长，并与周边的人共同分享这些爱。

无论怎样忙碌，我们都要学着了解孩子们的想法。当然，在这之前也要先学着解读自己的想法。

五阶段思考法，心里话和自言自语的力量

早上6：30，闹钟响起刺耳的声音。我拖着疲惫的身体起床，心想："几点了？哎，该起床了。再多躺5分钟吧！啊，这样下去今天又要迟到了。今天上午有重要的约会，还是早点起来准备吧！今天要穿哪一件衣服呢？"

快到傍晚的时候，一边准备晚餐一边想："这么快就到了做晚饭的时间了。今天晚上吃什么好呢？简单做一份味噌汤吧！可是海鲜还要解冻，太麻烦了，干脆就做一份鸡蛋卷好了。话说回来，这孩子怎么到现在还不回来？该打电话到补习班去吗？是不是又中途跑出去玩呢？真不知道他长大了要干什么。哎，我的命怎么那么不好啊！"

或许我们没有意识到，自己每天都在没完没了地重复着这些心里的话。我们有为了记下电话号码或地址而自言自语的时候，也有心中想的话突然脱口而出，吓到自己和周围的人的时候。

这都是因为我们不停地在与自己对话。和自己的对话虽然不像平常的交流那样，有你来我往的形式，但是具有帮助自己理清头绪和调整感受的作用。这种每天和自己对话的行为，就是与集中力相关的问题了。因为人是通过自己内心的对话，来得到自我的控制、调整集中力的。

一个人刚刚出生的时候，不要说是自己和自己对话，就连一句简单的话都不会说。人类生来就有学习语言的能力，但并不具有对话能力。所以，婴儿都是通过妈妈或别人的语言来调整自己的行为。比如，不想小便的婴儿一听到妈妈边脱纸尿裤边说"来，嘘一个，嘘"，就会小便；听到妈妈说"好好嚼，一点一点吃啊！嚼，嚼，宝宝真乖"，就会一口一口地吃饭；这些都是孩子通过别人的语言来调整自身行为的习性。

等到孩子满2岁，开始学说话，就会根据自己说出的语言来调整自身的行为。比如当他说"我不想吃了"，就会立即放下筷子；说"妈妈，我再玩一次，行不行"，就会立即行动；这些都是孩子通过语言来调整自己的想法和行为。

渐渐地，孩子们的语言会分为说出口的话、没有说出口的话和只在心里想的话。从5至7周岁开始，孩子们就能通过心里的话来调整自己的举止。随着心中对话的增多，当孩子被妈妈责骂时就会想"哼，妈妈就是喜欢骂我"，于是会在不知不觉中撅起嘴来；此时如果孩子想"不许哭，哭了就会被骂得更惨，想哭也要忍住"，那么就能调整和控制自己的感受和行为。

集中力高的人会经常在心里自言自语，但集中力低的人却不是这样。另外，集中力高的人都是谈论和现在应该做的事情相关的话，但集中力低的人却尽说一些与现在应该做的事情毫无关联的话。

在做两位数加法的时候，集中力高的孩子会想"37+15？是一道两位数加法题目啊！怎么做呢？先从个位数开始相加。7+5是12，2写在这，1要进位。为了不要忘记，要用小一点的字把1写在这，现在再把十位相加。3+1是4。对了！差点把这个小小的1忘了。4+1是5，写在这……答案是52。啊！做完一道题目了。再做下一道题目看看吧！还有几道题啊？赶快做完剩下的7道题就可以玩了。"就这样，他们会一道接一地道解答问题。

但是，集中力低的孩子要么盯着问题发呆，不会在心里想该怎么做，不然就是想："哎呀，又是不喜欢做的数学题啊！这到底是谁发明的？我要是比那个人早出生的话，就不用做这些烦人的题目了。哎！听说智英明天要去游乐园玩。啊，我也想去游乐园。过一会儿还要去上钢琴课，可是要是老师怪我没在家练习该怎么办？哎……"他们总是想一些与手头上的行动毫不相关的事。

韩国集中力中心的集中力教育就是通过"五阶段思考法"，让孩子说更多与现在的任务相关的心里话。五阶段思考法通过定义上的问题、制订计划、中期检验、最终检验、称赞和鼓励等五个步骤，让孩子自己调整所有的活动。这种方法可以在家里，通过孩子提出问题后再进行讨论问题的方式练习。

第一阶段：定义问题

在定义问题之前，要先对自己提出"做些什么呢"、"要解答的题目是什么"、"要做的事有哪些"等问题。孩子会随着这些想法寻找问题的答案，逐渐定义学习的科目、内容和数量等。

大部分孩子不习惯自己决定做哪些事，而习惯于做父母或老师决定的事。因此，在这个阶段之初，他们会很难回答这些问题。比如，妈妈问："今天还有什么事情要做？"孩子会无所谓地回答："啊？我也不知道。"或者只是用疑问的眼神看着妈妈不说话，这都说明孩子已经习惯由别人来替自己做决定。这都是因为父母过分干涉孩子的生活所造成的。

我们不能因为孩子不能立刻回答要做什么，就断定他们毫无主见。孩子或许是对突如其来的问题感到慌乱，或许是正在思考妈妈提的问题是不是有别的意思。换句话说，孩子无言以对，是因为不相信父母会在理解和尊重自己的前提下提出问题。

也有孩子会说"没什么可做的"，或者"嗯，要去补习班学习"之类的回答，和父母提问的意图大相径庭。这时，父母不能生气或者无视孩子的想法，而是应该提醒他"是吗？妈妈认为应该先写完作业，再做一套汉字练习题……"或者"今天要去补习班，是不是应该在去补习班之前先听一遍英文录音带呢"。

此时应该注意的是，不能用强迫或指使的态度对孩子说话。父母要表现出站在客观的立场上提醒孩子的态度。这时，孩子也许会说"啊，对呀！不过，今天没有作业，老师没有留作业给我们",也可能会说"英语录音带昨天已经听过了,我觉得今天可以不听了"。

这时很多家长都想说"是吗?没有作业的话,今天就多做一套练习题吧",或者"昨天已经听完英语录音带了?是不是又说谎了?就算昨天听过,今天还是要听一遍,有些小朋友都听三四遍呢"。如果在这个关键时刻不忍住这些话,那么孩子就会认为父母问他"今天还有什么事情要做",不是为了了解和尊重自己的想法,而是为了让自己做更多父母希望做的事。

父母的作用应该是在孩子忘记或者还没有想到的时候提醒他们,这也是为了帮助孩子学会自己处理学习和学习之外的事情。

重复这样的练习,最后孩子就能在妈妈提问之前在心里默念一遍。为了达到这样的效果,妈妈一定要忍住说"笨蛋,不是那个,是这个,要做这个"的诱惑,而需要说"啊,是吗?今天可以少做些事情了,真好"。

决定好要做哪些事情后,要和孩子一起将这些事情记下来。家长可以再买一块小白板,写上每天应该做的事情,挂在玄关或书桌旁边。这样一来,就算父母不再唠叨,孩子也能看到自己等一下要做哪些事。如果每天要做的事情都差不多的话,可以写下具体的内容或者相关的东西。

在这里要注意的是,如果不给孩子独立思考和决定的权力,而是以父母的想法来决定要做的事,那么将会前功尽弃。

孩子所做的决定一定要是他们心甘情愿的。**要记住,给孩子决定权就是培养孩子独立思考的能力**。另外,如果孩子的想法愈多,那么效果就会愈好。

第二阶段：制订计划

一旦决定好要做哪些事情，下一步就要考虑用什么方法才能完成这些事情。从宏观的角度考虑，就是把要做的事情整理出一种流程，然后再制订出计划，确定做每件事需要多久时间。从较细微的角度来看，还要考虑用怎样的方式让孩子完成任务。

比如，今天孩子要做的事情是先完成学校的作业，然后做一系列的练习题和听英语录音带。那么，很多父母就会希望孩子从学校一回来就先完成作业，再做一系列练习题，吃完饭后再听英语录音带。他们会反复告诉孩子要按照这个顺序完成任务。这时，大部分孩子都会回答"好的"，但是不见他们付诸行动。也有孩子会说"等一会儿就做"，然后一直拖着不做。看着这样的孩子，父母会感到着急、焦虑。

如果照着五阶段思考法的"第一阶段定义问题"来实行，那就已经先对孩子充分讲解了应该做的事情，并记录在白板上，那么这一阶段则应该问问孩子完成每一件事情所需要的时间。"你看今天写作业需要用多长的时间"，"一般你做一系列的练习题要用多长的时间啊"，"一段英语录音带是20分钟吧？那听完录音带再解答题目需要多长时间啊"，通过这些问题可以训练孩子自己预估做每件事所需的时间。

孩子不像大人那样有时间的概念，所以通常无法回答好这一类的问题。一般需要1个小时才能完成的事情,他们也会说:"马上就能做完。差不多20分钟吧。"30分钟就能完成的事情,他们也有可能会说:"大概1个小时吧!"这时,父母千万不能讲"笨蛋,连这样都算不好",或者"别吹牛了,我看你平时的样子,3个小时都做不完吧"。

首先要承认孩子预计需要的时间,再把父母的想法告诉孩子。可以一边说"20分钟,是吗?可是妈妈觉得至少还需要40分钟呢",一边把两个人的预计时间都写在白板上。有时候孩子也会说"是啊,做做看才知道",或者"我也不知道"。这种时候,就算孩子估计的时间并不准确,但也要让他自己估计一个大概的时间,然后再和父母估计的时间一起记在白板上。

最后,让孩子想想要在什么时候做这些事情。这时当然也不能由父母来决定什么时候做,而是让孩子自行决定。就算孩子不像父母所期待的那样说"写完作业后再开始玩",可是也要尊重孩子的计划。重要的是孩子要不要做这些事情,而不是从什么时候开始做。

孩子会通过这样的练习,渐渐地了解应该要在什么时候写作业,什么时候听录音带。当然,刚开始实行的时候,也会经历一些挫折,但孩子们通过这样的练习才能培养对自己的信任感和自信心,以及安定的情绪。

我们可以制订出如下的表格,来展示行程表的实施过程。

今天要做的事

2009年6月10日

今天的功课	分量	我预计的时间	妈妈预计的时间	什么时候做？	备注
写作业	38~40页	30分钟	50分钟		
数学练习题	2~13页	1小时	40分钟		
英语学习	听第5课的录音	30分钟	30分钟		

　　在让孩子独自完成整个过程之前，要让孩子养成做事前思考"用什么方法做"的习惯。孩子们通常缺乏抽象概念，所以在解答跟表面上看起来没有关联的事物时，要找出共同点或跟逻辑相关的问题会感到很吃力。这不是因为孩子笨，或是因为他没有这种能力，而是大脑的发育所导致的结果。**大脑中负责抽象概念的部分要等到青少年发育后期才会逐渐完成，所以希望孩子具备和成人一样的逻辑思考能力是不可能的。**

　　因为这样，当向孩子提出问题的时候，我们要以"用什么方法比较好呢"、"以前好像做过类似的事情，当时是怎么做的呢"、"用什么方法做会更有用呢"等问题，将以前的经验和现在的课题联系在一起。当孩子遇到了以前没有做过的完全生疏的事情，如果问他"和这个问题差不多的事情有哪些？那时候是怎么做的"，就可以帮助孩子发现两件不同事物之间的共同点，进而提高学习的效率。

很多父母都会想，如果孩子能自己说"先把个位数相加然后写在这里，再来进位要标在这里，最后再把十位数相加就可以了"，该有多好。但就算孩子只是发呆或者答出奇怪的答案，父母也要倾听他的意见。以后，父母可以使用"用这种方法怎么样"之类的语气提醒他使用正确的方法。父母给孩子提示一两个方法，诱导他进行更多的思考。如果告诉方法的同时说"就要这么做"，孩子就算是做完了习题，也不会有成就感和自信心。所以让孩子养成按照自己的计划来做事的观念是相当重要的。

小孩子就算学过的东西也常常会记不住，重复同样的错误。这时，父母提高嗓门或生气都不是好方法。"那先按照你的方法做做看吧！妈妈觉得这样的方法可能会更好，不过对你来说可能你自己的方法更适合呢！所以，用两种方法都做做看，再选一个自己喜欢的方法吧！"只有用这种客观的态度讲话才能收到理想的效果。孩子通过尝试各式各样的方法，最后会找到最适合自己的方法。有的小孩可能不会把进位标在纸上，而是用手指头来记忆；有的小孩子可能不用数字来记录算式过程，而是用一个小点。不管用哪一种方法，只要让孩子熟悉算术的概念，提高计算能力就可以了。所以说孩子不按照父母的方式学习，并不说明他头脑有问题或者没有能力。

第三阶段：中期检查

决定了"做什么事"和"用什么方法来做"之后，就进入了实践阶段。这种实践可能是读书，可能是解题，也可能是做实验。一旦开始执行计划后，就不要再和孩子讲话，让孩子独自完成眼前的任务。

中期检查是在实施活动的途中，当孩子因为考虑与任务无关的事而不能集中注意力时，或者忘记了刚刚制订的计划，反而按照以前的习惯做事时所必需的一项检查手段。这是一种在实施活动的过程中，让孩子养成思考"我现在做得怎么样？是按照计划来做的吗"的训练。一旦孩子养成这种习惯，就算暂时在想别的事情，也很容易再次集中注意力。

在学习途中表现散漫的孩子，连自己心中有什么杂念都不知道。过了很长的一段时间，或者经过妈妈或老师的纠正后，才会意识到这个问题。平时没有杂念的孩子或自尊心强的孩子，很快就会自己意识到"啊！我想别的事情去了，赶快集中注意力吧"，随后重新回到学习过程来。但是，那些经常因为重复同一种错误而受责备的孩子或自尊心较差的孩子，就会想着"我又想别的事情了。怎么会这样？我是不是有什么问题啊？我怎么每次都是这样"，之后便逐渐陷入了绝望之中。

如果养成中期检查的习惯，孩子就能检视自己的行为。所以，即使孩子有了杂念，也会很快整理思绪完成事情。但是，如果通过妈妈或老师的纠正才让孩子意识到自己没有集中注意力，就只会让他渐渐失去自信。

当孩子没有按照计划解题或者走神的时候，父母要在旁边提醒"有没有做中期检查啊……应该有吧"，"我相信你还是按照刚才想出来的办法做题"，"想想自己现在在想什么，可以提高集中力哦"，"没有忘记做中期检查吧"，要有技巧地提醒孩子不要忘记做中期检查，时时帮助孩子独立完成任务是父母的责任。

第四阶段：最终检查

集中力低的孩子不但很难投入于一项活动当中，而且也很害怕完成任务后再检查一遍。所以，在遗漏题目或者错误作答之后，也不会想再确认一遍。"怎么做的？"这个疑问可以帮助孩子在做完一件事情之后，养成检查有没有做好、有没有失误、有没有遗漏什么等问题的习惯。让孩子养成在合上书本站起来之前，重新检查作业的习惯，这样可以减少明明会做却做错的情况发生。

做完之后再检查一遍，不仅有助于提高集中力，而且对记忆力的发育也很有帮助。人类的记忆是有限的，所以，为了减缓遗忘的速度，就要反复地练习。过一段时间再复习，不如刚刚学完之后立刻复习一遍，这种方法可以让记忆维持更长的时间。

随着课业升上高年级，愈来愈多的孩子会厌烦需要背诵内容的科目。这时，比较有效的学习方法就是合上书之后，将记在脑海中的内容在白纸上重写一遍。刚刚合上书的时候，很多人都会觉得明明看了很重要的内容，但却没能将它完全记在脑海中。当能够分清自己记住了什么和没记住什么的时候,就不必从头到尾重新学习这部分的内容了,只需要挑没记住的部分复习就可以了。

但是,在孩子熟练掌握这种方法之前,父母要和以为合上书本就没事的孩子展开一番沟通。孩子们不太了解检查作业的意义。所以,在他们学会检查的方法之前,仍需要父母的耐心指导。在孩子开始另一项活动之前,可以让孩子复诵一遍已经学过的东西,也可以让他们把主要的内容简单地记录在纸上。

这时,即使孩子遗漏了很多重点,或者只想应付了事,也绝不可生气或责骂。父母只能劝告孩子:"学习这个科目的时候,你遗漏了不少重要的部分哦!这个地方要看好图表,记住每个地区的特产才行。我们再看一遍这个部分吧!"

如果看完一遍之后还是记不住的话,就要利用白板或便条纸等工具,写下地名和特产等内容。这样就可以让孩子在合上书本之后也能经常复习。如果因为一个简单的地名而和孩子折腾个老半天,很可能会让他讨厌这门学科,而且也可能把检查当做是父母的例行公事。一定要记住,我们要教会孩子的并不是一个地名或一个特产,而是养成做完事情后一定要检查的习惯,所以,父母需要保持宽容的心态,只要提醒孩子遗漏的内容就可以了。长期重复这一种过程,会让孩子意识到在学习之后的检查对自己非常有益。从此以后,不需要父母的提醒,孩子就会自己养成事后检查的习惯。

第五阶段：称赞和鼓励

以上四阶段结束之后，必须要做的事情就是称赞和鼓励。进行集中力训练课程的时候，孩子们最喜欢的便是"自我称赞"这一环节。

集中力和自信心有着密切的联系。自信心强的人在面对困难的时候也能发挥出很高的集中力。这是因为他们相信自己能够做好，就算做不好也不会有太大的问题。自信心强的人喜欢挑战能够考验自己能力的难题。

但是，自信心低的人总想着自己反正什么也做不好，或者担心做不好的后果，而不能集中精神。这些人只喜欢做任何人都能完成的平凡事，或者任何人都无法完成的难题。平凡的任务任何人都能完成，所以失败的几率很低，特别难的任务任何人都完成不了，也不会显得自己很无能。最后，这就导致做好了也是普通人，做不好也是普通人的结果，也就失去了称赞和承认自己的机会。

孩子缺乏自信心，通常都是父母和老师评价下的产物。总是担心或斥责孩子"你怎么总是惹是生非"，"你怎么就没有一个像样的地方"，"看来你肯定不能比哥哥、妈妈朋友的孩子、表弟智成做得更好"，"你长大了到底想做什么"，"如果妈妈死了，你想怎么生活啊"，听到这些话，孩子自然会把自己定位为一个"没用的人"。

做完一件事情之后要对自己讲"做得好，我真是厉害"，或者"没关系，下回做好就行了"，都是为了让孩子树立自信心。很多父母都说，孩子做作业是一件理所当然的事情，为什么还要称赞自己呢？其实，站在父母的立场上看来很容易的事情，对孩子来说却需要付出不少努力，甚至还是一个艰辛的过程。例如，按捺住想玩游戏的心情，忍住不断袭来的睡意，这都是需要很强的意志力。虽然没能从头到尾集中精神，也没能得到100分，但是，孩子的努力有充分的理由可以得到称赞。

想要让孩子称赞自己，首先要由父母提出称赞和鼓励。刚开始，孩子会觉得称赞自己是一件不自然的事。但是，如果父母能在旁边示范一遍，说"我们胜民按照计划完成得很好，现在该你自己称赞自己了，来，说一句'我是个了不起的小孩'"，那么孩子也会乐意接受称赞自己的方法。

只是在心里头觉得自己很厉害是不够的，因为孩子仅从父母的眼神中就能够感受父母的心情。所以，**父母必须要用语言和行动（抚摸、拉手、拍背等），将喜悦和骄傲传达给孩子**，这一切的前提是，父母要对孩子小小的成就或变化由衷地感到高兴。这样，才能将父母的喜悦和骄傲完全传递给孩子。

集中力检测题目列表3

☑ **父母要多留意孩子的话**

专　　　案	从不	有时	经常	一直
1. 孩子还没有讲完，我就抢着说自己的意见 　　例如："那是你不对。明天去道歉吧！"	□	□	□	□
2. 催促孩子快点说 　　例如："快点说啊！哎！真是急死人了。" 　　　　　"快点讲完，妈妈没时间。"	□	□	□	□
3. 一次对孩子讲了很多事 　　例如："写完作业了没有？爸爸什么时 　　　　　候回来，你快打电话问问他。" 　　　　　"今天在学校里没被老师骂吧？"	□	□	□	□
4. 讲话太大声或太小声	□	□	□	□
5. 孩子还没有讲完话，就用其他问题来改变话题 　　例如："后来呢？又一句话了没说就回来了？ 　　　　　今天的作业是什么？"	□	□	□	□
6. 孩子讲话时急着提问 　　例如："啊，是这样吗？" "真的吗？"	□	□	□	□
7. 不关心过程，只关心结果 　　例如："怎么话那么长。最后怎么样了？" 　　　　　"别找借口了，说说看得了多少分？"	□	□	□	□
8. 孩子说话的时候，正在做或在想别的事情 　　例如：边读报纸边听孩子的说话，或者 　　　　　边看电视边应付了事。	□	□	□	□

从不_0分　有时_1分　经常_2分　一直_3分　　　总分____

0～6分：比较留意听孩子讲话

这样的家长比较会去留意孩子所讲的话,并给孩子充分的空间来描述自己的想法。但还要尽量减少偶尔忽略孩子的现象,注意聆听孩子的话,同样也可以培养孩子注意倾听别人说话的习惯。

7～14分：不常留意听孩子讲话

这样的家长虽然偶尔也会和孩子分享很多心中的话,但却常常会打断孩子的话,也时常单方面地传达父母的想法。孩子往往想和父母说更多的话,但由于父母霸道的对话习惯而使得孩子欲言又止。

15～24分：几乎没有留意听孩子讲话

这样的家长没有仔细倾听孩子心声的习惯,就算听也是应付了事。比起了解孩子的心情,他们更关心眼前所发生的事情。长此以往,孩子会养成急于表达自己想法的习惯。

和孩子一起制定规则

制定规则对于培养孩子的自主能力很有帮助。制定并执行规则，能够培养孩子的责任感。这不仅可以减少父母唠叨的次数，而且还能避免父母和孩子之间无谓的争执。除了可以缓和双方的矛盾以外，还能让孩子将精神集中在自己应该做的事情上。

假如父母常常忍无可忍地发火，要是孩子在下定决心好好学习时忽然听到父母的责骂，就会让学习的心情消失殆尽。如果让孩子制定规则并养成自行检查学习成果的习惯，那么父母就再也没必要和孩子斗嘴了。

如果想制定有效的规则，就一定要和孩子共同商议所有的条目，积极地聆听孩子的意见。如果可能的话，可以全家人坐在一起讨论并制定规则，这样的方式是再好不过了。但是，如果条件不允许的话，也可以由孩子和父母一起制定规则。

讲解什么是规则

先向孩子说明什么是规则，让孩子理解规则的意思。"规则就和约定差不多。事先计划好用什么方法做什么事情，并且遵守这些约定,这样就是遵守规则。学校里规定了上课时间不许吵闹,要认真听老师讲课。而在我们家也有7点钟左右吃饭的规定。智英放学回来后写作业也是一种规则。知道规则是什么了吧?"讲解完之后,再提议说:"那我们也制定一些规则看看吧?"

制定规则

规则没必要一定要和学习相关。例如:放学回来后要洗手、一天只玩一个小时电子游戏、帮弟弟妹妹准备点心、写日记等等都可以。另外,也可以制定写作业、做练习题、听英语录音CD、读书等相关的规定。可以在孩子每天反复做的事情中,挑选必须做的事情来制定规则。

和孩子一起,把父母认为要做的事情和孩子认为要做的事情记录下来,并制定完成这些事情的顺序。要尽量让孩子发表意见,而且要避免制定出孩子难以遵守的规定。一旦规定确定下来,就可以和孩子一起把它们都写在纸上,然后贴在桌子上。

需要注意的是,不能无视实际的情况去制定孩子不能完成的规定。刚开始,可以挑一两件最重要的事情。如果是第一次制定这样的规定,也可以让孩子试着遵守一个规则。然而很多父母都说,一条规定难以管住孩子的所有事情,因此一次就制定了很多条规定。只可惜这些规定不要说遵守三天,连遵守三个小时都做不到。

等到孩子逐渐习惯按照规定做事,并熟悉了制定规定的过程后,父母就可以渐渐地增加规则的条目。另外,孩子也会根据自己的需要增加规则的数量。现在,只需要让孩子通过规定,体会到安定和自由就可以了。在这里需要注意的是，父母要有耐心地等待孩子萎缩的自主意识渐渐复苏。所以，除了制定的规则以外，父母不必再干涉孩子的行为，让他们自己去处理其他的事情。比如规定了今天要完成作业，那就不要干涉他什么时候写作业。另外，只要完成了作业，就不要再管孩子在剩下来的时间里做什么，而唠叨个没完。父母只需要根据规定给一些提示，让孩子在规则允许的范围内自由活动，也要适当地给他们一些自行更正错误的机会。父母希望孩子先写完作业，再随意支配剩下的时间，但孩子可能会有自己的计划。比如先和同学一起玩，再看自己喜欢的电视节目，吃完饭以后才开始写作业。遵守规则重要的是做什么，而不是什么时候做。如果只把写作业当做规定，那只需要遵守这个规定就可以。

制定检查规定执行情况的方法

制定规定的时候，最好也事先制定检查的方法，以及完成任务应得的奖惩。检查应该由父母来执行，但是什么时候检查及怎样检查就要完全按照孩子的意见。检查规定的执行情况最好每天都是同一个时间。如果父母喜欢拖拖拉拉，拖延2至3天才检查一次，那孩子也会马马虎虎地完成任务。如果常常发生父母忘记检查的情况，那么一般都是因父母忙碌所致。

有一位母亲说，在检查孩子执行规定的过程中，她感到有些愧疚。作为大人，她每天用5分钟的时间来检查作业都觉得很难持之以恒，而一个孩子每天都要在繁忙的课程之余，遵守这些规定，肯定承受了不少的压力呀！想提高孩子的集中力，并不是要把他送到收费昂贵的补习班去学习,也不是给他买优良的教科书,而是让他养成良好的习惯。妈妈们要铭记这一点,时时刻刻以身作则。

　　检查的方法中应该规定,怎样做才算是完美地完成任务。标准不明确很容易引发孩子和父母间的争吵。以"做一套语文练习题"为例,在孩子看来,只要做完一系列的题目就算是执行了规定,但是在父母看来,因为孩子有明显的敷衍心态,所以不算执行了规定。于是,父母会要求孩子重新写一遍,或者就算他今天没完成计划。这时,孩子就会感到委屈,会觉得父母非常刻薄,进而对遵守规则也失去了兴趣。针对这个现象,双方需要事先协商,规定做对全部题目中的多少道题,字迹要工整到什么程度才算是完成了任务。如果是10道题目,不必一定要10道题目都答对,要根据题目的难度和孩子平时的表现,可规定只要"答对七道题目以上"就行了;对于字迹的要求,与其笼统地要求字迹工整,不如在孩子过去的练习纸中找出一页写得比较工整的来当做标准。

　　检查规定执行情况的时候,做得好的时候就贴上三个标签,以示鼓励;虽然付出了努力,但却只遵守了一些规则的时候就贴上两个标签;没有努力遵守规定的时候就贴上一个标签。其中,完全没有遵守规定的那一天,为了证明父母检查过,还是要贴上一个标签。当然,不必非要使用标签,也可以用父母的印章、签名或小圆圈等标记。认真遵守规定的时候,一定不要吝惜称赞,但没有遵守规定的时候也不能一味责骂孩子。这时要用客观的态度告诉他:"今天没有遵守规定,所以得不到更多的标签。"

　　有时也会出现孩子过了时间没有完成任务,但是吵着说现在就要开始做，而且一定要给他贴标签的情况，在这种情况下如果没有充分的理由，最好不要接受孩子的要求。检查的时间事先已经定好了，而且是和孩子一起规定的，所以要让孩子意识到找借口是没有用的。就算承认有客观的原因，也不能给满三个标签，而是只给两个或一个。这是为了让孩子领悟规则的重要性。

规定奖励

每周一次，要根据标签的数量来嘉奖孩子。用什么作为奖品也需要和孩子一起商量，在制定规则的时候就要写上去。嘉奖的内容随孩子的爱好而有所不同。对孩子来讲，嘉奖方式有他喜欢的食物、玩游戏机、周末可以自由玩耍、到餐厅吃饭、去游乐园、请朋友到家里来等等。如果是要买手机或MP5等贵重的东西的话，最好不要以一个星期为单位，而是以一个月或一学期为单位来奖励。但是，孩子愈小愈无法等待这么长的时间，所以，即使在一个月或一个学期后给一个大奖品，也不要忘了每周给一点小小的奖励。

规定能够获得奖励的标签数量的同时，最好也要规定孩子有几次机会可以挽回一星期中的失误。另外，在一个星期中，最好规定有一天可以不遵守规定。为了让孩子尝到遵守规定的甜头，设置奖励制度是很有必要的，但是，如果规定的标准太高反而容易让孩子半途而废。

如果一天最多能得到3个标签，那么除周日以外的6天，最多可以得到18个标签。在这种情况下，规定15个标签才能得到奖励会比较适合。如果以18或17个标签为标准，那么，只要星期二没能遵守规定，那么剩下几天孩子就可能马上放弃。因此，应该适当地给孩子创造挽救失误的机会，才能提高孩子的积极性。按照15个以上、12个以上、10个以上等不同的等级给予奖励也是一种好方法。

但是，一定要注意，标签数量愈多，那么奖品的等级也要愈高才行。比如说，如果规定15个以上奖励吃比萨、12个以上奖励吃汉堡，也许在父母看来比萨比汉堡贵，自然比萨是更好的奖品，但在孩子看来二者是差不多的，那么就有可能不想努力得到15个标签了。

孩子违反规定的时候，要重新给孩子提醒一遍桌子上的规则，但不要严厉地责骂或批评孩子。即使没有遵守规定，孩子也不是无谓地浪费时间，而是通过犯错的机会学习如何对自己的行为负责并且重新更正错误。所以，要相信孩子，以轻松的心态守护着孩子。

如果孩子一直不能遵守规定，而且长期得不到奖励的话，最好和孩子一起重新讨论并修正规定的内容。可以试试看减少规定的数目，或者把奖励的时间间隔定为每二至三天一次。

能自主学习的孩子有较高的集中力。相反，不是依靠自己，而是依赖别人才学习的孩子，通常集中力都比较低。制定规则是为了培养孩子自主学习的态度，所以要坚持不懈地实践下去。不仅是孩子，父母也会在过程中犯一些错误，这就需要父母也渐渐学会制定合理的规定和检查的方法。

从现在开始，要避免由父母替孩子思考、替孩子做决定、替孩子负责任、替孩子生活。父母应该培养孩子独立思考的意识，以及自己做决定的权力和责任感，让孩子有能力经营自己的人生。制定规则就是通向这些目标的桥梁，孩子懂得如何遵守规则后，就会成长为不依靠父母也能独立自主的人。

第 三 篇

利用五种感觉的集中力学习法

让孩子去看、去听、去摸、去尝、去闻

用心书写的日记 1

　　大家都说一个人的改变就在一瞬间,最近看到仁成的变化,我不得不相信这句话。今年已经是小学五年级学生的仁成,真是一个难以用言语来形容的淘气鬼。他没事就去招惹坐在前后左右的隔壁同学,这已经是家常便饭,甚至因为上课偷吃饼干等零食而多次被老师点名。

　　不仅如此,这个呆头呆脑的淘气鬼没有办法静下心来做任何一件事。暂且不说他上课时看漫画、在笔记本上乱涂鸦,就是连玩小孩子们都很热衷的游戏时,也表现得很散漫。用一句话来形容——他的集中力真是差得离谱,似乎好像他一个人身上就集中了所有散漫的个性。

　　"到底这个孩子该怎么办?"我不止一次感到灰心丧气。从仁成小学三年级开始,我每个学期都会因为他的散漫表现而被叫到学校，孩子本身也因为这个原因经常被同学们排挤。老师说，如果再这样放任不管的话，孩子的个性成长将会出现很大的问题，建议我带他去测试一下集中力指数。

我好不容易哄着百般不情愿的仁成去做专业诊断，得出的结果是孩子正处于"选择性注意力"很差的状态。专家建议他多参加一些有目标的游玩活动，对恢复孩子的集中力很有效。但是，如果时间上不允许的话，全家人一起到附近的公园散步，让孩子摸摸树皮、观察树叶等办法也能收到不小的效果。

此外，还可以在家里做些静态的观察活动，比如在花盆或花园里种上豆芽苗、野菜或向日葵，和孩子一起观察它们的成长过程，当他对生命逐渐产生敬畏感和尊敬，集中力也会渐渐恢复。当然，在这个过程中，如果父母能将生命成长的过程和孩子所关心的事情联系起来的话，会得到更好的结果。

按照专家的建议，我们每个月参加一次接触大自然的活动，让仁成和同年龄的孩子一起体会大自然的伟大，也帮他创造了一个不只用眼睛看，而是用全部的身心去体会生命万物的机会。另外，我们还买了一株小小的树苗种在院子里，让他自己去学习种树的方法，全家人再根据孩子整理观察的内容，一起照顾这棵树苗。

通过这些措施，仁成的集中力慢慢地有所提高。而且，班上的同学也常常到我们家里来，和仁成一起为树苗浇水、施肥。仁成还把自己整理的自然生态日记拿给同学们看，邀请他们也来参加感受自然的活动，并且还和同学们一起参与很多学习项目课题。我真心感激创造这一个奇迹的来源——大自然。

人们常说:"自然中蕴含着一切。"大自然就像一位慷慨的母亲,能满足我们的一切需求,并拥有治愈所有创伤的伟大力量。但事实上我们却正在远离这位母亲,甚至在人为地破坏大自然的生命力。我们有着愈来愈多的暴力倾向,而且愈来愈不能集中精神做自己的事情,也许这正是因为我们远离大自然的结果。当我们建筑这些冷酷、枯燥的混凝土建筑的时候,总不忘在其中种上几棵花草树木,想必也是因为人类还保留着对大自然的迫切思念吧!

想想看吧!我们在一天之中,会重复着做哪些事情……综观我们的日程安排,每天都在反复做着这些事:早上起床盥洗漱口、吃饭、穿戴整齐、整理仪容后上学或上班,晚上回家后看看电视,时间一到就睡觉。但是,对于我们的感官身心在一天中有怎样的感受,我们却没有花时间去思考。

10年前,科学技术还不像现在这样发达,人们在这样的环境里感受万物的各种感官还没有退化。如今,生活在现代社会的孩子们,大部分早已沦为尖端科学文明的俘虏。如果就此放任不管的话,他们也许连发挥自身能力的10%都办不到,他们将过着千篇一律的生活,在机器文明构筑的世界里虚度自己的人生。

为了避免这种情况发生,我们要尽可能地让孩子接触大自然,让他们通过感官亲自感受自然。当然,我们不能强求每个家庭必须做什么、做到哪个地步,但至少我们要为孩子提供这样的一个机会,去了解有这样的一个世界,有如此美妙的大自然。大自然中有着无数等着我们去看、去听、去感觉、去嗅、去尝的生命体。这些都是大自然为我们准备的伟大的"集中力的精华",我们要做的仅仅是伸出双手去便可获得这些恩赐。

与其阻隔外界对孩子的影响，不如换一种方式让孩子接受

在书桌前学习的智妍闻到了从门缝中传来的奇怪味道。智妍停下手中的笔，翘起鼻子边闻边想："这是什么气味？是脚臭味吗？是谁来家里了？还是从外面飘进来的？"过没一会儿，从厨房里传来妈妈做饭的声音，智妍才恍然大悟："啊！是豆瓣酱的味道！晚饭要吃豆瓣酱汤了。"随后，她便又投入到学习中开始专心念书。

在同样的情况下，如果智妍从来没有尝过豆瓣酱汤，情况又会怎样呢？如果智妍没能记起吃过的豆瓣酱汤的味道，或没有听到妈妈做饭的声音呢？想必只有两个结果。

一是智妍对这气味和声音不予理会，马上重新开始回到学习中来；另一种是智妍陷入对这种气味的思考中，无法集中精神学习。如果孩子的选择性集中力强，懂得分辨哪一个才是值得自己关注的事情，哪一个是更重要而应该先做的事情，那么就有可能会做出第一种选择；但如果像大部分孩子那样，选择性集中力不够发达，那么就会做出第二种选择。而且，他们很有可能为了找出气味的根源，从房间里跑出来问妈妈："这是什么气味？"

这时，妈妈的反应也有两种。要么不是教训孩子说："还没做完功课，跑出来干什么？看到妈妈做饭还不知道吗？不就是豆瓣酱汤的味道嘛！"不然就是说："噢，气味都跑到你房间里了？以前吃过豆瓣酱汤吧！豆瓣酱汤吃起来很可口，就只是闻起来臭了点哦！既然都出来了，要不要尝尝味道呢？"

哪一种方式更能提高孩子的集中力呢？当然是第二种。如果采取第一种方法，或许可以让孩子早几分钟回到房间去学习，但是，孩子坐在书桌前又会开始陷入其他的思考当中。相反，第二种方法可以满足孩子对外界各种刺激的好奇心，安定他们的情绪，因此，回到书桌后就可以马上集中精神学习。不仅如此，将来再遇到类似的情况时，他们完全可以不开房门就想到："啊！这是豆瓣酱汤的味道，我要赶紧写完作业出去吃妈妈做的豆瓣酱汤！"然后集中注意力来学习。

许多父母都以为，想要提高孩子的集中力，就要切断所有妨碍孩子学习的外界刺激和信息。实际上，要提高集中力的话，更应该**好好协调好孩子接受、处理外界信息的过程**。正如智妍很快弄清了气味的根源后集中注意力重新投入学习一样，当孩子能够根据书籍的数据和信息，辨认出新的事物或创造出新的法则时，他们的集中力才会随着思考能力一起得到发育和提高成长。

通过感官调节外界刺激

人们一般通过视觉、听觉、嗅觉、触觉、味觉等五种感觉接受外界的刺激。想要提高集中力，就有必要通过看、听、闻、摸、尝来感受事物。看图画不如看照片，看照片不如看实物。**利用自己的身体去看、听、闻、摸、尝，可以培养对刺激和信息的辨别能力，对提高选择性集中力更为有效**。特别是对生活在城市里的孩子来讲，由于缺乏在大自然中跑跳玩耍的经验,所以更应该让他们在各式各样的环境中适当地运动和调节以锻炼身体,创造机会探索周遭的世界。

现在,公司都实行周休二日的制度,学校也是,因此对每个家庭来说有充足的时间到外面去活动,让孩子们把一周内封闭在体内的能量发泄出来。就算不是出远门旅行,哪怕只是到附近的公园散步,或到不远处一起登山,就已经足够了。与其被困在水泥围墙里学习或玩电子游戏,不如到视野开阔的野外去闻一闻花草的气息,感受大自然,这样不仅有助于感官的发育成长,而且对提高孩子的集中力很有帮助。

另外,人与人之间的皮肤接触可以让人体会到很多信息。比如,根据握手时的力度大小,包括手掌在内的身体各种不同部分的温度高低、接触的面积大小等,身体接触时所带给人的感受都是多样化的。通过牵手、挽手臂、搭肩膀、拥抱、亲脸等各式各样的身体接触,可以培养孩子们对自身感官的感知能力,同时也能得到情绪上的安定感和满足感。特别是当孩子和力气相对比较大的爸爸玩耍时,在相互的碰撞和接触中,不仅可以让孩子的感官得到发育,也可以让他们的情绪获得安定。

还有,为孩子提供一些可以亲自体验的机会也很重要。但要注意的是,与其告诉他"不知道,你自己找书看",不如说"我们一起找书来看"。当然,我们不可能让孩子亲身去感受所有书本中学到的东西,但是,确实有一些内容不是光靠书中的文字就能让孩子理解的。这时,与其抓着书本反复讲解给他听,不如果断地带他出去旅行。

调节身体的紧张感

用心书写的日记 2

　　泰景从小就很容易摔倒，身上伤痕累累。刚开始的时候，我甚至担心这孩子是不是有什么身体障碍？医生诊断后，说孩子没有什么问题，可是我仍然半信半疑。泰景走路不稳、动作缓慢，已经成了我心中的一个疙瘩。

　　入学后，泰景非常不喜欢写字，也不喜欢画画或做手工美劳等需要用手的活动。这孩子不仅讨厌写通讯簿，而且非常不喜欢需要用手写的作业。督促她写日记可以说是一种折磨，想让她完成每周二到三篇的日记，就要和她争论好几个小时。她的字不仅写得杂乱无章，文章也写得前言不搭后语，所以每次检查日记的时候，我都忍不住发火或唠叨，想必这对孩子和我来说，都造成了很大的压力。

　　有一天，正在写作文的泰景突然哇哇大哭起来，而且哭得很伤心。孩子突如其来的行为让我感到很慌张，于是赶快跑过去追问原因，她却边哭边说："写作文太难了。"孩子的哭声是那么伤心，听得我的心都快碎了。

虽然我知道秦景不喜欢写作文，但万万没想到她会如此伤心。说句实话，以前我也曾觉得她单纯只是在耍滑头或是想要偷懒而已，所以有时很想教训教训她。可是发生这样的事后，一来我开始觉得很对不起孩子，而另一方面也想了解孩子讨厌写字的真正原因，于是就带她去心理咨询室接受检查。

一开始，咨询心理师听完孩子的大概情况后，说这有可能是学习障碍的一种，叫作"书写障碍"。书写障碍？难道秦景真的有什么障碍吗？花了大半天接受了好几种检查，回到家后我的心情开始变得沉重而复杂。等待检查结果的那一周，我几乎没办法集中精神做任何事情。我翻遍了网络和书店的数据，想了解有关书写障碍的信息，这些数据定义说，书写障碍是一种智力和其他能力都正常，但却常常拼写错误或写错字、写怪字的行为障碍。看到这里，让我更加担心，如果秦景真有书写障碍该怎么办？

检查的结果显示，秦景是小肌肉发育不良。这是由于小肌肉运动不足，无法自如地运用手部肌肉来书写或制作东西的毛病。难怪，由于身体的原因，秦景不喜欢写字是理所当然的事，更何况是画画和做手工美劳了……

比起在广阔的空间里用身体接触各种事物，秦景小时候有更多的时间是安安静静地坐在家里看书的，想必这就是肌肉发育不良的原因。我现在很后悔当初没带她出去尽情玩耍，哪怕是多摔倒几次、多撞伤几次也没关系呀！

　　幸运的是，奈景现在终于弄清了真相。所以，在此后的一段时间里，即使她不愿意写字，我也没有再责备她。为了帮助她的小肌肉恢复活力，我策划安排了很多种活动。比如，我们一起和面、做面条来吃，一起用剪刀制作壁纸，还把她带到户外摸一摸泥土和花草。和过去怕她受伤而不让她和外界接触时相比，现在完全是另一番景象。奈景用她的小手抚摸、关心着所有的事物，就像是一个小孩子一样觉得新奇、开心。

　　我也要求丈夫，每到休息假日就让他带着奈景出去做一些运动。通过和爸爸一起玩球、摔跤，奈景渐渐养成了和大自然接触的习惯，而且情绪也变得比较安定。我也一样，只要有机会就握着奈景的小手，通过揉捏握住她的小手来培养她手指的触感。

　　如今，虽然奈景的字写得并不算完美，但比起过去已经有了长足的进步，看起来干净整齐多了。而且她现在也不再像以前那样讨厌写作文，可以不用花太大的力气就能写出像样的文章了呢！一边减少写字、写作对她造成的压力，一边培养她的运动神经，想必这应该就是成功的秘诀吧！

　　集中力低的孩子就像刚学会开车的新手。正如新手不容易控制好汽车一样，集中力低的孩子不容易控制好自己的身体。由于小孩子还不能灵活地调节身体肌肉，所以，小孩子常常容易摔倒，身体常常有伤口或瘀青，而且也说不清楚这些伤口是什么时候造成的。这说明，他们缺乏对自身的感知能力。

集中力是与大脑密切相关的能力，但同时也受身体活动的影响。看、听、闻、尝等用皮肤感受的行为，都是孩子开始关注某一事物的初步阶段。感知能力发达的人，擅长在无数刺激中辨别出重要和不重要的刺激。所以，在相同的情况下，集中力高的人可以学到更多的东西。

相反，全身容易紧张的人无法让自己的感知能力正常发育，因为当身体处于僵硬紧张的状态，就无法用心体会来自外界的种种刺激。正因为如此，让孩子学会检查、调节自己的身体状态，也是提高集中力的有效办法。

排除身体紧张感的缓解训练

缓解紧张训练是通过缓解全身的紧张感，提高对自身状态的认识和调节能力的训练。这项训练是心理学家雅各布森（Jacobson）针对治疗严重的不安症患者开发的。方法是自己自行在身体某部分用力，然后再让该部位肌肉放松，以缓解肌肉紧张。通过对身体每一部分的反复按摩，可以逐渐让全身的肌肉得到放松。

反复进行此项训练，就能在自身感到紧张的时候，缓解肌肉的紧张感。人在压力大或情绪不安的时候，往往会不知不觉地收缩全身的肌肉，所以更容易感到疲倦，精神活动也变得迟钝。但是，如果持续进行此项训练，就能够有效地缓解肌肉紧张。

进行缓解紧张训练的时候，要先让特定部位持续性地用力直到肌肉觉得疼痛为止，时间大约维持3秒，然后再慢慢放松肌肉，让肌肉在放松的状态下持续5秒以上。在这里要注意的是，如果右手正在用力，那么除右手以外的其他部分就不能用力，要保持放松。

还没有熟练地掌握这项训练的人，在一只手用力的时候很难保证另一只手不用力。特别是小朋友们，他们控制调节自身的能力还不完善，所以会比成人更感到吃力。但是，通过反复练习，孩子也能渐渐地学会控制自己的肌肉。所以，绝对不能半途而废，而要坚持不懈地训练下去。

玩完电子游戏或看完情节紧张的电视节目之后，肌肉也会处于紧张的状态。而且，由于紧张、刺激的内容还残留在大脑当中，所以很难马上集中注意力去念书。这时如果进行缓解紧张的训练，就能够放松身体，调整好大脑运作，提高集中力。每天和孩子一起进行10至20分钟的缓解紧张训练吧！

缓解紧张训练

1. 和孩子一起，以舒服的姿势靠在沙发或椅子上，也可以平躺在床上或地板上。

2. 全身不要用力，尽可能最大限度地放松

自己。

3. 闭上眼睛。

4. 深呼吸,重复三次。父母其中一个人缓慢数着"一、二"的拍子效果更佳。慢慢配合"一、二"的节拍深吸一口气,暂时憋气。再数"一、二、三、四",缓缓呼气,并保持几秒钟。以上动作重复四次。

---

5. 右手用力握拳。让肌肉最大限度尽量紧绷起来,并保持3秒钟。之后再让右手拳头缓缓放松,在放松状态下维持5秒以上。

6. 左手用力握拳。让肌肉尽量最大限度地紧绷起来,并保持3秒。之后再让左手拳头缓缓放松,在放松状态下维持5秒以上。

7. 双手用力握拳。让肌肉尽量最大限度地紧绷起来,并保持3秒。之后再让双手拳头缓缓放松,在放松状态下维持5秒以上。

---

8. 弯曲右手手臂,将力量集中在肱二头肌,让肱二头肌最大限度尽量地收缩。充分使力后,缓缓放松整个手臂。在放松状态下维持5秒

以上。

9．弯曲左手手臂，将力量集中在肱二头肌，让肱二头肌尽量最大限度地收缩。充分使力后，缓缓放松整个手臂。在放松状态下维持5秒以上。

10．在额头上挤出抬头纹。用力直到脸部变形，额头不能再挤压为止。然后缓缓放松额头，在此状态下保持5秒以上。

11．双眼用力紧闭。用力在眼部挤出皱纹。然后睁开眼睛，放松肌肉，在此状态下保持5秒以上。

12．舌头顶住上颚。最大限度地尽量用力，然后放松，在此状态下保持5秒以上。

13．合上双唇用力前撅。将力量集中到嘴唇，最大限度尽力地撅着嘴唇。然后放松唇部肌肉，在此状态下保持3秒以上。

14. 尽力向后仰头,并转向右侧。向右转二次后,再向左转二次。(如果是平躺,那么就左右交替着转头。)

15. 用力耸肩,尽量贴近耳朵,最大限度地尽力让肩部肌肉收缩。3秒钟后放松肩膀,在最舒服的状态下保持5秒以上。

16. 用力向前挺肚子。3秒钟后放松腹部肌肉,保持5秒以上。

17. 向前弯腰。用力弯曲身体,让腰部及背部肌肉保持收缩。在放松背部肌肉之后,在这种状态下保持5秒以上。

18. 弯曲双膝,然后伸直双腿,放松膝盖,在此状态下保持5秒以上。

---

19. 脚掌和脚趾贴在地面,使劲向下压。如果是平躺,那么脚趾要向身体方向弯曲。3秒钟后放松双脚,在放松状态下保持5秒以上。

20. 全身伸直,深呼吸两次,再深呼吸一次。

21. 在全身放松的状态下稍微休息一下。

缓解紧张训练顺序

- 闭眼睛→深呼吸→右手→左手→右臂→左臂→额头→眼睛→舌头→嘴唇→脖子→肩膀→肚子→背部→膝盖→双脚
- 如果在练习时播放可以放松心情、舒缓的音乐,效果会更好。
- 在全身完全放松的状态下,想像晴朗的天空或大草原等风景,心情很容易会变得轻松、明朗、快乐。

好好利用各种刺激

用心书写的日记 3

真不敢相信,有一天我和楼利都能变得这样轻松。自从楼利上小学开始,我们之间就产生了数不清的矛盾,现在这些矛盾终于画上了休止符。

已经离婚的前夫和我是相亲时认识的。那时我一边上班一边准备考研究所,无奈父母说我不能错过适婚年龄,同时前夫也展开了积极的求婚攻势,于是我经历了短暂的恋爱就结婚了。丈夫原本承诺说,即使结了婚也要支持我考研究所,可结婚后他却对家里的事情爱理不理。最后,不管怎样我还是决定考研究所,可是就在开始准备复习的时候,我却怀孕了。一想到为了孩子不得不放弃学业,我就忍不住伤心落泪,可是丈夫却说我是"自私的女人"。我和丈夫之间的矛盾从怀孕开始,一直持续到生下楼利之后,最后终于在结婚三年后离婚。

离婚时，决定由我来抚养楼利，但一边要抚养孩子一边还要上班，我实在无法兼顾，只好回到了娘家。之前一直反对我离婚的父母，自然也不会给我们母子两人好脸色看。即使这样，也并没有动摇我做"单身母亲"的决心。我将月薪中很大的一部分用于孩子的教育投资上，也出于一点我个人的私心，让孩子读英语幼儿园。经过几年，我也终于成了小学生的家长。

楼利小学一年级时，班主任老师对他非常关心。楼利上幼儿园时，曾经有过一两次用手推开其他小朋友的经历，所以读小学之后，我也询问过老师他还有没有这种表现。老师说："小孩子都是这样的，特别是男孩子。"而我把下班后的所有时间都用来指导楼利的学习，尽量帮助孩子更容易适应学校的学习生活，而且我们家的楼利看上去也学得不错。

但是，等到楼利上了小学二年级，在和新的班主任老师谈话后，我的心情变得十分沉重。老师说，楼利在上课时经常扰乱课堂秩序，给授课老师带来了不少麻烦。听了老师的话，我就像被重物击中头部一样，感到晕眩，甚至害怕楼利经常被老师点名批评，连同学们都会排斥他。所以，我曾精心准备礼物送给老师，而且每天早上都要对楼利反复嘱咐："今天上课的时候不要再吵了，一定要好好听老师的话，听见没有？"我担心在学校不安分的楼利如果连学习成绩也不好的话，就真的成了问题学生，所以我更加努力地辅导孩子学习、写作业。有时，我甚至拉着已经疲惫不堪的楼利念书念到12点多，而且只要表现不好，就会大发雷霆。

但是，我的这些努力不仅没有产生明显的效果，反而引发了更多的问题。此后，楼利在学校里经常跟同学打架，在英语补习班里的情况更糟糕，甚至有其他同学的父母来抗议。楼利烦躁的脾气和神经质愈来愈严重，平时老老实实，一旦发起火来却和他爸爸一模一样。我开始愈来愈担心："是不是有遗传性的问题？如果他也像爸爸一样只会发脾气，却没办法处理好事情，那该怎么办？""都说单亲家庭的孩子问题多，不会我家楼利也成了问题儿童了吧？"我的这种心情一旦愈沉重，我就愈忍不住会对他发脾气。

我实在不知道应该从何处着手帮助楼利，最后只有到心理咨询室来咨询专家的意见。刚开始，我以为只需要培养楼利的集中力，减少他散漫或冲动的行为就可以了，但我慢慢发现到孩子的问题还有很多。后来，在和楼利自然轻松的身体接触以及和他的对话中，我渐渐发现他还是有很多优点，感觉上以前对他抱有太多不必要的担心。我以为我自己平时经常在夸奖楼利，但真的仔细想一下，才发现连一次像样的称赞都没有。相形之下，我却经常批评他、责骂他。虽然我把下班后的所有时间都花在楼利身上，但是，我却没花时间和孩子面对面地分享过内心的感受。我一心只想多教他一道数学题、一点知识，所以免不了和孩子发生争执。都是我的这些行为，挫伤了楼利想得到我认可的欲望，导致他做出散漫、冲动的行为。

从此以后，我不再因为一个小问题就开始批评孩子，而是站在孩子的立场上，体会他为什么会做出这些选择。在充分听取楼利的理由后，我再对他解释老师和其他同学的立场，建议他下一次再遇到这类问题时应该如何处理。我之所以能够有这样的变化，以这种宽容的态度对待楼利,都是因为我放弃了心中那些没有根据的念头,比如"因为楼利是离婚家庭的孩子"、"说不定楼利继承了爸爸有缺陷的遗传基因"等等。

很多父母都在以各式各样的形态向孩子传递自己的不安。事实上,父母常常因自身的问题而迁怒于孩子,总是克制不住自己的怒气教训、责骂孩子;又总是把孩子的问题当做自己的耻辱,所以一点也不想让孩子有通过失败或失误来学习知识、经验的机会。

很多父母都因为孩子表现出了自己或配偶的坏毛病,而感到不安和懊恼。自己因为拖拖拉拉的个性吃过很多亏,丈夫因为坏脾气经常惹祸,如果孩子也有这些毛病那该怎么办呢?父母经常因为担心这些而忧心忡忡。

孩子往往会继承父母的某些性格,但并不表示这完全是坏事。相反,如果能管理好这些性格,适当地应用于不同的场合,其实会得到不少好处呢!可惜父母总是不认可孩子原有的气质、个性,总是想按照自己的意思加以修正,最后当然也就看不到这些性格特质带来的好结果。只有经常为孩子创造机会,让他看到自己原有的气质、个性所发挥出的积极作用,或者在其他情况下酿成大大小小的错误,才能培养孩子管理自己性格的能力。

父母总是以自己的是非标准来要求孩子,总是希望他们能够表现出平均或是平均以上的水平,而这些要求都容易让孩子感到疲倦,导致他们容易放弃努力。只有找到孩子原有资质的特点和长处,配合这些特点来安排学习流程和方法,孩子们才不会失去学习的兴趣，而且更容易集中注意力。与其让孩子无条件地服从父母或是社会的标准，不如按照孩子的愿望或需要来制定方法，让他充分地感受周遭的世界，才能渐渐提高孩子的集中力。

被动式集中力和主动式集中力

"我家孩子玩电子游戏的时候，注意力可真是集中呢！一旦坐在座位上，至少也能保持2至3个小时。但是，学习的时候如果我们不在旁边监督，可能连5分钟都坚持不了。如果让他进房间读书，他一会儿不是说口渴要出来喝水，一会儿就是说肚子痛要去洗手间，再不然就说有不会的问题，要打电话问同学……看到他这个样子，我真的是快要急死了。"这是许许多多父母的心声。孩子玩电子游戏时候有集中力，那么在学习的时候集中力跑到哪儿去了呢？还有玩电子游戏时候的集中力又是打哪里来的呢？

让我们想象一下，在我们经常路过的街道上出现了一家新的服装店。如果在熟悉的街道上出现了一家没见过的新的服装店，我们忍不住会去想："这是干什么的？什么时候开的店？"然后跑到新店的门口外面大概观察一下展示在橱窗里的衣服。如果这些衣服都和自己已经拥有的衣服相似，或者都是在其他店里经常见到的款式，那么好奇心就会消失得无影无踪，也就不再会关心这家小店了。

但是，如果橱窗里展示的是新款的衣服，或是以前从来没见过的新潮设计，那我们大概就会停下脚步，认真看一看橱窗里的衣服。如果是对穿着打扮特别关心的人，或是正需要买一件新衣服的人，自然就会走进店里去看看有哪些衣服，顺便问问价钱或者试穿一下。如果这时店里恰好又竖着"打折"的牌子，那通常就不会再考虑太多了，一定会立刻买下来。

人们一旦知道了这家店里衣服的款式不错而且衣服样式很多，那么从此以后每当路过商店时，都会留心观察橱窗。一旦碰到过去没有见过的衣服，就会再一次停下脚步仔细观察，还会在心里盘算着到底是买还是不买；但如果商店长时间没有更新新款的衣服，或者橱窗里根本就没有看上眼的衣服，那么我们自然就会逐渐地对这家店漠不关心了。

电子游戏对于孩子们来说，便是装满神奇衣服的服装店。电子游戏中处处充斥着新的视觉、听觉刺激，所以在电子游戏面前，我们连陷入别的想法的余地都没有，只有将注意力集中在电子游戏中。所以，孩子们一玩电子游戏就能在电视前消耗2至3个小时。

玩电子游戏时的集中力属于被动式集中力。人类遇到新奇的神秘事物，会本能地表现出由好奇心及探索心所引发出的集中力。在这种情况下，不需要为发挥集中力做任何努力。在玩电子游戏的期间，由于华丽的画面和逼真的音效，以及电玩游戏中主角愈来愈强大的力量和新式的武器等因素在刺激人的末梢神经，所以人可以被动地维持高度集中的状态。

但是，在大多数情况下，学校里学习的内容远远不如电脑游戏这般新奇、神秘，学校就好像一家摆满了各种款式的衣服的服装店。就像有些人特别喜欢穿皮衣，有些人特别喜欢穿粉红色的衣服一样，也有特别喜欢科学这一科目的学生，也有只喜欢美术的孩子。但是，就像一家店里不可能只有自己喜欢的衣服一样，学校里也有语文、数学、社会等其他科目。所以，就像人们不理睬那些没什么吸引力的服装店一样，孩子们遇到不感兴趣或学不会的科目，就想用别的事情来打发时间。因此，这时候更需要主动式的集中力。

主动式集中力与被动式集中力不同，它需要付出相当的努力和自我意志才能够发挥出来。主动式集中力强的孩子碰到不感兴趣或是重复的科目时，就会想："如果现在不学习的话，考试就会考不好。但是，如果现在好好去复习学习的内容，考试就能取得好成绩，也能得到妈妈的表扬。"这种想法就能引导孩子发挥出主动式集中力。相反，主动式集中力弱的孩子就会轻易地放弃努力而离开书桌。

培养主动式集中力的方法

对主动式集中力差的孩子，就要想办法引导他们像喜欢电玩游戏一样喜欢上学校的学习课程。当然，我们不可能把学习内容转换成像电玩游戏那样刺激有趣，但至少能帮助孩子找出学习中引人入胜的一面。首先，我们可以把以视觉刺激为主的教育数据扩展成能够同时利用听觉、触觉等感官的新数据。也就是说，不仅可以使用纸制的教科书来教育孩子，也可以使用录音、光盘教材或者电视、电台节目来刺激孩子的视觉、听觉。虽然目前的学习手段还无法达到像电玩游戏那样吸引人，但是，这至少会比一般教科书中的内容有趣得多，而且自然也能够延长孩子集中学习的时间。

学习的时候也是一样，在嘴巴里小声读一读，或者用手在纸上写一写等运用全身感官的学习方法，会比只用眼睛盯着书看更能集中孩子的注意力。比如学习"concentration"这个单词的时候，先用眼睛看单词，再用嘴读出"concentration——集中"，然后用右手食指在左手手掌上写一下单词的拼写方法，这样不仅更容易记住单词，也更容易提高学习时的集中力。在此，一边在脑海中想象自己集中注意力的样子，一边回顾"concentration"这个单词的拼写，可以说是锦上添花，达到事半功倍的效果。

另外，可以利用颜色将死板的文字数据变成有趣的立体视觉数据。比起利用单纯的黑色、蓝色、红色等颜色，再加上棕黄色、黄色、红色、蓝色、紫色等各种颜色，会更有效果。在我们大人看来，这些颜色复杂的标志会让我们感到头晕，但对于已经习惯了电影、电玩游戏、手机的孩子来说，单纯的视觉数据更加难以忍受。愈是华丽的东西，愈有利于孩子们集中注意力。

许多孩子的铅笔盒中都装着各种颜色的笔，但使用它们的程度却大不相同。有些孩子几乎不使用彩色笔，或者只在涂鸦的时候才用，也有些孩子会用它们来装饰教科书空白的地方。

初中二年级的智永也是一样，所以，父母向她提议要善加利用彩色笔。

首先，为每一个科目设定一个相关的颜色。只要一提到语文就会想起皮肤像橘子皮一样的语文老师，所以决定使用朱黄色；一想起数学，不知为什么就会感到郁闷，所以决定用一个和感觉完全相反的鲜亮的绿色；英语是自己最有自信也是最喜欢的科目，所以就用自己喜欢的朱红色；需要标注和记忆很多内容的社会科目，就用奥林匹克五环旗上除了黑色以外的红色、绿色、蓝色、黄色。随后，所有的教科书、练习本、笔记本的第一页上，都用该科目相对应的颜色作了标记。除了上课时间以外，其他的自修时间，她也会用跟每一个科目相对应的彩色笔来做笔记或标记重点内容。

经过这些规定，以前不喜欢记笔记的智永现在渐渐体会到了记笔记的乐趣。上课的时候，她也格外留意老师强调的部分重点，认真地用彩色笔标记重点。看到路边摊上的橘子的时候，智永就会想起语文课学过的内容；考试的时候遇到记不清的内容，她首先会想到这个科目相对应的颜色，再回想相对应的内容。智永学会了这些没有人教过她的方法，善加利用颜色的能力也愈来愈得心应手了。

对于在各种诱惑中成长的孩子来说，最好不要只是一味地强调大人自己小时候已经习惯的学习方法。相对于平面上的感官刺激，他们更喜欢多方位的刺激，相对于文字他们更喜欢图像画面。如果父母能用更开放的态度去承认孩子的个性和创意，就会找出更适合培育孩子集中力的方法。

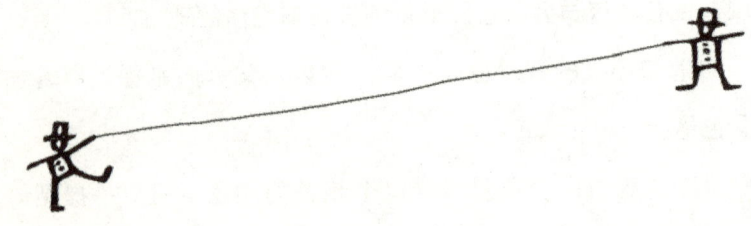

让孩子在脑海中画画

用心书写的日记 4

看到逐渐变得开朗的文熙,我忽然感觉拥有了全世界。一年前,我和文熙还处在"冷战"中。从小只喜欢追着我的屁股跑、并把我的话当成真理的孩子,却从大约小学五年级开始和我顶嘴,甚至开始违抗我的命令。有一次,文熙做错了一件事情,我气得用手捶了一下他的头,他立刻瞪着眼睛说:"干吗打人?难道用讲道理的方式不行吗?"我一时不知所措,就这样放过他了,但事后却愈想愈觉得放心不下。别的不说,一想到孩子已经不再怕我了,我就既伤心又生气。他现在就一副凶巴巴的样子,将来长大了肯定会更瞧不起我,难道翅膀真的长硬了吗?我愈想就愈觉得伤心,因此关上房门,狠狠打了他一顿。

从此以后,虽然文熙再也没有和我顶嘴或发脾气,但他一见我就躲,而且只是简单地应付我提出的问题。放学回来后他就径自走进房间,直到第二天早上上学时才会出来。想到他已经步入青春期,我也就尽量不去干涉他,但有的时候实在是忍无可忍,就会对着他的房间大喊大叫,或者故意和弟弟亲密地大声说笑,但无论怎样,文熙的房门还是没有打开。

后来文熙的成绩退步,我带他去了心理咨询室,但却得到了一个噩耗,那就是文熙得了严重的忧郁症。我一直以为文熙只是处在青春期,表现有些异常而已,可是没想到竟然是忧郁症!于是,我的眼泪扑簌簌地不断落下来,一方面觉得对不起文熙,另一方面却不知道要如何把这件事告知丈夫和婆家。

事实上,我之所以对文熙的要求那么高,都是因为婆婆家的关系。丈夫出身明星大学,现在是医生,而且事业稳定,和丈夫比起来,我的确在各方面都略逊一筹。虽然我们克服了丈夫家人的反对,最终结为连理走在一起,但我终究还是因为自己平凡的学历和普通的家庭背景而挺不起胸膛来。每当听到婆婆一家人的闲言闲语,我就不断在心里下决心,一定要把孩子培养得更加优秀。我也常常对文熙说:"你一定要有出息。等你将来有名了,赚了很多钱,那么奶奶、姑姑就再也不会瞧不起妈妈了。如果你念书念得不好,他们就会说那是因为继承了妈妈的不良基因。"我一边说这些话,一边要求文熙补偿我人生中的遗憾。

通过咨询我才意识到,导致文熙陷入忧郁的罪魁祸首正是我自己,于是我决定丢掉那些不切实际的心愿。我想起了刚刚怀上文熙的时候,那时只希望孩子出生时能五官健全、身体健康。我回家翻看以前的照片,回忆起文熙小时候开朗可爱的模样,我就感到后悔的心情有如潮水般涌来。为什么我只知道督促、要求孩子呢？为什么不让孩子享受快乐呢？

后来我按照咨询心理师的建议，和孩子做了一次"时光倒流"的游戏。时光倒流就是回到孩子小的时候，允许他随便做自己想做的事情。趁着小儿子去补习班不在家的时候，我就默许大儿子在我面前撒娇。我拿出文熙小时候盖过的被子，还买了他喜欢的拨浪鼓，帮助他回到儿时的时光。当文熙枕躺在我的腿上，用可爱的声音撒娇时，我也温柔地抱抱他、抚摸他。我还拿出他小时候的照片和他一起看，跟他讲小时候许许多多的故事。当他迈出人生的第一步的那天；当他被邻居家的小朋友推倒，在脸上留下伤口的那天；他在幼儿园表演才艺的那天；他走进小学的那天，当时我作为母亲是多么快乐和幸福。文熙也跟着我一起回想小时候的事，也是感到非常幸福。此后，他也开始对我讲一直埋在心里不敢讲出来的话，比如自己曾经讨厌过弟弟、爸爸和妈妈曾经让他非常难过、小学一年级的老师有多恐怖等等。我一直以为孩子忽视了我的存在，但通过"时光倒流"，我才意识到孩子是多么需要我。

文熙现在很喜欢跟我讲学校里发生的事，还表示想提高学习成绩，因此每天都会花更多的时间趴在桌子上学习。最近我也偶尔会唠叨两句，但我感觉得到文熙还是很喜欢我。看着心情变得开朗的文熙，想到总有一天他会长大成人离开我的怀抱，我也会有依依不舍的感觉。即使这样，我也知道一定要培养孩子独立的能力。

很多父母都想通过孩子来补偿自己人生的缺憾。以前因为兄弟姐妹太多，因为家庭困难，因为自己是女孩，因为有些事情不懂……导致我们错过了很多机会，这时，父母都希望由孩子来实现自己没能实现的愿望。父母总是把孩子当做自己的"替身"，希望他们能朝着和爸爸、妈妈一模一样的目标前进。

刚刚出生的婴儿无法独自生存，所以只好依赖抚养自己的人。婴儿并没有意识到其他人的存在，所以即使是在吮吸母亲的乳汁时，也不知道那是妈妈的乳房。这时，妈妈和孩子之间不会产生任何交流的障碍。每当妈妈看到孩子的喜怒哀乐，感到孩子对自己的依赖，就会萌生无限的爱意和幸福。

但是，人类迟早会独立，因此到了三四岁，孩子就会每天把"让我自己来"的行为表现出来、挂在嘴边。他们会想自己按电梯的按钮，想自己接电话，如果不能得到满足，就会不分时间、不分场合地大哭大闹。这都是因为孩子自律、自主的欲望日渐增强。从这时候起，孩子不再和妈妈拥有一模一样的想法和感受，而是渐渐找到了自己的想法和感受。

孩子愈大，独立的欲望也愈强烈。孩子随着成长，愈来愈喜欢追求"我"和"我的东西"，如果此时父母仍然停留在"他是我的孩子"的想法中，那么两代人之间的矛盾就会不可避免。"那么听话的孩子"突然变了一个样，这是理所当然的事。所以，我的问题由我自己来解决，而孩子的问题则让孩子自己去想办法。

让孩子在脑海中画画

读初中三年级的胜载接到成绩单后很灰心,虽然数学和英语接近满分,但是因为社会和德育成绩不理想,所以平均成绩又没达到预期的目标。从小学开始,胜载就不太喜欢死记硬背的科目,但为了应付考试还是得认真学习,可是成绩仍然很不理想,所以每次都很伤心。以前父母总是安慰孩子说"只要学好英语和数学就行了",可是现在也渐渐开始担心。像胜载这样的孩子拥有特别的智商,别人学不好的东西,他们会学得很好,但是别人觉得容易的东西,他们反而学不好,所以常常因此感到困惑。他们甚至担心自己有什么问题,导致自信心愈来愈低,对自己的评价也很消极。

智力测验结果显示,胜载的抽象思考能力非常强,但是短期记忆能力和听觉集中能力却比较差。换句话说,他有很强的能力去辨别语言或符号所表达的意思和特征,并能恰当充分地运用,但却不擅长瞬间记忆和马上调用整理简单的信息,并且常常在这方面造成失误。

对这些孩子来说,最适用的学习方法叫做"在脑海中画画法"。在脑海中画画就是将平面的感官刺激在大脑中转换成立体的鲜活画面,以此来帮助加深记忆。不论是从视觉上接收的文字数据,还是从听觉上接收的语音数据,都可以转换成画面。

比如,学习"生物具有再生能力,因此即使身体的一部分被切断,也能够自己再制造出来。愈是结构简单、进化不完全的动物,这种再生能力就愈发达"这部分内容时,如果把它转换成"当猫咬住蜥蜴的尾巴时,蜥蜴就随即挣扎着断尾而逃。几天后,当蜥蜴长出新尾巴出现在猫面前时,猫的脸上挂着一副吓坏了的表情",通过这种生动有趣的画面,可以加深记忆。

想要在脑海中画画,首先要让情绪安定下来。深呼吸一口气再慢慢吐出来,重复这种腹式呼吸法,让身心都放松下来,就更容易在脑海中画出画面。

在初级阶段,我们可以按照如下的例子发挥想象力。

- 身材很胖、个子很小的叔叔和高个子、卷头发的阿姨在愉快地唱歌。
- 长耳朵、红眼睛的兔子在吃美味的胡萝卜。
- 蓝蓝的天上飘着红色、黄色、绿色三个气球。
- 衣柜里整齐地摆放着袜子和毛巾。

先让孩子在脑海中勾勒出这些生动、有趣的画面。如果孩子能毫不费力地在脑海中描绘这些画面,就可以试着想象下面的场景。

- 戴着眼镜的胖身材、小个子的叔叔和高个子、卷头发的阿姨在愉快地唱歌。阿姨还戴着一项巨大的帽子,几乎遮住了自己的脸。
- 长耳朵、红眼睛的兔子在吃美味的胡萝卜。脖子长长的长颈鹿站在旁边,正在吃树顶上剩下的唯——个苹果,而且吃得津津有味。

- 穿着粉红色格子连身裙的女孩手里拿着红色、黄色、绿色三个气球。旁边有一个穿着白色短袖上衣和牛仔裤的男孩正在吃冰淇淋。
- 衣柜里收拾得很整齐,第一格摆放帽子和袜子,第二格摆放毛巾和内衣,第三格摆放T恤。

父母可以根据需要,更改例子的内容和长度。

在脑海中画画的时候,要先闭上眼睛再想故事,并尽量将故事的内容栩栩如生地描绘出来。还没有熟悉在脑海中画画或想象力不足的孩子,可能很快就会睁开眼睛说已经画完了。这时要示意孩子重新闭上眼睛,把画面画得更仔细一些,并给他足够的时间去描绘。

在脑海中画好这些场景以后,就要用笔画在纸上。孩子年纪小或刚开始练习的时候,最好用彩色笔或彩色蜡笔,尽可能逼真地画出脑海中的画面;如果是有一定美术基础的小学生,就可以让他用铅笔简单描绘,相对应的颜色也只需用"粉红"、"天蓝"等文字标出即可。

在脑海中画画,对记忆、掌握教科书中的内容有很大的帮助。152页中的图画就是初中二年级学生在脑海中想象社会科教科书中的一部分内容后,将其画到纸上的画面。

孩子用小船表示海上活动,用戴着墨镜、系上领带、穿上鞋子的小人表示变富有的平民。克里斯提尼和梭伦等领导者用身披粗带子的人来表示,培里克利斯时期的繁荣用身材硕大的人来表示,民主主义的黄金时期则用皇冠来表示。又如,国家的名称和提洛同盟等不好用图画表达的词汇，则简单地用文字写在一旁。

阅读文字是被动的活动，因此不太容易让人集中注意力，相反，运用想象力并画下书中的内容，就可以让人集中注意力。而且，图画信息比文字信息的记忆更持久，因此用这种方法会更为有效。

> 雅典通过活跃的海上贸易逐步走向了繁荣。在此过程中，出现了一大批通过贸易和工商业而变得富有的平民。在爆发战争的时候，这些平民自发性地武装起来，和贵族们一起参战。
>
> 此后，平民们要求得到与自己的地位相应的政治发言权，开始与贵族们对立。对此，梭伦制定了一项允许平民根据财产多寡参与政治的制度。
>
> 公元前6世纪末，克里斯提尼通过改革，赋予市民不论血统、财产、职业都可以参与政治的权力，并通过制定陶片放逐法巩固了民主主义的基础。
>
> 公元前5世纪初，雅典在与波斯的战争中获得胜利。以此为契机，培里克利斯执政下的雅典成为提洛同盟的盟主，步入了它的全盛时期，也步入了民主主义的黄金时期。

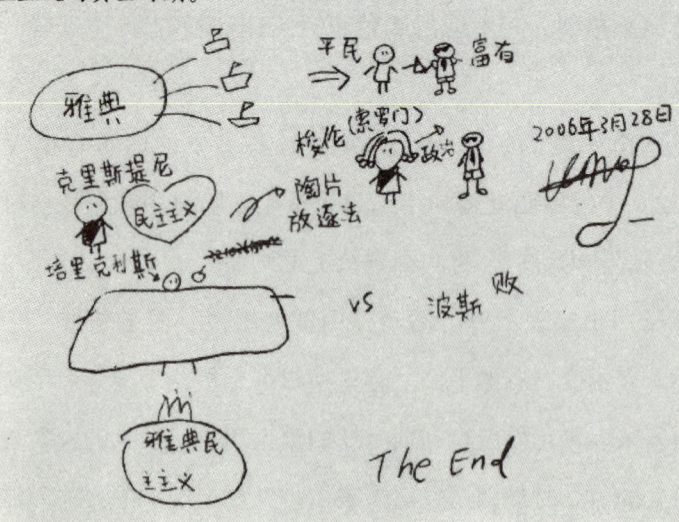

通过心智图让发散思考和收敛思考均衡发展

用心书写的日记 5

秀衡和道衡是亲兄弟，一个读初中三年级，一个读初中二年级。虽然是兄弟，但这两个孩子的不同点远比相同点要多。如果问秀衡"昨天发生了什么事"，他会回答如下的话："早上7点左右起床，8点钟上学。在学校里没发生什么特别的事，放学后又立刻去了英语补习班。从补习班回来后开始写作业，晚饭后又做了一整套汉字练习题。"

如果用同样的问题问道衡，那么他会做出完全不同的反应。

"昨天吗？早上被妈妈骂了。我喜欢吃火腿香肠，但妈妈要我多吃泡菜。我不喜欢吃泡菜的。还有……啊！今天我们做了机器人，就是上社团课的时候做的。你知道我有多想参加机器人兴趣研究社吗？去年晚交了申请书，没能参加机器人兴趣研究班，所以这次递交申请的时候，我特意一大早就去了学校，到校后立刻拿着申请书跑去报名了。本来隔壁的载民也要一起参加的，但是他妈妈让他参加跆拳道训练班。我以前也有学过一点跆拳道，不过载民比我厉害。他现在已经是黑带了。"

对不同的人提问可能会得到各种的答案，因此再让两个孩子讲讲有关朋友的事情时，他们的反应也和回答上一个问题时差不多。先听听秀衡的回答吧！

"和我最要好的朋友是明哲。明哲和我是从同一所小学毕业的，现在也在同一所初中。他家离我家不会太远，所以我们一直都是一起上学，他也经常到我家里来玩。周末的时候，我们会一起玩，也会一起到图书馆看书。"

秀衡的描述与"昨天一整天"很相似，都是平铺直叙。但道衡却有所不同。

"最要好的朋友？要好的朋友有好几个呢！如果非要说和谁最要好有点……庆植是住在我家附近的朋友，我们从小一起玩画卡长大，是能互相说说自己内心话的朋友。和庆植在一起会感觉很轻松哦！对了，我还有女朋友呢！秀景的妈妈和我妈妈是朋友，所以我们也是从小一起长大的。嗯……现在我们不在同一个学校了，不过周末会一起去图书馆。她超爱吃醋的，连我和其他女生说说话都会不高兴。不过，她弹钢琴弹得特别好，我真的很羡慕！对了，一个礼拜后就是秀景的生日了，我该买什么生日礼物给她好呢？"

这两个年纪相仿、成长环境也差不多的孩子，看问题却从完全不同的角度出发，这到底是怎么回事呢？真让人觉得困惑。

秀衡喜欢按照既定的方式有条不紊地思考，并寻找出唯一的正确答案；相反，道衡却喜欢创造性地应用各种解决问题的方式，寻找出更多个正确答案。秀衡擅长逻辑思考，能从零散的信息中寻找一个主线并有系统地整理它；相反，道衡却擅长创意性思考，能把看似毫无关联的各种信息，以奇怪但却也独具特色的方式展开。秀衡在熟悉的环境中感到轻松，在陌生的环境中容易紧张；相反，道衡在熟悉的环境里容易感到无聊，在陌生的环境中感到新奇而有趣。

秀衡和道衡之所以有这么大的差别，是因为他们的思考方式不同。思考方式不同时，认识和对待周遭环境的方式也会有所差异。秀衡拥有典型的收敛式思考方式，而道衡则有发散式思考方式。在学校里，收敛式思考方式比发散式思考方式更有利一些，因为前者更容易在上课时集中注意力，在考试时取得好成绩。所以，秀衡在学校里是模范生，而道衡却时常被老师点名批评责骂。

但是，我们很难断言秀衡和道衡长大后谁更成功，谁会过上更幸福的生活。因为人的一生将遇到无数的选择，在对待这些选择时，不仅需要像秀衡一样系统的逻辑思考，也需要道衡这种有创意、灵活变通的思考方式。

秀衡和道衡的思考方式都有各自的缺点。习惯于收敛式思考的秀衡，即使在面对很多种可能性的时候，也会立刻得出唯一的结论，因此很难得到超过预期的好结果。相反，习惯于发散式思考的道衡，在对待平常的事物时，会消耗更多的时间和精力，所以办事效率往往不高，而且由于不能按照原有的体系及秩序做事，所以常常会犯下错误。

同时培养逻辑思考和创意思考的"心智图法"

有没有能够让秀衡和道衡扬长避短的教育方法呢？我们可以尝试心智图法。心智图就是将思考过程可视化，达到同时培养逻辑思考和创意思考的目的。

我们将道衡回答的"昨天一整天"用心智图画出来（参看下图）。先在纸张中间画出大小适中的圆圈，在里面写下讨论的核心或可以作为标题的文字，比如"昨天一整天"。其次，从上学前在家的时间开始，将一整天分为早晨、学校、补习班、晚上几个时

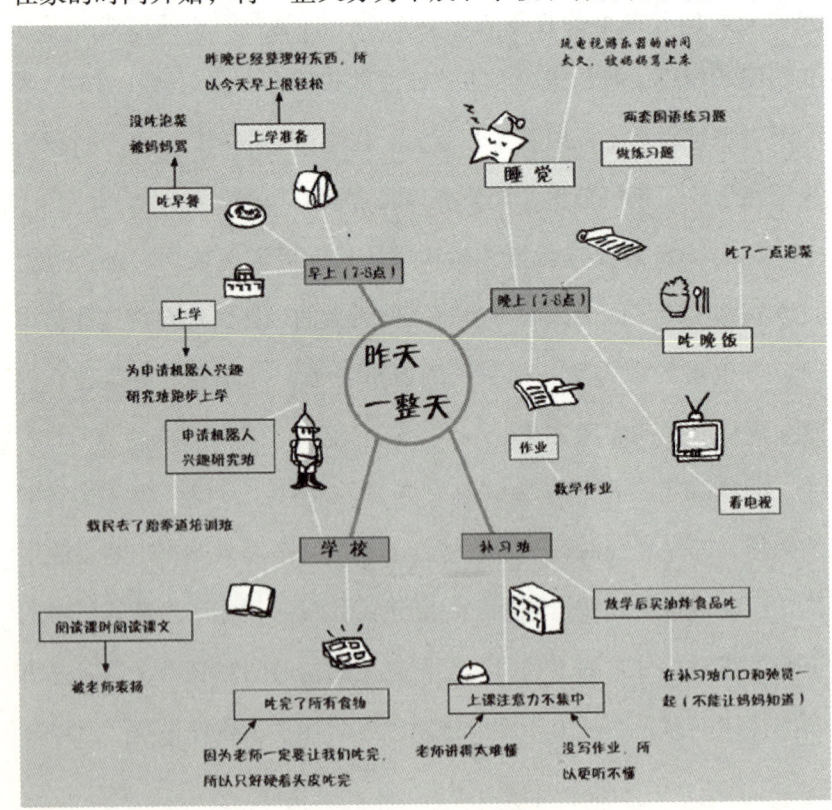

段，以逆时针方向记在标题周围，并以方框框起来。然后，将在这些时间里所发生的重要事件，按顺序写进方框中。最后，将与这些事件相关的重要内容写在相对应的空白处。事件之间有因果关系的内容就用箭头标出，没有因果关系的内容只需用直线连接。采用圆圈、方框等不同的图形，是为了区分提示语的等级，和孩子一起接受这项训练的时候，也可以采用其他图形。

道衡看着自己制作的图表，重新描述了一遍"昨天一整天"所发生的事情，而这一次他按照事件发生的顺序，描述得非常有条理、有逻辑。

很多孩子像道衡一样喜欢同时讲述多种主题，他们的思考是发散式的，因此要先让他们整理好主题之间的主次关系后，在这个框架下适当地排列自己想说的具体事件。

另外，对于像秀衡这样虽然讲话有条理、有逻辑，但内容简单贫乏的具有收敛性思考方式的孩子来讲，可以让他们先画好图表，再具体地讲述图表上每个时段所发生的事情。

活用心智图形式的图表

158页的图表所示，就是将小学五年级语文教科书中关于木炭的文章用图画的方式表示出来。用这种方式训练孩子将所有的情况用图表表示，不仅能让他更正确、具体地掌握情况，也能培养他的思考能力和洞察能力。

在这个例子当中，我们将木炭的功用写在粗方框里面，将其在实际生活中的应用写在圆圈里。然后,将有关的说明文字或实例等附加内容写在方框或六角形中。勾勒这种心智图的图表时,如果需要追加新的内容或与主题无关却比较重要的内容,就可以用其他图形或其他颜色的文字补写上去,因此使用起来方便又有效。

图表的形式和条理设置并没有固定的答案,因此只需按照每个人的习惯就可以了。比如说,孩子和妈妈凑在一起讨论更好的表达方式,或妈妈和孩子分别按照自己的逻辑画图表,通过比较找出更好的方法,都能让孩子更快地学会使用图表,并且应用于实际生活中。

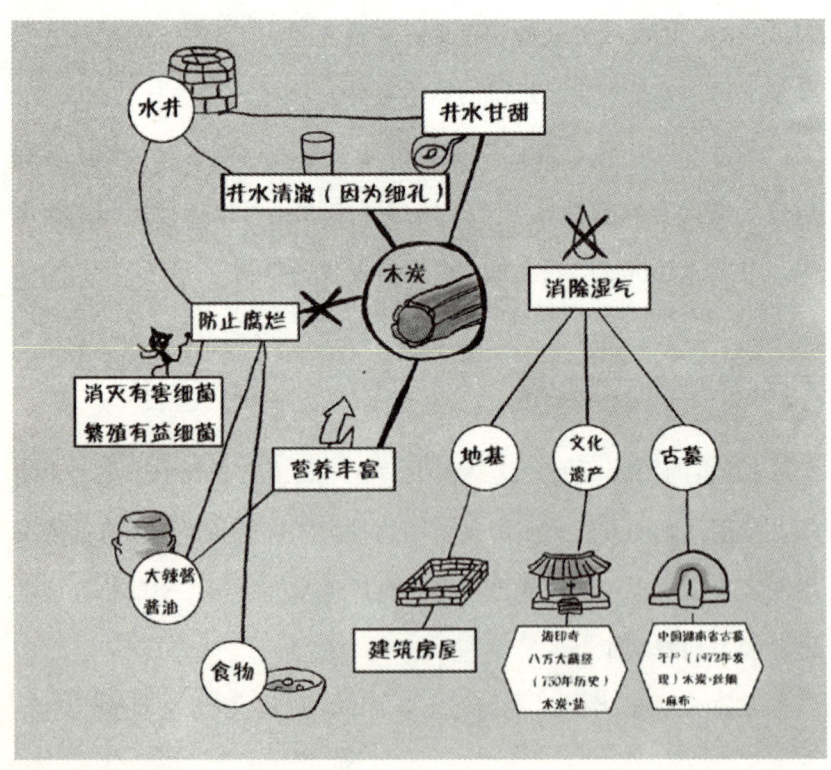

木炭在古时候就已经被人们广泛地应用于生活中的各个方面，而且木炭的作用非常之多。古人挖井的时候，都会在井底埋一些木炭，据说喷出来的井水会像蜜一样甘甜，这是因为木炭的成分可以改变井水的味道。而且木炭里细小的孔洞可以吸附各种杂质，因此能让井水变得更清澈。更重要的是，木炭可以防止井水腐坏变臭。

妈妈们腌制酱油或大辣酱的时候，会在大缸里放几块用米水洗净的木炭，也是因为木炭具有过滤的作用。木炭能够消灭对人体有害的细菌，促进对人体有益的细菌的繁殖。木炭中所含的成分还能丰富酱油或大辣酱中的营养。

此外，木炭还有防腐的作用，因此与食物放在一起，能够减缓食物的腐烂速度。古人常在食物架上放一些木炭，就能让祭品经过很多天都常保新鲜，其秘诀就在于此。

木炭还有降低湿度的作用。古时候，建造房屋之前为了防止产生湿气，会先在地基埋下木炭，而木炭的特性保护了不少文化遗产。有750年历史的海印寺八万大藏经，能够保存得如此完好，连现代科学都无法解释，而这正是因为木炭和盐的作用的关系。

木炭的作用到底有多大？从中国湖南省发现的古墓中也可以看到。1972年在这座古墓里发现的干尸，保存得十分完好，干尸的肌肉仍有弹性，关节也可以活动。干尸之所以能保存得这么好，是因为尸体下葬时用丝绸和麻布裹好了全身，并且用木炭盖住了棺材。正因为木炭有种种惊人的作用，因此被广泛地应用于实际生活中。

集中力检测题目列表4

☑ **孩子缺乏的2%，寻找妨碍集中注意力的原因**

专　　　案	是	否
1. 父母和孩子的行程不符，导致孩子用餐无规律	☐	☐
2. 吃很多饼干之类的零食或碳酸饮料	☐	☐
3. 睡觉时间不定，或很晚睡觉	☐	☐
4. 一天之中能放心轻松一下的时间不足两小时	☐	☐
5. 长期生活在冷气或供暖温度不足的地方	☐	☐
6. 父母在孩子面前经常吵架	☐	☐
7. 孩子不听话时，经常大声威胁或责骂	☐	☐
8. 偶尔会打孩子，给一些教训	☐	☐
9. 时常把父母要离家出走或把孩子赶出家门之类的话挂在嘴边	☐	☐
10. 吓唬孩子说，如果不听话，将来会发生不好的事	☐	☐
11. 兄弟姐妹间关系不好，或没有特别要好的朋友	☐	☐
12. 兄弟姐妹间的争吵或竞争很激烈	☐	☐
13. 经常被拿来和家人或亲戚作比较	☐	☐
14. 一天之中全家人一起度过的时间不足一小时	☐	☐
15. 家庭成员之间的对话不多	☐	☐
16. 父母教功课的时候，经常责骂孩子	☐	☐
17. 由于身材太过于矮小而感到不满	☐	☐
18. 学习总是没有父母期望中的那么好	☐	☐
19. 父母经常唠叨或干涉孩子	☐	☐
20. 几乎没有被父母或老师夸奖过	☐	☐

人只有对周围的世界或环境产生了解的欲望时，才会发挥出集中力。有思考的欲望时也容易在学习时集中注意力。对学习感到兴趣，想要学完眼前的知识，这都是为了满足自己的思考欲望。而思考欲望只有在满足下面的各种欲望时才会出现。如果孩子缺乏思考欲望，就应该从下面的分析中，找出孩子不能得到满足的欲望到底属于哪一种。

做这个集中力检测的题目时，父母和孩子间可能会存在很多分歧。与其和孩子争论谁的意见正确，倒不如把这个测试当做站在孩子的立场上感受他想法的机会。

1~5题中回答的"是"超过3个以上

人类最基本的欲望，即"生理欲望"没能得到满足。生理欲望是与基本的食、衣、住、行密切相关的欲望，当孩子得不到规律的一日三餐，或者缺乏睡觉、休息的时间，或者长期生活在过冷或过热的环境里，都有可能产生问题。如果连最基本的欲望都得不到满足，那么孩子当然集中不了注意力。

6~10题中回答的"是"超过3个以上

仅次于生理欲望的"安全欲望"没能得到满足。当孩子确认自己的身心没有受到来自外界的威胁时，其安全欲望才能得到满足。狠狠地打骂孩子，父母常常以死或以离家出走来威胁孩子，都对孩子的安全欲望构成严重的威胁。当身心感受不到安全时，孩子会因强烈的不安感而导致无法集中注意力。

11~15题中回答的"是"超过3个以上

感觉没有被家人或朋友当做重要的人,"归属感与被关爱的欲望"没能得到满足。孩子在家庭或学校里与父母、兄弟姐妹、老师、同学等人缔结了快乐与幸福的关系时,归属感与被关爱的欲望才能得到满足。孩子跟家人相处的时间较短,和兄弟姐妹间的竞争太激烈,常常被拿来与别人作比较,都容易导致孩子的归属感与被关爱的欲望得不到满足。在学校里经常被老师点名批评责难,或被同学朋友排挤的时候,比较容易出现这个问题。

16~20题中回答的"是"超过3个以上

思想欲望,即下一阶段的"自尊欲望"没能得到满足。自尊欲望与我们常讲的建立自信心差不多。想要满足孩子的自尊欲望,就要让他对现在的自己感到满意,相信自己是一个不错的人。不过,孩子们都是通过父母或老师对自己的评价来判断自己的优劣。孩子尤其对父母的评价感到特别的敏感,并且也最容易接受父母的评价,因此,父母用怎样的眼神看待孩子,都可能决定孩子的自尊欲望是否能得到满足。当自尊欲望得不到满足的时候,孩子会缺乏自信心,与采取勇于挑战、积极进取的态度比起来,更容易产生紧张的情绪,而且会轻易放弃努力。正因为容易放弃,因此也不会花心思提高集中力。

 **不同性格的集中力学习法**

正如每个人的外貌都不一样,每个人的性格也千差万别。性格不一样,喜欢的学习方法也不一样,提高集中力的方法也会有所差异。下面就让我们来找一找符合孩子性格的集中力学习法吧!

外向且能量过剩的孩子

庆民给人的第一印象就是爱笑。一般的孩子第一次来心理咨询室的时候,心里头都会带着"这是什么地方?又让我来学什么"等疑问,怀着警戒的心态面无表情地站到我面前,但是,庆民却用一个大笑脸迎接我。所以,我对他很有好感。

据庆民的妈妈讲,庆民过于散漫,很难在一个位置上坐太久,每次都是屁股还没坐热就出去找朋友玩,根本没有时间学习。事实上,庆民的确有很多好朋友,一口气说出十个名字都不成问题。他大概把跟朋友在一起当做世界上最大的幸福。据妈妈说,他喜欢的活动也都是篮球、足球等运动量大的活动。

在性格测试中,庆民表现出了典型的外向型性格。他很关心外界发生的事件,对周边的人也表现出极大的关心。因为积极活泼的个性，庆民很容易在人群中脱颖而出，也比较容易交到朋友。

像庆民这样外向的孩子面临需要独自学习的状况时，都会很难集中注意力。他们觉得安安静静、有条不紊地独自学习是非常困难的事情。相反，如果能和很多人一起边讨论边学习，注意力就会集中许多。像这样的孩子就算是自己一个人学习，也喜欢把心里的想法在学习的过程中大声念出来，看似正在和假想中的人进行对话。所以，他们比较擅长为别人讲解学习内容或者传达自己的想法。与其让他们坐定在一个位置上学习，不如让他们在房间里走来走去，适当地活动着身体以便学习，这样能让他们发挥出更高的集中力。对于他们来讲，亲身试验或观察、模仿别人，比在脑海中推理更能发挥出强大的集中力。

庆民现在正在读补习班的课程，但是妈妈总觉得他在补习班里只知道和同学玩，不花心思在学习上，因此正计划给他换成个人的家教辅导。妈妈希望借此抑制庆民过分外向的性格。但是，对于像庆民这样外向的学生来讲，和老师一对一的学习会相当枯燥。所以，我建议庆民的妈妈为他安排一个由3至4名学生一起参加的小组课外辅导班。庆民把跟别人相处融洽当做是最大的幸福，因此，与其让他一个人学习，不如安排几个和他年纪相仿的同学组成一个小组来学习，通过这种方式不仅能给他带来适当的刺激，也可以引发孩子们之间的良性竞争意识。同时，我还嘱咐庆民的妈妈，一定要事先向课外辅导老师讲清楚庆民的性格，告诉老师可以想办法促进孩子们之间的交流，但同时也要拒绝孩子们的无理要求。

另外，像庆民这样性格外向的孩子往往体能过剩，需要通过运动来调节身体的能量。所以，妈妈允许他每星期踢一次足球或打一次篮球。过去，庆民也会抽空和朋友一起运动，但总是因为学习计划太紧凑，而不得不在中途就回家。现在，妈妈和庆民制订计划的时候，会单独安排运动的时间。只是，如果庆民因为运动而耽误了其他事，那么就要按照规定，减少下一次运动的时间。总之，要让孩子通过这种方法来调整运动量。

内向的孩子运动完之后一般都会感到疲倦，但外向的孩子反而会通过运动给身体充电。运动可以缓解处在成长期的孩子们的紧张感，因此，外向的孩子运动后更容易集中精神学习。就像庆民一样，妈妈起初担心他玩过之后可能会感到劳累而耽误到学业，但其实事情与妈妈的担心完全相反，庆民表现出了更加集中的注意力。

内向且娈静的孩子

内向型的孩子可以在一个位置上长时间坐着，但他们往往喜欢发呆，或者一边把玩手边的东西一边做别的事情。韩帅也是这样。当其他集中力低的孩子为了寻找新的刺激而左顾右盼或坐立不安时，韩帅却安安静静地做自己的事情。所以，班主任老师直到后来很晚才发现，韩帅也是集中力不高的孩子。

内向型的孩子在自己的个人活动受到干扰的时候很难集中精神。外向型的孩子即便听到了一些噪音也能集中注意力，而内向型的孩子则需要一个安静、整洁的空间，所以，要给他们提供一个属于自己的独立空间。内向型的孩子在这种不受任何人打扰的空间里独处时，集中力会得到很大的提高。

内向型的孩子喜欢在思考良久后再作出行动，所以让他们做某件事情时，一定要给他们一些时间思考。比如，在学校上课的时候，如果让他们事先知道什么时候轮到自己回答问题，那么会更有利于提高他们的集中力来准备答案。他们不喜欢在别人面前讲述自己的想法，也不期望表现良好可以得到嘉奖，所以比起需要积极参与的课程，他们更喜欢需要倾听和观察的课程。

当学习中出现疑问时，他们也不喜欢通过与别人积极讨论来寻找解决问题的办法，或是直接向别人请教，而是喜欢独立地解决问题。有时候，他们会坐在位置上长时间思考，而我们却以为他们在走神。内向型的孩子喜欢用文字传达自己的想法和意见，而不喜欢讲话，所以与其让他们为他人复述学习的内容，不如让他们自己整理笔记。

做事细致而且爱整洁的孩子

贞贤的妈妈总说贞贤像一个严厉啰唆的阿姨、婆婆。但在做事细致又有条理的贞贤看来，妈妈是一个丢三落四、容易犯错的人。贞贤后来得出这样的结论，是因为妈妈不止一次忘记了约定。

贞贤喜欢自己制订计划，不仅是学习或写作业要制订计划，就连玩耍也要按计划实施，这样她才会玩得开心。每当实际状况与计划有所出入的时候，她都会感到很大的压力。

贞贤喜欢整理东西。桌面要保持干净，所有东西也都要物归原位，只有这样才能让她感到放松，进而集中精神学习。所以，只要弟弟跑到她的书桌上看书或捣乱，都会让她生气。

对待贞贤这样做事有计划的孩子，需要打造一个能与身边的人互相督促并遵守计划的环境，这对提高集中力会有很大帮助。首先要告诉贞贤，她不但要重视自己的计划，而且要重视别人的规定。要通过这种方式让她明白，妈妈和弟弟每天看似过得毫无计划，但事实上也在按照自己的安排做事。当贞贤知道每个人遵守计划的程度各不相同之后，她会渐渐打开心扉，然后和家人一起讨论彼此的计划。后来，家里买了一块白板，挂在最容易看见的一面墙上，上面写下了每个家庭成员的规则和计划，并且相互约定，不能侵犯或干扰别人的计划。

做事有条理的孩子在有准备、有计划的可预测状态下，会产生安全感，所以，最好事先提醒他们第二天将要发生的事情。

"下周奶奶要来了，大概是礼拜三晚上到哦！"

"今天妈妈会比较晚回来，晚餐大概要30分钟以后才能做好。"

然而做事细致又有计划的孩子，通常会在制订计划上花费太多的时间，等到真正要开始学习的时候，却又无法再集中精神了。如果因为制订计划而耽误了学习，那么他们更无法集中精神。所以，不要把计划安排得太紧凑，最好在一天中留出一小时，或者在一个星期中留出一天的时间让他们自由安排，以便在计划被打乱的时候适时调整心态。

机灵且好奇心强的孩子

"啊！画面变了。老师，那是什么程序啊？"贤硕常常这样打断我讲课，他只要想到一个问题时就会脱口而出。他是一个好奇心强的孩子，只要是他感兴趣的事物，都会格外地关心。有时候，他关心的重点是问题的核心，但大多数情况却并非如此。所以，他常常出现一些看起来很古怪的想法。

像贤硕这样好奇心强烈的孩子，很容易集中注意力去关心自己感兴趣的东西，但对繁复冗长的东西却很快就会厌倦。所以，想提高他们的集中力，就要赋予所做的事情某种意义，激励出他们的自发性。比如，贤硕面对妈妈或老师安排的事情，往往显得消极而散漫，但对自己选择的活动却表现出很高的兴趣。所以，妈妈与其指使他"先把作业写完再玩"，不如用疑问的语气询问他"看完电视你想做什么"。因为看完电视，除了做作业没有其他的选择，如果做作业是贤硕自己的选择，那么他就更容易集中注意力了。

像贤硕这样的孩子思考时都会比较活跃，甚至在紧急状态下也能随机应变，但却不擅长制订并实施计划。等到快要考试的时候，他们更喜欢用临阵磨枪的态度来应付考试。这些孩子在遇到自己感兴趣的事情时，都能发挥出相当高的集中力。但为了培养他们集中精神的习惯，不能让他们用轻忽的心态去学习。

当然，灵活变通地制订并实施自己的计划也是非常重要的，所以父母也要学会如何指导他们。对这些孩子来讲，除了在计划结束后马上及时检查订正之外，还有必要在计划实施途中适时地督促。在他们通过自己的实践体会到制订计划的好处之前，父母也可以利用好吃的东西或好玩的游戏作为筹码，适当地给他们一些好处。

第 四 篇

明智的父母提高集中力的秘诀

为提高集中力准备充足的营养

用心书写的日记 1

喜欢读书的戴廷总是看书看到半夜,导致第二天早上起不了床。加上戴廷从小就体弱多病,所以我总是舍不得把疲倦的孩子叫起来。孩子总说:"让我再多睡10分钟,再多睡5分钟。"而我往来于厨房和卧室之间,最后不得不发脾气。看着孩子连早餐都顾不得吃就匆匆忙忙地跑出家门,我总是会对着他不断地叨念:"上课要用的东西都带上了没有?我到底要伺候你到什么时候啊?""吃一口饭再走吧!不吃我还辛辛苦苦做什么饭呢?""怎么每天早上都这样?你真是让我活受罪啊!"直到有一天,我看到自己对着孩子恶言相向的样子,才感觉到再也不能放任不管了。

我决定让戴廷养成有规律的睡眠习惯和吃早餐的习惯。首先,我在因特网上搜索到了一篇有关"低体温症"的报道,并打印出来给戴廷看。戴廷读过报道之后,我简单地讲解了一下早餐的重要性。由于我确认过学校的主要科目都安排在上午学习，所以他也下定决心每天都要吃早餐。

等到戴廷确定了这些想法，我便开始要求丈夫帮忙，由他负责每天早上7点钟叫醒戴廷。另外，我们还规定我不能叫戴廷起床。这是因为我发现自己早晨太忙，很容易感到压力，自然会忍不住发脾气。

丈夫和戴廷约定好，每天早上7点只提醒一次。这都是为了让戴廷意识到，如果他还想再躺一会儿，那么不会有人来叫第二遍，希望就此消除他侥幸的心态。另外，我们也约定如果戴廷一周有五天吃完了早饭，那么周末就可以玩两个小时的电子游戏。

第一天早晨，丈夫7点整到了戴廷的房间，打开窗户，收起棉被，并叫醒戴廷，然后按照我们的约定走出房间。我一直担心戴廷不会按时起床。过了7：05，他还没出房门，我很想进屋去再唠叨几句，不过还是忍住了。我一边送丈夫出门上班，一边大声说"戴廷爸爸再见"，随后关上了家门。大约又过了5分钟，戴廷打开卧室的门走了出来。我只问了一句："你要吃早餐吗？"戴廷一边说"要吃，不过只想吃一点"，一边走向洗手间。

有一次，戴廷在爸爸叫醒他之后又睡着了，结果导致那天早上上学迟到，不过，我仍然彻底贯彻"不由我来叫醒他"的原则。就算付出上学迟到的代价，也要让他自己意识到会犯下的错误。果然，从此以后戴廷再也没有因为赖床而迟到过。这都是因为我们一直坚持由爸爸叫一次，而绝不由我来叫醒他的原则，才让他养成了按时起床的习惯。还有，我们告诉他不吃早餐会导致大脑活动迟缓的事实,加上承诺吃完早餐周末可以玩两个小时的电子游戏的奖赏,孩子自然而然地养成了每天吃早餐的好习惯。

哈佛大学医学院的麦克尔·墨菲(Michael Murphy)教授以小学生为研究对象,研究了早餐和健康之间的关系。研究结果显示,吃早餐不仅可以维持健康,而且还能提高记忆能力和语言表达能力等各种能力。

吃早餐对提高集中力也有着重要的作用。想提高集中力,那么就要保证大脑灵活。如果没有摄取足够的营养,那么身体就无法向大脑提供足够的能量,大脑就会处于超负荷运转的状态。这时,大脑的思考无法变得活跃,一直处在委靡迟钝的状态下。

值得注意的是,我们的体温在睡觉时会降低1摄氏度左右,也就是说,在吃早饭之前,人体的温度大约在摄氏35.5度左右。在体温偏低的状态下,大脑的活动也会变得迟钝。如果不吃早餐,那么体温恢复到正常状态的时间就会很长,如果长期不吃早餐,那么就有可能导致低体温症。低体温症是指体温不足摄氏35度,并且维持人体生命运转的器官,诸如大脑、心脏、肺等出现问题的疾病。长期不吃早餐的孩子中,有70%的人有低体温症状。在日本,学生的低体温症一度成了国民关心的社会问题,因为日本的孩子也和我国(韩国)的孩子一样,在激烈的就业竞争压力下,不得不每天念书念到很晚,导致第二天早上来不及吃早餐。如果持续不吃早餐,那么身体也会保持低体温状态,大脑的活动会不够灵活,思考集中力也只会愈来愈低。所以,想让身体的温度恢复到正常状态,孩子们必须要吃早餐。

孩子们不吃早餐的大部分理由都是前一天晚上没有睡好觉。在朋友家的聚会上玩到太晚，出现了意外情况或者写作业写到太晚，这些原因导致孩子们睡得晚，而且第二天早上晚起床，连吃早餐的时间都没有。很多时候，孩子们从起床到出门，都要听妈妈在旁边不停地唠叨，出门后又不得不匆匆忙忙地赶往学校，这样一来集中力会变得很散漫。

有规律的睡眠可以提高集中力

如果没有得到充足的睡眠，那么大脑就得不到充分的休息。在这种状态下，大脑的活动不是特别迟钝，就是过分敏感，让人变得行动迟缓或思考散漫。因为，脑细胞在疲惫的状态下无法集中注意力。人体在熟睡的状态下会分泌一种叫皮质醇的荷尔蒙，可以发挥强化身体免疫力的作用。另外，还会分泌一种叫做褪黑素的荷尔蒙，以防止遗传基因受到损伤。如果没有充足的睡眠或者睡眠不规律，这些荷尔蒙的分泌就会失调，进而诱发各种疾病。

睡觉不仅能让疲劳的身体和精神得到休息，而且还能让人温习白天学到的各种知识，回顾一天之中自己的所作所为。人在清醒的状态下会获取无数的信息，在事情发生、接受信息的当下时，无法仔细将这些信息与脑海中已有的信息进行比较。但在睡觉的时候，我们的大脑可以整理白天没有处理完的知识。也就是说，只有睡眠充足，大脑才能有效地整理所学的内容，并让它们扎根在记忆深处。

有时,孩子到很晚都无法完成作业,有可能会耽误就寝的时间,遇到这种情况,不如让他们放弃做作业,按时上床休息。如果孩子晚上没有睡好,那么第二天在学校里就会无精打采。也就是说,没有必要为了作业而放弃第二天的学习机会。没写完作业,当然会被老师批评,但这也是一个机会,让孩子知道贪玩是需要付出代价的。

有规律的睡眠才能保证第二天精力充沛,发挥出很高的集中力。想确认孩子这段时间睡眠是否充足,只需要在白天选一个安静的地方让孩子独处20分钟,看他能不能一直保持清醒而不打瞌睡。如果孩子不到20分钟就睡着了,那么就说明孩子的睡眠时间不足。只有通过补充睡眠缓解前一天的疲劳,孩子的集中力才能得到提高。

摄取可以提高集中力的食物

有规律地摄取营养均衡的食物,也是提高集中力的方法之一。人类的一切活动都会受到睡眠和饮食的影响。所以,除了让孩子均匀摄取五大营养素之外,还要培养正确的饮食习惯。

一般来讲,可以提高集中力的食物也能提高大脑的灵活性,还可以缓解大脑疲劳。除了让孩子摄取以碳水化合物、蛋白质、脂肪等为大脑神经细胞提供能量的食物之外,还可以参考下列食物来制定营养均衡的食谱。

咸性食品	蘑菇、菠菜、芋头、生菜、胡萝卜、花生、马铃薯、牛蒡、高丽菜、萝卜、南瓜、竹荪、红薯、莲藕、茄子、洋葱、香蕉、草莓、香瓜、西瓜等。
DHA食品	蓝灰色后背的深海鱼类，诸如鲔鱼、鲑鱼、虹鳟鱼、沙丁鱼等。
维生素E食品	松子或花生等坚果，以及没有煮熟的萝卜等。

通过咀嚼刺激大脑，可以提高集中力

美国加利福尼亚大学的林赛·艾伦（Lindsay Allen）教授在非洲肯亚，对6岁的儿童进行了一项实验。艾伦教授将成长情况相似的孩子分成四组，分别为他们提供了不同的食品。第一组孩子每天得到两勺的肉；第二组孩子得到与上一组的肉热量相同的牛奶；第三组孩子得到与肉热量相同的植物油；而第四组孩子不改变肯亚当地的饮食习惯，只得到玉米和大豆等谷类。之所以在肯亚进行这项实验，是因为此处还保留着以谷类为主的饮食习惯，同时贫穷又导致他们的食谱只能以谷类为主。

两年后，艾伦教授比较了孩子们的成长情况和智商发育情况。结果显示，第一组吃肉的孩子比其他孩子的身体发育更好，头脑也更聪明。吃与肉同热量的牛奶和植物油的孩子均排名第二。第三组孩子，虽然比只吃谷物的第四组孩子更健康，头脑也更聪明，

但却远远比不上吃肉的孩子。

艾伦教授通过这项实验，证明了处在成长期的孩子只有吃肉才能发育得更好。但是，孩子们变得更健康、更聪明，似乎并不仅仅是因为获取了肉里的热量，因为艾伦教授在实验中，为其他孩子提供的牛奶或植物油的热量与肉的热量一样。

孩子的智商之所以提高，也许不仅仅是摄取了肉类的营养，而是通过咀嚼运动刺激了大脑的活动。有实验表明，嚼5分钟口香糖的人比没有嚼口香糖的人记忆力更强。另外，针对老鼠的实验也显示，有牙齿的老鼠比没有牙齿的老鼠智商更高。

这些实验的共同点在于，咀嚼运动对智商的发育有很大的影响。咀嚼时活动的嘴部肌肉与大脑相连，所以大脑在咀嚼过程中会连带受到刺激。如果想培养聪明的孩子，与其提供富含营养的食品，不如提供有适当韧性的食物，促进孩子多做咀嚼运动。

创造有利于集中注意力的环境

用心书写的日记 2

我们夫妻俩并非一开始就关心孩子的学习。我们本着"孩子有权利在良好的环境下成长"的想法，结婚五年多也没有生孩子，让妻子直到35岁时才生下了韶罗。正如我们所想的，我们一直希望能够更人性化地培养孩子。当得知妻子怀孕的消息，我便暗下决心："孩子的健康比什么都重要。另外，我们要让孩子自己寻找特长，而父母只要发挥帮助他完成理想的作用。"

但当韶罗到了八九岁的年纪，我们的想法却变得愈来愈世俗。因为别的父母早就开始把孩子送到各种补习班去学习，还挑选了好几套的练习题给孩子们做练习。由于我并不信赖这种教育方式，所以与妻子商议后，决定一人负责一门功课，让孩子在家里学习。

然而，自从为韶罗上课后我才意识到自己的想法有些不太实际。因为我们夫妻俩眼高手低，在教育孩子的方法上有很多不足。我负责教英语，妻子负责教数学，而我在教英语时，常常反复地用电脑给韶罗听CD，导致韶罗的学习兴趣渐渐消失了。再加上使用计算机教学，孩子经常好奇地抢过鼠标，这边点点那边点点，经常让我发脾气。

有时候我也想换换气氛，于是在客厅里让她听另外一套英文教材的录音带。但是，这种方法取得的效果并不明显，因为又换地方、又换设备的动作，导致韶罗更加无法集中注意力。

妻子的教学成果也好不到哪儿去，由于她的家务繁忙，经常拖着疲惫的身体去教数学，所以一碰到韶罗答不上的问题，就会忍不住大声怒斥。

"哎，你这个笨蛋！这个都不会？这不是和刚刚做过的题目一模一样吗？怎么还会做错！""你到底能不能改？如果还是这样，我就不教你了！"

"哎，我没法再教你了。烦死了，烦死了！快把桌子收起来！"

每当我们说这些话的时候，韶罗都会羞愧地低下头。每次在教她学习功课之前，我们都在心里暗下决心不再骂她，可是一碰到孩子学习不认真或犯错时，无一例外，我们就会再次发脾气。

直到有一天，我看到妻子怒斥韶罗的样子，才意识到我对韶罗也是这种态度，因此受到了很大的冲击。在妻子为韶罗上完数学课之后，我们二人冷静地讨论了有关教育韶罗的问题。

经过商议后，我们夫妻俩决定一切从头开始，教育韶罗也要像给她制订食谱计划一样。我们为韶罗量身定制了几项规定：第一，和孩子商定讨论后将书房当做学习的空间，以后要养成进书房学习的习惯；第二，和孩子一起学习之前，先约定好彼此不伤害对方的感情，韶罗要认真学习，而爸爸妈妈也不会对她发脾气；第三，为孩子制定一个学习日程表，不像从前那样随着兴致来，而要提前把一个月的学习计划排出来，并按照计划来学习；第四，另外再挑选一套更适合孩子的教材，但一定要和韶罗商议沟通。

定下这些规定到现在已经有三个月的时间了。现在，韶罗学习态度的积极性比以前大有提高，而且总是能保持愉快的心情学习。

环境不一样，每个人集中注意力的程度也不同。有些人在一尘不染、安安静静的房间里容易集中注意力，而有些人在稍微杂乱、伴有杂音的地方更容易集中注意力。但是，容易让人集中注意力的环境并不仅限于"场所"这个因素。身边的人、学习的态度、学习或做事的方法等因素都对注意力有重要的影响。

比如说，由何种性格的人来指导孩子学习、学习气氛是否轻松愉快、是否经常更换学习场所、环境是否嘈杂等等，都会影响学习时的集中力，学习效果也会随环境的不同而改变。

所以，安排学习环境或游戏环境时，不能只考虑眼睛看得见的环境，而要周详地考虑所有的因素。想让孩子发挥良好的集中力，那么如何创造学习环境、培养学习习惯就显得特别重要。不要单纯地凭着父母的期望强迫孩子学习，或把孩子推入太过压抑自己的环境中，无论是多重要的事情，都要与孩子商量后再做决定。

学习是一辈子的事，孩子在学习的初期可以由父母积极地引导，但孩子将来的人生之路是由自己来走的。所以，父母最好通过与孩子共同商议再做决定的方式，培养孩子独自生活的能力。只有这样，孩子才会对自己的选择负责，同时集中力也会得到提升。

在同一个地方做同一件事能提高集中力

孩子愈小愈不容易集中精神。虽然房间里有书桌，但孩子有可能会躺在地板上念书，或者干脆跑到餐桌上念书。兄弟姐妹一起学习的时候，往往得用一张大桌子，由于妈妈要一边处理家务事一边看着孩子学习，所以只好让孩子在餐桌上做作业。但是，不在固定的场所念书，集中力也会随之降低。

在固定的场所学习最有效率。当父母想辅导孩子做功课的时候，与其把孩子叫到客厅或厨房，不如亲自坐在孩子的书桌旁边给予指导。

在书桌上学习时最好不要做与学习无关的事情。如果孩子在书桌上不容易集中精神，那么即使在同一个地方学习，也会不自觉地走神，去做其他事。而且，书桌的用途和摆设愈多，那么孩子就愈容易走神。

所以，让孩子吃零食的时候，不要把东西放到书桌上，而是在休息时间让孩子在餐桌上吃。孩子想打瞌睡的时候，也不能让他趴在书桌上睡觉，而是躺到床上暂时小憩一会儿。只有这样，孩子才会在潜意识里把书桌当成学习的地方，只要坐在书桌前，就会自然而然集中精力学习。

安静的场所有助于提高集中力

学习的地方一定要安静，不应该受到外界噪声噪音的干扰。集中力低的孩子对声音特别敏感，也容易受杂音的影响而变得散漫。我们时常会碰到这种情况，明明以为孩子还在房间里读书学习，却突然跑到父母身边来插嘴，特别是当大人讲到与孩子有关的话题时，孩子会飞快地跑出来偷听谈话的内容。年纪大一点的孩子虽然不会特意跑出房间听别人讲话，但一样会在书桌前竖起耳朵来偷听别人谈话。

房间外传来的电视声、父母的谈话声、打电话的声音、弟弟和妹妹的哭闹声或玩耍的声音等等，都会降低孩子的集中力。特别是当孩子学习的时候，听到从别的房间里传出的声音时，就更不容易集中精神学习。

想提高孩子的集中力，需要一个安静的家庭环境。一家人一起吃饭或聊天的时候，固然可以大声讲话，但当孩子进房间学习时，父母依然坐在客厅里看电视或大声说话，就会对孩子造成不良的影响。最好的方法是当孩子学习的时候，父母也一起读书或看报纸。如果父母一定要做发出噪音的事情，那么最好选择远离客厅的房间。此外，书房里的书桌最好不要放置在与客厅的电视只有一墙之隔的地方，另外，还要注意让家人保持安静。

清洁的环境有助于提高集中力

书房始终都要保持清洁。如果不能保证整个房间干净而整洁，那么至少也要保证书桌上没有杂物。对于集中力相对比较高的大人来说，书桌有些凌乱或堆放着很多杂物没有什么影响，但孩子们却不同。对于集中力低的孩子来说，所有映入眼帘的东西都可能会降低集中力。

尤其是书桌上绝对不要放置与学习无关的东西。目前，样式比较流行的书桌都会把书架设置在桌子的侧面，这样容易让书桌保持清爽。购买这种书桌之后，父母也要做好表率，培养孩子整理东西的习惯。

孩子渐渐长大，书桌前可能会贴上喜欢的艺人或运动员的海报，以及漫画人物的海报，这常常会导致父母和孩子之间的争吵，所以父母最好允许孩子把海报贴在书桌背后的地方。这样一来，孩子在不学习或躺在床上的时候可以看到海报，而且能够减少父母和孩子间的摩擦。相反，书桌的正前方要贴上必须遵守的规定或学习计划的表格，要让孩子自己检查学习的执行进度。

同时，一定要培养孩子在学习前准备学习用具，并在学习后整理书桌的习惯。只有这样，孩子才不会为了找一块橡皮擦而翻箱倒柜，而且还可以让孩子在书桌前多学习几分钟。

"再一次"原则和"像玩游戏一样"原则

用心书写的日记 3

向载民提出要求似乎愈来愈困难了。载民已经上初中二年级了,可是对待学习却依然漫不经心,甚至连教科书都懒得看一眼。载民的爸爸到现在依然是一下班就陪着初中二年级的儿子一起学习,可是载民的学习态度仍然不佳,只是随便应付爸爸的提问和辅导。

"哎,你到底像谁啊!要是脑袋像我一样,就不至于会这么笨了!"

孩子的爸爸总是这样子说他。我的丈夫毕业于国内最好的知名大学,因此他有很强的自负心理,总是认为载民也应该和自己一样有能力。每次陪着孩子学习的时候,他总是很习惯性地说出这样的话,导致载民的心理压力愈来愈大。

最近载民似乎沉迷于漫画和电玩游戏。虽然他极力不想让我发现这件事，但只要查看电脑里的收藏数据夹，就会发现一大堆与漫画、电玩游戏相关的网站。另外，书架的角落里也放着好多本已经翻得脏兮兮的漫画书。

我在心里盘算着，有没有一种让孩子把兴趣转移到学习上的办法。孩子将来也许会成为漫画家，也有可能从事与计算机相关的工作，但目前的当务之急是把这些兴趣转移到学习中。

在学习的过程中，复习是非常重要的环节，但无条件地死记硬背起不了什么作用，而且我也不想逼迫孩子用这种方式学习。所以，我开始引导载民在学习完数学或英语之后，将这些内容用画画的方式复习一遍。

这下子好了，载民居然以超乎我想象的绘画水平，描绘出了学习的要点，就像牛的反刍本能一样，完美地画出了所有的学习内容。

此外，我还学会了几个载民喜欢玩的电玩游戏，并在规定的时间里和他一起玩。为了减轻孩子的心理压力，我们也让爸爸参与游戏，同时让孩子对爸爸有了一个新的认识。当然，这些措施都是和孩子认真讨论后才决定实施的。

如果允许载民玩一个小时的电玩游戏，那么我就要求他用相同的时间来复习所学的英语，而他也居然积极地配合，出乎我们意料地遵守了这个约定。家人对载民伸出的援手，给了他很大的力量，正是通过这样的过程，他下定决心好好学习，努力实现自己的承诺。

培养孩子的集中力，就是赋予孩子在创造人生的过程中必备的能力。但是，大部分父母都把集中力的高低简单地视为成绩的好坏。集中力固然与成绩有着密切的联系，但取得好成绩不过是提高集中力的一种表现而已，并不代表着全部。

如果想全面培养孩子的集中力，那么就应该帮助他们过幸福的生活，而不是以提高集中力的名义，遵守一成不变的教育方式或学习方法。**父母要掌握孩子的个性和兴趣，并通过孩子的特长来提高集中力。通过这种方法不但可以提高集中力，而且会逐渐开发孩子的兴趣和特长。因材施教才是让孩子提高集中力的好方法。**

做完以后"再"检查一次

小学四年级的哲贤总是回避妈妈的眼睛说："不知道，我一点都不记得了。""气死我了，你怎么什么都不记得了呢？前两天妈妈不是教过你很多次吗？那时候你不是都听懂了吗？现在怎么又说一点都想不起来呢？"不仅是哲贤的妈妈，很多母亲遇到这种情况往往都控制不住自己的情绪，会忍不住大喊大叫。每当这个时候，父母们都会想："是不是孩子的脑袋有问题啊？为什么记忆力会这么差？"

德国心理学家艾宾浩斯（Hermann EbbingHaus）的研究显示，学习完知识后，20分钟内会忘掉所学知识的42%，1个小时以后，会有56%的知识从大脑中消失。过了一天之后，所学知识的66%也会消失，只剩下34%。

但艾宾浩斯的研究仅限于死记硬背一些单词（例如：麦子、血液、岩石等）时的状况，假如阅读感兴趣的书籍时，会记得更多一些。在艾宾浩斯的实验中，如果背诵的单词相互有关联性或者变化有规律，那么记住的几率会高出很多。

昨天晚上刚教过的东西，到第二天就遗忘是很正常的。但是已经熟悉的、似曾相识的、能理解具体涵义的或者变化较为规则的知识会更容易记住。因为父母熟悉的知识和理解能力比孩子强，所以不能拿自己的标准去要求孩子。对孩子来说，哪些是感兴趣的，哪些又是陌生的呢？如果死记硬背没有任何规律的知识，那么过了一天之后，其中的66%就会从大脑里消失，这和孩子的智商没有任何关系。

提高孩子的记忆力，最好的方法就是让孩子在学习的时候，将知识与已知的事物联系起来记忆。不能让孩子盲目地死记硬背，一定要让新知识和已经熟悉的事物建立某种关联。特别是那些对学习没有兴趣的孩子，要学会让他们联想生活中所累积的各种经验。

为了提高孩子的记忆力，还要让孩子养成"做完作业后再检查一次"的习惯，这是前面介绍的五种思考方法中的第四种。做完作业后不要直接合上课本或笔记本，要再检查一次，再看一次所学的内容，这样就会记住更多的知识。在艾宾浩斯的研究中，我们知道在学完知识的20分钟后，人们几乎会忘掉所学知识的一半，所以在合上课本或者笔记本以前，要再看一次所学的知识，就可以记住即将从脑中消失的部分内容。

与其反复学习那些已经完全忘掉的知识，不如打铁趁热，在忘记知识之前温习一遍,这样可以节省更多的学习时间。**想要提高孩子的记忆力,一定要让孩子养成在合上课本之前再检查一次作业的习惯,这样还可以提高作业的正确度。**

学习也要像玩游戏一样规定时间

有位前辈的老家在乡下,虽然和家人团聚是非常愉快的事,但每次回家都要坐5个小时的巴士。按照以往的经验,如果睡觉的话,又会觉得很浪费时间,如果看报纸或杂志的话,又会看到觉得头很疼,所以只好一直望着窗外发呆。然而,他说有一次的旅行很愉快。

那次,他偶然坐在了司机的后方,所以玩了一个很有趣的游戏。前辈做的游戏就是"猜猜到站的时间"。因为坐在司机的后面,所以可以看到车上的信息牌和汽车的行驶速度。于是,前辈参考汽车的速度和标有公里数距离的路牌,根据以前坐车的经验,计算到家的时间。

前辈心里想:"如果再快一些,往前一点就到了老是塞车的路口,在这里放慢速度的话,到家的时间速度就会变晚一点。还剩150公里,以时速100公里/小时的速度来计算的话……很好,如果保持这个速度,那么就会在预定的时间内到家。"于是百无聊赖的一段旅程就这样变得妙趣横生。前辈自豪地说:"回到家的时间跟我计算的时间只差两分钟呢!虽然坐车既无聊又疲惫,但玩这种游戏还真的是很有意思呢!"听过这些话,我由衷地佩服这位能把无聊的旅程变成快乐游戏的前辈。

前辈之所以能享受这种快乐，是因为他运用了自己掌握的知识来预测未来。虽然高速巴士行驶的速度相差不大，但什么时候到站还是要取决于高速公路的状况，以及司机的开车习惯和车的状态。在无法预测未来的状况下，当然会感到无聊。但利用所学的知识和经验预测未来的话，不但可以打发时间，而且还能得到不小的成就感。

孩子在学习不感兴趣或难以理解的知识时，集中力特别差。此时，他们就像上了高速巴士而不知道何时能下车的人一样，只会看着窗外发呆，做小动作或者玩手指头。更何况孩子的时间观念比大人差，并不知道自己所做的事情需要多长的时间。因为孩子不知道学习什么时候结束，所以会觉得特别劳累。每当学习中出现疑难问题时，孩子就会变得毫无头绪，而且注意力分散。

就像那位计算到站时间的前辈一样，如果孩子在学习的时候，也能预测学习结束的时间，那么集中力会更加集中。在开始学习之前，一定要让孩子先想一想到底需要多久的时间。如果用闹钟来规定学习时间的话，那么学习效率会更高。"现在开始写作业，你觉得什么时候能写完呢？30分钟吗？现在是4点，那么4：30应该能结束。我们试一下，看看能不能在规定时间内完成作业，妈妈帮你看时间，你准备一下哦！拿笔的瞬间我就开始计算时间了。"这样会让孩子的学习变得像玩游戏一样有趣。

孩子年纪愈小，愈无法准确预测学习所需要的时间，而且不能长时间集中注意力。这时候可以把要学习的东西分成几个部分，让

他们自己计算所要花费的时间。

假如今天的作业是语文和社会学,那么先别忙着计算总共要花多少的学习时间,而要把完成语文和社会学作业的时间分别算出来,先做完一份作业,然后再做另一份作业。但为了提高做作业的效率,还要规定如果在预计的时间内不能完成,而且表现不认真的话,就会受到一定处罚。

想让孩子坚持玩预测时间的游戏,那么在平时也要培养孩子的时间观念。在吃饭或者打扫房间的时候,也要问一问孩子:"你觉得完成这件事需要多久的时间?"然后等待孩子的回答。这样一来,孩子就可以逐渐自己调节注意力。另外,不要忘了,当孩子在预测的时间内完成了作业或者别的事情时,要给予充分的赞扬。

十分钟学习法和Only one学习法

用心书写的日记 4

我想很少有父母会像我们这样教育孩子。我们为孩子安排的课程表，连大人都觉得难以执行。已满6岁的多彬，下午3点放学回家后，就得按照课程表行动。5点到6点，多彬要学汉语和汉字；6点到7点要学习一门才艺，比如钢琴、游泳、芭蕾舞、小提琴等等。

8点到9点，妻子会拿着美国初等学校的英语教材辅导孩子，而9点到10点则是创造力训练和母语的学习时间。多彬这样生活了6个月后，脸上的笑容渐渐消失了。即使坐在书桌前，也无法集中精神，脑子里总是想着别的事情，在老师提问的时候也无法说出答案。

虽然孩子的注意力明显下降了，但妻子还是坚持让孩子坐在书桌前练习英语听力。即使孩子不认真学习，妻子也依然按照自己拟定的课程表去要求孩子，在功课结束前，从来都不允许孩子休息。

虽然妻子非常用心地教孩子，但方式却不正确。连韩语都说不流利的孩子，为什么还要学英语和汉语？我感到非常疑惑。

在一个周末的下午，我看到妻子喊叫多彬时的样子，突然受到了很大的冲击。妻子居然对正在玩耍的多彬大喊大叫，把孩子叫到书桌前继续读英语教材，练英语听力。我实在看不下去了，于是把妻子叫到一边，商量如何有效地教育孩子。

我们夫妇重新拟定了一个新的课程表，不再强求孩子学那么多东西，但一定要学得少而精。先把学习英语和创造力训练的时间减少一半，规定这两门课程的学习时间为一个小时，中途休息20分钟，让多彬适当放松一下。并且把做功课的时间定为10分钟，让多彬在10分钟内，把注意力提升到最大限度。如果10分钟内做完了作业，那么就继续进行下一门的课程，如果没有做完，那就先休息10分钟，然后再继续做。

至于汉语，可以等到多彬长大以后再学。白天，孩子跟妈妈一起唱英语教材里的歌，并把歌词写在笔记本上，用这个方法代替英语学习。这样一来，多彬也非常乐意接受这种学习方法，每次集中注意力学习的时间也提高到20分钟以上。

每个孩子都有适合自己的学习方法。但这些方法都建立在集中注意力的基础之上，所以只有培养孩子的学习兴趣，培养孩子集中注意力，才能找到适合孩子的学习方法。

对于没有主见的孩子来说，很难理解学习知识的重要性和必要性，而且缺乏主动学习的积极性。时间安排太紧凑的课程表会使孩子失去学习的自信和兴趣。很多企业都要正确了解每个员工的特点和技能，然后分配到相对应的岗位，只有这样企业才能顺利地运作。同理可证，父母也要正确地了解自己孩子的特长和才能，然后再制订适合孩子的课程表。另外，制定课程表的时候最好让孩子一起参与，因为每个人都会认真地去做自己决定要做的事情。

做自己喜欢的事情就会集中精神，这是人的本性。如果孩子对某个科目的某个部分产生了兴趣，或者对某种教学方式产生了兴趣，那么父母就要实时记录在笔记本上，在以后的教学过程中，就可以根据孩子的兴趣改变学习方式和课程。另外，为了保证孩子拥有充足的休息时间，父母不能仅凭自己满意的方法去强求孩子学习，而要使用孩子喜欢的方法教学，才能提高学习效率。十分钟学习法和Only one学习法可以让家长发现孩子的学习特点和特长，达到因材施教的效果。这两种方法不仅可以提高孩子的集中力，还能让孩子更热爱学习。

十分钟学习法

初中三年级的学生京姬，是这样解释自己不能好好学习的原因："快点做完功课更糟糕，因为好不容易做完了功课，妈妈就会继续唠叨，比如写完作业就要我看别的书，要我去做数学题或者英语练习……只有慢慢做作业，我才有时间休息。"

与京姬有相同想法的孩子不在少数。很多妈妈都会不停地催促孩子学习，所以孩子不得不故意放慢做功课的速度，不然要学的东西实在太多了。很多不知情的父母，发现孩子本来可以在20分钟内做完的功课居然花了2个小时，于是误认为自己的孩子笨或者是反应迟钝。

当孩子把自己真实的想法告诉妈妈时，妈妈就会反驳："这是因为你还没做完功课就想出去玩，所以才花那么多时间。你要是好好学习，妈妈怎么会对你那样做呢？"如果孩子屡次听到这样的话语，就会马上放弃争辩，开始消极抵抗。

遇到这种情况，让孩子做10分钟的功课，才是最有效的方法。上学的时候，那些争分夺秒的孩子注意力可是高得吓人。只要在限定的时间内完成一定的任务，那么集中力会发挥到极限。而十分钟功课法就是利用了这种原理。

对那些能够在20分钟内做完功课但却花了2个小时的孩子来说，十分钟功课法的功效显著。刚开始用这种方法的时候，孩子们还不太相信，以为这是父母设下的陷阱，因此会有点警戒心。但如果父母坚持采用十分钟学习法，那么孩子就会逐渐放心，并在10分钟内高度集中注意力来学习。

"今天只做10分钟的功课，但在这段时间内，你要尽你最大的努力。"然后父母用定时器计算时间，孩子就会像玩游戏一样认真地做功课。孩子习惯了十分钟学习法后，可以渐渐地把时间延长至12分钟、15分钟、18分钟……这个时候要注意一点，父母不能急功近利，一下子延长太长的时间。"这些功课在10分钟内根本做不完。"如果孩子面对功课时这么说的话，那么学习的效率反而会加倍。

Only one学习法

很多父母在看孩子做功课时都会觉得很无奈。"你为什么不好好地写作业，你到底在发什么呆呀！""为什么不一次做完，动作怎么这么慢啊？"

美国圣保罗大学的莫妮卡·露西亚（Monica Luciana）教授根据孩子们洗澡时不能同时刷牙，或者语文课上学的知识不能在社会课上应用的原理，与大脑的发育进行了对比研究。虽然大脑具备多重作业的功能，但大脑中能同时处理各种活动的大脑部位要到青少年时期才会发育完毕，所以幼儿在成长之前很难同时处理多件事情。

孩子大脑的重量只有成人大脑的1/4。人出生的时候，大脑并没有发育完毕，在出生以后，大脑需要很长的时间才会发育成熟。刚出生的婴儿，只具备大脑的基本功能，随后经过各种刺激汲取经验，大脑逐渐变得成熟。但控制不同技能的大脑部位发育速度也会快慢不一。某些部位的发育开始得早也结束得快，而有些部位则是开始得晚也结束得慢。

从莫妮卡·露西亚的研究中得知，负责集中力和思考能力的大脑前叶发育缓慢。所以，让孩子同时处理很多事情为时过早，此时的孩子还不具备复杂的思维能力。而父母应该了解孩子的这种生理特征，并采取相应的学习方法。

孩子之所以不像大人那样可以集中精神，是因为大脑还无法同时处理各种信息。当大脑还没有完整发育，而需要做很多事情时，孩子就会因为无法完成任务而陷入迷惘。

　　想要提高孩子的集中力，就要让孩子做适合他做的事，并且在做事的时候不要随便干涉。同时做很多件事情的时候，孩子往往无法高度集中注意力。对正在做家庭作业的孩子提问，或者让观看教学光盘的孩子分析问题，都会使孩子的注意力下降。另外，边看电视边吃饭的习惯也不好。如果孩子正在做一件事，那么要等到这件事做完之后，注意力才会逐渐提升。

运用自拍相机、数码相机和记事本

用心书写的日记 5

　　民奎刚上初中，今天他的班主任老师突然打电话给我。因为民奎这几天上课的时候总是望着窗外发呆，或者在笔记本上乱写，无法集中精神听课。虽然老师经常提醒他，而且有时还会找他谈话，但状况并没有得到改善。老师误以为家里出了什么事情，所以才打电话给我。

　　针对这个问题，我和丈夫商量后叫了民奎过来一起沟通，让我们一家人在一起坦诚地谈话。一开始，孩子什么话也不说，但最后终于吐露了自己的心思。

　　"之前，我看了一些不健康的杂志，看完之后总是忘不了那些照片和图片。我有点害羞也有点心慌，说实话，现在做别的事情完全无法集中精神。我觉得自己看了不该看的东西，觉得自己犯了很大的错误……总之，我这几天的心情很复杂。"

听了民奎的这番话，我们终于恍然大悟。在青春期的时候，每个人都有类似的体会，也为此感到六神无主。但在对异性有了正确的认识之前，如果看淫秽的图片或者书籍，那么就会对异性产生不正确的看法和认识，这样很危险。

我和先生花了将近一天的时间，和民奎一起探讨异性之间的接触和交往的问题。然后告诉他，对异性有好感不是什么罪过，但那些三流杂志和色情网站里出现的图片，会搅乱你的头脑，会让你对异性产生不正确的看法，所以要避开这些肮脏的东西。

民奎进入初中以后，到了一个新的环境，感觉到跟上小学时完全不同的气氛。因为小学时跟他一起玩的朋友都转学到别的学校了，所以他的状态一直很委靡。

我对民奎说，在新的环境里一定要遵守规则，并对自己的行为负责。爸爸和妈妈给你做榜样，我们一起使用自拍相机，拍下自己的人生片段。然后，我们以爸爸、妈妈、民奎的顺序依次拍了自拍相片。这样一来，孩子的心理负担就减轻了。如果在学习的时候想起异性、朋友、成绩或游戏，那么就把这些都记在笔记本上。这样可以让孩子自觉地控制自己的想法。

经过这些努力，民奎拥有了比同龄孩子更成熟的思考方式，而且可以畅通无阻地和父母交流。虽然上课时注意力不集中的毛病没有彻底改掉，但这种现象已经大有好转。对记录在记事本的各种事情，民奎也做了积极的响应。他发现到，比起以否定的态度去面对这些事，不如挖掘自己感兴趣的事情，然后给予自己正面的评价。在做决定前，他会主动地找父母商量，确定事情的先后顺序，之后再一件件地实施。

最近，民奎对自己有了新的认识和发现，他知道自己想要做什么，并且想要一个接一个地去实践，民奎很高兴自己有了这么积极的转变。而我们也把这些经验介绍给朋友们，希望对大家都有所裨益。

我们的孩子可能会受到不良环境的刺激和影响。网络上的垃圾情报和色情信息对孩子的成长非常不利，就连电视里也会出现很多刺激性的场面。虽然我们很想把孩子从这些环境中解救出来，让他们跟不良信息完全断绝关系，但事实上是不可能的。那么，我们该如何让自己的孩子健康成长呢？

让孩子抛弃网络是不可能的，也不可能把电视机卖掉。但在这种状况下，我们需要让孩子具备明辨是非的能力，不能让他们被不健康的东西蒙蔽住双眼，要赋予他们战胜不良环境的力量。首先，要让孩子了解自己的优点和弱点，全方位地认识自己，从建立自尊和自爱进而开始培养正确的人生观。

"自拍相机"或"想法记事本"不但是孩子了解自己的一面镜子，而且还能成为孩子与父母互相敞开心扉交流的工具。孩子通过这种工具不但会发现自己的短处，而且也会发现自己的长处，自觉性地抵制对自己有害的环境，保护自己的心理健康。这样一来，孩子不但可以学会管理自己的行为，而且也能发挥自己的长处，并弥补自己的短处。

用数码相机反省自己的过失

有的父母喜欢在孩子念书的时候打开书房的门，目的是为了确认孩子是否在好好地学习。这时，孩子会产生一种被监视的感觉，往往会受到从厨房或者从别处传来的声音的干扰，无法把精神集中在学习上。

我推荐这样的父母使用数码摄影机、数码相机。当然，最好还是相信孩子一个人也能认真做作业，然后把房门锁上。然而使用数码相机、数码摄影机，也能加深我们对孩子的了解。

家里有数码相机、数码摄影机的话，就可以灵活运用。这时候最重要的是，不能让孩子觉得数码相机、数码摄影机发挥的是监控摄像镜头的作用，最好的方法是让孩子自己使用数码相机、数码摄影机，就像电视里的明星一样把自己一天的生活或学习的情况记录下来。

为了做到这一点，必须事先得到孩子的允许，但允许并不等于出于被强迫的心态。我们可以对孩子说："把我们各自做的事情录下来也是一件很有趣的事情，你可以把学习或者弹钢琴时的样子录下来，而妈妈则把读书或者做家务事的样子录下来，然后互相观察。"

孩子知道数码相机、数码摄影机的使用方法后，可以让孩子自己摄影、拍摄，如果孩子不会使用的话，那么父母可以给予帮助。如果过了学习时间，那么就要停止摄影，然后跟孩子一起边看录像、照片，边交谈。

这时候，父母不能扮演批评者或评论者的角色，只要当一名观察者就可以了，要在和谐愉快的气氛下和孩子一起观看录像的内容。家长可以问"那时候你在想什么呢"、"算题的时候精神集中了5分钟，你是怎样做到的呀"、"朋友打电话来啊，通话结束以后马上开始学习，会不会有什么困难之处"等问题，同时认真聆听孩子的话，并开始交谈。

这时候，绝不可以用"你看看又乱动了，怎么连5分钟都保持不了呢"、"哎呀，到底在发什么呆啊？怪不得老是坐在书桌前，但成绩还总是无法提高"等否定性的话语来批评孩子。此时，需要让孩子在轻松的气氛里，一边看录像一边思考。这时候，要让孩子客观地观察自己的学习习惯，并让孩子发现自己的优点和缺点。

另一方面，孩子通过跟父母的交谈，可以回顾学习时的行动和想法，逐渐具备自我调整情绪的能力。如果让孩子客观地观察自己的学习状态，并探讨问题的重点，那么更有助于提高孩子的集中力。

活用集中力分散手册

高度集中注意力的人并非不想别的事情。集中力高的人和集中力低的人的区别，不是"会不会想别的事情"，而是"想别的事情时该怎么做"。

集中力高的人可以很快地知道，自己是在集中精神学习还是在胡思乱想，如果发现自己在想别的事情，那么就会对自己说"不能这样",然后专注于自己要做的事情。

然而集中力低的人会浪费时间去想别的事情,而且一旦发现自己走神就自责不已。"我又在想别的事情了。我为什么不能集中精神呢?真的是我的头脑不好吗?哎呀!要是像妈妈说的那样不能上大学,那么以后的生活怎么办?为什么胜基的集中力那么高呢?而且他家还有好多游戏呢……"集中力低的孩子会接二连三不断地想别的事情。

集中力分散手册可以用来记录走神时所想的内容。给孩子一个小巧的手册,让他把每次走神的想法及时记下来。

集中力分散手册不是为了监视孩子,强迫孩子不能想别的事情,而是要让孩子自己观察和管理自己的想法。一旦在学习或上课时想别的事情,那么就赶快记在手册上,然后接着学习,另外再找一个时间去思考手册里的内容,这样就不用把时间都浪费在自责上了。

目前,很多初中老师会给那些在上课时问别的问题的学生一个小手册,让学生如果有想问的问题时就赶快记在手册上,等到下课以后再问老师。这种方法对孩子观察和调整自己的想法有很大的帮助。

看完这本书以后,鉴定一下身为父母的你在行为和态度上有什么变化。以100分为满分,给自己的行为及态度打分数,这样就能对自己的改变了如指掌。

集中力检测题目列表5

☑ **身为父母,我有哪些改变呢?**

父母的行动及态度		月 日	月 日	月 日	月 日	月 日
认知（信息处理能力）	是否掌握了孩子的个性和弱点。	分	分	分	分	分
	帮助孩子制订符合自己水准和难度的学习计划。	分	分	分	分	分
	一同寻找更适合孩子的学习方法。	分	分	分	分	分
	让孩子养成善于思考的习惯。	分	分	分	分	分
情绪（自身的控制力）	如果孩子有了进步,就会给予表扬。	分	分	分	分	分
	聆听孩子的话,经常交流。	分	分	分	分	分
	期待孩子一点一滴的变化。	分	分	分	分	分
	多留些时间跟孩子相处和讨论。	分	分	分	分	分
	了解孩子的气质、个性、兴趣。	分	分	分	分	分
行为（集中力）	跟孩子一起制订计划并帮助孩子实现。	分	分	分	分	分
	跟孩子一起打造安静、整洁的学习环境。	分	分	分	分	分
	每天一日三餐都制定营养的食谱。	分	分	分	分	分
	让孩子多去户外活动,锻炼体力。	分	分	分	分	分
	告诉孩子正确的学习姿势和习惯,并给予适当的称赞。	分	分	分	分	分
评价	平均分	分	分	分	分	分

提高集中力的学习姿势和消除压力的呼吸法、减压法

如果想长时间保持高度的集中力,那么学习的姿势最重要。要是姿势不正确,那么血液循环就会不通畅,身体的各种器官也不能发挥应有的作用,最终会导致疲劳、散漫。孩子已经习惯了的姿势不太容易改正,所以要经常提醒孩子保持正确的姿势。另外,姿势矫正以后也可能再度恢复成以前不良的姿势,所以要经常监督。

无论是谁都不可能集中全部的精神去生活。长时间集中精神做一件事,会增加大脑的紧张度,导致大脑活动迟钝,影响集中力。

为了让孩子长时间集中精神学习,必须安排一定的休息时间,让孩子调整身心。在坐着学习时,也可以通过下列动作来提高集中力。

正确的姿势

1. 坐在椅子上的时候,要将臀部紧贴靠背,然后挺直上身。
2. 抬头、挺胸,下巴要向下。
3. 稍微收紧臀部的肌肉。

4. 肩膀放松并下垂，双肩保持水平。

5. 脊椎要保持垂直状态，脸、胸、腹要保持在一条直线上。

6. 放松手腕和胳膊。

腹部呼吸法

1. 用鼻子缓缓地深呼吸，尽量吸气，充分感受腹部的膨胀。也可以把手放在腹部上，确认腹部逐渐隆起，腹部膨胀的时候胸部不能移动。

2. 深吸一口气以后，憋气一段时间。

3. 憋完气以后，通过鼻子和嘴呼气。呼气的时间要比吸气的时间长。呼气的时候要放松，让全身松弛。

4. 保持呼吸顺畅，将整个过程重复5次以上。

伸展运动

▶ **伸展后颈**

1. 十指交叉放在脑后方。
2. 双手按住头部，下巴往下压。
3. 感受后颈开始拉伸。
4. 让这个动作保持10秒钟。

要点｜上身不要弯曲，才能感受到后颈肌肉的拉伸。

▶ **伸展手臂**

1. 双手交叉向前伸展。
2. 使背部成弧形。
3. 上半身不要弯曲。

要点｜使背部成弧形。

▶ **伸展腰部**

1. 双手交叉往头的上部延伸。
2. 此时不要让手臂弯曲。
3. 朝向一侧用最大的限度来弯曲上半身。

要点｜下半身绝对不能动。

▶ **伸展身体**

1. 端正地坐在椅子上。
2. 将上半身扭向后方,双手抓住靠背。
3. 让这种姿势保持10秒钟。
4. 朝反方向重复上述动作。

要点 | 视线要随着身体移动。

简单的脸部按摩法

长时间将精神集中在一件事情上,就会感觉到头疼。这时,如果用大拇指按住眉间,就能促进血液循环,提高集中力。

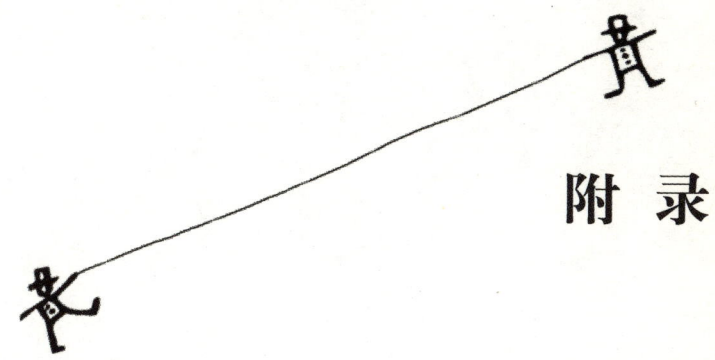

附 录

针对孩子的爱好提高集中力

数学逻辑能力 | 语言能力 | 空间感

人际关系交往能力 | 自我理解能力

运动能力 | 音乐能力

和孩子一起进行提高集中力的游戏

掷骰子游戏 | 飞行师游戏

扑克牌游戏 | 镜子游戏

"我爱你"游戏 | 拍手游戏

针对孩子的爱好提高集中力

为了提高孩子的集中力，必须要帮孩子找到自己喜欢和擅长的领域。人各有志，无论父母的期望多高，如果孩子不喜欢做某件事，那么绝对不能强迫。如果强迫孩子，那么他们只会随便应付，不会集中注意力，其结果肯定无法达到父母的要求。

值得高兴的是，我们的生活已经变得多彩多姿。教育环境多样化，导致成功的标准也在不断变化。如今，想要取得成功，知名大学的毕业证书已经不再那么重要。那些做着自己喜欢的事，过着幸福生活的人愈来愈多。所以，我们没有必要再用考试成绩来给孩子施压。

美国哈佛大学的哈沃德·加德纳（Howard Gardner）教授经过研究，认为人天生具有的能力可分为：数学逻辑能力、语言能力、空间感、音乐能力、运动能力、人际关系交往能力和自我理解能力等等。

现有的智力理论和学校教育，过分强调数学逻辑能力和语言能力。但要取得成功，依靠的不仅仅只是这两种能力。

每个孩子生下来都具有自己的特长。如果孩子将来从事能够发挥自己特长的职业，那么就能获得成功和幸福。在做自己喜欢的事情时，集中力自然也会提高。各位父母一定在想："我的孩子到底具有哪些才能呢？"下面让我们用测试表检查一下吧！如果能让孩子多做自己所喜欢的事，那么一定会事半功倍。

测试方法

每个能力分别有10个问题。如果10个问题中有6个以上回答"是"的话，那么孩子的该项能力就比较高。要是每种能力都没有6个"是"，那么就要选择"是"的答案最多的能力。如果确定了孩子的特长，那么就要多引导孩子做能发挥特长的事。

数学逻辑能力

这种能力可以通过逻辑思维解决科学性和数学性的问题。数学逻辑能力高的孩子因为常常在思考问题的原因和结果，所以经常会好奇地问："为什么？"因为孩子对抽象概念的理解力较强，所以容易掌握在科学和数学中出现的符号和原理。就算没有眼睛看得见、摸得着的工具，也能在大脑里进行假设和推论，最终得出结论，特别擅长理解科学理论或证明数学公式。

大部分数学逻辑能力高的孩子学习力都很好，特别能在数学和科学这种让一般的孩子感到吃力的科目上取得高分。因为学校的很多科目都要求发挥逻辑思考能力，所以他们在别的科目上也容易取得好成绩。但让这些孩子单纯背诵一些死板的内容，他们就会失去兴趣并无法集中精神。

这类孩子适合从事工程师、营养师、科学家、证券专家、会计师、数学教师、咨询顾问和医生等职业。

☐ 理解能力强。	☐ 经常发现别人话里的逻辑矛盾。
☐ 擅长把握概念和原理。	☐ 心算能力强。
☐ 特别喜欢数学和科学。	☐ 经常会问"为什么"。
☐ 擅长并喜欢做实验。	☐ 擅长富有逻辑的辩论。
☐ 喜欢有系统地学习或做事。	☐ 喜欢玩数字游戏。

语言能力

这是一种对语言、声音、节奏等高度敏感，并能灵活运用语言和文字的能力。语言能力强的孩子不光是擅长学习外语。大部分语言能力强的孩子从小就读过很多书。他们成长在可以与哥哥、姐姐或年长者交谈的环境里，所以语言能力比较发达。语言能力高的孩子能活用多种语法、词汇，并且说话有条理，喜欢写日记或写作，擅长文字接龙和猜谜游戏。而且他们能敏感地把握别人的话和文章里的各种意思，所以可以很自然地通过语言和别人沟通。

语言能力和数学逻辑能力，在传统的认识中是"头脑聪明的孩子"所具备的能力。语言能力强的孩子在语文、英语等跟语言有关的科目上可以取得好成绩，另外对社会学等科目也很感兴趣。因为语言表达能力和沟通能力强，所以适合从事诗人、小说家、文学家、翻译员、播音员、记者、外交官、政治家、文学评论家、律师、教师、通讯员等职业。

□ 掌握的词汇多。	□ 擅长用文字和话语表达自己的想法和感受。
□ 喜欢文字接龙和猜谜游戏。	□ 说话有条理。
□ 擅长写作。	□ 擅长社会科目。
□ 很快能理解书的内容并能长时间记忆。	□ 喜欢语文课。
□ 喜欢读书。	□ 能在短时间内把握文章的内容。

空间感

这是一种对立体空间有着很强的理解和认知的能力。空间感强的人因为具有分析和辨别事物的色彩、外观、空间和形态的能力，所以擅长机器、建筑的设计和制造。他们喜欢制作模型，喜欢玩折纸游戏、拼图游戏和填字游戏。

空间感强的孩子能通过简单的地图或标示找到陌生的路，而且走过一次的路绝对不会忘记。他们对立体信息的理解和处理能力很强，所以让他们用图表或图画来学习，比单纯看文字学习更有效率。这些孩子在美术、劳作等要求动手和发挥想象力的学科上能取得很好的成绩，而且对数学中的几何学特别感兴趣。

空间感强的孩子适合从事摄影家、建筑师、工程师、服装设计师、旅行家、软件工程师、画家、导演等职业。

□ 擅长处理机器故障。	□ 可以记住去过的地方。
□ 擅长拼图。	□ 喜欢画画。
□ 擅长看地图找路。	□ 擅长理解数学中的几何学图形。
□ 擅长拆解和组装物品。	□ 观察力强。
□ 擅长理解图表或图画。	□ 可以画出观察过一两次的东西。

人际关系交往能力

　　这是一种擅长理解和关怀别人的能力。人际关系交往能力强的人很容易跟别人亲近，因此他们身旁总有很多愿意与之交往的人。他们可以通过别人细小的表情变化、声音变化和肢体动作，准确地把握对方的心思。通常，人们称他们为有眼力的人。并且，他们善于观察别人的长处和短处，可以与人和谐相处，所以在任何团体中都很受欢迎。

　　人际关系交往能力强且性格比较外向的人，具备一定的领导能力。这些人适合从事政治家、商人、宣传部负责人、播音员等职业。另一方面，人际关系交往能力强且性格内向的人，适合当咨询心理师，还适合在医院或饭店从事高级服务业。

□ 关心别人谈话的内容。	□ 为人亲切温和。
□ 懂得别人的感情变化。	□ 善于交朋友，朋友很多。
□ 喜欢参与人多的活动。	□ 富有同情心，有奉献精神。
□ 善于聆听朋友的苦恼并给他们建议。	□ 擅长和解朋友之间的矛盾纠纷。
□ 喜欢与人交谈。	□ 在人多的环境中不会感到紧张。

自我理解能力

这是一种可以充分感知察觉自己的想法、感受和需求的理解能力。自我理解能力高的人对自己的理想、爱好和志向了如指掌。另外，他们对人生目标的认识也十分深刻，所以自我管理能力很强。

自我理解能力发达的人在疲倦、忧郁的时候，可以明确了解自己的需求，适当地为自己提供休息和补偿的方式。他们可以敏锐地感知察觉自己心中的微小变化，也能辨别出各种情绪之间的差异，所以调整情绪的能力也很强。另外，他们还具备很强的自我反省能力，即使处在危险的状况下，也很容易找出最适合自己的方法。

虽然自我理解能力是每个人都不可或缺的能力，但对于哲学家、神职人员、心理医生、作家等需要敏锐洞察力的职业来说，自我理解能力尤其重要。

☐ 喜欢思考有关自己的事。 ☐ 能顺利地调节自己的心情。 ☐ 喜欢写日记。 ☐ 常常回顾过去，反省自己。 ☐ 平时喜欢静静地思考。 ☐ 喜欢单独做某一件事情。	☐ 在各种情况下都能控制自己的情绪。 ☐ 能理解自己在生活中扮演的角色。 ☐ 喜欢幻想未来。 ☐ 有只属于自己的兴趣或爱好。

运动能力

这是一种可以自我调节身体机能的能力。运动能力高的人运动神经很发达，所以身体平衡性很好，肌肉发达，而且身手敏捷。另外，身体的柔软性也很好，喜欢做各种运动。

运动能力强的孩子爆发力很强，身体灵活，体育成绩优秀。他们在室外运动的时候更能集中精神，而且喜欢模仿别人的动作，喜欢亲身体验不同的运动。

运动能力强的孩子因为手巧，所以喜欢制作小东西，喜欢魔术一类强调速度和细致的运动。他们擅长舞蹈、自行车、溜冰等需要肢体配合的运动。适合从事运动员、模特儿、舞蹈家、军人、体育教练、体育讲师、警察、体育记者、动作片演员、魔术师和按摩专家等职业。

☐ 喜欢运动。	☐ 可以很快学会溜冰或骑自行车。
☐ 比起语言，更喜欢亲身实践。	☐ 心灵手巧。
☐ 更喜欢室外运动。	☐ 喜欢模仿别人的动作。
☐ 擅长舞蹈。	☐ 喜欢上体育课。
☐ 身手敏捷。	☐ 喜欢做惊险、危险的动作。

音乐能力

这种能力强的孩子对声音、节奏、拍子、旋律等特别敏感。音乐能力高的孩子可以轻松辨别各种不同的声音，也能感知事物的微小变化，可以掌握音乐的规律，并具有一定的音乐创造能力。他们不仅唱歌好听，而且可以很快地掌握钢琴、小提琴等乐器的演奏技巧，还能无障碍地阅读乐谱。

音乐能力高的孩子听觉发达，能准确区分不同的声音，对自然界发出的声音也很敏感。所以他们能很完整地欣赏和评价音乐，听过几遍的声音也能正确地记下来。他们可以利用音乐稳定情绪，提高集中力，如果利用节奏感背诵文章，那么很快就能记住。

这类孩子适合当钢琴演奏家、小提琴演奏家或音乐家，从事歌手、作曲家、演奏家等职业。另外还适合当音乐治疗师、音响专家、音乐教师、文化艺术策划者、音乐制作者。

□ 喜欢唱歌。 □ 可以记住很多歌曲。 □ 喜欢边听音乐边学习。 □ 能准确地辨别各种乐器的声音。 □ 能读懂乐谱。	□ 唱歌很好听。 □ 能记住听过几次的曲调。 □ 心情会随着音乐变化。 □ 能轻松掌握乐器演奏技巧。 □ 可以找出与环境搭配的音乐。

和孩子一起进行提高集中力的游戏

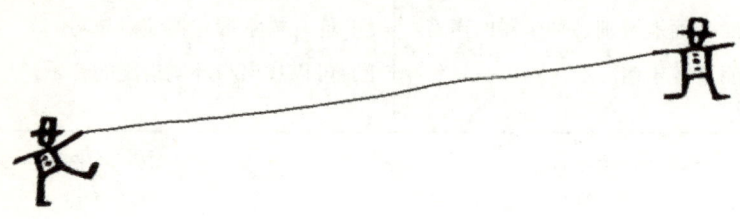

集中力高的孩子不仅学习成绩好，而且玩耍的时间充足，所以他们的朋友很多，交际能力强。集中力高的孩子喜欢玩同心协力的游戏；而集中力低的孩子则喜欢独自玩耍，他们不能自然地与别人交流情感，无法通过彼此的人际交往得到满足感和安定感，也无法排除心里的紧张感，无法得到调节和控制自身想法和感觉的力量。

下面我们将介绍可以提高集中力的游戏，这些游戏不需要借助特别的工具，任何人都能玩。这种游戏通过父母和子女间的亲密接触及对话，能够促进相互交流并增进感情。通过玩游戏，孩子们能体会到安定感和满足感，这对提高集中力非常有益。

不要一味埋怨喜欢玩游戏、看电视的孩子，家长要学会如何跟孩子们一起创造欢乐时光。

掷骰子游戏

■ 准备物品：骰子、棋子、情景卡片、情感卡片

■ 人员：2到8人

■ 游戏规则

1. 按掷骰子得出的点数决定走多少步棋。

2. 棋子到达的地方如果是天蓝色，就抽情景卡片，如果是黄色，就抽情感卡片。

3. 当抽到情景卡片时，要大声读出卡片上的内容，讲述当自己遇到这种情况时，有什么样的感觉，会采取怎样的措施。

4. 如果抽出的是情感卡片，那么要根据卡片上的内容，讲述自己的亲身经历并描述切身的感受，让对方猜出遇到什么事情会产生这种感受。

  5．其余的游戏规则和掷骰子游戏一样。

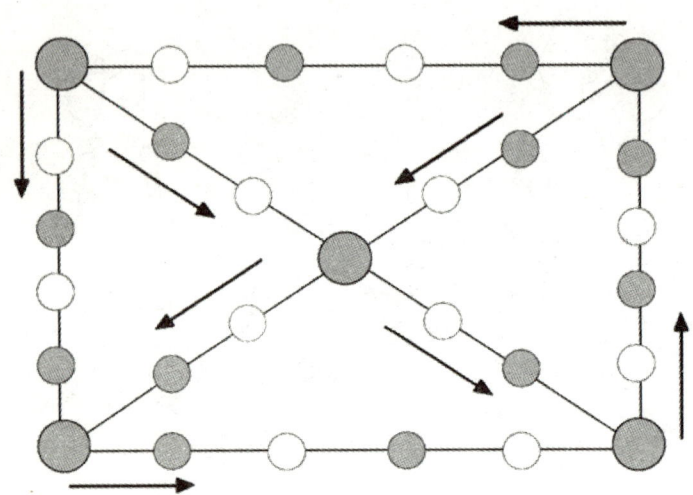

■ 注意

  1．为了让孩子准确表达感情，家长应该引导他们多联想周围发生的事情。

  2．游戏人数超过4人可以组队。

■ 应用

  1．考虑孩子的实际经历，适当增加或减少情景卡片。

  2．如果孩子不能准确描述自己的情感，或者猜不出答案，那么父母可以为孩子说说看自己的经验，或者联系孩子平常的经历，给他们表达感情的机会。

情景卡片

我们班最受大家欢迎而且学习最有成果的同学,要我和他一起去超市偷东西。如果我说不想偷,那么他以后就会不和我一起玩。

和朋友玩耍时,不小心碰掉了老师的手机,手机摔坏了,但老师还不知道这件事。

考试全力以赴,但成绩依然很糟糕。如果把成绩单给爸爸看,爸爸一定会训斥我。

上课时,同学问我今天发生的事情,我正在说话,却被老师发现了。老师认为是我主动在课堂上和同学闲聊,所以只骂了我一个人。

到学校后,提醒我今天因为没有带教科书而被老师责骂,那么她一定会生气的。

弟弟在我的日记本上画画,被我发现了,所以我骂了弟弟几句。我教训弟弟时被奶奶看见了。奶奶说我和弟弟吵架是不对的。

我和父母约定一周玩两小时游戏,但今天家里没人,所以我可以随心所欲地玩电脑了。

一直和我一起玩的朋友,突然不理我了。现在他和另一个新来的同学一起玩。这样一来,我就没有可以一起玩的伙伴了。

因为在放学回家的路上和同学们一起玩耍,所以回家晚了。妈妈说我总是不遵守时间。可以随心所欲地玩电脑了。

今天老师的心情好像不太好，平时可以原谅的事情，她也总要责骂我们两句。

今天的午餐一点都不好吃，菜都是我最不喜欢吃的。

我非常喜欢我的隔壁同学，但我的隔壁同学好像不喜欢我。

家人都在一起高高兴兴地看电视，但妈妈突然问我作业做完了没有。其实，我还没有做完作业。

情感卡片

高兴	慌张	不耐烦
生气	期待	冤枉
失望	郁闷	惊吓
愉悦	想逃避	心寒

痛快	好像被忽视了	丢脸的
心动的	幸福的	紧张
害怕	感激	担心
抱歉	起疑心	温暖的
讨厌的		

飞行师游戏

■ 准备物品：游戏纸、答案纸、铅笔、橡皮擦

■ 游戏规则

1. 这个游戏是模拟驾驶飞机的飞行师，训练孩子如何提高集中力。

2. 把游戏纸放在距离孩子30~50公分的地方，然后让孩子数数字，例如，数数字1、英文字母l、英文大写字母A、数字2、英文小写字母a等等。

3. 将数出的个数记录在答案纸上。

■ 注意

1. 数数时，不能把活动纸拉到近处，也不能在活动纸上做记号。

2. 全部数完后,要再次检查一遍。

〇 游戏纸

1	|	A	3	a	7	|	d
a	a	f	7	f	1		3
1	|	d	f	|	A	a	|	d
7	A		f	A	3	7		d
8		A	f	8	f	3		|
	1	|	3		f	8	a	A	1
1	b		7	|		3		f	a
7	a		8	f	a	3	a	b	b

〇 答题纸

1 (	)	| (	)
A (	)	3 (	)
a (	)	7 (	)
b (	)	f (	)
d (	)	8 (	)

■ 应用

在A4纸上可以写不同的数字和文字,制作各种游戏纸。

扑克牌游戏

■ **准备物品**：扑克牌

■ **游戏规则**

1．洗好扑克牌后，把扑克牌平放在地面上。横放四张，直放四张，剩余的扑克牌放在另一边。

2．只要牌面的数字一样，即使花色图案不一样也可以凑成一对。例如，梅花7、红桃7、黑桃7、方块7都可以组成一对，找出的对子愈多愈好。

3．先排好顺序，一个人一次只能翻两张扑克牌。

4．下一个人也是一样，一次只能翻两张扑克牌。

5．如果翻出的两张扑克牌上的数字相同，那么翻牌的人就会把这两张拿走,空出来的地方开始放剩余的扑克牌。

  6. 翻出一对扑克牌的人,会获得再翻一次牌的机会。

  7. 游戏可以一直进行,直到翻完所有的扑克牌。

■ 注意

  记住扑克牌的位置是游戏的关键。直到游戏结束,扑克牌原有的位置是不会改变的。

■ 应用

  如果找数字相同的扑克牌比较困难,那么也可以找花色图案相同的扑克牌。

镜子游戏

■ 准备物品：无

■ 游戏规则

1. 穿上舒适的便服，和孩子面对面坐着。

2. 玩剪刀、石头、布，胜利的人选择自己即将扮演的角色：镜子或人。

3. 选择扮演镜子角色的人，要根据对方做出的动作，一点也不差地模仿出来。

4. 选择扮演人的角色的人，不可以说话，只能做动作。例如，做一些抓头发、闭眼睛、举手、咬唇、搓手等能用肢体表达意思的动作，也可以选择镜子比较难模仿的动作。

5. 镜子的动作一定要跟人的动作一致。

6. 3分钟以后，调换角色。

7. 游戏结束后，说说看各自的感想。

■ 注意

1. 游戏时不能说话，只能用表情和眼神交流。

2. 应该选择其他家庭成员不在的时间，和孩子一起玩该游戏。

■ 应用

如果做完镜子游戏后再做"我爱你"游戏（请看下一个游戏），那么效果会更好。

"我爱你"游戏

■ 准备物品：无

■ 游戏规则

1. 穿上舒适的便服，和孩子面对面坐着。

2. 玩剪刀、石头、布，胜利的人选择自己即将扮演的角色：镜子或人。

3. 选择扮演镜子角色的人，根据对方做出的动作，一点也不差地模仿出来。

4. 选择扮演人的角色的人，要指着对方身体的某一部分，例如：

嘴、手、肩膀等，说"我喜欢×××的眼睛（嘴、手、肩膀等）"，例如：我喜欢宝贝的手。

5. 选择扮演镜子角色的人，要按照对方的行动和所说的话，同样指着对方的眼睛（嘴、手、肩膀等）说"我喜欢×××的眼睛（嘴、手、肩膀等）"。注意要替换成对方的称谓。例如：我喜欢妈妈的手。

6. 3分钟以后，调换角色。

7. 游戏结束后，说说看各自的感想。

■ 注意

1. 如果家长平时和孩子没有亲密接触的举动，那么玩这个游戏时，孩子会觉得很尴尬。为了避免这种尴尬，在做游戏的过程中，要多说一些喜欢鼻孔、眼屎等能够缓和气氛的话语。此时，父母要表现得很积极，并极力配合孩子。

2. 如果孩子没有兄弟姐妹，那么就尽情享受二人游戏的欢乐。

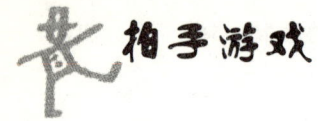
拍手游戏

■ 准备物品：故事书

■ 游戏规则

1. 妈妈给孩子读故事书时，如果出现特定的词汇（例如：动物名、花名等）或特定的发音（例如：啊、呢、了等），那么孩子就要拍手。

2. 讲完故事后，要让孩子数出这个故事里出现了多少个特定词汇和特定发音。

■ 注意

1. 如果孩子年龄较小，那么应选择篇幅短的故事。

2. 如果故事较长，那么应该在中间部分有所停顿，让孩子确认出现了多少特定词汇和特定发音。

■ 应用

1. 可以选择新闻报纸、杂志或教科书上的某篇文章。
2. 如果让孩子和兄弟姐妹一起玩这个游戏，那么会更有趣。

出现"蜜"这个字就拍手

发现好吃的蜂蜜，蜜蜂就会成群的飞过来。一开始只有一两只，但很快就会有上百只蜜蜂来采蜂蜜。（4次）

没有人要它们聚集到一起，但蜜蜂怎么会这样做呢？

蜜蜂之所以能聚集到一起，是因为它们可以运用肢体语言对话。

蜜蜂发现能够采集蜂蜜的花丛，就会跳着舞告诉其他蜜蜂自己所在的位置。

如果花的位置离蜂窝近（100公尺以内），那么蜜蜂就会跳圆圈舞，如果离得远就跳8字舞（6次）。跳舞时转的圈多，说明花就在附近，如果转的圈少，就说明花在比较远的地方。

如果花在很近的地方，那么它们就会跳半月舞。勤劳的蜜蜂的智慧让人惊叹。（1次）

我要这样教育孩子

Diana Lumans

首先要培养孩子的自尊心
然后再树立自己的威望
多和孩子一起画画
少做一些比手画脚的活动
不要对孩子太严厉
努力和孩子融为一体
多花一点时间去关心孩子

如果我有机会再养育一个孩子

我会学习如何关心孩子
和孩子一起骑自行车、放风筝
和孩子一起在田野间玩耍
多一点呵护,少一些争吵
多一些肯定,少一些独断专行
我绝不是一个只会用暴力解决问题的家长
而是一个拥有爱心的人

目录 CONTENTS

第一章 导 论 /001

 第一节 研究背景 /001
 第二节 文献综述 /002
  一、国外相关研究 /002
  二、国内相关研究 /009
 第三节 主要概念 /014
  一、国家建设 /014
  二、现代国家 /018
  三、公民权 /022
  四、农民 /025
 第四节 研究假设 /029
 第五节 研究方法 /030

第二章 城市化、国家建设与农民公民权的理论分析 /032

 第一节 现代化与国家建设的展开逻辑 /032
  一、现代化与国家建设的概念分析 /032
  二、现代化与国家建设的关系分析 /039
 第二节 现代国家与公民权的确立原则 /044

　　　　一、现代国家与公民权的关系　　　　　　　　　/044
　　　　二、现代国家公民权的确立原则　　　　　　　　/046
　　第三节　城市化：现代化的核心呈现　　　　　　　　/048
　　　　一、城市化的概念分析　　　　　　　　　　　　/048
　　　　二、城市化与现代化的关系　　　　　　　　　　/049
　　第四节　城市化、国家建设与农民公民权问题的提出　/057
　　　　一、城市化、国家建设与公民权成长的一般规律　/057
　　　　二、现代国家成长中的农民公民权问题　　　　　/058

第三章　城市化受限、一维国家建设与农民公民权　/067

　　第一节　受限城市化　　　　　　　　　　　　　　　/067
　　　　一、改革前城市化的具体阶段　　　　　　　　　/067
　　　　二、改革前城市化的特征分析　　　　　　　　　/073
　　　　三、改革前城市化的影响因素　　　　　　　　　/075
　　第二节　国家建设　　　　　　　　　　　　　　　　/088
　　第三节　农民公民权利的呈现　　　　　　　　　　　/096
　　　　一、民事权利的呈现　　　　　　　　　　　　　/101
　　　　二、政治权利　　　　　　　　　　　　　　　　/104
　　　　三、社会权利　　　　　　　　　　　　　　　　/108
　　第四节　农民公民权问题的遮蔽　　　　　　　　　　/117

第四章　城市化转折、二维国家建设与农民公民权　/121

　　第一节　城市化转折　　　　　　　　　　　　　　　/121
　　　　一、城市化进程　　　　　　　　　　　　　　　/122
　　　　二、城市化特征　　　　　　　　　　　　　　　/124
　　　　三、城市化因素　　　　　　　　　　　　　　　/126
　　第二节　国家建设　　　　　　　　　　　　　　　　/139

　　　　一、民族—国家建设 /139
　　　　二、民主—国家建设 /144
　　第三节　农民公民权利的呈现 /147
　　　　一、民事权利 /148
　　　　二、政治权利 /153
　　　　三、社会权利 /161
　　第四节　农民公民权问题的渐显 /185

第五章　城市化持续、三维国家建设与农民公民权 /189

　　第一节　城市化持续 /189
　　　　一、城市化进程 /189
　　　　二、城市化特征 /191
　　第二节　国家建设 /194
　　　　一、民族—国家建设 /194
　　　　二、民主—国家建设 /196
　　　　三、民生—国家建设 /199
　　第三节　农民公民权利的呈现 /202
　　　　一、民事权利 /203
　　　　二、政治权利 /216
　　　　三、社会权利 /226
　　第四节　农民公民权问题的凸显 /249

第六章　城市化、国家建设与农民公民权的保障之道 /252

　　第一节　中国城市化进程中农民公民权的展开逻辑 /252
　　第二节　国家建设：中国城市化进程中农民公民权的保障 /254
　　第三节　走向现代国家：城市化、国家建设与农民公民权
　　　　　　保障的关系 /261

附录一　中国城乡经济社会调查问卷（农村卷）　　/263
附录二　中国城乡经济社会调查问卷（城市卷）　　/276
参考文献　　/286
后　记　　/295
博士后期间科研成果　　/299

第一章 导 论

第一节 研究背景

走向现代国家是中国现代政治的主要线索，而在中国这样一个发展中国家，又需要经过现代化和国家建设才能建立一个现代国家：前者是现代国家的经济基础，后者是现代国家的政治基础。对此，早在1945年，毛泽东就指出："在新民主主义的政治条件获得之后，中国人民及其政府必须采取切实的步骤，在若干年内逐步地建立重工业和轻工业，使中国由农业国变为工业国。"① 在这里，毛泽东实际上已经简单明了地指出了现代国家所需要的经济和政治基础。新中国成立后，中国随即启动了现代化和国家建设战略，尽管城市化是现代化的重要内容，但城市化在中国却经历了一条比较曲折的道路。一开始，城市化并没有得到自然的发展，而是由于种种原因受到了限制。随着改革开放的启动和不断深入，中国的城市化迅速推进。中国的城镇人口由1978年的17245万人迅速增长到2010年的66557万人；城市化水平从1978

---

① 《毛泽东选集》第3卷，人民出版社1991年版，第1081页。

年的17.9%迅速提升至2010年的49.7%。与中国城市化及国家建设进程联系在一起的是农民的公民权问题。新中国建立后，中国农民的公民权问题就表现为主体资格的限制和权利内容的缺失两个方面，但该问题在建国后到改革开放前这一段时间内一直处于遮蔽状态。改革开放以来，农民的公民权问题逐渐显露出来并在进入新世纪后日益凸显。农民的公民权问题为何会从遮蔽向凸显转变？城市化、国家建设与中国农民的公民权三者之间是否有一种内在的逻辑？如果是的话，上述逻辑在新中国成立以来的中国现代国家成长过程中是如何展开的？日益凸显的农民公民权问题应如何解决？上述问题是本研究试图探讨和回答的问题。公民权包括权利和义务两个方面，本研究更为关注的是权利的含义。

第二节 文献综述

一、国外相关研究

公民权是现代政治学的重要概念。自20世纪90年代以来，公民权的研究吸引了国外研究者大量的关注并取得了令人瞩目的研究成果。

1. 公民权研究

恩靳·F. 伊辛和布雷恩·S. 特纳主编的《公民权研究手册》汇集了近年来西方研究者对公民权的研究成果，涵盖了公民权的基础、历史、取向和形式。总的说来，研究者主要从经济、政治和社会三个方面阐述公民权的基础，从古代和现代两个历史维度阐述公民权的历史，从自由主义、社群主义和共和主义三种视角阐释公民权的研究取向，并且从性别、环境、生态、文化等内容分析公民权的形式。① 伊辛和特纳认为，从历史和词源上看，公民权先是与城市，继之与国家相联系。公民原本意指由于生活在城市中而被教化或文明化的人。而《威斯特伐利亚条约》的订立和民族—国家世界体制的确立，则使城市公民权进而发展成为强有力的民族—国家得以形成的一个基础。随着国家治理体系之行政结构的发展完善，国家得以将公民权作为民族主义的一个方面加以动员。② 托马斯·雅诺斯基和布雷恩·格兰也强调公民权的实践保障离不开国家，"公民权所涉权利发生于某个特定群体提出某种权利要求之时，但只有当国家将这种权利载入法律并付诸实施之后，它们才获得确认而生效"③。罗奇认为，主流的公民权分析主要聚焦于国家层次上的公民权，这种分析为理解一般意义上的公民权以及特定意义上的社会公民权的复合性和背景脉络关联性提供了一些关键的因素。在复合性方面，主流理论将公民权描述为至少由法律、政治和社会公民权构成的多维的复合体；在背景脉络方面，主流理论将公民权描述为一种联系于民主—福利—资本主义的现代社会的身份。但罗奇认为，如果进一步考虑到当代的条件和社会变迁，公民权分析在复合性上还应考虑到

---

① 〔英〕恩靳·F. 伊辛、布雷恩·S. 特纳主编：《公民权研究手册》，王小章译，浙江人民出版社 2007 年版。
② 〔英〕恩靳·F. 伊辛、布雷恩·S. 特纳：《公民权研究：导论》，见〔英〕恩靳·F. 伊辛、布雷恩·S. 特纳主编：《公民权研究手册》，王小章译，浙江人民出版社 2007 年版，第 6 页。
③ 〔美〕托马斯·雅诺斯基、布雷恩·格兰：《政治公民权：权利的根基》，见〔英〕恩靳·F. 伊辛、布雷恩·S. 特纳主编：《公民权研究手册》，王小章译，浙江人民出版社 2007 年版，第 19 页。

文化的维度，在背景脉络上还应考虑到超越民族国家的层次。①

对于公民权所包括的范围，研究者们有不同的意见。例如，马歇尔认为公民权所涉权利范围包括民事权（civil rights）、政治权（political rights）、社会权（social rights）三个部分，其中，民事权由个人自由所必需的各种权利组成：包括人身自由，言论、思想和信仰自由，占有财产和签署有效契约的权利以及寻求正义的权利，等等；政治权主要指作为政治权威机构的成员或此种机构成员的选举者参与行使政治权力的权利；社会权主要指从享受少量的经济和安全的福利到充分分享社会遗产并按照社会通行标准享受文明生活的权利等一系列权利。②伊辛和特纳认为："获自民族—国家的现代公民权利通常包括民权（言论和迁徙自由、法治）、政治权利（投票、竞选公职）、社会权利（福利、失业保障、医疗保障）。"③托马斯·雅诺斯基和布雷恩·格兰则将公民权所涉权利的范围划分为法律权利、政治权利、社会权利和参与权利（见表1）。在他们看来，"法律权利或民事权主要是程序性权利，包括创设法制的法律（和政治）权利、人身安全权利、司法和程序性权利、非程序性的良知和选择自由的权利。政治权利指的是对于公共领域的参与，包括个人政治权利、组织权利和成员资格权利。社会权利支持公民对社会地位和经济生活的要求，主要包括四个部分。其中促进能力的权利包

---

① 〔英〕莫里斯·罗奇：《社会公民权：社会变迁的基础》，见〔英〕恩辛·F. 伊辛、布雷恩·S. 特纳主编：《公民权研究手册》，王小章译，浙江人民出版社2007年版，第97—99页。

② 〔英〕T. H. 马歇尔、安东尼·吉登斯等：《公民身份与社会阶级》，江苏人民出版社2008年版，第10页。

③ 〔英〕恩辛·F. 伊辛、布雷恩·S. 特纳：《公民权研究：导论》，见〔英〕恩辛·F. 伊辛、布雷恩·S. 特纳主编：《公民权研究手册》，王小章译，浙江人民出版社2007年版，第4页。

括医疗卫生保健、养老金、康复治疗以及家庭咨询服务；机会权利包括从学前教育一直到大学研究生教育的各种形式的教育；再分配和补偿权利是对权利受损者的弥补，包括战伤抚恤、工伤抚恤、低收入者权利、失业补偿、侵权补偿等。参与权利指个人和群体通过对市场、组织和资本的某种监控措施而得以参与私方决策"①。霍菲尔德将权利分为自由权、要求权、支配权和豁免权，对此，雅诺斯基和格兰将霍菲尔德的权利分类与马歇尔的公民权分类进行了一个类比，"一个人对自由权的行使是不需要他人通过承担义务来帮助的。相反，要求权则需要他人承担相应的责任，以帮助尊重和保护这一权利。支配权是可以施加于他人的合作性控制权。支配权和豁免权相对立，后者使人免除受人控制。作为自由权的民事权或法律权利是相对不受限制的，政治和参与权利属于支配权，社会权利属于要求权。豁免权是一种特殊性的权利"②。

表1　理论上公民权所涉权利的范围

法律权利	政治权利	社会权利	参与权利
①人身安全 防范非法失踪 无严刑逼供 无死刑 堕胎权 隐私权	①个人政治权利 投票权 竞选公职权 信息自由权 抗议权	①促进能力的权利 医疗卫生保健 养老金 康复治疗 家庭咨询服务	①劳动力市场干预权 劳动力市场信息获取 就业安置 就业机会创造 免于就业歧视 就业保障

---

① 〔美〕托马斯·雅诺斯基、布雷恩·格兰：《政治公民权：权利的根基》，载〔英〕恩靳·F.伊辛、布雷恩·S.特纳主编：《公民权研究手册》，王小章译，浙江人民出版社2007年版，第21—22页。

② 同上书，第23—24页。

(续表)

法律权利	政治权利	社会权利	参与权利
②司法和程序性权利 法律代理权 免费法律援助 免除诉讼费用的权利 对质证人证据的权利 陪审团裁决的权利 契约权	②组织权利 成立政党 组织商业/经济协会 社会运动/反对权 集会抗议的群体权利 文化/少数民族权利	②机会权利 学前教育 初等和中等教育 高等教育 教育咨询服务	②建议/决定权利 劳资联席会/协调会 集体谈判权 共同决策权（人力资源决策） 民族/当地委员会制度
③良知和选择 言论自由 出版自由 宗教信仰自由 选择配偶自由 职业选择权 性别/民族选择权	③成员资格权利 移民和定居权 归化入籍权 避难权 文化权利	③再分配和补偿权利 战伤抚恤 工伤抚恤 低收入者权利 失业补偿 侵权补偿	③资本监控权利 工薪者基金 中央银行调控 反托拉斯和资本逃逸法 共同决策权（战略决策）

资料来源：托马斯·雅诺斯基、布雷恩·格兰：《政治公民权：权利的根基》，见〔英〕恩靳·F.伊辛、布雷恩·S.特纳主编：《公民权研究手册》，王小章译，浙江人民出版社2007年版，第20—21页。

对于公民权究竟是一种普遍性权利还是群体性权利或特殊性权利，自由主义理论和文化多元主义理论展开了激烈的争论，自由主义理论建基于个体，坚持公民权对每一个公民都是适用的，主张一种普遍主义的公民权；而多元文化主义则赞同作为类属权利的群体性权利或特殊性权利，认为公民权应当反映因文化或民族不同而形成的群体差异。例如，基姆利卡指出，"普遍的公民权利——它们最初是由身体健康的白人男性基督徒所确定，也为他们而确定的——并不能容纳这些群体的特殊需求。相反，一种充分整合的公民权必须将这些差异考虑在内。"①

对于公民权的实践,托马斯·雅诺斯基和布雷恩·格兰认为,获得公民权利、承担公民义务而后又失去它们,这是贯穿生命历程的一个渐缓曲折的过程。公民权利和义务是与独立性直接相关的,在一个人生命的开始和结束阶段,他们的依赖状态限制了他们完全地使用其权利和履行其义务。②马歇尔在总体上将公民权原则看做是与资本主义原则相冲突的,在这种冲突过程中,前者将后者驯化了。与此相关,马歇尔也将现代社会看做是一种复杂的或者说多重的结构,是由政治民主制、福利国家、资本主义经济(民主、福利、资本主义)三个制度体系的不同组合构成的。③

2. 农民公民权研究

米格代尔通过研究部分发展中国家农村由封闭转向开放的机制,发现"农民参与复杂的政治组织是出于想解决经济危机这一物质动因。农民把政治看做是他们被迫进入的大的外部世界的一部分。在这里,农民必须了解各种规则,面对地位高的人时,他们争取尽量不受伤害。他们的政治目标很有限——只是为了获得有关他们家庭利益的具体问题的行政性的解决,而不是要求改善政府的政策"④。斯科波(Skocpol)在《国家与社会革命》一书中指出,国家集中的

---

① Will Kymlica, *Multicultural Citizenship: A Liberal Theory of Minority Rights*, Oxford: Clarendon Press, 1995, p. 181.
② 〔美〕托马斯·雅诺斯基、布雷恩·格兰:《政治公民权:权利的根基》,见〔英〕恩斯·F. 伊辛、布雷恩·S. 特纳主编:《公民权研究手册》,王小章译,浙江人民出版社 2007 年版,第 53 页。
③ 〔英〕莫里斯·罗奇:《社会公民权:社会变迁的基础》,见〔英〕恩斯·F. 伊辛、布雷恩·S. 特纳主编:《公民权研究手册》,王小章译,浙江人民出版社 2007 年版,第 96 页。
④ 〔美〕米格代尔:《农民、政治与革命:第三世界政治与社会变革的压力》,中央编译出版社 1996 年版,第 13 页。

力量与农民的反抗是导致新权利确立的社会革命的关键因素。这些新确立的权利可能是政治权利（如在法国），但更多的是社会权利（如在苏联）。① 亨廷顿通过比较研究发现："农村在现代化的政治生活中起着'左右大局'的关键作用，'农村兴起'的性质，亦即吸收农民参加政治体系的方式，能够决定今后的政治发展方向。如果农民支持该政治体系和政府，那么这个政治体系本身也就有了可靠的保障……"② Berry 认为，明确、公平和合理的土地产权能够促进土地的合理利用和技术的进步，刺激对土地的投资，增加土地交易机会，减少贫穷，有利于整个社会经济的发展和稳定。③

3. 中国农民公民权研究

中国是当今发展中国家的典型代表，尽管中国当前正在着力进行转型，但在较长的一段时间内，中国还是一个典型的农业国家。20 世纪下半叶尤其是世纪之交，中国与其他发展中国家都面临着一个非常重要的问题，那就是如何处理因城市化而凸显的农民公民权问题。研究发展中国家的农民公民权问题绕不开中国这样一个典型的研究样本，在这样一种背景下，20 世纪下半叶以来，国外不少研究者对中国的农民公民权进行了较多的研究。苏黛瑞是研究中国转型和农民公民权问题的一位知名美国学者。她立足于中国城市化这一背景，着重分析了公民权对于解决农民中的流动工人问题即农民工问题的重要性。苏黛瑞认为公民权的根本特征是排斥。在这种公民权概念下，苏黛瑞联系中国改革开放前计划经济时代的制度遗产，特别是户口制度，从农民流动者（即农民工）、国家和市场三者之间

---

① Theda Skocpol, *States and Social Revolutions*, Cambridge: Cambridge University Press, 1979.

② 〔美〕亨廷顿：《变革社会中的政治秩序》，华夏出版社 1998 年版，第 317 页。

③ Berry, A.: "When Do Agricultural Exports Help the Rural Poor? A Political-economy Approach", *Oxford Development Studies*, 2001, 29 (2): 125-144.

的关系中来考察分析中国城市农民工问题。她认为，对于那些从农村流动进入城市的农民流动者（农民工）来说，问题不仅仅是暂时缺乏由国家提供的维持日常生计所必需的条件，关键在于，由于不拥有城市户口，他们根本没有"资格"（ineligible）享有城市中的正常生计，没有"资格"享有城市居民作为与生俱来的"自然权利"，而接受的那些社会福利和服务。在中国，只有那些拥有官方确认的城市户口的人才是国家（政府）承认的城市社会共同体的正式成员，而那些没有城市户口的农民在自己国家的城市中的身份，则就像是其他地方的外国移民，是"非公民"（noncitizens）。因此，对于进入城市中的农民流动者（农民工）来说，根本问题不在于直接去争取维持生计的收入、福利、服务等，而是争取获得这些待遇和机会的"资格"，也就是争取"公民权"。①

分析国外的相关研究成果可知，现有的文献对公民权进行了较多的关注，对于农民公民权也进行了一定的研究，然而对于发展中国家尤其是中国的农民公民权研究较少。

二、国内相关研究

1. 公民权研究

徐勇强调了现代国家与公民权之间的密切联系，他指出，"正如没有一个以市场经济和公民权利为根基的现代公民社会，就难以建构一个现代国家一样，没有一个现代国家，现代公民社会也难以建构起来。"② 在他看来，主权在民和公民权利可以说是现代民主—国

---

① Solinger, Dorothy J., *Contesting Citizenship in Urban China: Peasant Migrants, the State, and the Logic of the Market*, Berkeley: University of California Press, 1999, pp. 3-7.

② 徐勇：《"回归国家"与现代国家的建构》，载《东南学术》，2006年第4期。

家的两个基本准则，并体现在国家基本法律制度之中。① 陈鹏对马歇尔《公民权与社会阶级》这一著作的内容和观点进行了细致梳理，并分析了其对转型期中国公民权研究的启示。② 姚晓晖和何珊君认为，公民权则是实在法权利体系中的一个下位概念。因此，按自由主义观点，平等是公民权的伴随物，二者共生同源。每个公民的独立性、自主性是公民权的核心。只有拥有充分独立、自主的意识，才有真实的公民权。张英洪对现代公民权的基本特征进行了分析，在他看来，现代公民权有几个基本的特征：一是平等性。在现代社会，几乎所有的国家都会在公开的宪法性文本中规定其公民在法律面前的平等地位。二是取得公民身份主体的普遍性。现代国家将公民的身份资格推广到其所管辖范围内的所有国民，也就是说，任何人只要取得一国国籍就自然成为该国的公民。三是公民参与公共事务的广泛性。无论是国家层次、地方层次还是社区层次，凡与公民利益相关的所有公共事务，公民都有制度化的参与渠道。四是公民权有一个不断扩展的历史过程。综观各国公民权的演变可以得知，并不是一国在宪法性文件上宣示公民权后，所有公民就自动享有完全的公民权利。事实上，正如经济建设一样，公民权也有一个建设和发展的过程。③ 沈原指出，转型期中国的公民权生产过程表现为民事权上升，社会权下降，而政治权略有增长，并认为业主对产权的维护和抗争是一个走向公民权的过程。④

---

① 徐勇：《"回归国家"与现代国家的建构》，载《东南学术》，2006年第4期。
② 陈鹏：《公民权社会学的先声——读T.H.马歇尔〈公民权与社会阶级〉》，载《社会学研究》，2008年第4期。
③ 张英洪：《农民、公民权与国家——以湖南省山脚下村为例》，载《中国农村观察》，2009年第3期。
④ 沈原：《走向公民权：业主维权作为一种公民运动》，见《市场、阶级与社会——转型社会学的关键议题》，社会科学文献出版社2007年版，第342—348页。

2. 农民公民权研究

农民公民权问题是农民问题的一个重要组成部分。费孝通早就指出，"理解中国的关键是农民"。① 邓小平曾经强调："中国有百分之八十的人口在农村。中国社会是不是安定，中国经济能不能发展，首先要看农村能不能发展，农民生活是不是好起来"。② 徐勇认为农民公民权的保障是现代国家的应有之责，在他看来，维护农民权益表象的背后是国家的转变，是现代国家建构与成长大背景的产物。农民权益维护是一个经典的现代性命题。③ 秦晖则认为农民问题的核心是公民权问题。④ 张英洪认为公民权是现代国家与农民之间的一个中介物，"在现代社会，国家通过公民权这一中间媒介，将农民从传统的分割性的地方权威的控制下解放出来，使之成为国家这一政治共同体的成员，将之置于国家的保护之下。国家赋予农民统一而平等的公民身份，对每个农民的公民权进行界定和保护；农民则对国家这个全新的政治共同体产生认同，从而表示忠诚与服从。国家赋予并保障每个国民的公民权，是从根本上培育和塑造国民的国家认同观念与爱国主义精神的真正基础与不竭源泉"⑤。谭德宇认为，要达到乡村"善治"之目的，必须使农民公民权得到充分实现。⑥

3. 中国农民公民权研究

当前对中国农民的权利已经有了较多的研究，这些研究对中国

---

① 费孝通：《中国绅士》，中国社会科学出版社 2006 年版，第 102 页。
② 《邓小平文选》（第三卷），人民出版社 1993 年版，第 77—78 页。
③ 徐勇：《现代国家建构中的农民权益维护》，载《华中师范大学学报（人文社会科学版）》，2008 年第 2 期。
④ 秦晖：《农民问题的核心是公民权问题——秦晖总结发言摘编》，载《南方农村报》，2005 年 9 月 1 日。
⑤ 张英洪：《农民、公民权与国家——以湖南省山脚下村为例》，载《中国农村观察》，2009 年第 3 期。
⑥ 谭德宇：《农民公民权的实现与乡村"善治"》，载《中州学刊》，2009 年第 5 期。

的农民权利问题作出了各自的判断和解释。例如，徐勇分析了农民权利保障的影响因素及其在促进基层政治发展和新农村建设中的作用。① 阎云翔以在黑龙江下岬村的调查为基础，讨论了农民权利意识的增长与农村家庭权力结构之间的关系。② 张英洪在《农民权利论》一书中强调中国农民的实质是权利问题。③ 刘伟在分析中国农民的权利意识时指出，"我们也不能否认一点，村民积极上访虽然在短期内对村庄的秩序构成消极影响，但从长远来看也意味着其权利意识成长的可能，因为利益明晰化和个人本位是现代法治意识的基础。"④ 王佳慧认为，国家在资源配置上集中向城市倾斜的政策，导致了城乡二元的经济和社会结构的形成，农民无论是在新中国建设还是在改革开放以后都没有得到与市民同等的对待，农民与市民在资源和利益分配上的不平等是产生农民问题的直接原因。由此论证农民问题产生的根本原因是在工业化、城市化的发展过程中国家权力对农民权利的忽视和侵犯，并通过分析和论证得出如下结论：农民问题的症结在于利益获得背后的农民权利的享有和实现问题。⑤ 陈柏峰则通过对皖北李圩村的调查指出，村庄生活并不是法治秩序下的生活，而是礼治下具有伦理性、互助性和互惠性的生活；村民也不是为了

---

① 徐勇：《村民自治的深化：权利保障与社区重建——新世纪以来中国村民自治发展的走向》，载《学习与探索》，2005年第4期；徐勇：《村民自治：中国宪政制度的创新》，载《中共党史研究》，2003年第1期。

② 〔美〕阎云翔：《私人生活的变革：一个中国村庄里的爱情、家庭与亲密关系(1949—1999)》，龚小夏译，上海书店出版社2006年版。

③ 张英洪：《农民权利论》，中国经济出版社2007年版，第1页。

④ 刘伟：《自生秩序、国家权力与村落转型——基于对村民群体性活动的比较研究》，复旦大学博士学位论文，2008年，第158页。

⑤ 王佳慧：《当代农民权利保护的法理》，吉林大学博士学位论文，2007年，第16页。

权利而斗争，因为他们没有现代的权利观念。①

随着中国城市化和现代国家建设的推进，当前也有一些研究者日益重视对中国农民公民权的研究并取得积极的进展。例如，秦晖从公民权的视角分析了中国的农民问题，"改革前，中国农民不仅没有'身份'的自由，也没有改变职业的自由，那时的农民除了少数幸运者经'组织上'的安排，获得既离了土也离了乡的'农转非'机会外，绝大多数都既不能离土，也不能离乡"②。张英洪对中国农民公民权问题进行了较为深入的研究。在他看来，公民权的短缺是形成中国农民问题的主要原因，③要解决中国的农民问题就需要赋予并保障农民的公民权。洪朝辉认为，在中国，与公民权相联系的公民权利的发展应该不同于马歇尔所说的从民事权到政治权再到社会权的进程，而应以"社会权利"作为公民权利改善的起始，同时也作为农民工获得"公民权"的起点。④王小章则认为这种观点是值得商榷的，在他看来，"社会权利"的落实离不开整个公民权利体系的支持，脱离了 civil right 和 political right，所谓的"社会权利"就将由"权利"蜕变为"恩赐"。⑤姚晓晖和何珊君比较了托马斯·H.马歇尔、马斯·雅诺斯基和尼斯·汤普森有关公民权内涵的范围，在此基础上指出，中国村民在村民自治实践中所拥有的权利按照马歇尔和雅诺斯基的观点属于法律权利、政治权利和参与权利，按照汤普森的观点是属于能影响政治的主动权，其实这些权利之间的边界

---

① 陈柏峰：《"气"与村庄生活的互动》，载《开放时代》，2007年第6期。
② 秦晖：《耕耘者言：一个农民学研究者的心路》，山东教育出版社1999年版，第289—290页。
③ 张英洪：《公民权：现代国家最基本的公共品》，载《中共福建省委党校学报》，2008年第6期。
④ 洪朝辉：《论中国城市社会权利的贫困》，载《江苏社会科学》，2003年第2期。
⑤ 王小章：《公民权视野下的社会保障》，载《浙江社会科学》，2007年第3期。

并不是那么清楚。而且不同历史时期、不同国族甚至同一国族的不同区域对公民权利内容的侧重点和权利要求也不同。①

然而，正如王小章在分析公民权视野下农民工的"身份—政治"叙事模式时指出，"或许由于'公民权'一词在中国特有的政治敏感性，国内许多在笔者看来可以归入此种叙事模式的研究事实上并不直接出现'公民权'这一概念。"② 当前中国学术界直接对农民工公民权展开的研究还较少，而对农民工公民权所处的农民公民权也较少涉及。

第三节　主要概念

一、国家建设

"国家建设"是政治学、社会学、历史学较多使用的一个概念。国家建设这一概念在英文中对应一个专门的名词 state-building/state-making，有些中文又译为国家政权建设、国家形成、国家构建、现代国家建设等。尽管英语术语相同，但不同的译名事实上体现了不同的侧重，例如常见的一个译名"国家政权建设"被有些研究者认为更多地形容国家建设的权力下沉方面，描述在现代国家形成过程中，国家力图深入乡村社会贯彻自己的意志的过程。③ 然而，

---

① 姚晓晖、何珊君：《从村民自治中透视转型期中国农村的公民权建设——以定县村民自治的权利调查为基础》，载《华北电力大学学报（社会科学版）》，2007年第2期。

② 王小章：《从"生存"到"承认"：公民权视野下的农民工问题》，载《社会学研究》，2009年第1期。

③ 郝娜：《政治学语境中的"国家政权建设"——一个关于理论限度的检视》，载《中共浙江省委党校学报》，2010年第3期。

这也并非国家政权建设的全部内涵，作为 state-building/state-making 的译名和描述欧洲民族—国家形成客观历程的一个概念，它不仅含有权力下沉的含义，而且也包括现代国家形成的其他方面，其中一个非常重要的方面就是公民权。杜赞奇曾指出，成功的现代国家政权建设应当包括两个方面的含义，即"政府权力对社会经济生活各个方面的干预和控制逐渐加强；在现代化的民族国家内，公民的权利和义务也在逐步地扩大"①。国家建设主要用来描述现代国家的形成及其过程，在这种意义上张静指出，"国家政权建设"，在欧洲历史研究中，是对一个客观发生的近代化现象的概括。的确，从这个现象中人们看到，分散的、多中心的、割据性的权威体系，逐渐转变为一个（以现代国家组织为）中心的结构。② 张静也认为，国家政权建设并非只涉及权力扩张，更为实质性的内容是"权力本身性质的变化、国家—公共（政府）组织角色的变化、与此相关的各种制度——法律、税收、授权和治理方式的变化，以及公共权威与公民关系的变化"。这意味着国家政权建设要建立起政府与公民间新型的权利—义务关系，国家必须完成公共性转变，政府的组织和行动有新的治理原则来规约。③ 在本书中使用"国家建设"这一译名，就是在于描述这一现代国家的形成及其过程。而现代国家最早是在西欧形成的，因此关于西欧国家建设的研究较多，但相关研究对西欧现代国家形成及其过程解释多有分歧，以至于约翰·麦克里兰在其《西方政治思想史》中指出，"近代国家自封建秩序中浮现而出。除了这句话，其他一切都无法确定。这件事如何发生或何时发生，众

---

① 〔美〕杜赞奇：《文化、权力与国家：1900—1942年的华北农村》，江苏人民出版社1994年版，第2页。
② 张静：《国家政权建设与乡村自治单位——问题与回顾》，载《开放时代》，2001年第9期。
③ 同上。

说不一，仅有的一致之见是此事在不同的时候发生于不同的地方。"①

布莱克总结了国家建设的主要特征：一是决策的统一，换句话，是政治权力的集中；二是它的功能比以前政治形式扩大了；三是法律规范也代表了现代民族国家的特性。这反过来又导致了同样特别、同样难对付的官僚制度的发展；四是公民在公共事物中作用扩大了。② 因此，可以将布莱克理解的国家建设界定为以政治权力的集中化及功能的扩大化、法律规范的普及和公民在公共事务中作用的扩大为特征的现代国家形成及其过程。

奥罗姆将国家建设视为现代化的政治方面，他认为，现代民族国家的建立，"常常（即使并不永远）引起社会其他方面的发展。学术界有时把这些变化称为'现代化'。国家建设是这些变化的政治方面……"③ 徐勇将国家建设界定为民族—国家和民主—国家两者的统一过程。单单成为民族—国家或民主—国家均不能称之为现代国家。"没有民族—国家，民主—国家没有生存空间，没有民主—国家，民族—国家就缺乏持续不断的合法性基础。因为民族—国家的存在，最终取决于所在国家的国民对其认同与忠诚。否则，民族—国家就会解体和分裂，如苏联和南斯拉夫；或者造成政权更迭和社会动乱"。④ 叶国文通过对中西方国家建设的比较分析，认为国家建设在中西方有着不同的含义，在西方国家，国家建设主要就是现代化驱动的国家政权建设；而在中国，国家建设理解则包括国家政权建设

---

① 〔美〕约翰·麦克里兰：《西方政治思想史》，海南出版社2003年版，第316页。
② 〔美〕安东尼·奥罗姆：《政治社会学》，上海人民出版社1989年版，第339—341页。
③ 同上书，第392页。
④ 徐勇：《现代国家建构与土地制度变迁——写在〈物权法〉讨论通过之际》，载《河北学刊》，2007年第2期。

和国家现代化建设两个方面。① 在这里,叶国文区分了国家建设和国家政权建设两个概念,将国家政权建设理解为国家建设的政治方面。林尚立认为,"辛亥革命之后开启的国家建设就是现代国家建设,主要围绕着两大轴心展开:一是主权,二是人权。围绕着主权,国家要实现其外部的独立与内部的统一的有机结合;围绕着人权,国家要建立一套旨在保障人与社会全面发展的价值体系、制度体系和组织体系,并实现自身的全面制度化。"② 徐勇则认为国家建设包括民族—国家建设和民主—国家建设两个阶段,前者以统一主权为表征,后者以主权在民为表征,民族—国家为民主—国家提供生存空间,民主—国家为民族—国家提供持续不断的合法性基础。在欧美,民族—国家建构与民主—国家的建构是同步并相互依存的。在中国这样的后发现代化国家,现代国家的建构是民族—国家建构在先,民主—国家建构在后。③ 以上两种观点强调了国家建设的主权建设和民主权利建设的两个方面。张英洪则认为国家建设应在民族—国家建设和民主—国家建设的基础上再增加公民—国家建设这样一个维度,④ 以彰显公民权在现代国家建设中的重要意义。叶本乾也强调从民族、民主和民生的维度全面建设现代国家,"如果仅仅是构建民族—国家,或者是民主—国家,或者是民生—国家,或者仅仅构建三项中的两项,那么整个现代国家构建的历程就没有完成,三足鼎立

---

① 叶国文:《农民、国家政权与现代化——当代中国土地问题的政治学研究》,复旦大学博士学位论文,2006 年,第 9 页。
② 林尚立:《社会主义与国家建设——基于中国的立场和实践》,载《社会科学战线》,2009 年第 6 期。
③ 徐勇:《现代国家建构中的非均衡性与自主性分析》,载《华中师范大学学报(人文社会科学版)》,2003 年第 5 期。
④ 张英洪:《公民权:现代国家最基本的公共品》,载《中共福建省委党校学报》,2008 年第 6 期。

局面就会打破，从而整个国家就会出现不和谐的局面，世界近现代历史和中国农村基层政权变动不居的现象已经证明了此种情况"[①]。叶本乾在此强调的是国家建设的政治、社会和经济三个角度。

综合上述对于国家建设的界定可以看出，尽管研究者对于国家建设的内涵各持己见，但对于国家建设的目标基本持一致的看法，即认为国家建设是为了建设现代国家。那么，实际上可以从国家建设的目标出发来对其进行界定，即可以将国家建设界定为现代国家的建设及其过程。在此基础上，本文借鉴徐勇、张英洪、叶本乾的观点，认为国家建设有民族—国家、民主—国家和民生—国家三个维度，民族—国家建设强调的是国家的主权，民主—国家和民生—国家强调的是国民的公民权。在早发国家，现代国家建设的三个维度是同时展开的；在中国这样的后发国家，现代国家建设的三个维度是分时段先后展开的。先有民族—国家建设，然后在国家权力的主导下开展民主—国家与民生—国家建设。

二、现代国家

现代国家是国家建设理论的一个基本概念，也是国家建设的目标所在。探讨国家建设，必然离不开的一个概念就是现代国家。但是国内外学界对于现代国家及其起源尚有着不同的意见，围绕现代国家及其起源基本上形成了两种观点。一种观点认为现代国家是指西方近代以来随着资本主义经济的发展而形成的一种以中央集权和理性化权威为特征的新的国家组织形式。例如，查尔斯·蒂利在《欧洲民族国家的形成》一书中揭示了欧洲现代国家形成的一般经验，强调了战争在欧洲现代国家形成中的作用，"建立有效的军事机

[①] 叶本乾：《生成与重构：现代国家建构中的农村基层政权——以河南弦乡为例》，华中师范大学政治学理论专业博士学位论文，2007年，第205页。

器对民众来说是一个沉重的负担。它涉及税收、征兵、征用以及其他事务。建立军事机器的实际举措——当它起作用时——还将促使建立一套将资源转送到政府以做他用的制度安排……这个军事机器还可创造克服强硬抵抗以推行政府意志的手段：军队。它有助于领土的巩固、暴力手段的垄断以及其他所有的、基础的国家建设过程。战争制造了国家，而国家也制造了战争"①。从中可以看出，蒂利在强调战争对现代国家建设的作用时，同时也指出了现代国家中央集权和理性化权威的特征。这种观点得到了一些中外学者的认同。杨雪冬认为现代国家具有两个显著特征，一是国家权力运用的主权化，即国家对内对外拥有主权地位。二是国家权力运用的理性化，即国家发展出一系列法律和制度以提高国家管理的合理性，理性原则成为国家权力设计和运用的基本原则。② 主权化和理性化的现代国家成为安东尼·吉登斯所形容的现代最为杰出的权力集装器。③《布莱克维尔政治学百科全书》认为，"民族国家建构作为一项国家政策，以美国革命和法国大革命为背景提了出来。在当时，民族国家构建的意蕴就是公共权威和公民的忠诚感实现同步发展。"④ 布莱克认为，"现代国家从这种地方权威的统一中兴起，而后，便进一步在职能基础上将权力扩大到许多活动领域，这些领域过去一直是私人或地方的管辖范围。家庭、村庄、地主、教堂以及各种其他机构所发挥的

---

① Charles Tilly, "Reflections on the History of European State—Making", in Charles Tilly, ed., *The Formation of the National States in Western Europe*, Princeton：Princeton University Press, 1975, p. 73.
② 杨雪冬:《政治文明、现代国家与宪政建设》，载《社会科学》，2007年第9期。
③〔英〕安东尼·吉登斯:《民族国家与暴力》，胡宗泽等译，生活·读书·新知三联书店1998年版，第145页。
④〔英〕戴维·米勒、韦农·波格丹诺:《布莱克维尔政治学百科全书》，邓正来等译，中国政法大学出版社1992年版，第490页。

功能全部集中到国家手中。在有些社会，所有实际的教育、通讯、交通、社会治安以及大量的生产制造等等，都成了国家的职能，所有其他活动都以不同的方式处于国家的管辖之下。"① 李强认为现代国家有三个基本特征：一是国家对合法使用暴力的垄断；二是国家垄断税收、建立公共财政；三是国家垄断合法使用暴力与垄断税收的目的在于为本国的公民提供基本的公共物品，并提升国民的福利生活水准。②

另一种观点认为现代国家是指西方近代以来随着资产阶级革命而产生的以主权和公民权利为特征的国家形式。例如，马克思从资产阶级革命出发分析了现代社会与现代国家的关系，资产阶级革命在人类政治文明发展历程中，"一方面把人变成市民社会的成员，变成利己的、独立的个人，另一方面把人变成公民，变成法人"③。享有独立自由的个人、政治平等的公民以及自由流动的资本，构成现代社会的三个基本要素，而现代国家就是建立在此种现代社会基础上并与之相适应的政治与社会相对分离的国家形式。正是在这种意义上，马克思指出，"在古代国家中，政治国家就是国家的内容，其他的领域都不包含在内，而现代的国家则是政治国家和非政治国家的相互适应。"④ 从中可以看出，马克思强调了现代国家的自主性和平等公民权。这种观点得到了许多中外学者的坚持和发展。林尚立从特定历史时空与人类政治文明发展规律的关系出发对现代国家进行了界定：现代国家，作为一种历史运动的产物，是指近代资产阶级革命所建立起来的资产阶级民主共和国。作为一种政治文明发展

---

① 〔美〕布莱克：《现代化的动力》，浙江人民出版社1989年版，第12页。
② 李强：《后全能体制下现代国家的构建》，载《战略与管理》，2001年第6期。
③ 《马克思恩格斯全集》第1卷，人民出版社1956年版，第443页。
④ 同上书，第283页。

的产物，是指以人类政治解放为前提，以现代经济与社会发展为基础建立起来的现代民主共和国。现代国家涵盖主权和平等公民权两个要素，主权是现代国家形成的基础，而现代国家必须保障平等公民权。① 徐勇则从主权与合法性两个方面对现代国家进行了界定，并引申出了现代国家的双重特性：民族—国家（nation-state）与民主—国家（democracy-state）。徐勇认为，"如果说，民族—国家是现代国家的组织形式，所要解决的是统治权行使范围的问题，那么，民主—国家则是现代国家的制度体系，所要解决的是现代国家根据什么制度规则来治理国家的问题。民族—国家突出的是主权范围，主要反映的是国家内部的整体与部分和国家外部的国家与国家之间的关系。那么，民主—国家强调的则是按照主权在民原则构造的国家制度，主要反映的是国家内部统治者与人民、国家与社会的关系。"② 从中可以看出，这种观点也强调现代国家的主权和公民权特征。

由于对现代国家形成基础的认识不同，上述两种观点在现代国家的内涵上存在一个显著的差别，前者认为现代国家涵盖了绝对主义国家和现代民主国家两种形式，而后者则认为现代国家只包括现代民主国家。

第一种观点对现代国家内涵的界定和起源的判断注意到了现代国家区别于前现代国家的一些特征，如中央集权和理性化权威。然而这种观点无法有效解释尽管国际国内条件类似，但为什么这些类似的条件在世界其他地方没有而只是在西方近代时期才催生出现代国家？例如有学者指出，中国在春秋战国时期曾经是一个国际体系，

---

① 林尚立：《走向现代国家：对改革以来中国政治发展的一种解读》，见黄卫平、汪永成：《当代中国政治研究报告》第3辑，社会科学文献出版社2004年版，第41—42页。
② 徐勇：《"回归国家"与现代国家的建构》，载《东南学术》，2006年第4期。

这个"中国体系"经历了与近代早期欧洲体系类似的国际和国内政治现象,包括封建等级制度的解体、频繁的战争、国际的无政府状态、领土主权国家的出现、均势的形成、中央官僚制度的发展、国家与社会的谈判等。春秋战国与近代早期欧洲这两个体系经历了类似的国家—社会发展轨迹,但后来近代欧洲产生了现代民族国家,而春秋战国的国际体系则以中央集权专制的秦国建立告终。① 第二种观点全面地分析了生产力与生产关系、经济基础与上层建筑的互动关系,在此基础上对现代国家内涵的界定和起源的判断显然更为科学。因此,我们认同对现代国家的第二种观点。在此基础上,我们认为现代国家是建立在现代经济和社会基础之上的以国家主权和平等公民权为核心特征的国家形式。根据这种对于现代国家的界定,在一定程度上,可以将现代国家视为主权国家和公民权国家两种国家形式的统一体。

三、公民权

公民权(citizenship)又被译为公民资格、公民身份、公民权责等,是现代西方政治学的一个核心概念。西方公民权研究存在公民共和主义和自由主义两大传统,前者源于古希腊时期,主要强调公民的德性与义务;后者源于资产阶级启蒙运动时期,主要强调公民的权利与自由。公民权这一概念最初是指古希腊时期公民的资格或条件。亚里士多德认为,"凡有权参加议事和审判职能的人,我们就可说他是那一城邦的公民。"② 在亚里士多德看来,参与了某一政体,享有政治权利,是拥有公民权的必要条件。不过,亚里士多德又认

---

① 许田波:《战争、国家形成与公民权:春秋战国与近代早期欧洲比较》,载《世界经济与政治》,2008年第9期。

② 〔古希腊〕亚里士多德:《政治学》,商务出版社1997年版,第113页。

为，理想城邦的公民必须具备既能统治又能被统治的公民品德。自亚里士多德以降，经西塞罗，到马基雅维利、卢梭，形成了公民共和主义关于公民权的理论阐释。资产阶级启蒙运动催生了公民权研究的自由主义传统，之后，"法国大革命首先建立起公民身份的原则和实践，使之成为社会政治结构的核心特征，英国（很大程度上也包括美国在内）则在1789年以前的一个半世纪里，为从君主—臣民的关系转变为国家—公民的关系打下了基础"①。这一传统的主要担纲者包括洛克、孟德斯鸠、休谟、斯密等人。与公民共和主义侧重于公民德性和义务相比，公民权研究的自由主义传统更侧重于公民的权利和自由，从而与公民共和主义形成了明显的差异。

尽管公民权研究一直存在公民共和主义和自由主义两种不同的传统，不过，首先明确提出"公民权"概念的英国社会学家托马斯·H.马歇尔从权利和义务相结合的角度对公民权进行了系统阐述。对于什么是公民权，马歇尔在"公民权与社会阶级"这一著名学术演讲中给出了这样一个定义："公民权是给予一个共同体的完全成员的一种地位（status），所有拥有这种地位的人就这种地位所授予的权利和义务而言是平等的。"② 通过对英国社会的历史考察，马歇尔认为公民权包括三个基本组成部分或要素，即民事权、政治权、社会权，其中，不同的组成部分或要素与不同的组织结构或制度相联系，与民事权联系最密切的是法院，与政治权对应的主要是国会和地方议会，而与社会权相联系的则主要是教育系统等公共服务机构。同时，马歇尔也指出，公民权的三个组成部分或要素在英国历

---

① 〔英〕德里克·希特：《何谓公民身份》，郭忠华译，吉林出版集团有限责任公司2007年版，第1页。

② Marshall, T. H., "Citizenship and Social Class", in T. H. Marshall & Tom Bottomore (eds.), *Citizenship and Social Class*, London: Pluto Press, 1992, p. 18.

史上的确立也不是同时的,而是有先后次序之分:民事权主要确立于18世纪,政治权确立于19世纪,而社会权则确立于20世纪。这样,马歇尔论述的英国公民权发展的过程同时也是英国资本主义兴起的过程。从马歇尔对公民权的阐述可以得出三点结论:其一,公民权的确立和现代国家的形成过程是一致的;其二,公民权包括权利和义务两个对立统一的方面;其三,公民权代表一种普遍性的平等原则,对一个现代国家内所有成员都是适用的。雅诺斯基将公民权界定为个人在一个民族—国家中所拥有的、在特定的平等水平上具有一定普遍性权利和义务的被动和主动的成员身份。① 上述定义有四个要点:一是公民权始于对特定民族—国家的成员身份的确定;二是公民权包含着一种在法律体系之下主动地影响政治的能力和被动的生存权利。三是公民权所涉及的权利是载入法律的、供所有公民行使的普遍的权利,而不是非正式的、未载入法律的或仅供特殊群体行使的权利。四是公民权指一种平等的表述,其权利和义务在一定限度内保持平衡。② 《布莱克维尔政治学百科全书》对公民权(citizenship)的概念进行了总结,认为公民权"主要用来表示在现代民族国家发展中的个人身份"③。福克斯认为,社会变化所导致的公民(市民)社会与国家之间关系的变化,也必然会对公民权所涉权利(citizenship rights)的含义产生深刻的影响。④ 王小章认为,

---

① Thomas Janoski, *Citizenship and Civil Society*, Cambridge: Cambridge University Press, 1998, pp. 8-11.
② 〔美〕托马斯·雅诺斯基、布雷恩·格兰:《政治公民权:权利的根基》,见〔英〕恩靳·F. 伊辛、布雷恩·S. 特纳主编:《公民权研究手册》,王小章译,浙江人民出版社2007年版,第18—19页。
③ 〔英〕戴维·米勒、韦农·波格丹诺:《布莱克维尔政治学百科全书》,邓正来等译,中国政法大学出版社1992年版,第115页。
④ 〔英〕基思·福克斯:《政治社会学》,陈崎等译,华夏出版社2008年版,第104页。

公民权是指社会成员在特定政治共同体（城市、民族国家等）中的成员资格，与这种成员资格相联系，个体被赋予一系列相应的权利（和义务）。[①] 综合对公民权概念的各种界定可以看出，尽管存在一些具体的差别，但各种界定在基本面上还是一致的，即都将公民权看做是个人在某一政治共同体（国家）中的成员资格，与这一资格相联系，个体被赋有某些基本的权利（和相应的义务）。[②] 基于上述共识，我们可以将公民权界定为现代国家其国民基于成员身份而获得和承担的、为该国法律所确认的成员平等的权利和义务。正如恩格斯指出的，"一切人，或至少是一个国家的一切公民，或一个社会的一切成员，都应当有平等的政治地位和社会地位。"[③] 上述界定与恩格斯对公民身份的认识是一致的。

值得注意的是，公民权所涉权利与人权是不同的，公民权所涉权利是由现代国家所赋予的并且受到宪法保障的权利；而人权本质上是一种道德权利。人权常被用做公民权利的道德基础，但在被现代国家吸进公民权并为宪法确认之前，并不一定属于该国的公民权所涉及的权利。

四、农民

农民是中国日常生活和理论研究中最常见的术语之一。对于"农民"这一概念，现有的国内外文献主要是从以下几个视角来界定的。

一是职业视角。这一视角主要将农民界定为农业生产和经营者。

[①] 王小章：《从"生存"到"承认"：公民权视野下的农民工问题》，载《社会学研究》，2009年第1期。

[②] 王小章：《中古城市与近代公民权的起源：韦伯城市社会学的遗产》，载《社会学研究》，2007年第3期。

[③] 《马克思恩格斯全集》第20卷，人民出版社1965年版，第113页。

例如，孟继民认为，"一般而言，在狭义的概念中，农民是指以土地为基本生产资料、生产农产品的生产者，如常说的粮农、菜农、果农、棉农、桑农等等。在大农业的概念下，农民是指直接参加农业生产的劳动者，即又包括了从事畜牧养殖的牧民和水产养殖的渔民等。"① 徐勇认为，农民通常是从事农业生产的人员。② 职业视角的农民概念认为，农民与农业人口、农村人口等概念是不能等同的。

二是制度视角。中国人口是依照户籍制度以农业人口和非农业人口即农民和非农民来区分的，国家以这两种分类规定了不同的工资、住房、社会保障、公共资源分配等政策和制度。当前人们所说的"农民"一般都是从这个层面理解的。王小章认为，"农民工"这个称呼是作为户籍身份的"农民"和作为职业身份的"工人"的一种混合③，对农民工的上述界定也在一定程度上反映了制度在型塑农民概念中的作用。高建民认为，"农民是具有农业户口、在农村生产生活、与土地有着天然联系的社会劳动者。"④ 在他看来，是否具有农业户口是界定农民身份的一个重要因素。

三是阶级视角。马克思主义政治学注重从阶级的视角对农民进行界定。马克思主义政治学对于阶级的界定是在马克思、恩格斯一系列论述的基础上由列宁提出的。列宁在马克思恩格斯的分析基础上给阶级下了一个经典的定义，"所谓阶级，就是这样一些大的集团，这些集团在历史上一定社会生产体系中所处的地位不同，对生

---

① 孟继民：《澄清"农民"概念》，载《中国农村经济》，1991年第9期。
② 徐勇：《现代国家建构中的农民权益维护》，载《华中师范大学学报（人文社会科学版）》，2008年第2期。
③ 王小章：《从"生存"到"承认"：公民权视野下的农民工问题》，载《社会学研究》，2009年第1期。
④ 高建民：《中国农民概念及其分层研究》，载《河北大学学报（哲学社会科学版）》，2008年第4期。

产资料的关系（这种关系大部分是在法律上明文规定了的）不同，在社会劳动组织中所起的作用不同，因而取得归自己所支配的那份社会财富的方式和多寡也不同。所谓阶级，就是这样一些集团，由于它们在一定社会经济结构中所处的地位不同，其中一个集团能够占有另一个集团的劳动。"① 恩格斯根据生产资料的占用状况，将西欧农民分成大农、中农、小农、农村无产者等阶层。在恩格斯看来，小农在所有的农民当中，"一般说来对于西欧是最重要的农民"②。小农是小块土地所有者和租佃者，以家庭劳动为基础，土地的大小只够养家糊口。毛泽东在1926年初和1927年春先后发表的《中国农民中各阶级的分析及其对于革命的态度》和《湖南农民运动考察报告》等文章中，根据对土地的占有关系，将农民分为自耕农、半自耕农、贫农和雇农等。总的说来，在中国封建时代，农民阶级是不占有土地或只占有极少数土地，因而在生产、生活上均依附于地主的阶级。新中国成立后，农民成为国家的主要阶级之一。

四是身份视角。身份视角的研究者将农民界定为与传统农业社会相适应的，从事小农业生产，生活较为自给，社会流动较少，思想观念较为封闭保守的农村社会共同体成员。这种视角的界定多见于对传统社会农民的理解，例如，同春芬认为，"在传统社会中，农民不仅是一种职业，而且是一种身份，是受剥削、受奴役的宗法共同体成员"。③ 也有一些研究者认为当前的农民仍然具有较强的身份特征。徐勇就认为，尽管当前中国农民的地位已经有很大的转变，但农民依然保留了传统的身份属性。"诚然，在社会主义社会，农民

---

① 《列宁选集》第4卷，人民出版社1995年版，第11页。
② 《马克思恩格斯选集》第4卷，人民出版社1995年版，第486页。
③ 同春芬：《关于农民、农业、农村现代化问题的社会学思考》，载《人文杂志》，2004年第3期，第170页。

的社会地位和阶级属性发生了本质变化，但从他们从事的生产活动看，仍然基本属于传统农业性质。"① 秦晖就主要是从这种视角来理解中国农民的，"显然，我国'农民'目前仍然主要是一个身份概念而不是一个职业概念"②。在他看来，"身份性农民与自然经济（或西方经济学家所谓的'习俗—指令经济'）相联系，而农业者则与市场经济相联系"③。

五是空间视角。空间视角的农民概念注重从城乡空间的差异来界定农民，一般将农民视为在农村进行生产或生活的那部分人口。例如，纽比和巴特尔认为，"农民是相对于城市来限定自身的。如果没有城市，就无所谓农民，如果整个社会全部城市化了，也就没有农民了"。④

也有研究者从多种视角来理解农民。例如，刘豪兴认为，"农民，即从事农业劳动的人。但事实上，至少在我国，农民是一个多位一体的复杂概念。它可以是一种职业、一个阶级，也是一种身份符号。"⑤

综合以上界定农民概念的视角，本书主要研究的是农民的公民权保障问题，而农民的公民权保障在中国又是与户籍、就业、教育等制度联系在一起的。基于上述考虑，本书将着重从农民本身的特征以及中国农民的制度背景出发，将农民界定为属于农业户籍、长期或部分时间在农村生产生活的人员。从这个角度出发，本书将农

---

① 徐勇：《徐勇自选集》，华中理工大学出版社1999年版，第37页。
② 秦晖：《耕耘者言：一个农民学研究者的心路》，山东教育出版社1999年版，第331页。
③ 同上书，第332页。
④〔美〕霍华德·纽比、弗雷德里克·巴特尔：《批判的农村社会学导论》，见苏国勋、刘小枫主编：《社会理论的知识学构建》，上海三联书店2005年版，第549页。
⑤ 刘豪兴：《农村社会学》，中国人民大学出版社2004年版，第36页。

民工与农民划分为一个类别,但在具体分析时,将注重对农民、农民工、市民的权利意识和行为进行比较分析,并分析城市化这一机制在其中的作用。

第四节 研究假设

社会科学的任何研究都离不开对研究对象的某种基本预设。

本书的逻辑基础:走向现代国家是中国现代化发展的内在要求,而中国的现代化(核心呈现之一是城市化)和国家建设分别从经济和政治两个方面出发着力于建设一个现代国家。正如徐勇所指出的,"建构一个现代国家,既是现代化的逻辑结果,也是现代化的推进动力。而现代国家至少包括两个不可分离的部分,一是作为领土单位的民族国家,一是作为政治制度的民主国家。但中国现代国家建构所要面对的却是一个有着数千年农业文明传统和主要人口为农民的社会。建构现代国家,占人口绝大多数的农民成为决定性的政治力量。"[1] 对于中国现代国家的建设目标而言,无论是通过现代化建立现代国家的经济基础还是通过国家建设建立现代国家的制度基础,都需要注意中国长期所处的农业社会这样一个关键的背景。该背景决定了中国的现代化和国家建设必须取得农民的认同和支持。

本书的研究假设:农民公民权的保障问题因为城市化而得到凸显,需要从国家建设的高度予以解决。城市化使农民大规模流向城市并取得职业上的工人身份和空间上的市民身份,但制度性的身份属性将农民工与城市社会的其他成员区隔开来,造成了农民工的权

---

[1] 徐勇:《现代国家的建构与村民自治的成长——对中国村民自治发生与发展的一种阐释》,载《学习与探索》,2006年第6期。

利保障问题。中国城市化的一个方面是农村劳动力转移过程中的城市化，大规模城市化使得农民工的权利保障问题凸显，农民进城之后遇到的权利保障危机逼迫政府迅速作出反应，来改变原有的权利保障体系，这种改变不是弥补性的，而是定位在国家建设上面，体现为政治平等和社会建设。

第五节 研究方法

本书综合采用政治学、公共管理学、社会学、经济学等多学科研究视角，着重运用比较分析法、历史分析法和实证分析法等方法开展研究：

1. 比较分析法

农民公民权包括了民事权利、政治权利和社会权利等方面的内容，农民公民权的不同层面既相互联系在一起，又有着不同的内容；不同时期中国农民公民权的实践情况及其绩效也是不一致的，这就需要运用到比较分析的方法。

2. 历史分析法

对中国农民公民权的研究，不可避免要研究不同历史时期农民公民权的具体情况，这就涉及历史研究法。本研究将运用历史分析方法，详细描述中国城市化进程中农民民事权利、政治权利和社会权利的变迁历程。

3. 实证分析法

本研究对中国农民公民权的分析建立在问卷调查和以往相关问卷调查数据库的基础上。本研究利用"中国城乡经济社会调查问卷"，对上海、浙江、江苏、山东、安徽、甘肃、辽宁、广东、广西、河北、湖北、河南、四川、重庆、山西、青海、新疆等地进行了实地问卷调查，调查基于身份差异的农民与市民权利意识，以及基于职业差异的农民、农民工与工人权利意识。为了实施上述问卷调查，本研究组织了华东政法大学政治学与公共管理学院的39名学生，到家庭所在地进行。为了提升问卷调研的质量，本研究要求每位调查员在上交问卷的同时提交一份所调查村的基本情况说明，以与调查问卷进行比对分析，基本情况包括村（居委会）名、所属行政村（镇或街道）名、有无集体经济、村（居委会）集体经济发展状况、交通方便情况、与城镇的距离及城镇化状况、（自然）村（居委会）户数、（自然）村（居委会）总人口数、民族状况及宗教信仰状况、外出打工人口等。

实际上，上述研究方法在研究中是有机融合在一起的，在历史分析和实证研究中展开比较分析，将比较分析建立在历史事实和实证资料的基础上。

第二章　城市化、国家建设与农民公民权的理论分析

国家建设致力于建成一个现代国家，现代国家是建立在现代经济和社会基础之上的以国家主权和平等公民权为核心特征的国家形式，是主权国家和公民权国家两种国家形式的统一体。从中可以看出，现代国家既以现代经济和社会为基础，又以国家主权和平等公民权为特征，前者是现代化的产物，而后者则是国家建设的产物。因此，实际上，尽管国家建设致力于建设现代国家，但现代国家并非国家建设单方面努力所能达成。也就是说，现代化和国家建设分别从经济（以及社会）和政治两个方面出发着力于建设一个现代国家。而现代国家，根据对其的界定，是一个主权和公民权相统一的国家。这样，现代国家的形成过程，也是其国民公民权的获取与发展过程。

第一节　现代化与国家建设的展开逻辑

一、现代化与国家建设的概念分析

"现代化"这个概念最早为英国人使用，其作为动词"modernize"

出现于 1748 年，作为名词 "modernization" 出现于 1770 年。① 尽管现代化这一概念从出现到现在已经有几百年的历史，但对现代化的界定却始终处于争议之中。研究者们从各自关心的角度对现代化进行了界定。例如，马克斯·韦伯强调理性化在现代化中的作用，他认为，现代化主要是一种心理态度、价值观和思想的改变过程，是理性化，即工具理性、形式理性在社会的各个层面取代价值理性、实质理性而居支配地位的过程。② 詹姆斯·奥康内尔从思想变化的视角界定现代化的内涵，"我们对现代化的分析可以归纳为一句话，即现代化是探索性和创造性思想态度的发展，它既是个人的思想态度，也是社会的思想态度，这种态度隐藏在技术和机器使用的背后，引起个人之间社会关系产生新形式。"③ 罗兹曼（Gilbert Rozman）等人从技术的角度对现代化进行定义，"我们用非生命动力资源与生命动力资源之比率来界定现代的程度。当上述比率达到这样的状态，即在不发生深远社会变革的情况下，生命力（在人类历史的大部分时间里它指的乃是人力）资源的增长已经无法补偿非动力资源的哪怕是相当少量的减弱，此种社会或国家便可以被认为是现代化了，而且这种比率越高，现代化程度也越高。'高度现代化'的特征就是拥有极为丰富的消费品的大众市场。"④ 美国现代化知名研究者布莱克指出，"'现代化'在这里指一种动态形式，对于历史悠久的改革过程来说，它是近世以来知识爆炸性增长所带来的结果。其特殊意

---

① R·E·Allen, *The Concise Oxford Dictionary of Current English* (8th edition), London: Oxford University press, 1989, p. 949.
② 〔德〕马克斯·维贝尔（即韦伯）：《世界经济通史》，上海译文出版社 1981 年版，第 18 页。
③ 转引自西里尔·布莱克：《比较现代化》，上海译文出版社 1996 年版，第 32 页。
④ 〔美〕吉尔伯特·罗兹曼主编：《中国的现代化》，国家社会科学基金"比较现代化"课题组译，江苏人民出版社 1998 年版，第 4 页。

义，来自于它的动力特征和对人类事务影响的普遍性。现代化首先起始于渴望变迁的态度，以及社会能够并且应该转变的信念。如果有必要定义，那么'现代化'或许可以被界定为一个过程，在这一过程中，历史上形成的制度发生着急速的功能变迁——它伴随着科学革命而到来，反映了人类知识的空前增长，从而使人类控制环境成为可能。"① 这种观点强调现代化的适应功能。亨廷顿指出，"现代化是一个多方面的进程，它涉及人类思想和活动的所有领域中的变化。"② 这种理解强调了现代化的多层次、多方面和多阶段。

马克思、恩格斯虽然没有提出过现代化这一概念，但他们把自资本主义生产方式兴起以来的经济社会形态称为现代社会。他们深入分析了生产力在现代社会产生中的决定作用，马克思强调指出，"手推磨产生的是封建主的社会，蒸汽磨产生的是工业资本家的社会"。③ 恩格斯以英国的工业革命为例分析了生产力在英国现代化中的关键作用，他指出，"一经形成的工业推动所带来的结果是无穷无尽的……使用机械辅助手段而获益一旦成为先例，一切工业部门也就渐渐仿效起来；文明程度的提高，这是工业中一切改进的无可争议的结果，文明程度一提高，就产生新的需要、新的生产部门，而这样一来又引起新的改进。随着棉纺业的革命化，必然会发生整个工业的革命。"④ 而工业革命又带来了社会各个领域的深刻变革，"英国工业的这一次革命化是现代英国各种关系的基础，是整个社会的运动的动力"⑤，最终促成了英国的现代化。在马克思和恩格斯看来，现代化是不可抗拒的历史趋势，步入现代化只有早晚之分，而无可

---

① 〔美〕布莱克：《现代化的动力》，浙江人民出版社1989年版，第6页。
② 〔美〕亨廷顿：《变动社会的政治秩序》，上海人民出版社1989年版，第35页。
③ 《马克思恩格斯选集》，第1卷，人民出版社1995年版，第142页。
④ 同上书，第32页。
⑤ 同上书，第35页。

能与不可能之分。这是由现代化的客观规律性决定的。对此,马克思指出,"问题本身并不在于资本主义生产的自然规律所引起的社会对抗的发展程度的高低。问题在于这些规律本身,在于这些以铁的必然性发生作用并且正在实现的趋势。工业较发达的国家向工业较不发达的国家所显示的,只是后者未来的景象。"① 因此,根据马克思、恩格斯的现代化思想,可以将他们理解的现代化描述为由生产力所决定的传统社会向现代社会的变迁过程。

罗荣渠将现代化的定义概括为四种类型。一是从经济和技术的视角将现代化定义为在近代资本主义兴起后的特定国际关系割据下,经济上落后国家通过大搞技术革命,在经济和技术上赶上世界先进水平的历史过程。二是从工业化的视角将现代化界定为经济落后国家实现工业化的过程。三是从政治、经济、社会、思想等综合的视角将现代化界定为科学革命以来人类急剧变动的过程。四是从心理、理性等精神领域的视角将现代化界定为一种心理态度、价值观和生活方式的改变过程。② 在此基础上罗荣渠将现代化的定义分成狭义和广义两种理解方式。"广义而言,是指人类社会从工业革命以来所经历的一场急剧的变革,这一变革以工业化为推动力,导致传统的农业社会向现代化工业社会的全球性的大转变过程,它使工业主义渗透到经济、政治、文化、思想各个领域,引起深刻的相应变化";"狭义而言,现代化又不是一个自然社会演变过程,它是落后的国家采取高效率的途径(其中包括可利用的传统因素),通过有计划的经济技术改造和学习世界先进,带动广泛的社会改革,以迅速赶上先

---

① 《马克思恩格斯全集》第23卷,人民出版社1972年版,第8页。
② 罗荣渠:《现代化新论——世界与中国的现代化进程》,商务印书馆2004年版,第9—15页。

进工业国和适应现代世界环境的发展过程"①。从上述界定可以看出，罗荣渠将现代化看成一个多层次、长时段的历史过程。

自20世纪70年代初开始，现代化这样一个概念连同相关的理论开始受到来自理论界和实践界的批判，理论界的批评者质疑现代化概念和理论的传统现代二元对立和西方中心论倾向；实践界的批评者则质疑之前广受推崇的现代化模式在不同国家的实践可行性。尽管现代化这一概念和相关理论存在这样那样的不足，但不能否认的是，现代化的概念及相关理论在解释和分析人类社会发展问题上具有不可替代的作用。实际上，从20世纪80年代开始，现代化概念及相关理论经过修正，很快取得了新的发展势头。

综合上述对现代化的界定可以发现，尽管研究者们对现代化的内涵众说纷纭，但都同意现代化是一个动态的过程，只是对这一过程的具体内容和核心特征保留有不同的意见。对此，本书综合上述意见，将现代化界定为传统社会向现代社会变迁的历史过程，但强调这一过程的经济社会内容和马克思主义的生产力决定作用。然而，值得注意的是，现代化强调的是一种变迁，但这种变迁是在特定国家经济社会情境下的变迁，也是一种在连续历史之中的变迁，"任何一个有历史的社会，其现代化发展都不能脱离其自身的历史。对于许多后发的现代化国家来说，虽然其现实的发展已完全不在其传统的历史逻辑上，但是其发展之根依然连接着其历史的血脉。历史虽然不能完全决定这些国家的现在与未来，但其深层的影响是不能忽视的。这种影响往往直接作用于一个社会发展的基础结构：精神结

---

① 罗荣渠：《现代化新论——世界与中国的现代化进程》，商务印书馆2004年版，第16—17页。

构、生活结构和治理结构"①。因此，现代化应该基于特定的历史情境，并适应这种历史情境。正如布莱克所指出的，"决不能把现代化视作从传统到现代的简单转变，而应当将其看做从早先时代走向无限未来这一无穷连续链中的一部分。"② 这种变迁是连接传统与现代的一个环节，但也是一个建基于特定历史和规律之上的一个过程。

国家建设主要描述现代国家的形成及其过程，总的说来，关于国家建设的研究主要有两大理论来源，其一为安东尼·吉登斯，其二则为查尔斯·蒂利。在吉登斯看来，现代社会具有国家与社会高度融合的重要趋势。他将社会转型划分为三个阶段：传统国家、绝对主义国家和民族国家时代。传统国家远非人们想象的那样集权，而是国家力量有限、社会控制程度不平衡，对城市之外的社会群体的控制和渗透基本上是比较松懈的。而现代民族国家的重要特点就在于国家权力对日常生活的全面渗透，民族国家权力从以往暴力的明显使用转变为行政权力的普遍运用；行政权力漫布全社会，打破了原有地方性社区的界限，形成了对人的全面监控。在国家的普遍性规范、行政监控、工业管理和意识形态的影响与制约下，社会演变为公民社会，而地方性社区也从以往较为独立的实体走向公民社会的行政细胞化。③ 查尔斯·蒂利是研究国家建设理论的一位著名学者，在《西欧民族国家的形成》一书中蒂利等人对西欧民族国家的形成过程进行了深入研究，着重分析了当时西欧社会的军事制度、财政体制、粮食供应等方面在现代民族国家形成中所起到的作用。后来，蒂利又于1990年出版了《强制、资本与欧洲国家（公元

---

① 林尚立：《有效政治与大国成长——对中国三十年政治发展的反思》，载《公共行政评论》，2008年第1期。
② 〔美〕布莱克：《现代化的动力》，浙江人民出版社1989年版，第47页。
③ 〔英〕吉登斯：《民族—国家与暴力》，生活·读书·新知三联书店1998年版。

990—1992年)》一书,进一步对西欧民族国家形成的机制进行了解释。在该书中,蒂利着重强调了战争的形式和城市的力量在形成欧洲民族国家中的作用。① 实际上,除了蒂利,20世纪70年代中期以后,还有一部分西方研究者强调战争和军事力量在西欧现代国家形成中的作用,如布莱恩·唐宁②、萨缪尔·E. 冯纳③、托马斯·艾特曼④、布鲁斯·D. 波特⑤和巴林顿·摩尔等人。其中摩尔深入分析了暴力革命在英国、法国和美国现代化道路中的重要性,指出"清教革命、法国革命和美国内战,是漫长的政治演变进程中异常激烈的暴力行为,从中产生出我们所谓的西方现代民主"。⑥ 不过相对而言,蒂利的论点解释范围更广泛。⑦ 蒂利在研究欧洲民族国家形成中,认为这一过程分为两个不同步的阶段。"国家政权建设"在当时主要表现为政权的分化、官僚化、渗透性以及对下层控制的巩固并同时不断扩大财源。"民族形成"则主要体现在公民对民族国家的认可、参与承担义务及忠诚。

---

① Charles Tilly, *Coercion, Capital, and European States: AD 990—1992*, Cambridge, Mass.: B. Blackwell, 1990.

② Brian Downing, *The Military Revolution and Political Change: Origins of Democracy and Autocracy in Early Modern Europe*, Princeton: Princeton University Press, 1992.

③ Samuel E. Finer, "State-and Nation-Building in Europe: The Role of the Military", in Charles Tilly, ed., *The Formation of National States in Western Europe*, Princeton: Princeton University Press, 1975.

④ Thomas Ertman, *Birth of the Leviathan: Building States and Regimes in Medieval and Early Modern Europe*, Cambridge: Cambridge University Press, 1997.

⑤ Bruce D. Porter, *War and the Rise of the State: The Military Foundations of Modern Politics*, New York: The Free Press, 1994.

⑥ 〔美〕摩尔:《民主和专制的社会起源》,拓夫等译,华夏出版社1987年版,第348页。

⑦ 赵鼎新:《民族国家在欧洲的兴起》,载《南方周末》,2008年5月8日,第D24版。

二、现代化与国家建设的关系分析

对于特定国家而言，要成为一个现代国家，不仅需要国家建设，而且需要实现现代化，两者是密不可分的。巴林顿·摩尔认为，世界的现代化主要有三条道路：第一条是资本主义和议会民主式的，经过清教革命、法国革命和美国内战等一系列革命而实现现代化；第二条尽管也是资本主义的，但由于缺乏革命冲击波的震撼，经由某种反动的政治形式发展为法西斯主义；第三条道路是共产主义式的，革命发动以农民为主，实现了向共产主义的转变。① 在他看来，不同背景和时代，不同时间和空间中的阶级关系的不同组合，是导致三条道路差异和替代的根本原因。从摩尔的分析中也可以看出，国家建设与现代化在一个国家成为现代国家的过程中是密切联系在一起的。林尚立认为，现代国家建设与现代化发展紧密相关，两者相互作用，甚至互为因果。因而，任何试图迈向现代化的社会，都面临着建设和发展现代国家、使现代国家在现代化过程中得以有效成长的历史任务。② 在另一篇文章中，林尚立更是以辛亥革命后的中国为例明确指出，"辛亥革命之后开启的国家建设就是现代国家建设，主要围绕着两大轴心展开：一是主权，二是人权。围绕着主权，国家要实现其外部的独立与内部的统一的有机结合；围绕着人权，国家要建立一套旨在保障人与社会全面发展的价值体系、制度体系和组织体系，并实现自身的全面制度化。人类历史发展表明，这一

---

① 〔美〕摩尔：《民主和专制的社会起源》，拓夫等译，华夏出版社1987年版，第334页。

② 林尚立：《国家建设：中国共产党的探索与实践》，载《毛泽东邓小平理论研究》，2008年第1期。

切都必须在现代化的过程中进行,并以现代化的发展为基础。"① 徐勇也强调,"现代化作为一种进程,是一种全方位的历史变迁,其中,建构一个现代国家,既是现代化的逻辑结果,也是现代化的推进动力。"② 现代化不仅是由传统农业社会向现代工业社会的转变过程,而且是由一个分散、互不联系的地方性社会走向现代整体国家的过程,这就是国家化,或者说国家的一体化,也即现代民族—国家的建构。③ 这些观点都强调了现代化与国家建设之间的密切关系。

从人类社会的发展历史来看,西欧资本主义国家最早启动现代化的进程④,而英国是欧洲第一个走向现代化的国家,是世界现代化的发源地。⑤ 同样的是,西欧资本主义国家也最早经由国家建设的过程而迈向现代民族—国家。根据现代化与国家建设启动时间、动力、顺序等方面的差异可以将现代化与国家建设的展开逻辑区分为以西方发达国家为代表的早发国家模式和以发展中国家为代表的后发国家模式两种不同的类型。⑥ 对此,本书也将区分早发国家和后发国家两种模式来阐述现代化与国家建设的逻辑。

对于早发国家区别于后发国家现代化与国家建设的不同点,学

---

① 林尚立:《社会主义与国家建设——基于中国的立场和实践》,载《社会科学战线》,2009年第6期。

② 徐勇:《现代国家的建构与村民自治的成长——对中国村民自治发生与发展的一种阐释》,载《学习与探索》,2006年第6期。

③ 徐勇:《现代国家建构中的非均衡性与自主性分析》,载《华中师范大学学报(人文社会科学版)》,2003年第5期。

④ 孙关宏、胡雨春:《政治学》,复旦大学出版社2002年版,第253页。

⑤ 杜艳华:《马克思恩格斯对英国现代化起源的科学论证》,载《浙江大学学报(人文社会科学版)》,2009年第2期。

⑥ 此处对现代化与国家建设展开逻辑模式的划分借鉴了现有研究对现代化模式的划分。研究者一般讲人类社会的现代化模式划分为早发内生型和后发外生型两种模式。而现代化与国家建设的展开逻辑本身寓于现代化的过程之中,其模式与现代化的模式密切相关。参见王邦佐等主编:《新政治学概要》,复旦大学出版社1998年版,第302页。

术界已经达成了一些基本的共识,即在现代化以及国家建设的启动时间上,西方资本主义国家要先于发展中国家;在现代化以及国家建设的最初动力上,西方资本主义国家的现代化和国家建设是由社会内部的力量自发地驱动的,而发展中国家的现代化和国家建设则在很大程度上带有一种外来挑战压力驱动的特征。对于现代化与国家建设的启动顺序,研究者们存在一些分歧,主要分为两种观点,一种观点认为早发国家的现代化先于国家建设,而后发国家的现代化后于国家建设。例如,有研究者指出,"发展中社会国家建设的首要任务便是建立现代民族国家,在独立建国后,再运用政权的力量推动社会与经济的发展,这和西方社会经历过的经济发展与国家建设之间的关系正好相反。"[1] 另一种观点认为早发国家的现代化先于国家建设,后发国家的现代化则与国家建设同步。阿尔蒙德指出,当今世界的国家同时处在相互冲突的要求所造成的压力之下,"集权的需要与分权的要求相冲突;提取资源与经济增长及进行投资的需要又与增加福利的要求相冲突。在当代世界中,一个有效的国家建设战略,必须设法调解政治集权与分权、经济增长与分配之间的这些冲突。"[2] 这实际上是同意后发国家同时面临现代化与国家建设的需要。叶国文认为,从近代西方尤其是欧洲国家发展逻辑看,它是现代化驱动国家建设。与西方国家不同,中国存在着国家建设和现代化建设两个并存的逻辑。无论是近代中国还是新中国建立后,都是现代化与国家建设同时并举。晚清因受西方国家入侵刺激而提出的现代化是与强化国家权力的要求同时进行的。在新生国家政权成

---

[1] 刘晔:《知识分子与国家建设:中国早期现代化的政治逻辑》,载《江苏行政学院学报》,2004年第4期。
[2] 〔美〕加利布埃尔·A.阿尔蒙德等:《比较政治学:体系、过程和政策》,上海译文出版社1987年版,第423—424页。

立初期，主要是通过巩固政权推动现代化建设，之后则以社会主义建设推动现代化建设，以现代化建设的成果巩固和证明社会主义建设的合理性。中国国家建设是社会主义国家政权和现代化并举，互相辅助同时推进的。① 仔细分析，其实上述两种观点的分歧表面上是现代化与国家建设启动顺序的差异，实质则是分析侧重点的差异。第一种观点侧重的是后发国家政治权力对现代化和国家建设的推动作用，而第二种观点更为强调后发国家同时解决多个问题的现实需要。两种观点都认为早发国家的现代化先于国家建设，而从后发国家的现实需要来讲，要成为一个现代国家，不仅需要现代化提供的经济社会基础，也需要国家建设提供的政治基础，因此，在这种意义上，可以说，后发国家的现代化则与国家建设是同步的，二者虽有逻辑上的承继关系，但并无明确的时空分界。根据这样一种分析思路，我们也能够理解，现代化与国家建设在中国是同时并举的，但国家建设又分为民族—国家、民主—国家和民生—国家三个维度。这三个维度是先后展开的。

值得注意的是，对作为发展中国家的中国而言，现代化与国家建设经历了近代中国与新中国两个历史阶段。尽管现代化与国家建设在近代就已经萌发了，但是由于内外交困，近代中国没有也不可能完成现代化与国家建设同时并举的任务，实际上，这两项任务在近代中国一项也没有完成。对此，有研究者指出，"辛亥革命改变了中国国家成长的历史逻辑，但是辛亥革命后的国家成长，并没有在新的历史逻辑上真正建立起现代国家。主权独立和国家统一问题一

---

① 叶国文：《农民、国家政权与现代化——当代中国土地问题的政治学研究》，复旦大学博士学位论文，2006年，第6—7页。

直没有得到解决的事实，足以说明中华民国时期现代国家建设的失败。"① 实际上，不仅主权，现代国家所要求具备的公民权也面临着重重困难。基于此，本书所称的现代化、国家建设与中国农民公民权问题主要是从新中国建立这一时间开始阐述的。由于近代中国没有完成现代化与国家建设的历史任务，当新中国建立后，仍然面临着以国家主导现代化与国家建设的双重任务。实际上，在新生国家建立前夕，中国的执政党就已经制订了建立社会主义现代化国家的目标。在中国共产党七届二中全会上，毛泽东就提出"使我国稳步地由农业国转变为工业国，把中国建设成为一个伟大的社会主义国家。"② 从中可以看出决策层对于现代化与国家建设同时并举的认知。当然，不能忽视的是，近代中国现代化与国家建设的初步努力也为后来的现代化与国家建设在方向和内容等方面提供了有价值的启迪。毛泽东说过："辛亥革命使民主共和国的观念从此深入人心，使人们公认，任何违反这个观念的言论和行动都是非法的。"③ 这是由现代化与国家建设的历史连续性所决定的。

现代化强调的是现代国家成长的经济社会层面，而国家建设则着重强调现代国家成长的政治层面，从这个方面而言，现代化与国家建设的展开逻辑在很大程度上便落在国家与社会的分析范畴之内。从国家与社会的关系来讲，在西方国家，这一关系遵循的逻辑是，先有市民社会，后有现代国家，市民社会构成现代国家的基础，也推动着现代国家的形成和发展，而发展中国家包括中国，国家与社会的关系逻辑遵循的是：由于没有市民社会的传统和基础，需要通

---

① 林尚立：《走向现代国家：对改革以来中国政治发展的一种解读》，见黄卫平、汪永成：《当代中国政治研究报告》第3辑，社会科学文献出版社2004年版，第31页。
② 《毛泽东选集》第四卷，人民出版社1991年版，第1437页。
③ 《建国以来毛泽东文稿》第4册，中央文献出版社1992年版，第546页。

过建立一个强有力的国家，以国家的力量推动现代化的进程，促进市民社会的生长和发育，然后通过市民社会来推动现代国家的成长。

第二节 现代国家与公民权的确立原则

公民权是一个常见的法学概念，用来"表示一种公民的平等性资格，指政治共同体成员有资格享有政治上和法律上提供的平等保护，以使该成员能平等地享受共同体提供的公共物品并且能自主地追求其个人利益的极大化"[①]。近年来，该概念也越来越受到政治学和社会学等学科研究者的重视。现代国家以国家主权和平等公民权为核心特征，也就是说一个现代国家必然是一个其国民被赋予了公民权的国家。

一、现代国家与公民权的关系

现代国家与公民权的关系主要表现如下：

1. 两者具有起源和发展的共时性

现代国家作为一种特定的国家形式最早出现于西方，是西方近代资本主义生产关系和政治革命的产物。公民权是现代国家其国民基于成员身份而获得和承担的、为该国法律所确认的成员平等的权利和义务。国家成员平等的权利和义务作为一个原则最早也是经过西方资产阶级政治革命而得以确立的。因此，不管是现代国家还是公民权，都起源于西方资本主义时期经济、政治、社会、文化、历史等因素的综合作用，两者的起源具有共时性。从发展历史上看，

---

① 蒋余浩、莫吉武：《论公民权的法律保护——从权利与权力的辩证关系切入》，载《政法学刊》，2010年第5期。

现代国家的成长都不是一步到位的。实际上，现代国家的建设需要经历一个相当漫长的过程，即使是欧美的发达资本主义国家，也不能够完全说其国家建设的任务已经完成了，或者说它们已经是完全的现代国家，更不用说，这些国家也仍然面临着许多包括经济、社会和政治发展方面的任务。在这种意义上，现代国家的建设过程是长期的，其成员被赋予的公民权也不会一步到位。①

2. 两者具有内在的亲和性

现代国家与公民权的起源和发展具有共时性绝不是偶然的，而是现代国家与公民权内在亲和性的必然反映。这种亲和性主要表现为两个相互联系的方面：一方面，公民权是现代国家的基石。现代国家是国家主权和公民权的对立统一体。国家主权表现为对内作为权力中心的最高性和对外作为国家唯一代表的自主性，反映的是国家权力的强制性和垄断性；公民权表现为公民作为现代国家成员而被赋予的平等权利和义务，反映的是公民的平权性。国家主权和公民权又统一于现代国家中，缺乏国家主权的公民权是无法保障和实现的，而缺乏公民权的国家主权则是专横的，不符合现代国家的本质规定。正是从这种意义上说，公民权构成现代国家的基石。另一方面，现代国家是公民权的发源地和基本载体。次国家或超国家的单位因无法提供支撑和保障公民权的主权而无法承载公民权，只有现代国家由于具备经济、政治、社会、文化等各方面的因素才能催生、容纳和发展公民权。这样，公民权的主体只能是拥有现代国家成员资格的公民，公民权的发源地和基本载体只能是国家。②

3. 两者具有情境的适应性

所谓情境的适应性是指尽管现代国家作为一种特定的国家形式

---

① 易承志：《试论现代国家与公民权的内涵及两者之关系》，载《太平洋学报》，2010年第3期。
② 同上。

最早出现于西方,但正如有学者指出的,从人类文明发展的历史运动规律来讲,"现代国家"标志的不是资本主义国家,而是人类在其社会发展的历史进程中,通过现代化的发展,逐渐告别传统社会所进入的新的发展阶段。① 从这种意义上说,现代国家以及与之相联系的公民权不是西方资本主义国家的特有现象,而是人类文明发展必经的一个阶段。不同国家走向现代国家的道路、形式和经历的时间不会是一样的,这些国家在走向现代国家过程中所赋予其国民的公民权在内容和形式上也会有所差别。

二、现代国家公民权的确立原则

公民权的具体内容和形式在不同现代国家中呈现出情境的差异性并不能否认现代国家在成长过程中对公民权的重视,也不能否认公民权在现代国家中的核心地位。正是在这种意义上,有些研究者将公民权视为现代国家最基本的公共物品。② 既然公民权在现代国家中具有核心的地位,是现代国家赋予其成员最基本的公民物品。那么,现代国家在赋予其成员这样一种公共物品时,应当明确其应当遵循的基本原则:

1. 普遍性原则

与古希腊城邦国家公民资格的选择性不同,现代国家普遍地将公民资格赋予其主权范围内的所有国民,任何人只要取得该国国籍就自然成为该国的公民,从而享有该国的公民权。

2. 平等性原则

公民权是现代国家中的个体基于该国家的成员资格而被赋予的

---

① 林尚立:《走向现代国家:对改革以来中国政治发展的一种解读》,见黄卫平、汪永成:《当代中国政治研究报告》第3辑,社会科学文献出版社2004年版,第24—25页。
② 张英洪:《公民权:现代国家最基本的公共品》,载《中共福建省委党校学报》,2008年第6期。

权利和义务。现代国家的所有成员都一律平等享有基于成员资格的公民权利和承担基于成员资格的公民义务。不应存在某些成员具备公民权而另外一些成员却不具备公民权的情况。正是在此种意义上,恩格斯指出,"一切人,或至少是一个国家的一切公民,或一个社会的一切成员,都应当有平等的政治地位和社会地位。"① 现代国家的所有成员不仅被平等地赋予公民权,而且这种公民权应具有宪法上的保障。

3. 对等性原则

公民权是公民权利和公民义务的统一体。对于现代国家的个体公民而言,其在享有公民权利和承担公民义务上是对等的。在享有现代国家通过宪法赋予的公民权利的同时,也必须承担相应的公民义务。

4. 发展性原则

受费孝通"差序格局"概念的启示,郝铁川借鉴费孝通"差序格局"的概念考察了权利实现历史的"差序格局",即权利实现的发展性。郝铁川提出权利实现上的发展性包括三种情况:一是不同的国家在权利立法保护时间上的差异,比如荷兰立法保护言论自由权的时间是 1581 年,而英国是 1795 年;二是同一个国家在不同权利类型的立法保护上的差异,比如法国保护男子财产权的时间是 1815 年,而确立男子选举权的时间是 1884 年;三是相同国家在同一权利保护上又存在着基于性别、种族和财产等状况的差异,比如美国确立有财产男子的投票权是 1776 年,而女性投票权的确立则是 1921 年②。实际上,不仅权利的实现如此,涵盖权利和义务于一体的公民权在实现上也具有发展性,因为现代国家的建设及成长需要经历一

---

① 《马克思恩格斯全集》第 20 卷,人民出版社 1965 年版,第 113 页。
② 郝铁川:《权利实现的差序格局》,载《中国社会科学》,2002 年第 5 期。

个长期的过程，公民权无论是形式还是内容都会随着现代国家的成长而不断发展。

第三节 城市化：现代化的核心呈现

一、城市化的概念分析

城市化这一概念最早出现在马克思1858年《政治经济学批判》中，在论及城乡分离和城市发展时他提出了"现代的历史是乡村城市化，而不像在古代那样，是城市乡村化"①的论断。自城市化概念提出以来，对于该概念的界定也有较多争议。歌德伯戈等认为，城市化是乡村地区转变为城市地区的过程。这种转变引起人口数量的变化。②让·德·伏里将城市化的概念归纳为三种主要视角，一是人口视角，"人口从乡村向城市的转移扩大了城市的相应规模，这种现象就可以称为城市增长或人口的城市化"③。二是行为的视角，即反映人们的行为模式与城市互动的过程。三是结构的视角，即反映城市社会组织变化的过程。国内研究者也对城市化提出过定义，例如，蔚芳从人口和生活方式的视角认为，"城市化是乡村人口向城市人口转化，以及人类的生产生活方式由乡村型向城市型转化的一种社会现象。"④ 周毅从城市人口、地域和生

---

① 《马克思恩格斯全集》第46卷（上），人民出版社1979年版，第480页。
② 〔加〕歌德伯戈、钦洛依：《城市土地经济学》，中国人民大学出版社1990年版，第17页。
③ Jan de Vries, *European Urbanization* 1500-1800, Cambridge: Harvard University Press, 1984, p. 11.
④ 蔚芳：《城市化与现代化》，载《城市问题》，2001年第3期。

活方式等方面强调城市化的数量和质量过程。他认为,城市化的内涵包括两个方面:一是农村人口、地域转变为城市人口、地域的过程,即城市化数量过程;二是城市文化、生活方式及价值观等城市文明在农村地域扩散过程,即城市化质量过程。①袁亚愚从综合的角度对城市化的概念进行界定,认为城市化的基本内涵包括:一是城市的数量及规模的不断增长、扩大;二是乡村人口大量地转为城市人口;三是城市的经济、政治、文化及生活方式不断地渗透到乡村社会的各个方面,从而乡村社区日益成为城市化了的社区,二者原来的差别日益缩小直至最后消逝。②仔细分析,国内学者的上述界定尽管对城市化概念的具体内容有些差别,但对于城市化的主要内涵有着较多的共识,即都同意生产和居住向城市集中以及城市生活方式的普及化是城市化的重点。

二、城市化与现代化的关系

现代化的根本动因是经济的发展,主要表现为经济领域的工业化。谈到工业化,有人容易将工业化与西方的工业革命联系在一起。实际上,现在许多学者基本上达成了一种共识,即工业化应是一个渐进的过程,仅靠一些技术上的发明和改进是不可能引起工业革命的。③在这里,有必要提到在史学界引起颇多争议的"原初工业化"(Proto-industrialization)概念。④尽管对原初工业化的概念和理论存

---

① 周毅:《21世纪中叶现代化:城市化》,载《中南财经政法大学学报》,2003年第4期。
② 袁亚愚:《乡村社会学》,四川大学出版社1990年版,第314—315页。
③ 袁芳:《原工业化时期乡村工业对英国农村人口的影响》,载《文史杂志》,2003年第2期。
④ 该词也被译为"原工业化"、"原始工业化"等等,是由美国人富兰克林·门德尔斯1969年在其博士学位论文《18世纪佛兰德的工业化和人口压力》中首次提出的。

在诸多分歧,但一般认为原初工业化描述了工业革命之前的工业化阶段。工业革命是18世纪中期以后开始的,但工业化并非在工业革命时期才出现,相反,早在工业革命开始前的两三百年时间,即15—16世纪,就出现某种形式的工业化,这种工业革命之前出现的工业化称之为原初工业化,以与伴随工业革命的大规模工业化相区别。门德尔斯在《原工业化:工业化的第一阶段》一文中探讨了原初工业化与工业化的联系:一是农村工业的发展最终由于生产的需要而导致了工业革命;二是原工业化使商人雇主积累了许多资本,他们可以把它投入到建立工厂中去;三是商人雇主在原工业化中也积累了生产上的管理经验,现在他可以把这些经验用于管理工厂。四是家庭工业也积累了技术知识,可以应用于现代工业;五是原初工业化地区与商品性农业地区的联系变得更有生命力。[①] 在一定程度上,原初工业化带来了欧洲农村地区人口的非农化,并随着机械动力的广泛使用,不少聚集了家庭工业的农村地区形成了新的工业中心,推进了当地的城市化。从这种分析过程可以得出,城市化在欧洲早发国家的原初工业化时期发展较慢,而在大规模工业化时期则得到了迅速推进。

工业化在现代化过程中具有非常重要的作用,但是,现代化是对经济、政治、社会、文化等多个领域的综合反映,单单工业化并不足以完成现代化,除了工业化,城市化既是现代化的一个核心内容,也是现代化的一个重要呈现。城市化与工业化是现代化的两个重要特征,布莱克在论及西欧的现代化时指出,"在这一过程中,那些世世代代主要由农民构成、从事管理、制造与贸易的人也许超不过百分之十的社会,在几代人的时间里变化到这一程度:其农业人

---

① Franklin F. Mendels, "Proto-industrialization: The First Phase of the Industrialization Process", *The Journal of Economic History*, 1972, 32 (1): 241-261.

口比例相对来说只占一小部分。随着职业变化,大量人口迁向城市,在数代人的时间内,将有四分之三或更多的人生活在都市地区。"①布莱克所描述的西欧现代化过程,也正是西欧的城市化过程,城市的数量和规模不断增长,大量的人口向城市集中。例如,英国在工业革命完成后的1851年,城市人口已超过了农村人口。10年后的1861年,城市与农村的人口之比达到了5∶4;到了1881年,城市人口已是农村人口的两倍。②

工业化是现代化在经济方面的主要表现,工业化本身又必然促进城市化的发展。有研究者将现代化视为经济领域的工业化、政治领域的民主化、社会领域的城市化以及价值观念领域的理性化的互动过程。③ 在一定程度上也可以反映出城市化与现代化的密切关系。从技术及经济的角度看,大规模工业化要求人力、资金、资源等生产要素最大可能的集中。这必然使传统农业社会中分散进行个体或小作坊经营的个体劳动者演变成大规模工业生产中进行劳动协作的群体成员。城市化正是伴随工业化需要在人力、资金、技术等生产要素聚集下产生的特定现象。工业化与城市化是相互伴随、共同促进的。一方面,城市化离不开大量的人口和资源的集中,工业化会促进人口和资源的集中。另一方面,工业化的进程又需要城市化来推进,除非特定情况,大规模工业化的完成都是在城市化的环境中实现的。正是在这种意义上,拉瓦蒂指出,"城市中心具有对外经济活动的功能,工业、贸易会很快在市中心形成汇集。都市社会文明及物质消费自然会把大量农村人口吸引到城市来。城市人口对工业

---

① 〔美〕布莱克:《现代化的动力》,浙江人民出版社1989年版,第18页。
② 〔澳〕拉瓦蒂:《城市革命》,见陈一筠:《城市化与城市社会学》,光明日报出版社1986年版,第87—88页。
③ 蔚芳:《城市化与现代化》,载《城市问题》,2001年第3期。

品及城市服务的需求量有一个相对弹性,所以上述发展过程可以不断持续下来。"① 据测算,发达国家1820—1950年130年间,工业化与城市化发展的相关系数高达+0.997。②

城市化与工业化是相伴随的,但是,这并不是说城市化与工业化的关系模式一成不变,实际上城市化与工业化的具体内容在不同的历史时期、不同的国家有不同的呈现。钱纳里和塞奎因1975年在《发展的格局1950—1970》一书中提出,在一个连续均衡的国民经济中,城市化可能表现为因果链条上的各类事件的最后结果,即以导致工业化的贸易和需求的变化为开端,以农村劳动力向城市就业的源源不断转移为结果。③ 尽管钱纳里等人指出正常情况下城市化与工业化呈现一种相互促进的关系(见表1),但他们并不认为工业化与

表1 工业化与城市化的一般关系(1964年)

人均收入(美元)	100以下(接近70美元)	100	200	300	400	500	800	1000	1000以上(接近1500美元)
工业占生产结构比重(%)	12.5	14.9	21.5	25.1	27.6	29.4	33.1	34.7	37.9
城市人口比重(%)	12.8	22.0	36.2	43.9	49.0	52.7	60.1	63.4	65.8

资料来源:霍利斯·钱纳里、莫尔塞斯·塞尔昆:《发展的格局1950—1970》,中国财政经济出版社1989年版,第22—23页。

---

① 〔澳〕拉瓦蒂:《城市革命》,见陈一筠:《城市化与城市社会学》,光明日报出版社1986年版,第89页。

② 傅崇兰、周明俊:《有中国特色的城市化理论与实践》,中国社会科学出版社2003年版,第99页。

③ 〔美〕霍利斯·钱纳里、莫尔塞斯·塞尔昆:《发展的格局1950—1970》,中国财政经济出版社1989年版,第56页。

城市化的关系是固定的，在他们看来，除了把城市化看成是生产结构变化的结果以外，还必须把它看成是某种程度上分散的发展过程。此过程受未来收入和对就业的期望，以及政府支出的分配和各种社会因素的影响。① 也就是说，在城市化和工业化的不同阶段，城市化与工业化的具体关系有所区别。具体而言，在工业化初期，工业发展所形成的聚集效应使工业化对城市化产生直接和较大的带动作用；而当工业化接近和进入中期阶段之后，产业结构变化和消费结构升级的作用超过了聚集效应的作用，城市化的演进不再单纯表现为工业比重上升的带动，而更多地表现为非农产业比重上升的拉动。② 回顾欧美的现代化历史，也可以加深对城市化与工业化关系模式空间表现差异的认识。英国的城市化在原初工业化时期发展缓慢，而随着原初工业化向大规模工业化的转变，城市化也在迅速发展。如表2所示，在1500年至1700年的200年间，包括英格兰、威尔士和苏格兰在内的英国城市只从6个增加到13个，人口也只从9.3万增加到78.1万，增速缓慢。自18世纪50—60年代开始，随着工业化的迅速推进，城市也迅速发展起来。到了1800年后，包括英格兰、威尔士和苏格兰在内的英国城市数量迅速增加到52个，人口迅速增加到214.6万。到1851年英国城市人口首次超过了农村人口，成为世界上第一个实现城市化的国家。③ 再如，19世纪中期，受欧洲工业革命的影响，美国大规模工业开始迅速发展，以东部和五大湖地区为核心的制造业区在全国占主导地位，到1920年美国进入钢铁工业时代，与此同时，城市化迅速推进，城市人口占总人口的比例从

---

① 〔美〕霍利斯·钱纳里、莫尔塞斯·塞尔昆：《发展的格局1950—1970》，中国财政经济出版社1989年版，第56页。

② "工业化与城市化协调发展研究"课题组：《工业化与城市化关系的经济学分析》，载《中国社会科学》，2002年第2期。

③ 唐茂华：《中国不完全城市化问题研究》，经济科学出版社2009年版，第67页。

1830年的约8%增加到1920年的51.4%。① 上述数据有力地说明了城市化与工业化的密切联系。

表2　1500—1800年欧洲1万居民以上的城市、人口（城市数/人口：千人）

	国家或地区	1500年	1550年	1600年	1650年	1700年	1750年	1800年
1	斯堪的纳维亚	1/13	1/13	2/26	2/63	2/115	3/167	6/228
2	英格兰、威尔士	5/80	4/112	6/225	8/496	11/718	21/1021	44/1870
3	苏格兰	1/13	1/13	1/30	1/35	2/53	5/119	8/276
4	爱尔兰	0/0	0/0	0/0	1/17	3/96	3/161	8/369
5	荷兰	11/150	12/191	19/354	19/603	20/639	18/580	19/604
6	比利时	12/295	12/375	12/301	14/415	15/486	15/432	20/548
7	德国	23/385	27/534	30/662	23/528	30/714	35/956	53/1353
8	法国	32/688	34/814	43/1114	44/1438	55/1747	55/1970	78/2382
9	瑞士	1/10	1/12	2/25	2/22	3/39	4/60	4/63
10	北意大利	21/638	22/711	30/897	19/614	22/778	29/924	33/1032
11	中意大利	9/287	9/286	9/362	11/384	10/399	11/448	11/489
12	南意大利	14/377	15/501	20/714	20/579	19/584	25/787	30/1074
13	西班牙	20/414	27/639	37/923	24/672	22/673	24/767	24/1165
14	葡萄牙	1/30	4/138	5/155	5/199	5/230	5/209	5/252
15	奥地利、波西米亚	3/60	3/67	3/90	3/100	4/180	6/294	8/410
16	波兰	0/0	1/10	1/15	1/20	1/15	2/36	3/103
	合计	154/3440	173/4416	220/5893	197/6185	224/7466	261/8931	354/12218

资料来源：Jan de Vries, *European Urbanization 1500-1800*, Cambridge: Harvard University Press, 1984, pp. 29-30.

早发国家城市化与工业化是相伴随的，城市化成为现代化的一

---

① 宋金平、李香芹：《美国的城市化历程及对我国的启示》，载《城市问题》，2006年第1期。

个核心特征。与早发国家自发的现代化不同，发展中国家实现现代化需要依靠国家的介入和推动，"现代工业化所需要的资本过于庞大，以致非西欧社会现存的经济结构无法提供。其结果就是，几乎在所有情况下，无论什么工业的发生都采取政府支配或政府资助的形式，因为只有政府才能安排必要的资本"①。作为发展中国家的中国也不例外，正如吉尔伯特·罗兹曼（Gilbert Rozman）在《中国的现代化》一书中对转型初期的中国所评价的那样，"中国有了一个强大而现代化的政府，这个政府能调动资源和安排轻重缓急，它面对那些急于输出工业品和技术以换取市场和原料的发达国家，这在历史上还算是第一次"②。后发国家在现代化主导力量上的特殊性并不否认现代化一般规律的客观性。其一个重要表现就是工业化和城市化的并举，工业化的发展必然推动城市化的进程。如果用人为的力量扭曲这一规律起作用的形式，偏重于一方面的内容而忽略甚至限制另一方面的内容，就会造成两者关系的失衡，其结果会对现代化的进程造成严重的负面影响。例如，改革开放之前，中国的城市化经历了一条人为控制缓慢增长的通路。用一系列政策，人为地控制农村人口向城市迁移成了贯穿于这一阶段不同于其他国家城市化的最大特征。③ 这一对城市化的人为限制有着历史的渊源，近代中国的现代化的伊始就带有重视工业化而忽视城市化的特征，"近代以降，中国现代化主要体现为工业化，始于晚清的办厂热潮和孙中山等人

---

① 〔美〕贝拉：《德川宗教：现代日本的文化渊源》，王晓山等译，生活·读书·新知三联书店1998年版，第234页。
② 〔美〕吉尔伯特·罗兹曼主编：《中国的现代化》，国家社会科学基金"比较现代化"课题组译，江苏人民出版社2003年版，第219页。
③ 那声润：《产业结构演进与城市化实证研究》，中国农业大学出版社2009年版，第64页。

提倡和实行的实业建国就是佐证。城市则是工业化的副产品"①。对城市化的人为限制,不仅阻碍了中国城市化的发展,也对中国的工业化发展产生了严重的负面影响。改革开放以来,决策层调整了中国城市化的战略,确立了城市化与工业化相互适应的原则,随着中国现代化的突飞猛进,城市化进程也取得了巨大的发展成就。截至2008年,中国(不含台湾省和港、澳特别行政区)共有城市655座,其中200万以上人口的41座,100—200万人口的81座,50—100万人口的118座,20—50万人口的151座,20万以下人口的264座(见表3)。从中国城市化与工业化关系的调整历程可以看出,在现代化过程中,城市化是一个非常重要的内容,需要放在与工业化同等重要的位置上进行考虑。

表3　1949—2008年中国全国城市数量变化

城市	1949年	1978年	1978年比1949年增加(个)	2008年	2008年比1978年增加(个)
城市合计(个)	132	193	61	655	462
200万以上人口	3	10	7	41	31
100—200万人口	7	19	12	81	62
50—100万人口	6	35	29	118	83
20—50万人口	32	80	48	151	71
20万以下人口	84	49	−35	264	215

注:人口规模的划分以城市市区总人口为标准。

资料来源:根据《中国城市统计年鉴2009》整理。

---

① 叶国文:《农民、国家政权与现代化——当代中国土地问题的政治学研究》,复旦大学博士学位论文,2006年,第6页。

第四节 城市化、国家建设与农民公民权问题的提出

一、城市化、国家建设与公民权成长的一般规律

根据上文分析可以看出，现代国家是主权国家和公民权国家两种国家形式的统一，主权和公民权是现代国家的核心特征。"主权在民和公民权利可以说是现代民主—国家的两个基本准则，并体现在国家基本法律制度之中"①。现代国家的形成和成长需要经历现代化和国家建设两个环节。早发国家和后发国家现代化与国家建设的展开逻辑是不同的，早发国家的现代化先于国家建设，从而现代化为国家建设奠定了必要的经济社会基础；后发国家的现代化与国家建设同时并举，从而需要在同时期应对现代国家成长必须解决的经济、社会、政治等方面的问题。城市化则是现代化的重要内容和核心特征，描述了在现代化过程中农村人口向城市迁移、工业生产向城市聚集以及城市生活方式得到普及的过程。由此可知，城市化体现并促进着现代化，现代化和国家建设为现代国家的成长提供了现实的路径，尽管这种路径在不同的国家有着不同的实现形式，而现代国家的成长内涵着确立和发展公民权的要求，公民权涵盖的对象遍及该现代国家的所有国民。

在本书中，无论是现代国家还是公民权都是一个动态发展的概念。也就是说，不管是早发国家还是后发国家，其走向现代国家都

---

① 徐勇：《"回归国家"与现代国家的建构》，载《东南学术》，2006年第4期。

有一个长期的过程，都不会一蹴而就。即使是那些已经被称为现代国家的早发国家，尽管其现代化已经到达较为成熟的阶段，然而其国家建设也并未完全完成，因为这些国家仍然面临着较多的政治发展问题。对于发展中国家而言，包括中国，其现代化和国家建设都还处于进行时，这些国家仍然在努力地促进现代国家的成长。公民权在内容和实现形式上也是不断发展的。就此而言，本书所理解的现代国家和公民权都是动态的、连续的概念。在此，可以借用社会学中的续谱排列概念，续谱排列是指"根据人们在职业分工、工资收入和身份声望等方面的具体而细微的差别，把社会成员划分为连续排列的多个小层，即续谱"。① 将社会学中续谱排列的含义借用到现代国家和公民权的概念上，那么，可以认为，现代国家和公民权是有着程度上的差别的，在现代化和国家建设启动之后，一个国家就可以被认为走上了现代国家的道路，但还只是在现代国家这个续谱的最底层上，还需要不断地向前发展，以发展成为更成熟的现代国家形态。公民权也是这样，哪怕是处于现代国家续谱最底层的国家，也会赋予其成员一定的公民权，只是这时的公民权不论在形式、内容还是覆盖范围上都还是初步的，还处于公民权续谱的最底层，也还需要随着现代国家的成长而不断地发展。

二、现代国家成长中的农民公民权问题

从上述分析可以看出，随着一个国家现代化和国家建设的推进，该国即走上了成长为现代国家的道路。而由于现代国家有一个不断成长的过程，那么其所赋予的公民权在不同历史时期是有较大差别的。一般而言，现代国家越成长，其所赋予的公民权也越发展。相

---

① 张明军等：《当代中国政治社会分析》，中央编译出版社2008年版，第313页。

对于现代国家的成长过程而言，可以认为公民权也处于一个从不完善到逐步完善的过程，从遇到问题到逐步解决问题的过程。现代国家公民权发展过程中遇到的问题主要有两类：一类是公民权内容的缺陷问题，一类是公民权主体资格的限制问题。如果我们回顾一下早发国家公民权的变迁历程，不难发现，包括英国、美国、法国等国家在内的早发国家都经历了一个公民权覆盖范围不断扩大、内容不断发展的过程。这可以称之为农民公民权的内容缺陷问题。结合本书研究的对象，接下来的疑问是，现代国家公民权的主体资格限制是如何发挥作用的？是否都导致了农民的公民权问题？应该说，农民的公民权问题是与现代国家联系在一起的，"在传统国家，农民不是作为一个政治公民而存在，而只是'臣民'、'草民'、'小民'、'贱民'，作为农民的集合体也只是'百姓'。这表明，农民更多的是一个自然的生命个体，他们可能享有有限的与生俱来的自然权益，但这种自然权益也会经常受到政治国家的损害，造成所谓的'民不聊生'的状况。传统国家的治理者也有可能成为'草民'的'青天'，但这也只是出于一种'水舟关系'的道德忧患，而不是一种必然的政治责任"[①]。要解答上述两个问题，还得回顾一下早发国家和后发国家在现代国家成长道路上公民权的变迁历程。

1. 早发现代国家成长中的农民公民权问题

以英国的选举权为例，英国选民的财产资格限制源于1429年选举法，该法规定各郡的选举权仅限于年收入40先令以上、居住在该地区的土地所有者。此后，英国选民一直受到财产资格限制。1832的议会改革重新规定了选民的财产资格限制。该法规定：在城镇选

---

① 徐勇：《现代国家建构中的农民权益维护》，载《华中师范大学学报（人文社会科学版）》，2008年第2期。

区，年收入 10 镑以上的房主和每年交纳 10 镑以上房租的房客有选举权；在各郡，年收入 40 先令以上的地产所有者和 50 镑以上的自由租地农享有选举权。1832 年的改革使选民人数增加到 80.8 万，从人口总数的大约 2%增加到 3.3%①，但相对于全部成年人口的比例仍非常低。1867 年议会改革进一步降低了选民的财产资格限制，新规定的内容为：在城市凡纳税的房屋持有者，拥有居室、居住一年以上具有 10 镑财产并照章纳税的房客，可享有选举权。在乡村，有 5 镑财产的公薄持有农、长期租地农、凡缴纳税金在 12 镑以上的任意租地农都应有选举权。② 尽管如此，仍有大约一半的成年男子和全部妇女被排斥在选举权之外。1918 年改革法案规定，凡是在选区有住房且其丈夫有选举权的妇女均有选举权，大学选区内年满 30 岁的妇女与男子一样有选举权。经过这次改革，妇女第一次得到选举权。其后的 1928 年改革使英国所有的成年人不论男女都享有了选举权。1948 年则实现了一人一票制，取消了职业前提的选举资格和大学席位。1969 年的改革法案明确规定，凡年满 18 周岁，在其选区内居住满三个月的英国公民（军人为一个月），不分男女，均有选举权。至此英国的普选制最终确立。从上述对英国选民资格的变迁历史回顾中可以得出，英国曾通过财产、性别、居住状况等手段限制过选民的资格。茱迪·史珂拉则回顾了美国公民权变迁的历史，指出"作为国籍的美国公民资格，有着自己的排斥和接纳的历史，恐外症，宗族歧视，宗教偏见，对外国阴谋的恐慌，都曾经在历史中发挥过

---

① 刘宜照：《浅析英国 1832 年议会改革》，载《黑龙江史志》，2010 年第 1 期。

② George M. Young, W. D. Handcock, Douglas, *English Historical Documents, 1833-1874*: Volume 12, New York: Oxford University Press, 1956, p. 123.

作用。"① 在历史上，美国曾经限制过黑人奴隶、穷人、妇女、外来移民、特定宗教信仰者、未成年人等群体的公民权。然而，尽管早发国家经历了一个由限制到逐渐放开公民权主体资格的过程，但这种限制主要是针对种族、性别、财产等方面进行限制，上述方面很少对农民这样的职业群体形成限制。因此，可以得出如下的结论：早发国家在现代化和国家建设的过程中也曾遇到过农民公民权的内容缺陷问题，但较少对农民的公民权进行主体资格限制。

2. 后发现代国家成长中的农民公民权问题

相对早发国家而言，中国作为一个发展中国家在现代化和国家建设的过程中也不断地赋予和发展国民的公民权。那么，中国在现代化和国家建设的过程中是否存在农民的公民权问题呢？对此，我们也主要从内容和主体资格两个方面进行分析。就内容而言，我们知道，任何现代国家的国民公民权都有一个从不太完善到逐步完善的过程，中国的农民公民权在现代国家建设过程中也遇到过内容上逐步完善的问题。接下来，中国现代国家建设中是否存在因为对农民的主体资格限制而出现的农民公民权问题？如果存在，该问题又是如何表现的？有研究者将中国的农民公民权问题归纳为以下几个方面：一是农民没有获得完整的土地产权；二是农民没有获得与市民一样的平等权利；三是农民没有获得国家宪法规定的各项宪法权利保障；四是农民没有分享国家建设与社会进步的共同成果；五是农民没有享有人类社会促进人权保障国际化的新水平。② 叶国文在谈到中国农民时指出，"现代化是一个城市化和工业化为标志的概念。

---

① 〔美〕茱迪·史珂拉：《美国公民权：寻求接纳》，上海人民出版社 2005 年版，导言第 5 页。

② 张英洪：《公民权：现代国家最基本的公共品》，载《中共福建省委党校学报》，2008 年第 6 期。

在这个概念中,农民事实上处于边缘地位。这种边缘地位,当然不是西方式的消灭,而是不断抽取农民成为市民的过程。"① 显然,上述观点都在一定程度上同意中国存在针对农民公民权的主体资格限制问题。实际上,中国因主体资格限制而产生的农民公民权问题分为两个层面:一是农民公民权问题的存在;二是农民公民权问题的凸显。

中国是一个典型的农业国家,农民历来是中国革命的主力。解决农民的土地问题并赢得农民的拥护是中国共产党赢得革命并建立新中国的重要原因之一。正如胡乔木在《中国共产党的三十年》中对土地革命重要性所作的阐述那样,"如果第一次国内革命战争因为没有正确地领导农民解决土地问题而失败,那么,在新的条件下的正确地领导农民的土地斗争,就是复兴革命运动的希望所在。"② 正因为如此,在中国共产党领导的中国革命和建立新生国家政权的过程中,执政党一直与农民保持了非常牢固的密切关系并获得了农民的高度信任,这种信任成为中国共产党"历史上许多时期获得大众支持和吸引人们加入革命的一个根源"③。这一关系使得中国的现代化和国家建设成功地越过许多困难并一直牢固持续到现在。

为了尽快建设成为一个社会主义现代化大国,新生国家政权在建立后也很快主动地推进了现代化与国家建设。与早发国家不同,作为后发国家的中国现代化和国家建设的推进面临着严峻的国内外形势,因而现代化与国家建设的推进很难自发进行,而是离不

---

① 叶国文:《农民、国家政权与现代化——当代中国土地问题的政治学研究》,复旦大学博士学位论文,2006年,第7页。
② 胡乔木:《中国共产党的三十年》,人民出版社1951年版,第24页。
③ 〔美〕詹姆斯·汤森等:《中国政治》,江苏人民出版社2003年版,第12页。

开强有力的国家支持,而建国初期的一系列战略也正是围绕这些目标展开的。首先,"土地改革运动"。为了解放生产力和巩固新生国家政权,在全国开展了"土地改革运动"。土地改革消灭了地主阶级,解放了农民阶级,使土地从地主阶级占有转换为农民占有,实现了耕者有其田的理想,解放了农村的生产力,对此,刘少奇在《关于土地改革问题的报告》中指出,"土地改革的这一基本理由和基本目的,是着眼于生产的。因此,土地改革的每一个步骤,必须切实照顾并密切结合于农村生产的发展。"① 而土地改革也获得了农民的支持,起到了巩固新生国家政权的作用。其次,以工业化为中心的现代化建设。到1952年底,中国的土地改革基本完成。随着建国初国民经济的恢复和新生国家政权得到巩固,现代化和国家建设的大力推进显得更为迫切。为此,中国在执政党的领导下开展了以工业化为核心的现代化建设。第三,农业的"社会主义改造"和"农业集体化"运动。在中国一个落后的农业国家推进以工业化为核心的现代化,又面临着严峻的国际形势,通过农业向工业提供初步支持就成为一个不得已的选择。土地改革后,农民获得了土地提升了对新生国家政权的认同和支持,"但孤立的、分散的、守旧的、落后的个体经济限制了农业生产力的发展,它与社会主义的工业化之间日益暴露出很大的矛盾"②。为了进一步提升农业的生产力,执政党领导开展了农村的社会主义改造,从土地的农民占有转变为集体所有,将农业的个体经营改造为大规模的集体经营。第四,城乡区隔及相关政策。由于改革

---

① 《刘少奇选集》下卷,人民出版社1985年版,第33—34页。
② 刘伯龙、竺乾威主编:《当代中国公共政策》,复旦大学出版社2009年第2版,第73页。

开放前中国的现代化是以偏重工业化而限制城市化为特征的。工业化对于资金、技术、人才和原材料的需要必然引起人口向城市自然流动和聚集的过程，由于当时的工农业生产和城乡生活供应都是建立在计划管理的基础之上的，国家为了防止农民大规模流入城市影响工农业生产和城乡生活供应的计划秩序，采取了户籍隔离、粮食收购、就业限制等措施。这些措施构建起了一个城乡隔离的二元社会结构，带来了农民公民权的受限，其实施结果造成了因主体资格限制带来的农民公民权问题。因此可以说，因主体资格限制带来的农民公民权问题出现于建国后现代化和国家建设的实践中。但是，在建国后到改革开放之前这一问题尽管存在，但并不明显，其主要原因在于，改革开放前农民和其他群体处于一种空间上区隔的状态，这就使得农民的公民权问题因为缺乏对比而没有引起农民自身的关注。

因主体资格限制带来的农民公民权问题的突显则是城市化进程兴起后的现象。改革开放后，国家改变了之前限制城市化的政策，而是根据不同时期工业化的发展需要相应地推进城市化。不少研究者已经认识到了改革开放后城市化对中国农民公民权问题的强化作用。苏黛瑞在《在中国城市中争取公民权》一书中以农民工为研究对象着重分析了中国城市化过程中农民的公民权问题，在她看来，改革开放以来，从中国农村地区进入城市的农民工，不仅仅是暂时得不到国家为他们在城镇的日常生活提供的必要资金支持，而且他们也完全没有资格获得这样的支持。这是因为他们没有获得城市户口，因而不能享受到城市居民生来就享有的福利和社会公益服务。①在这里，苏黛瑞明确指出了城市户籍对于农民工获得平等待遇的重要性，而农民工对获得平等待遇的追求则是由城市化这一过程带来的。徐勇也指出，"随着现代化的深入，农民权益问题日益突出，并会成为一个制约现代化进程的政治社会问题。这是因为，现代化一方面带来了社会分化，另一方面又将平等、人权、公民、法治等现代性意识传递到社会。"② 王小章针对农民工提出的从"生存—经济"到"身份—政治"的解释范式转变实际上也强调了城市化在突显农民公民权问题中的作用，"农民在一开始可能是迫于生存的压力而选择外出务工，但是他们在城市中的实际工作生活经历会导致他们的初始动机、目标不断发生改变"③。在他看来，"新模式则主要着眼于'农民工'在中国社会中的身份地位，从而倾向于从'农民工'与其他社会成员、与国家的关系中来界定'农民工问题'，关注的是农民工这个主体与其他社会主体之间的关系。"④ 实际上，正是城市化的过程为农民（工）提供了一个对比自身与其他群体待遇差异的情景。陈映芳分析了从农村流入城市的迁移者在城市中的身份和权利问题，尽管其目的是探讨其中的制度背景和身份建构机制⑤，但论述中也反映出城市化对提出这一身份和权利问题的背景意义。因此，可以说，

---

① Solinger, Dorothy J., *Contesting Citizenship in Urban China: Peasant Migrants, the State, and the Logic of the Market*, Berkeley: University of California Press, 1999, p.5.

② 徐勇：《现代国家建构中的农民权益维护》，载《华中师范大学学报（人文社会科学版）》，2008年第2期。

③ 王小章：《从"生存"到"承认"：公民权视野下的农民工问题》，载《社会学研究》，2009年第1期。

④ 同上。

⑤ 陈映芳：《"农民工"：制度安排与身份认同》，载《社会学研究》，2005年第3期。

在中国现代化和国家建设的过程中出现了基于主体资格限制的农民公民权问题，但由于在现代化和国家建设的一定时期内城市化受到了人为的限制，因而，这一问题尽管存在，但因为缺乏比较的情景而表现得并不明显。随着改革开放以来中国城市化的迅速推进，数量和规模庞大的农民进城务工，在城市工作和生活的过程中他（她）们逐渐感受到与城市居民在公民权利方面的差异，从而凸显了农民的公民权问题。

第三章　城市化受限、一维国家建设与农民公民权

新生国家政权建立后，中国走上了一条现代化与国家建设并举的道路。尽管城市化是现代化的重要内容，但城市化在中国经历了一条比较曲折的道路。一开始，城市化并没有得到自然的发展，而是因为种种原因受到了限制。同时，国家建设主要在民族—国家这样一个维度上展开，强调的是国家主权的建构。在城市化受限和侧重民族—国家建设的情境下，农民的公民权问题因主体资格的限制而开始呈现，但在侧重主权建设和城乡区隔的背景下很大程度上被遮蔽了。

第一节　受限城市化

新中国成立后到改革开放之前，这一时期总的说来中国的城市化进程较为缓慢。不过，具体而言，在不同的时间阶段城市化的具体情况又有较大的差别。

一、改革前城市化的具体阶段

1. 城市化的稳步提升阶段

新中国成立后到1957年是城市化的稳步提升阶段。新中国成立初期，随着国民经济的恢复，尤其是1953年第一个五年计划的启

动,工业化迅速发展,从 1952 到 1957 年,中国的人均 GDP 由 119 元增至 168 元。① 随着工业化的推进,城市化程度也随之提高。新中国成立之前,中国内地的城市有 58 个,新中国成立后,经过调整建制,1949 年底全国设市的城市增加到 136 个,到 1957 年,市建制增加到 176 个。② 城市化在新中国成立初期的平稳提升有着多方面的条件。一是工业化的推进。钱纳里和赛尔奎因在研究各个国家经济结构转变的趋势时,曾概括了世界各国工业化与城市化关系的一般规律,随着工业化的演进和工业占生产结构比重的上升,将带动城市化程度的提高。③ 城市化与工业化是现代化的两个重要指标。城市化往往是作为工业化的一个结果而出现的,而城市化的发展又能够为工业化的推进提供劳动力、资本、原材料等方面的资源从而推进工业化的进一步发展。据统计,1949 年,中国工业生产总值为 140.2 亿元,占社会总产值的 30.1%;到 1957 年工业生产总值上升为 783.9 亿元,占社会总产值的 56.5%(见表 1)。④ 二是农业的发展。

表 1　1949—1957 年中国工业发展情况(按 1952 年不变价格计算)

年份	1949	1950	1951	1952	1953	1954	1955	1956	1957
工业总产值(亿元)	140.2	191.2	263.5	343.3	447.0	519.7	548.7	703.6	783.9
比重(%)	30.1	33.3	38.6	41.5	47.2	50.2	49.7	54.7	56.5

---

① 国家统计局:《中国统计年鉴 2000 年》,中国统计出版社 2001 年版,第 53 页。
② 此处 1957 年城市数量的数据原为 177 个,见戴均良:《中国城市发展史》,黑龙江人民出版社 1992 年版,第 383—387 页。根据国家统计局的数据,1957 年的城市数量为 176 个。见国家统计局编:《伟大的十年(中华人民共和国经济和文化建设成就的统计)》,人民出版社 1959 年版,第 14—15 页。
③ 〔美〕霍利斯·钱纳里、莫尔塞斯·塞尔昆:《发展的格局 1950—1970》,中国财政经济出版社 1989 年版,第 22—23 页。
④ 国家统计局编:《伟大的十年(中华人民共和国经济和文化建设成就的统计)》,人民出版社 1959 年版,第 14—15 页。

资料来源：国家统计局编：《伟大的十年（中华人民共和国经济和文化建设成就的统计）》，人民出版社1959年版，第14—15页。

城市化本身是一个农业产值及农业人口在总产值和总人口中所占比重不断下降的过程，但这并非否认农业在城市化过程中的重要性。实际上，城市化的持续快速推进恰恰是以农业的发展为前提和支撑。在新中国成立初严峻的国际形势背景下，中国城市化的推进不仅需要国内农业为之提供粮食和原材料支撑，而且也需要农业生产效率提高后剩余的劳动力为之提供人力支持。据统计，从1949年到1957年，农业总产值一直保持上升的趋势，1957年比1949年增长了85.1%（见表2）[①]，农业的发展为城市化的快速发展提供了有力的

表2　1949—1957年中国农业发展情况（按1952年不变价格计算）

年份	1949	1950	1951	1952	1953	1954	1955	1956	1957
农业总产值（亿元）	325.9	383.6	419.7	483.9	499.1	515.7	555.4	582.9	603.5
比1949年增长（%）	—	17.7	28.8	48.5	53.1	58.2	70.4	78.8	85.1

资料来源：国家统计局编：《伟大的十年（中华人民共和国经济和文化建设成就的统计）》，人民出版社1959年版，第104页。

支撑。从1949年到1957年，中国的城市人口从5765万增加到9949万，城镇人口的比重从1949年的10.6%提升到1957年的15.4%（见表3）。其中除了城镇人口自然增长的因素之外，农村人口向城市的迁移是一个更为重要的因素。对此，薄一波认为，"城镇人口的增加，

[①] 国家统计局编：《伟大的十年（中华人民共和国经济和文化建设成就的统计）》，人民出版社1959年版，第104页。

表 3 1949—1957 年中国城镇人口的变迁

年份	1949	1950	1951	1952	1953	1954	1955	1956	1957
城镇人口（万）	5765	6169	6632	7163	7826	7826	8249	8249	8285
城市化率（%）	10.6	11.2	11.8	12.5	13.3	13.7	13.5	14.6	15.4

资料来源：中国社会科学院人口研究中心：《中国人口统计年鉴1985》，中国社会科学出版社1986年版，第811—812页。

除自然增长的以外，绝大部分来自农村。"① 到1957年城市数增加到176个，其中500万以上人口的1个，300—500万人口的1个，100—300万人口的11个，50—100万人口的20个，10—50万人口的90个，10万人口以下的52个。② 从上述数据可以看出，建国后到1957年这一阶段中国的城市化发展是比较平稳，城乡发展也是比较协调的。不过，在这一阶段，已经出现了一些影响城市化持续发展的因素，主要包括国家决策层的一些认识和政策。在认识上，偏重于工业尤其是重工业的发展，尽管提出要建立以重工业为中心的独立和比较完整的工业体系，兼顾农业和轻工业的发展，但对一、二、三产业之间的关系还没有科学的认识和把握。在此背景下，随着工业发展和人民生活水平提升的需要，对原材料和消费品的需求与供应之间出现了紧张。在政策上，基于优先发展工业尤其是重工业的需要，1950年8月，公安部制定了《关于特种人口管理的暂行办法（草案）》，以便"搞好社会治安，保障安全"。1951年7月又出

---

① 薄一波：《若干重大决策与事件的回顾》上卷，中共中央党校出版社1991年版，第256页。

② 国家统计局编：《伟大的十年（中华人民共和国经济和文化建设成就的统计）》，人民出版社1959年版，第11页。

台了《城市户口管理暂行条例》,统一规范户口问题。1953年4月、1956年12月、1957年12月中共中央和国务院(政务院)陆续发出三个关于"劝止"、"防止"、"制止"农民盲目流入城市的文件,开始用政策干预农村劳动力向城市的流动。

2. 城市化的剧烈波动阶段

1958年到1965年是城市化的剧烈波动阶段。1958年开始了"大跃进",从1958年到1960年,随着工业化的超常规发展,城市化也得到了迅速的推进,这三年间,城镇人口净增加3124万人,年均增加1041.3万人,城市化率提高了4.36%。[1] 1958年,全国城镇人口为10721万,城市化率为16.3%;到了1960年,全国城镇人口增加到13073万,城市化率提升到19.8%,分别比1958年增加2352万和3.5%(见表4)。然而"大跃进"违背经济规律,

表4 1958—1965年中国城镇人口的变迁

年份	1958	1959	1960	1961	1962	1963	1964	1965
城镇人口(万)	10721	12371	13073	12707	11659	11646	12950	13045
城市化率(%)	16.3	18.4	19.8	19.3	17.4	16.8	18.4	18.0

资料来源:国家统计局人口和就业统计司:《中国人口统计年鉴1995》,中国统计出版社1995年版,第376页。

由于工业发展过急,职工和城镇人口增多,大大超过了农业的承受能力,加上同一时期农村的"人民公社化运动"挫伤了农民种田的积极性,在此背景下,国家粮食供需发生了尖锐的矛盾,致使城市化进程失去了农业的支撑而遇阻。由于客观条件的限制和国家政策的调整,1961年,全国城镇人口为12707万,城市化率为19.3%;

---

[1] 辜胜阻、刘传江:《人口流动与农村城镇化战略管理》,华中理工大学出版社2000年版,第300页。

到了1965年，全国城镇人口增加到13045万，城市化率提升到18.0%，分别比1961年增加338万和-1.3%（见表4）。从表4也可以看出，随着国民经济结构调整后工业经济的逐步复苏，在1964年城市化水平有所上升，但随着1964年开始在内陆边远地区启动以国防科技工业为重点的三线建设，片面强调"靠山、分散、进洞"，在一定程度上造成了反向的城市化。因此，这一阶段中国的城市化呈现出明显的波动特征，从一开始的超速城市化到随着经济结构失调和政策调整而带来的反向城市化，再从随着国民经济恢复带来的城市化增长到因三线建设等因素带来的反向城市化，中间经历了两起两落的过程。

3. 城市化的停滞倒退阶段

从1966年到改革开放前属于城市化的基本停滞阶段。1966年开始的十年"文化大革命"严重扰乱了国家的各个领域。知识青年"上山下乡"和干部下放农村劳动政策以及国家"三线建设工程"，使得城市的知识青年、干部和职工直接回流到农村。尽管上述政策都是在具体的复杂的历史环境下实施的，但其结果无疑产生了一种逆向的城市化过程，造成了城市化的停滞和倒退，并一直影响到改革开放政策启动之前。据统计，从1966年到1977年，城市人口年均增长速度仅为2.06%，比总人口年均增长速度低0.21个百分点。每年城市的迁出人口大于迁入人口300万人左右。这一期间的中国城镇人口年均增长量只有302万人。[①] 1966年，全国城镇人口为13313万，城市化率为17.9%；到了1977年，全国城镇人口增加到16669万，城市化率提升到17.6%，分别比1966年增加3356万和-0.3%（见表5）。从表5也可以看出，从1966年到1972年，中国

---

① 辜胜阻、刘传江：《人口流动与农村城镇化战略管理》，华中理工大学出版社2000年版，第305—306页。

的城市化率连续下降,从 1966 年的 17.9%下降至 1972 年的 17.1%,之后几年,城市化率基本保持不变或稍有提升,但相对"文化大革命"开始的 1966 年,城市化的绝对水平还是下降了。

表 5　1966—1977 年中国城镇人口的变迁

年份	1966	1967	1968	1969	1970	1971
城镇人口(万)	13313	13548	13838	14117	14424	14711
城市化率(%)	17.9	17.7	17.6	17.5	17.4	17.3
年份	1972	1973	1974	1975	1976	1977
城镇人口(万)	14935	15345	15595	16030	16341	16669
城市化率(%)	17.1	17.2	17.2	17.3	17.4	17.6

资料来源: 国家统计局人口和就业统计司:《中国人口统计年鉴1995》,中国统计出版社 1995 年版,第 376 页。

二、改革前城市化的特征分析

新中国成立后到改革开放前,中国的城市化呈现出以下几个方面的特征:

1. 城市化总体受限

新中国成立初期中国城市化在一段时间内曾经呈现出平稳提升的特征。但是,随着以工业化为中心的国家现代化战略的推进,在多种因素的影响下,城市化出现了剧烈的波动,而伴随着"文化大革命"的发动和继续,中国的城市化出现了停滞和倒退,"文化大革命"结束后的 1977 年,城市化水平为 17.6%,该数据不仅低于处在"大跃进"时期 1959 年的城市化水平,而且低于"大跃进"结束后处于国民经济调整时期的 1964 年的城市化水平。从新中国成立后到改革开放前中国城市化的阶段性变迁情况可以看出,除了新中国成立初期一段时间外,在大部分时间内城市化都因多种因素而受到了人为的限制。

2. 城市化严重失衡

一般来说，随着工业化的发展，越来越多的人口会从农村转移到城市，城市化也会从低级阶段向高级阶段演进，在此过程中城市化水平会不断的提升。这是早发国家城市化进程的一个共同点。然而，回顾新中国成立后到改革开放前中国的城市化进程，上述早发国家城市化水平不断提升的现象并没有出现，而是出现了一个城市化在不同时间段内发展极不平衡的现象，其中既有从特定的城市化水平急剧提升到较高水平的情况，也有从特定的城市化水平突然下降到低得多的水平的情况。例如，1958年到1965年期间中国城市化出现的两起两落现象，以及1966年到1977年期间中国城市化出现的停滞倒退现象，就是这一时期中国城市化严重失衡的具体表现。

3. 正向与逆向城市化互现

正向城市化指的是农村人口不断向城市转移的过程，也是城市化由低到高不断提升的过程；逆向城市化则与此相反，指的是城市人口不断向农村回流的过程，也是城市化减速甚至倒退的过程。一般而言，城市化的规律表现为城市化由较低水平向较高水平不断发展的过程，也就是一个持续的正向城市化过程。与这一城市化的一般表现形式不同，新中国成立后到改革开放前，中国的城市化是一个正向城市化和逆向城市化并存的过程。例如，新中国成立初期中国的城市化主要呈现出一个正向城市化的过程，20世纪50年代末到60年代中期中国城市化的两起两落直接反映了正向和逆向城市化的交替互现，而"文化大革命"期间的中国城市化则主要呈现出一个逆向城市化的过程。正向城市化和逆向城市化互现意味着城市化偏离了正常的过程，然而，城市化偏离其正常的过程并不是由城市化本身造成的，也不能从城市化本身得到解释，而是一系列因素综合作用的产物。

三、改革前城市化的影响因素

1. 工业化战略

根据钱纳里等人的观点，在正常情况下，世界各国的城市化与工业化基本上呈现出相互促进的正向关系。① 不过，工业化只是影响城市化的主要因素之一，而且工业化在不同国家又表现为不同的战略，并呈现出不同的特征，从而对该国的城市化产生不同的影响。新中国成立初期中国的工业化战略经历了一个重大的转变过程。一开始，执政党中央对工业化道路的认识是先发展农业和轻工业，然后主要发展重工业。1950年，刘少奇在一份手稿中专门谈到了和平环境下的工业化道路问题，提出："如果我们配合世界保卫和平的力量在相当长的时期内保障了世界的和平，也就是说，保障了我们经济建设的和平环境，那我们进行经济建设的大体步骤应该是什么呢？首先，我们必须恢复一切有益于人民的经济事业，并使那些不能独立生存的已有的工厂尽可能地独立地进行生产。其次，要以主要的力量来发展农业和轻工业，同时，建立一些必要的国防工业。再其次，要以更大的力量来建立我们重工业的基础，并发展重工业。最后，要在已经建立的发展起来的重工业的基础上，大力发展轻工业，并使农业生产机器化。中国工业化的过程大体上要遵循这样的道路前进。"他认为，"在恢复中国的经济并尽可能发挥已有的生产能力之后，第一步发展经济的计划，应以发展农业和轻工业为重心。因为只有农业的发展，才能供给工业以足够的原料和粮食，并为工业的发展扩大市场。只有轻工业的发展，才能供给农民需要的大量工

---

① 〔美〕霍利斯·钱纳里、莫尔塞斯·塞尔昆：《发展的格局1950—1970》，中国财政经济出版社1989年版，第22—23页。

业品，交换农民生产的原料和粮食，并积累继续发展工业的资金。同时，在农业和轻工业发展的基础上，也可以把劳动人民迫切需要提高的十分低下的生活水平提高一步，这对于改进人民的健康状况，在政治上进一步团结全体人民，也是十分需要的。而建立一些必要的急需的国防工业，则是为了保障我们和平建设的环境所不可缺少的。只有这一步做得有了成效之后，我们才能集中最大的资金和力量去建设重工业的一切基础，并发展重工业。只有在重工业建立之后，才能大大地发展轻工业，使农业机械化，并大大地提高人民的生活水平。"① 应该说，农轻重依次发展的工业化道路是比较符合工业化道路的一般认识的，但正如刘少奇同时所指出的，上述道路要求有和平环境的保障，而当时并不具备这种条件。

实际上，在新中国成立初期复杂的国内外情势下，工业化道路的选择受到多种因素的影响。一是尽快赶超西方早发国家的目标追求。当时发达国家都拥有强大的重工业，因此，重工业的发达自然被当做国家富强的标志。② 在这种情况下，选择重工业为中心的工业化战略就成为了尽快赶超西方早发国家的一种合乎逻辑的选择。二是战争和国际局势的压力。新中国成立后，尽管国内大规模战争的形势已经结束，但以美国为首的西方阵营仍在对中国进行军事围堵，1950 年，朝鲜战争爆发，国际形势更为紧张，同时，西方阵营还对新中国实行了政治上孤立、经济上封锁和制裁，切断了正常的国际经济交往和贸易。这种严峻的国际形势，要求新中国迅速建立完整的、以重工业为中心的工业结构和国防系统。三是苏联工业化模式的示范效应。苏联是世界上第一个社会主义国家，也是当时世界上

---

① 《刘少奇选集》下卷，人民出版社 1985 年版，第 4—5 页。
② 林毅夫：《李约瑟之谜、韦伯疑问和中国的奇迹——自宋以来的长期经济发展》，载《北京大学学报（哲学社会科学版）》，2007 年第 4 期。

唯一能与美国抗衡的社会主义强国,苏联的成功对新生社会主义国家政权有着强大的示范效应。列宁早就强调指出,如果"没有高度发达的大工业,那就根本谈不上社会主义"①。苏联在重工业优先发展理论指导下,成功地实现了工业化。在1926—1940年间,苏联工业增长了5.5倍,平均年增长率高达16.9%,其中重工业增长9倍,年平均增长率高达21.2%。② 新中国成立之初,在复杂的国内外形势的影响下,出于尽快改变国家贫穷落后面貌的考虑,执政党中央确立了以重工业为中心的工业化发展战略,1954年国家计委主任李富春在关于第一个五年计划的报告中明确指出:"社会主义工业化是我们国家在过渡时期的中心任务,而社会主义工业化的中心环节,则是优先发展重工业"。③ 1956年4月毛泽东在《论十大关系》的讲话中指出,"重工业是我国建设的重点,必须优先发展生产资料的生产,这是已经定了的。"④ 客观说来,尽管建国后国家很快地确立了重工业为中心的工业化战略,并且在处理各产业间关系上已经出现了偏重工业尤其是重工业的倾向,但总的说来,建国后到1957年,国家还是较为注重各产业间的适度平衡以及工业化与城市化之间的协调发展的。例如,在1957年1月18日至27日的各省、市、自治区党委书记会议上,毛泽东在强调工业重要性的同时指出,"全党一定要重视农业。农业关系国计民生极大。要注意,不抓粮食很危险。不抓粮食,总有一天会天下大乱。……在一定意义上可以说,农业就是工业。要说服工业部门面向农业,支援农业。要搞好工业化,

---

① 《列宁全集》第41卷,人民出版社1986年版,第301页。
② 金挥:《苏联经济概论》,中国财经出版社1985年,第128页。
③ 《中华人民共和国第一届全国人民代表大会第二次会议文件》,人民出版社1955年,第160—161页。
④ 《毛泽东选集》第5卷,人民出版社1977年版,第269页。

就应当这样做。"① 所以，这一时期的城市化随着工业化和农业的发展也得到了平稳的发展。

如果说 1957 年前国家执行的还是以重工业为中心的工业化战略的话，那么到 1958 年，这种战略越来越向片面重工业化的战略转变。1958 年开始的"大跃进"则是这种片面重工业化战略确立的标志。"大跃进"由"一五"时期以 156 项大型工程为中心的重工业发展战略调整为以钢为中心的发展战略，要求钢产量在一年内翻一番，达到 1070 万吨。由于当时中国铁矿石产量、原煤产量、电力供应、交通能力及农业提供的粮食都十分有限，为了完成任务，全国各地大兴土法炼钢之风，到当年底，尽管钢产量超过了预定目标，却给国民经济带来了严重的后果。大量人力、物力、财力被白白浪费，不少设备因超负荷运转招致严重损伤。合格的钢产量只有 800 万吨。② 后来陈云总结说，"单纯突出钢，这一点，我们犯过错误，证明不能持久。搞钢，就要煤，要电，要有色金属，等等。突出一点，电跟不上，运输很紧张，煤和石油也很紧张。有了电厂，没有煤烧，没有油烧，电厂只好摆在那里。钢太突出，就挤了别的工业，挤了别的事业"。③ 由于"大跃进"的错误，加上自然灾害和国际情势等因素，中国国民经济在 1959 年至 1961 年遭遇了严重困难。1959 年，针对"大跃进"片面发展钢铁工业，造成国民经济比例失调的问题，毛泽东在庐山会议上还提出了安排国民经济要以农、轻、重为序的思想。他说："过去是重、轻、农、商、交，现在强调把农业搞好，次序改为农、轻、重、交、商。这样提还是优先发展生产资料，并

---

① 《毛泽东选集》第 5 卷，人民出版社 1977 年版，第 360 页。
② 董志凯：《"大跃进"运动对中国工业建设作用辨析》，载《中共党史研究》，1996 年第 2 期。
③ 《陈云文选》第 3 卷，人民出版社 1995 年版，第 251 页。

不违反马克思主义。"① 1961年中共八届九中全会正式批准对国民经济实行"调整、巩固、充实、提高"的方针,作出了调整工业项目、压缩城市人口、撤销不够条件的市镇等一系列重大决策。从1961年1月开始到1963年6月,在两年半时间里共精简城市职工1940万人,如扣除新安排就业的大中专学生等,精简职工1744万人,其中回乡务农者达1300万人。同期减少城镇人口2600万人。②"大跃进"及其后5年时间的经济调整时期带来了城市化的波动,"大跃进"时期工业化的高速发展促进了人口的城市化,而随后的调整时期则造成了城市人口的返乡和逆向城市化的过程。

从1964年开始,国家在内陆边远地区启动"三线工程建设",这一工程强调避开城市、分散资源,忽视原料的供应、基础设施的配套、生产协作和投资效果,刚好与城市化所要求的聚集效应相反,因此是作为一个阻碍了城市化的因素而起作用的。而从1966年开始的十年"文化大革命"将党和国家的重点工作放在阶级斗争上,忽略经济建设,其结果既阻碍了工业化的发展,也妨碍了城市化的发展。

实践证明,当工业化与城市化两者比较协调的时候,工业化和城市化能够较好地相互促进;而当工业化与城市化不能协调发展的时候,不仅会影响各自的发展,而且会对另一方的发展造成严重阻碍。在改革前工业化与城市化的关系上,国家确立了工业化尤其是重工业发展优先的战略,而将城市化置于从属的地位。当城市化与工业化的目标出现不一致的时候,以工业化的发展为首要选择。应该说,以重工业为中心的工业化优先战略有其历史的必要性与合理性。但对重工业的长期片面倚重,其结果导致了工业化和城市化的

---

① 《毛泽东文集》第8卷,人民出版社1999年版,第78页。
② 袁伦渠:《新中国劳动经济史》,劳动人事出版社1986年版,第137页。

失衡,给工业化和城市化两者都带来了负面的影响。

2. 农业发展定位及政策

城市化是一个生产和居住向城市集中以及城市生活方式的普及化过程。在此过程中,农业对城市化的发展有着重要的影响。一方面,城市化需要来自农业发展所提供的粮食和原材料;另一方面,城市化也离不开农业生产效率提升而剩余的劳动力的支持。因此,农业发展定位及政策会影响到一个国家城市化的发展。建国初期,经过土地改革,地主阶级被打到,农民获得了阶级解放和作为生产资料的土地,从而极大地提升了生产的积极性。加上国家投入的增加,建国初期农业获得了较大的发展,1957年农业总产值比1949年增加了85.1%。农业的发展又为工业的发展和城市化的平稳增长提供了有力的支持。随着国家以重工业为中心的工业化战略的不断推进,重工业被置于越来越重要的位置。与此同时,为了适应优先发展重工业的需要,农业被置于从属和服务的位置。而工业包括重工业的发展首先要求农业为之提供足够的粮食,"如果没有足够的粮食和其他生活必需品,首先就不能养活工人,还谈什么发展工业。"[1]基于此种考虑,国家确立了"以粮为纲"的农业战略,广大农村人口被限定从事农业生产,主要是粮食生产。除了粮食之外,农业也承担着为工业发展提供原材料、资金和市场的任务。对此,毛泽东强调指出,"为了完成国家工业化和农业技术改革所需要的大量资金,其中有相当大的部分是要从农业方面积累起来的,这除了直接的农业税以外,就是发展为农民所需要的大量生活资料的轻工业生产,拿这些东西去同农民的商品粮和轻工业原料相交换,既满足了农民和国家两方面的物资需要,又为国家积累了资金。"[2] "农业和轻

---

[1] 《毛泽东选集》第5卷,人民出版社1977年版,第381页。
[2] 同上书,第182—183页。

工业发展了，重工业有了市场，有了资金，会更快地发展"①。1956年1月23日中央政治局提出的《一九五六年到一九六七年全国农业发展纲要（草案）》指出："城市工人和合作社的农民必须相互支援，工人应当生产更多更好的工业品，满足农民的需要，农民应当生产更多更好的粮食和工业原料，满足工业和城市居民的需要。"②农业发展的上述定位使得农业人口被限定于土地上进行粮食生产，并为工业化发展提供其他方面的条件。农业被置于一个远低于工业尤其是重工业的位置，这不仅不利于农业的持续发展，也不能为城市化的发展提供持续的支持。尽管城市化在1958年开始的三年因工业化的赶超战略而得到高速推进，但因为缺乏扎实的基础而在接下来的几年里遇到了阻碍，其中农业的薄弱就是一个重要的阻碍因素。

国家在定位农业发展的同时，在农村推进了一条集体化之路。"土地改革"结束后，一家一户的农民分得了土地，提高了生产的积极性。但是，分散的小农经济很快与国家的现代化战略产生了冲突。小农经济既与以公有制为基本经济制度的社会主义不相适应，也无法满足以工业化为重心的现代化建设需要。李富春在《关于发展国民经济的第一个五年计划的报告》中指出"建设社会主义，必须解决小农经济同社会主义工业化之间的矛盾。社会主义不可能建立在小农经济的基础上，而只能建立在大工业经济和集体大农业经济的基础上。社会主义工业化要求农业从分散的落后的生产方式转变为集体的先进的生产方式，在集体化和机械化的基础上生产更多的粮食和工业原料。"③在此背景下，国家在农村实行了农业集体化的政

---

① 《毛泽东选集》第5卷，人民出版社1977年版，第400页。
② 《一九五六年到一九六七年全国农业发展纲要（草案）》，http://news.xinhuanet.com/ziliao/2004—12/30/content_2397284.htm.
③ 李富春：《关于发展国民经济的第一个五年计划的报告》，见中共中央党校党史教研室选编：《中共党史参考资料（八）》，人民出版社1980年版，第147页。

策，引导农民走上了一条从互助组、初级社、高级社和人民公社的集体化之路。1951年9月20日召开的第一届全国互助合作会议通过了《中共中央关于农业生产互助合作的决议草案》，此后，互助合作运动迅速兴起，到1952年底，参加互助组、合作社的农户已达40%。[①] 农业集体化政策是以提升农村生产力、适应工业化战略为目标的。但是，集体化政策尤其是1958年开始的"人民公社运动"的结果却背离了发展农业生产力的目的，也阻碍了城市化的发展。

3. 国家干预城市化的政策安排

城市化是一个生产和居住向城市集中以及城市生活方式的普及化过程。而生产和居住向城市集中的过程会受到国家干预的影响，城市生活方式的普及化也在一定程度上会受到国家干预尤其是意识形态宣传的影响。新中国成立后到改革开放前，城市化受到国家干预的影响表现得很明显。

一是城市用工政策。城市用工政策是指城市企业职工的招收、管理、解聘等相关政策，涉及的是城市企业职工的进退和来源等问题。建国后，一开始城市的用工还是比较自由的，因为在1956年城市手工业和资本主义工商业完成社会主义改造前，其用工是自主的。尽管国家出于促进城市居民就业的需要出台了一些相关政策，但由于农村劳动力的相对低廉，这一时期城市手工业和工商业从农村招收了较多的劳动力。随着城市手工业和资本主义工商业改造的完成，生产资料由私有制变成社会主义公有制，国家在用工上的宏观和微观权力都大为增强。出于城市计划管理、国家工业化优先的战略考虑和对农业的发展定位，国家在用工方面逐渐限制招收农村人口。对此，中共中央与国务院于1957年12月18日联合发出《关于制止

[①] 刘伯龙、竺乾威主编：《当代中国公共政策》，复旦大学出版社2009年第2版，第73页。

农村人口盲目外流的指示》指出:"我国社会主义建设的方针,是在优先发展重工业的基础上,发展工业和发展农业同时并举。农业在我国社会主义的建设中占有很重要的地位。农村人口大量外流,不仅使农村劳动力减少,妨碍农业生产的发展和农业生产合作社的巩固,而且会使城市增加一些无业可就的人口,也给城市的各方面工作带来了不少困难。"① 基于此种考虑,该指示规定:"各企业、事业部门和机关、部队、团体、学校等一切用人单位,一律不得擅自招用工人或者临时工。各单位需要增加的工人或者临时工,必须通过当地劳动部门统一调配或者招收。临时工(包括搬运工、保姆等)应当尽先在城市中招收,如果必须在农村中招收,应当采用同就近农村的农业生产合作社签订劳动合同的办法招收,合同期满后,由用人单位直接送返原籍。各地劳动部门和监察部门应当对用人单位招用人员的情况进行检查监督,对擅自招用人员的现象,应当严加制止,不听制止的应当给予处分。"② 1957 年 12 月 13 日国务院《关于各单位从农村招用临时工的暂行规定》明确规定:城市"各单位一律不得私自到农村中招工和私自录用盲目流入城市的农民"。③ 中共中央在 1958 年批转劳动部党组《关于解决城市失业问题的报告》中,规定各企业招收人员必须遵循先城市后农村的原则,基本上不再从农村招工。在三年困难时期,大量原先从农村招收的工人被动员返乡。城市用工政策中对农民的限制,严重地阻碍了人口城市化过程。

二是限制农村人口流动政策。应该说,建国初期,国家不仅在

---

① 《中共中央国务院关于制止农村人口盲目外流的指示》,载《人民日报》,1957 年 12 月 19 日。

② 同上。

③ 何家栋等:《城乡二元社会是怎样形成的?》,载《书屋》,2003 年第 5 期,第 5 页。

法律上保障了公民的自由迁徙权，而且通过一系列政策安排来落实这种权利。随着工业化的推进会自然地出现人口的城市化进程，但是，国家出于计划经济管理、保障工业生产和粮食安全等方面的考虑，有意识地引导农民留在农村。如 1953 年 4 月 17 日政务院发出《关于劝阻农民盲目流入城市的指示》，1956 年 12 月 30 日国务院又发出了《关于防止农村人口盲目外流的指示》，1957 年 3 月 2 日国务院再次发出《关于防止农村人口盲目外流的补充指示》，同年 9 月 14 日国务院又一次发出《关于防止农民盲目流入城市的通知》。这些文件的主要目的都是引导农民在农村劳动。从上述几个文件的名称可以看出，措辞已经越来越严厉，尽管表面上还是劝阻、防止农民盲目流入城市，但实质上限制农村人口流动的意味已经很明显。在当时工业化迅速发展和城市化平稳推进的背景下，农民进城受到工业化和城市化的内在逻辑驱使，因而尽管国家进行了严格限制，但还是收效不显著。在此背景下，中共中央与国务院于 1957 年 12 月 18 日联合发出了《关于制止农村人口盲目外流的指示》。1958 年，全国人大常委会通过《中华人民共和国户口登记条例》，从法规和制度的角度对农民的流动进行了限制。1964 年，国务院批准了公安部《关于户口迁移政策规定》，对迁入城市人口实行严格控制政策。20 世纪 60 年代到 20 世纪 70 年代末的户籍政策，尽管中间有所变动，但从整体上看，基本遵循了一种"反城市化"的逻辑，即用行政的命令来限制城市的发展和阻止城市化。

三是城市人口回流农村政策。动员城市居民"上山下乡"运动始于 1956 年，当时政府先后组织了一批城镇失业、无业人员下乡插社或去农场开荒生产。"大跃进"结束后，伴随着经济结构的调整，1961 年中共中央要求在三年内减少城镇人口 2000 万以上。为此，国家除了动员 1958 年以来从农村进城的职工及其家属回乡之外，还动员城市失业和无业人员到农村去。1957年10月25日，党中央提出的《一九五六年至一九六七年全国农业发展纲要（修正草案）》指出，"城市的中、小学毕业的青年，除了能够在城市升学、就业的以外，应当积极响应国家的号召，'上山下乡'去参加农业生产，参加社会主义农业建设的伟大事业。"[①] 这是第一次把城市知识青年到农村参加农业生产称为"上山下乡"。1964年1月中共中央、国务院发出《关于动员和组织城市知识青年参加农村社会主义建设的决定》，再次肯定插队为主的下乡安置方式。知识青年"上山下乡"运动有着当时的历史原因。首先是就业的考虑。1955年8月11日，《人民日报》社论明确指出，"新中国成立的时间还短，还不可能马上就解决城市中的就业问题。如果国家用分散经济力量的方法把每个人的职业都包下来，那么，工业的发展就要受到挫折。必须指出，家在城市的中、小学毕业生中有一部分人目前的就业问题是有一定困难的。""以互助合作为中心的农业增产运动，容纳量是十分巨大的"[②]。出于就业考虑的知识青年"上山下乡"运动在"文革"中表现得尤为明显。其次是促进农业和农村发展的考虑。1956年9月，毛泽东在《中国农村社会主义高潮》的一个按语里指出："全国（农业）合作化，需要几百万人当会计，到哪里去找呢？其实人是有的，可以动员大批的高小毕业生和中学毕业生去做这个工作。"[③] 其三是出于精简城市人口的需要。1958年开始的三年"大跃进"结束后，国民经济出现了连续几年的调整，城市容纳就业和供应生活必需品的能力均出现了很大的压力，在此期间进行的知识青年"上山下乡"运

---

① 《一九五六年到一九六七年全国农业发展纲要（草案）》，http：//news.xinhuanet.com/ziliao/2004—12/30/content_2397284.htm.

② 《必须做好动员组织中小学毕业生从事生产劳动的工作》，载《人民日报》，1955年8月11日。

③ 《十年后的评说》，河北教育出版社1996年版，第142页。

动就明显地带有精简城市人口的目的。最后,知识青年"上山下乡"运动也带有一定的政治色彩,这在"文革"中表现得尤为明显。1957年7月11日,《人民日报》发表社论《妥善安排中小学毕业生下乡》,指出:"在这次反右派斗争中,我们看到,许多旧知识分子,由于过去没有参加过体力劳动,轻视劳动人民,因此,他们当中有一部分人经不起社会主义斗争的考验,成了反社会主义的右派分子。今天的知识青年,应该从这个历史事实中接受教训,努力参加生产劳动,首先是体力劳动,到工农群众中去锻炼自己,使自己成为坚强的社会主义的建设者,成为忠实的社会主义的战士。"① 1968年12月22日,《人民日报》引述毛泽东的指示,"知识青年到农村去,接受贫下中农的再教育,很有必要。要说服城里干部和其他人,把自己初中、高中、大学毕业的子女送到乡下去,来一个动员。各地农村的同志,应当欢迎他们去。"② 此后,在全国掀起了大规模的知识青年"上山下乡"运动的高潮。据统计,从1966年开始的"十年动乱"中,有1700万城市知识青年陆续"上山下乡"。③ 除了城市无业、失业人员和知识青年被动员流向农村外,干部下放农村劳动政策以及国家三线工程的建设也使得城市干部和职工大量直接回流到农村,据统计,数以百万计的机关干部和职工迁居农村下放劳动。④ 这就直接呈现出一种反向的人口城市化过程。

四是农产品统购统销政策。农产品统购统销政策,是指由国家统一收购和销售农产品的政策,最初针对的是粮食的统购统销,主

---

① 《妥善安排中小学毕业生下乡》,载《人民日报》,1957年7月11日。
② 《我们也有两只手,不在城里吃闲饭》,载《人民日报》,1968年12月22日,编者按。
③ 殷志静、郁奇虹:《中国户籍制度改革》,中国政法大学出版社1996年版,第184页。
④ 同上。

要包括"计划收购"和"计划供应"两方面。"总起来说,我们要在农村中采取征购粮食的办法,在城镇中采取配售粮食的办法,名称可以叫做'计划收购'、'计划供应',简称'统购统销'"①。新中国建立后,由于工业化和城市化的推进,国家对农产品,特别是粮食的需求迅速增多。但在新中国建立初期,相当一部分农产品资源为作为生产者的农民和市场销售者所掌握。因此,"当农产品需求迅速增长而供给相对不足之时,农产品成为稀缺资源,甚至一度引发粮食危机,严重威胁新生政权的稳定和工业化战略的实施。在这一背景下,1953年,中共作出一项重大战略决策,这就是对粮食等农产品实行统购统销"②。1953年11月,政务院发布《关于实行粮食的计划收购和计划供应的命令》,命令第六条规定"所有私营粮商一律不许私自经营粮食,但得在国家严格监督和管理下,由国家粮食部门委托代理销售粮食。各种小杂粮(当地非主食杂粮),原则上亦应由国家统一经营,在国家尚未实行统一经营以前,得在国家严格监督和管理下,暂准私营粮商经营。"第二条规定:"在城市,对机关、团体、学校、企业等的人员,可通过其组织进行供应;对一般市民,可发给购粮证,凭证购买,或暂凭户口购买。"③ 1955年8月,国务院公布了《市镇粮食定量供应暂行办法》和《农村统购统销暂行办法》。前者规定:"凡实行本办法的市镇,对非农业人口一律实施居民口粮分等定量、工商行业用粮按户定量、牲畜饲料用粮分类定量的供应制度。""农村居民来往城镇的可自带粮食,也可按农村粮食

---

① 陈云:《实行粮食统购统销》,载《建国以来重要文献选编》第4册,中央文献出版社1993年版,第451页。

② 徐勇:《论农产品的国家性建构及其成效——国家整合视角下的"统购统销"与"瞒产私分"》,载《中共党史研究》,2008年第1期。

③ 《中央人民政府政务院关于实行粮食的计划收购和计划供应的命令》,http://news.xinhuanet.com/ziliao/2004—12/22/content_2367996.htm。

统购统销暂行办法的规定换取地方粮票或全国通用粮票。"① 后者规定:"农村粮食统购统销,应分别核定每户农民的粮食产量,分别规定各类农户和不生产粮食的农村居民的用粮标准,按户计算用粮量;凡生产粮食的农户,按照核定的粮食产量,减去用粮量和实缴公粮后,粮食有余的为余粮户,不余不缺的为自足户,不足的为缺粮户,不生产粮食的农村居民也为缺粮户;国家对余粮户分别核定粮食交售任务进行统购,对缺粮户分别核定粮食供应量进行统销,对自足户不进行统购统销。""农村居民迁居外地的,应凭户口转移证件至国家粮站办理粮食供应的转移手续。"② 在上述政策尤其是粮食统购统销政策的实施背景下,除非特定情况,农民需要自产粮食,如果农民在国家计划外流动到城市中,就得不到粮食供应的保障,因而被绑定在农村。就此而言,农产品购销政策与其他方面的因素一起对城市化施加了负面的影响。

第二节 国家建设

国家建设被界定为现代国家的建设及其过程。国家建设强调的是现代国家成长的政治方面,或者用有些研究者的话来说,可以将国家建设视为现代化的政治方面。③ 国家建设包括民族—国家、民主—国家和民生—国家三个维度,民族—国家建设强调的是国家的主

---

① 《市镇粮食定量供应暂行办法》,http://www.people.com.cn/item/flfgk/gwyfg/1955/112206195502.html.

② 《农村统购统销暂行办法》,http://news.xinhuanet.com/ziliao/2004—12/28/content_2388635.htm.

③ 〔美〕贾恩弗朗哥·波齐:《国家:本质、发展与前景》,陈尧译,上海世纪出版集团、上海人民出版社2007年版,第87页。

权,民主—国家和民生—国家强调的是国民的公民权。"民族—国家的基本逻辑是统一的主权、强大的中央权威和对社会的支配力"①。因此,民族—国家的建立是民主—国家建设和民生—国家建设的前提,而民主—国家建设和民生—国家建设则会起到巩固民族—国家的作用。在早发国家,现代国家建设的三个维度是同时展开的;在中国这样的后发国家,现代国家建设的三个维度是分时段先后展开的。先有民族—国家建设,然后在国家权力的主导下开展民主—国家与民生—国家建设。然而,上述分析只是逻辑上展开,在实践过程中,国家建设的上述三个维度在不同的国家和不同的历史阶段会因治国理政者的选择而有不同的侧重。新中国建立后,中国建立了崭新的国家政权并作为一个主权独立的民族—国家而巍然屹立于世界的东方。尽管已经建立了独立的民族—国家政权,然而,民族—国家的建设仍然没有完成。美国学者普拉诺认为,主权是"一个国家拥有的、在其国内实施的并且不受外部干预的最高权力"②。王沪宁指出,"主权作为一个国家的固有属性,具有两重性。国家凭借这一最高权力可以以最高权威和独立自主的方式处理它的一切对内事务和对外事务,不受任何其他国家或实体的干涉和影响。简言之,主权是一种以国家为范围的对内最高,对外独立的权力。主权的两重性即主权的对内属性和对外属性"。③ 可以看出,两者都同意主权的至高无上。主权内含着对外的独立和对内的统一,而在建国后复杂的国际形势下,巩固中国对外的主权独立承受着严重的压力。"现代国家的重要特征是主权国家,即由一个中央统一管理的政府机构

---

① 徐勇:《现代国家建构与土地制度变迁——写在〈物权法〉讨论通过之际》,载《河北学刊》,2007 年第 2 期。

② Jack C. Plano & Milton Greenberg, *The American Political Dictionary* (Sixth Edition), CBS College Publishers, 1982, p. 20.

③ 王沪宁:《国家主权》,人民出版社 1987 年版,第 11 页。

在其有边界的领土范围内独立自主地行使统治权。主权国家除了对外的自主性外，还有对内的一体化过程。国家的一体化是通过国家整合将国家的各个部分联合为一个不可分割的整体，国家权力一直延伸到边界范围以内的每个角落"①。巩固对内的主权统一则有待于进一步肃清国内的各种反动势力，并加强城乡的政权组织建设。因此，在建国后到改革开放前的这一段时间，中国的国家建设仍然主要表现为民族—国家建设，对内通过推进内部统一进程和城乡的政权组织建设巩固国家的主权统一，对外通过军事外交战略维护国家的主权独立。本书主要从第一个方面阐述这一时期的国家建设在农村的展开，即农村政权组织建设。

　　农村政权组织建设是国家建设的一个重要方面，在中国的研究中较多使用的"国家政权建设"更多地分析农业国家权力不断深入农村社会的过程，这个过程的一个重要表现就是农村政权组织的建设。对于近代中国何时开始国家政权建设，还有着不同的意见。巴内特将中国国家政权建设的推进定位于19世纪的农民革命，"传统中国，国家行政到镇，基层结构是非正式的治理形式——通过传统精英、绅士或非政府的社会体制。19世纪的农民革命改变了这种情形，毁坏了旧精英团体和传统社会体制，取而代之以新的组织精英和新建的、支配性的大众组织，正式的官僚制进入村级"②。但这种观点认为国家政权建设在19世纪农民革命后就得以完成显然与历史不相符合。芮玛丽提出，20世纪初中国反帝国主义的民族情绪高涨

---

　　① 徐勇：《现代国家建构与农业财政的终结》，载《华南师范大学学报（社会科学版）》，2006年第2期。

　　② A. Doak Barnett, Cadres, *Bureaucracy and Political Power in Communist China*, New York: Columbia University Press, 1967, pp. 428-429；转引自张静：《国家政权建设与乡村自治单位——问题与回顾》，载《开放时代》，2001年第9期。

促使晚清政府推行改革，建立现代国家政权。① 杜赞奇以 1900—1942 年中国华北农村为例分析中国近代的国家政权建设，也认为中国近代国家政权开始于 20 世纪初。② 尽管上述观点在对近代中国国家政权建设何时开始存疑，但对于农村政权组织建设在近代中国就开始了这一点是确定无疑的。不过，20 世纪前半期农村的政权建设很不成功，它导致了杜赞奇所说的"国家政权的内卷化"③ 和徐勇所说的"无根的统治"。徐勇认为，在 20 世纪上半期，尽管开始了政权下乡的过程，但是并没有在广大的农村建构起政权组织体系，无论是权力集中能力，还是权力渗透能力都十分脆弱，农村处在失控状态。国民党政权的乡村治理是"无根的统治"。这也是中国共产党得以在农村进行武装割据，通过动员农民，建立农民政权从而推进革命的重要原因。④ 在此背景下，新生国家政权建立之后，为了集中力量推进社会主义现代化，建立一个现代化国家，立即着手进行了农村的基层政权建设。

新中国建立后，国家各级政权组织还没有完全建立，因此新生国家建立后立即面临着在全国建立各级政权组织尤其是地方政权组织的任务。1949 年 9 月 29 日，中国人民政治协商会议第一届全体会议选举了中央人民政府委员会，宣告了中华人民共和国的成立，并且通过了起临时宪法作用的《中国人民政治协商会议共同纲领》（以

---

① Mary C. Wright, *The Last Stand of Chinese Conservatism: The T'ung—chih Restoration, 1862-1874*, Stanford University Press, 1957.

② 〔美〕杜赞奇：《文化、权力与国家：1900—1942 年的华北农村》，王福明译，江苏人民出版社 1994 年版。

③ 即"在同一政权结构中，既有权力的扩张，也有权力的瓦解和削弱"。参见〔美〕杜赞奇：《文化、权力与国家：1900—1942 年的华北农村》，王福明译，江苏人民出版社 1994 年版，第 248 页。

④ 参见徐勇：《政权下乡：现代国家对乡土社会的整合》，载《贵州社会科学》，2007 年第 11 期。

下简称《共同纲领》)。《共同纲领》第十四条规定:"凡人民解放军初解放的地方,应一律实施军事管制,取消国民党反动政权机关,由中央人民政府或前线军政机关委任人员组织军事管制委员会和地方人民政府,领导人民建立革命秩序,镇压反革命活动,并在条件许可时召集各界人民代表会议。"在这种情况下,新中国成立后国家各级政权组织的建设本身就是国家主权统一的内在要求和外在表现。

新中国成立后,农村政权组织的建设是与土地改革的进程联系在一起的。1950年6月30日,中央人民政府根据全国解放后的新情况,颁布了《中华人民共和国土地改革法》,该法公布以后,新解放区分期分批地开展了"土地改革运动"。到1953年春,全国除新疆、西藏等少数民族地区以及台湾省外,基本上完成了土地改革任务。土地改革在建国初期的农村政权建设中起到了重要的作用。"土地改革"之初,国家派出大批工作队进驻乡村,一方面是组织农民进行土地改革;另一方面是乡村将农民组织起来,将一部分积极分子吸收为共产党员,作为乡村基层政权组织的人员基础。通过"土地改革",农村由封建半封建的土地所有制改变为农民的土地所有制,同时改变了乡村的统治机构,极大地提升了农民对新生国家政权及其在基层的组织的认同和支持度。对此,徐勇指出,"土地改革不仅仅是一场经济革命,更是一种政治整合。首先,通过土地改革及相伴随的清匪反霸,推翻实际控制乡村的地主势力,从而将千百年以来实际控制乡村的统治权第一次集中到正式的国家政权组织体系中来。其次,土地改革在给农民分配土地的同时,也增强了农民对政权组织的认同,使农民第一次具体意识到这一政权是属于自己的。"[①] 在"土地改革"中,作为群众组织的农民协会发挥了重要的作用,1950

---

① 徐勇:《政权下乡:现代国家对乡土社会的整合》,载《贵州社会科学》,2007年第11期。

年7月14日，政务院第41次政务会议通过的《农民协会组织通则》，规定农民协会是农民自愿结合的群众组织。保障农民的政治权利，提高农民的政治和文化水平，参加人民民主政权的建设工作是农民协会的任务之一。农民协会是农村中改革土地制度的合法执行机关。全乡农民直接选举出乡农民代表大会的代表，通过乡农民代表大会和由其选举出的农民协会委员会行使农民协会的权力，进行土地改革。① 对此，时任内务部长的谢觉哉在《关于人民民主建政工作报告》中也指出："在土地改革未完成地区，为彻底击溃封建势力，农民协会实际上应执行农村政权。由农民代表会选出乡人民政府委员会，先打下民主政治的基础，以便逐渐过渡到由乡人民代表大会选出乡人民政府委员会。为避免坏分子篡窃政权，农民协会本身应先充分实行民主，农民代表会对乡人民政府委员会可实行罢免权，以农民协会民主化来保证农村政府的民主化。"② 由此可以看出，建国初期的"土地改革"过程中，农民协会曾在基层政权组织建设中发挥了重要的作用。

在"土地改革"进行过程中，农村基层政权组织也经历了调整逐步走上规范的道路。1950年12月，中央政府颁布了《乡（行政村）人民代表会议组织通则》和《乡（行政村）人民政府组织通则》，规定乡（行政村）的政权组织形式为人民代表会议和人民政府委员会，并对乡（行政村）人民代表会议和人民政府的职权作了明确规定。随着"土地改革"的不断推进，1951年4月，政务院对农村基层政权进行了调整，发布了《关于人民民主政权建设工作的指示》，要求"已完成土地改革的地区，应酌量调整区乡（行政村），

---

① 《农民协会组织通则》，http://news.xinhuanet.com/ziliao/2004—12/14/content_2331876.htm.

② 《关于人民民主建政工作报告》，载《人民日报》，1950年9月12日，第1版。

缩小区乡行政区域范围，以便利人民管理政权，密切政府与人民群众的联系，充分发挥人民政权的基层组织的作用，并提高工作效率"①。截止1952年底，全国共建立了近28万个乡（镇）、行政村人民政府组织。随着工业化的推进，出于提升资源汲取能力的需要，国家在农村推进了集体化的进程，而为了从组织上保障农业集体化的进程也逐渐加强了对乡村社会的政权组织建设和权力下沉，在1954年国家对《乡（行政村）人民政府组织通则》的补充上已经显示了这一点。为了强化农村基层政权组织建设，内务部要求基层政府设立正规的下属工作委员会，对生产合作、文教卫生、治安保卫、人民武装、民政等方面进行全面管理。

"人民公社"是农业集体化发展到高峰阶段所出现的组织形式，是同时作为政权组织和经济组织而存在的，"人民公社"自1958年8月在全国兴起，至1983年10月12日中共中央、国务院发出《关于实行政社分开建立乡政府的通知》才结束其历史使命。1958年8月，中共中央发布了《关于在农村建立人民公社问题的决议》，决定对农村基层政权实行变革，撤销乡镇人民委员会和农业合作社组织，建立"人民公社"，并对"人民公社"的体制和规模等作了规定，由此兴起了"人民公社化运动"。"人民公社"标志着农村国家政权建设在资源汲取能力和社会控制能力方面推进到了极限阶段。"人民公社"的特点表现为："一大二公"，"一平二调"，"三级所有、队为基础"和"政社合一"。"一大二公"的"大"指规模大，即公社管辖的人口多，土地面积大、经营面积广，"公"指土地和生产资料公有化程度高，不仅原属农民个人所有的土地、农业生产资料、生产工具和农产品收入实行公有，而且在公社的范围内，奉行贫队富队拉

---

① 《关于人民民主政权建设工作的指示》，http://news.xinhuanet.com/ziliao/2004—12/17/content_2346716.htm。

平的平均主义，各高级社的劳动力和产品也统归公社统一调配；"一平二调"指一切主要生产资料归全民所有，产品由国家统一调拨使用，上缴利润、生产开支、社员消费均由国家统一确定；①"三级所有、队为基础"，即公社、生产大队、生产队三级所有，以生产队为基本核算单位；"政社合一"即"人民公社"既是经济组织又是政权组织。"人民公社"的普遍建立使得国家权力的集中和渗透到了一种前所未有的程度，至此国家对乡村社会实现了全面支配。尽管研究"人民公社"历史的学者倾向于承认，"人民公社"化造就了一套自上而下的经济控制与行政控制网络，使得国家权力对乡村社会的渗透与控制达到了前所未有的规模和深度②；但对于"人民公社"是否意味着国家政权建设的完成有不同意见。对此，杜赞奇作出了国家政权建设已经完成的判断③，而包括徐勇、张静在内的国内学者则认为国家政权建设并未完成。总的说来，上述观点的差异在很大程度上是由侧重点的不同造成的，杜赞奇是针对国民党和共产党国家权力深入社会的程度和能力而言的；徐勇侧重的是国家的整合能力④；张静认为国家政权建设并非只涉及权力扩张，更为实质性的内容是"权力本身性质的变化、国家—公共（政府）组织角色的变化、与此相关的各种制度——法律、税收、授权和治理方式的变化，以及公共权威与公民关系的变化"。这意味着国家政权建设要建立起政府与

---

① 刘伯龙、竺乾威主编：《当代中国公共政策》，复旦大学出版社2009年第2版，第79页。

② 〔美〕黄宗智：《长江三角洲小农家庭与乡村发展》，中华书局1992年版，第167—195页。

③ 〔美〕杜赞奇：《文化、权力与国家：1900—1942年的华北农村》，江苏人民出版社1994年版，第241页。

④ 徐勇：《政权下乡：现代国家对乡土社会的整合》，载《贵州社会科学》，2007年第11期。

公民间新型的权利—义务关系，国家必须完成公共性转变，政府的组织和行动有新的治理原则来规约①。笔者基于民族—国家、民主—国家和民生—国家的三维分析，认为"人民公社"在很大程度上意味着民族—国家维度的国家政权建设的完成，但其他两个维度还有待继续进行。"人民公社"所实行的公有化和平均主义，使得农民在理论上得到了国家的全面保障，而这种保障关系也确立了农民对国家的全面依赖关系，因此"人民公社"的建立，意味着国家权力已经深入农村的每一个个体。

第三节 农民公民权利的呈现

公民权界定为现代国家其国民基于成员身份而获得和承担的、为该国法律所确认的成员平等的权利和义务。公民权含有权利和义务两个维度，但相对于现代国家的主权而言，公民权强调的是现代国家成员的权利维度，本书也主要从权利维度对公民权进行阐述。对于公民权的内容，马歇尔认为包括三个基本组成部分或要素，即民事权、政治权、社会权。尽管此后有研究者对马歇尔公民权的内容提出了这样那样的批评②，但多认同他的这一三维分析框架。例如，伊辛和特纳认为，"获自民族—国家的现代公民权利通常包括民权（言论和迁徙自由、法治）、政治权利（投票、竞选公职）、社会

---

① 张静：《基层政权：乡村制度诸问题》，浙江人民出版社2000年版，第218页；张静：《国家政权建设与乡村自治单位——问题与回顾》，载《开放时代》，2001年第9期。
② 〔英〕安东尼·M.里斯：《T.H.马歇尔与公民身份的进展》，见〔英〕T.H.马歇尔、安东尼·吉登斯等：《公民身份与社会阶级》，江苏人民出版社2008年版，第200—207页。

权利（福利、失业保障、医疗保障）。"① 对此，齐格蒙特·鲍曼指出，"权利的三维体不同于国家构建时代历史地发展起来的其他大多数计划与制度，也不同于人们所假定的国家主权的不可分割性，当一种新的、超越于国家主权与界限的全球政治秩序正处于萌芽状态的时候，权利三维体完全保留着其话题性。其要点仍然没有失去任何说服力：现在就像以前一样富有说服力，没有任何个人权利和政治权利是安全可靠的，除非补充以社会权利，并且只要还没有赢得社会权利，争取个人权利和政治权利的斗争就仍是未竟的事业。"② 对后发国家而言，尽管公民权所涉权利发展的顺序和具体情况与早发国家差别较大，但公民权在权利维度上也呈现出民事、政治和社会三个方面的发展。为此，本书对中国农民公民权的分析也从民事、政治和社会三个方面进行。

值得注意的是，新中国的建立是以无产阶级专政学说为指导思想。而无产阶级专政学说是以人民和敌人两个阵营的对立为条件的，两个阵营的权利和地位也是对立的。在农村"土地改革"中，农村的居民被划分为以地主为代表的剥削阶级和以贫雇农等普通农民为代表的被剥削阶级，他们分属于敌人和农民两个阵营。起临时宪法作用的《中国人民政治协商会议共同纲领》（以下简称《纲领》）在条文规定中使用的是"人民"和"国民"的概念，在赋予权利时使用的是前者，在赋予义务时使用的是后者。第四条规定"中华人民

---

① 〔英〕恩靳·F. 伊辛、布雷恩·S. 特纳：《公民权研究：导论》，载〔英〕恩靳·F. 伊辛、布雷恩·S. 特纳主编：《公民权研究手册》，王小章译，浙江人民出版社2007年版，第4页。

② 〔英〕齐格蒙特·鲍曼：《免于国家干预的自由、在国家中的自由和通过国家获得的自由：重探T. H. 马歇尔的权利三维体》，见〔英〕T. H. 马歇尔、安东尼·吉登斯等：《公民身份与社会阶级》，江苏人民出版社2008年版，第336页。

共和国人民依法有选举权和被选举权。"① 第五条规定，"中华人民共和国人民有思想、言论、集会、结社、通讯、人身、居住、迁徙、宗教信仰及示威游行的自由权。"② 可以看出，当时规定的权利都是赋予"人民"的。对于属于对立阵营的"敌人"，《纲领》第七条规定，"中华人民共和国必须镇压一切反革命活动，严厉惩罚一切勾结帝国主义、背叛祖国、反对人民民主事业的国民党反革命战争罪犯和其他怙恶不悛的反革命首要分子。对于一般的反动分子、封建地主、官僚资本家，在解除其武装、消灭其特殊势力后，仍须依法在必要时期内剥夺他们的政治权利，但同时给以生活出路，并强迫他们在劳动中改造自己，成为新人，假如他们继续进行反革命活动，必须予以严厉的制裁。"③ 这就明确地取消了包括地主在内的"敌人"的政治权利，而尽管《纲领》规定给以生活出路，但由于他们属于与人民相对立的阵营，条文中的权利并没有覆盖他们。而在义务的规定上，《纲领》使用的是国民一词，纲领第九条规定，"中华人民共和国国民均有保卫祖国、遵守法律、遵守劳动纪律、爱护公共财产、应征公役兵役和缴纳赋税的义务。"④ 包括地主阶级在内的"敌人"尽管不属于人民，但包括在国民的范围内，必须履行《纲领》规定的义务。因此，新中国成立伊始属于"敌人"范围的一部分国民就只是承担义务，而不享有权利。但在"土地改革"结束前，属于敌人范围的地主阶级尽管大多生活在农村，但由于不参与农业生产，并不属于当时的农民范围，也不属于本书探讨的农民范围。"土地改革"之后，地主作为一个阶级已经被消灭了，从理论上讲，他

---

① 《中国人民政治协商会议共同纲领》，http://law.lawtime.cn/d611892616986.html/pos=0.
② 同上。
③ 同上。
④ 同上。

们已经成为需要参与农村劳动自食其力的农村劳动者即农民,但在实践中他们还是作为"敌人"而被区别对待的。为了对包括地主在内的一部分特殊人群在改造之后的权利和义务进行明确的规定,"土地改革"之后颁布的新中国第一部宪法使用了"人民"和"公民"两个概念。《宪法》第三章"公民权利和义务"专门对公民的权利和义务作出了详细的规定,《宪法》第八十五条规定,"中华人民共和国公民在法律上一律平等。"[1] 据此,公民在法律地位上是一律平等的,但《宪法》并未对公民进行明确的界定。《宪法》第八十六条规定,"中华人民共和国年满十八岁的公民,不分民族、种族、性别、职业、社会出身、宗教信仰、教育程度、财产状况、居住期限,都有选举权和被选举权。但是有精神病的人和依照法律被剥夺选举权和被选举权的人除外。妇女有同男子平等的选举权和被选举权。"[2] 而与此同时,《宪法》第二条规定,"中华人民共和国的一切权力属于人民。人民行使权力的机关是全国人民代表大会和地方各级人民代表大会。"[3]《宪法》第十九条规定,"国家依照法律在一定时期内剥夺封建地主和官僚资本家的政治权利,同时给以生活出路,使他们在劳动中改造成为自食其力的公民。"[4] 由第二条规定可以看出,与各级人民代表大会相关的权力是属于人民的,这种权力对于人民中的单个个体来说就是政治权利,如选举权与被选举权。从第十九条可以看出,在经过劳动改造成功之前,地主阶级还不属于公民,不能享有规定的公民权利;他们也自然不属于人民,且政治权利也被剥夺。当然,如果经过改造成为公民,他们就能够享有公民权利。

---

[1] 《中华人民共和国宪法(1954年)》,http://china.findlaw.cn/info/guojiafa/xffl/95747.html.
[2] 同上。
[3] 同上。
[4] 同上。

(1)表现较好，勤劳生产的，可以允许他们入社，作为社员，并且允许他们改变成分，称为农民。"① 也就是说，表现得好的原地主富农分子可以称为农民，农民自然是公民中的一员，也是人民中的一员，然而，怎样才能称为农民？规定上的"表现得好、勤劳生产"本身就具有一定的模糊性。总之，从规范上看，土地改革后，已经成为农业劳动者的地主在成为公民之前，不享有公民权；在成为公民之后，享有除政治权利（一定时期内）之外的其他公民权。但怎样以及何时才能成为公民，并没有明确的规定。而从实践上来说，从新中国成立后到改革开放之前，地主一直被排除在公民权所涉权利之外。

相对于地主而言，普通的农民是一个远大得多的群体。在此，我们主要考察一下新中国成立后到改革开放前普通农民的公民权利是如何呈现的。

一、民事权利的呈现

民事权利又称为公民权利，这时的公民权利指一种狭义的公民权利，强调的是公民在法律上的平等自由，包括人身、言论、迁徙、出版等方面的自由，财产权，法治等方面。

1. 农民自由迁徙权的变迁

新中国成立后到改革开放前，农民自由迁徙权经历了一个从肯定到受限制的变迁过程。一方面，农民自由迁徙权的变迁体现在宪法文本的规定上。建国初期，国家肯定城乡居民有权在城乡之间或城镇之间自由迁移，一般不受限制。1949年9月29日通过的起临时宪法作用的《中国人民政治协商会议共同纲领》第五条规定人民有

---

① 《一九五六年到一九六七年全国农业发展纲要（草案）》，http://news.xinhuanet.com/ziliao/2004—12/30/content_2397284.htm.

"居住、迁徙"的自由权。1954年第一届全国人民代表大会第一次会议通过的新中国第一部宪法《中华人民共和国宪法》第九十条第二款规定"中华人民共和国公民有居住和迁徙的自由"。1975年《宪法》则干脆将公民的居住和迁徙自由从宪法条文中予以取消。这就使农民的居住和迁徙自由权失去了宪法的保障。另一方面，农民自由迁徙权的变迁也反映在一系列国家制度安排中。1950年11月第一次全国治安行政工作会议规定："户口工作的任务是……保证居民居住迁徙之自由，安心从事生产建设。"1950—1955年国家先后公布《城市户口管理暂行条例》和《关于建立经常户口登记制度》，然而对于居民迁出迁入只要求办理手续，并未提出任何限制。① 因此，这时的制度安排着眼的是农民的自由迁徙权。在自由迁徙的环境下，工业化和城市化的一般规律推动着农民大量涌入城市，这种情况给城市和工农业的计划管理带来了越来越大的压力，在此背景下，国家开始通过一系列制度安排限制农民自由迁徙与流动。其中户籍管理制度和粮食购销制度就是两项重要的制度安排。在户籍管理制度上，1958年通过的《户口登记条例》第一次从法律上正式限制农民进城。1958年1月全国人大常委会第91次会议讨论通过的《中华人民共和国户口登记条例》，其中第十条第二款对农村人口进入城市作出了带约束性的规定："公民由农村迁往城市，必须持有城市劳动部门的录用证明，学校的录取证明，或者城市户口登记机关的准予迁入的证明，向常住地户口登记机关申请办理迁出手续。"② 户籍制度建立以后，全国"人口被人为地划分为城镇户口和农村户口、农业人口和非农业人口、商品粮户口和非商品粮户口……农民无形中被

---

① 殷志静、郁奇虹：《中国户籍制度改革》，中国政法大学出版社1996年版，第183页。
② 《建国以来重要文献选编》第11册，中央文献出版社1993年版，第18页。

牢牢限定在农村和土地上"①。前文已经讲到，在粮食购销制度的实施背景下，除非特定情况，农民需要自产粮食，如果农民在国家计划外流动到城市中，就得不到粮食供应的保障，因而被绑定在农村。

2. 农民土地权的变迁

新生国家政权建立后，国家随之在全国农村地区推进了"土地改革"，实现了土地的农民所有，使农民获得了土地的所有权，农民土地所有权的确立为提升农民的生产积极性和保障农民的生存权提供了现实的基础。事实上，随着建国后农村"土地改革"的推进和逐步完成，农业生产也不断发展。然而，"土地改革"所实现的农民土地所有制很快与国家推进现代化的战略产生了紧张关系。现代化要求推进大规模工业的迅速发展，这在当时生产力非常落后的中国显得非常重要，而大规模工业的发展又需要得到相应的农业方面的支撑。当时执政党的决策层认识到，在土地等生产资料一家一户占有的情况下，很难提升农业的生产效率，也很难为工业化的推进提供可靠的支撑。基于土地农民所有制下小农经济与现代化战略之间的内在冲突，为了保障现代化的迅速推进，国家逐步引导农民走上了一条集体化的道路。农村的集体化过程也就是农民土地一步步由私有转变为公有的过程。1955年11月9日，全国人大常委会第24次会议通过的《农业生产合作社示范章程草案》第一条规定：农业生产合作社是劳动农民的集体经济组织，"它统一地使用社员的土地、耕畜、农具等主要生产资料，并且逐步地把这些生产资料公有化。"② 1958年"人民公社化运动"兴起后，随着"人民公社"的普

---

① 徐勇、徐增阳：《流动中的乡村治理——对农民流动的政治社会学分析》，中国社会科学出版社2003年版，第16页。

② 当代中国农业合作化编辑室：《建国以来农业合作化史料汇编》，中共党史出版社1992年版，第324页。

遍建立，原属农民个人所有的土地、农业生产资料、生产工具和农产品收入实行公有。土地的公有制因脱离了当时农村生产力和生产关系的现实情况而严重损害了农民的积极性，加上当时连年的自然灾害，全国各地尤其是农村出现了严重的饥荒。然而，从权利的角度来讲，饥荒意味着农民生存权失去保障，而保障国民的生存权又是现代国家应承担的责任。从这个方面来讲，饥荒的出现很大程度上是由于国家保障系统的缺位。对此，印度经济学家阿马蒂亚·森从权利的视角分析了饥荒的成因，在他看来，饥饿的直接原因是"个人交换权利的下降"，而交换权利不仅依赖于"市场交换"，而且还依赖于"国家所提供的社会保障"。如果没有社会保障系统，"今天美国或英国的失业状况会使很多人挨饿，甚至有可能发展成饥荒。因此，成功地避免了饥荒发生，靠的不是英国人的平均高收入，也不是美国人的普遍富裕，而是由其社会保障系统所提供保证的最低限度的交换权利"[①]。阿马蒂亚·森的分析将权利作为饥荒的关键原因，在一定程度上忽视了饥荒形成的客观物质因素，不过，他的分析也向我们展示了个人权利对保障公民生命安全和个人发展的重要意义，能给我们带来有益的启示。

二、政治权利

政治权利是指现代国家的公民参与政治生活的权利，包括选举权和被选举权、结社权等等。

1. 农民的选举权和被选举权

选举权和被选举权是政治权利的重要组成部分，绝大多数的现代国家都在某种程度上采用了代议制的政权组织形式，而选举制度

[①] 〔印度〕阿马蒂亚·森：《贫困与饥荒——论权利与剥夺》，商务印书馆2001年版，第9页。

是代议制有效实施的重要前提，公民的选举权和被选举权则是选举制度的重要支柱，对选举制度的运行及其效果影响至为重要。然而，改革开放前，农民的选举权和被选举权受到了较大限制。1953年2月中央人民政府委员会通过的《中华人民共和国全国人民代表大会和地方各级人民代表大会选举法》明确规定，"各省应选全国人民代表大会代表的名额，按人口每八十万人选代表一人。人口特少的省，代表名额不得少于三人。中央直辖市和人口在五十万以上的省辖工业市应选全国人民代表大会代表的名额，按人口每十万人选代表一人。"① 也就是说，全国人大代表的名额按照农村每一代表所代表的人口数8倍于城市每一代表所代表的人口数的原则分配。这主要是基于当时农民占国民绝大多数、反映不同群体在政治生活中真实地位以及工业化战略的考虑而作出的决策。除了全国人大代表的选举之外，地方各级人大代表的选举也遵循了城乡不同比例的做法。如，1953年选举法对省人民代表大会代表的选举规定为：各县应选省人民代表大会代表的名额：人口在二十万以下者，选代表一人至三人；人口超过二十万至六十万者，选代表二人至四人；人口超过六十万者，选代表三人至五人。省辖市、镇和省境内重要工矿区，按人口每二万人选代表一人，其人口不足二万人但满一万人者亦得选代表一人。对县人民代表大会代表的选举规定为：各乡应选县人民代表大会代表的名额：人口在二千以下者，选代表一人；人口超过二千至六千者，选代表二人；人口超过六千者，选代表三人。人口和乡数特少的县，其人口在二千以下的乡，亦得选代表二人。县辖城、镇和县境内重要工矿区，按人口每五百人选代表一人，其人口不足五百人但满二百五十人者亦得选代表一人。县辖城、镇人口和镇数

---

① 《中华人民共和国全国人民代表大会和地方各级人民代表大会选举法》，载《人民日报》，1953年3月2日，第1版。

特多的县，所辖城镇得按人口每一千人选代表一人。① 从中可以看出，省和县人大代表的选举也显示了较大的城乡人口比例差别。对此，1953年2月11日邓小平在中央人民政府委员会上作《关于"中华人民共和国全国人民代表大会及地方各级人民代表大会选举法"草案》的说明时指出，选举法草案规定了全国及地方各级人民代表大会代表的名额及代表的产生，均以一定人口的比例为基础，所以在城市与乡村间作了不同比例的规定，"这些在选举上不同比例的规定，就某种方面来说，是不完全平等的，但是只有这样规定，才能真实地反映我国的现实生活，才能使全国各民族各阶层在各级人民代表大会中有与其地位相当的代表，所以它不但是很合理的，而且是我们过渡到更为平等和完全平等的选举所完全必需的。"② 草案规定了城市和乡村应选代表的不同的人口比例。"城市是政治、经济、文化的中心，是工人阶级所在，是工业所在，这种城市和乡村应选代表的不同人口比例的规定，正是反映着工人阶级对于国家的领导作用，同时标志着我们国家工业化的发展方向。因此，这样规定是完全符合于我们国家的政治制度和实际情况的，是完全必要的和完全正确的"③。然而，这种决策又造成了农民选举权和被选举权受到限制的客观结果。1979年重新修订《选举法》时，对此没有改变。农民代表在全国人大的构成比例与其总人数也极不相称，以1954年第一届人大一次会议到1978年第五届人大一次会议为例，第一届有农民代表63人，占5.14%；第二届67人，占5.46%；第三届209人，占6.88%；第四届662人，占22.9%；第五届720人，占

---

① 《中华人民共和国全国人民代表大会和地方各级人民代表大会选举法》，载《人民日报》，1953年3月2日，第1版。

② 邓小平：《关于"中华人民共和国全国人民代表大会及地方各级人民代表大会选举法"草案的说明》，载《人民日报》，1953年3月3日，第1版。

③ 同上。

20.59%（见表6）。从上述数据可以看出，尽管农民在人大代表名额中所占比例总的说来逐渐上升，但相对农民的总量来说还是偏低。因此，相对于其他群体而言，改革开放前农民的选举权和被选举权受到了限制。

表6 第一届至第五届全国人民代表大会代表构成统计表

	总名额（人）	农民名额（人）	农民比例%	工人名额（人）	工人比例%	干部名额（人）	干部比例%	知识分子名额（人）	知识分子比例%
一届	1226	63	5.1	100	8.2				
二届	1226	67	5.5	69	5.6				
三届	3040	209	6.9	175	5.8				
四届	2885	662	22.9	813	28.2	322	11.2	346	11.9
五届	3497	720	20.6	935	26.7	468	13.4	523	14.7

资料来源：《历届全国人民代表大会代表构成统计表》，载《人民日报》，1999年9月15日，第10版。

2. 农民的结社权

1950年6月中央政府通过《土地改革法》，规定农民协会为"改革土地制度的合法执行机关"。1950年7月政务院通过《农民协会组织通则》，再次明确农民协会是"农村中改革土地制度的合法执行机关"。1953年"土地改革"结束后逐步组建了乡村政权机构，原农民骨干转为乡村干部，农会的工作亦为乡村政权所取代。1960年12月中央工作会议要求各地"组成贫下中农委员会"。1964年5月中央工作会议制定《中华人民共和国贫下中农协会组织条例（草案）》，同年6月印发全国，《条例（草案）》规定："贫下中农协会，是在中国共产党领导下，由贫农、下中农自愿组成的，革命的群众性的阶级组织。"全国各地纷纷成立贫下中农协会，由各级党委主要领导兼任同级贫下中农协会主席（主任）。贫下中农协会一直持续到1978年。尽管农民协会和后来的贫下中农协会在一定程度上都体现了农民的动员式参与特征，但毕竟为农民的政治参与和实践结社权利提供了重要的渠道。

三、社会权利

社会权利是公民作为现代国家成员而平等分享国家和社会发展成果的权利。有研究者将社会权利分为消极和积极两个方面，"从消极的角度说，现代社会权利的发展是为了应对并最大限度地降低社会成员在面临那些存在于现代社会中的问题时所遭遇的风险，如贫困、严重的不平等以及与此相关联的健康和社会排斥问题等；而从积极的角度说，它们意指一系列积极的应享权利，即将下面这些方面看做是个体终生的权利：获得足以维持生计的收入（失业补偿、低收入补偿、养老金、残疾人救济金等），拥有工作，获得健康服务，拥有能够满足基本需要的住房，享受基本的义务教育，等等"[①]。本书主要从就业权、受教育权和社会保障权等方面进行阐述。

1. 农民的受教育权

受教育权是社会权利的一个重要方面。现代国家均通过宪法赋予其所有公民接受教育的平等权利。1793年法国通过的《雅各宾宪法》首次对受教育权作出了明确规定："人民享有受教育权、工作权和接受社会救济的权利。"这是受教育权第一次获得基本权利的地位。1919年《德意志国宪法》的第四章"教育及学校"对受教育权作了详细的规定。在这里，需要对受教育权的概念进行界定。值得注意的是，受教育权与教育权是不同的，"教育权是指为实现公民学

---

① 王小章：《公民权利、市场的两重性和社会保障》，载《学术论坛》，2007年第7期。

习权利和接受教育的义务而由各类教育关系主体享有的各项权利（职权）的总和"①。从上述界定可以看出，公民是教育权指向的对象。对受教育权，当前学术界有不同的界定，龚向和指出，受教育权是指公民依法享有的要求国家积极提供均等的受教育条件和机会，通过学习来发展其个性、才智和身心能力，以获得平等的生存和发展机会的基本权利。②秦惠民强调，"现代社会的受教育权，是指公民作为权利主体。依照法律规定，为接受教育而要求国家依法作出一定行为或履行一定义务的权利。"③韩大元则认为，"在规范意义上，受教育权首先是一个公民的自由权，国家应当不得干涉。其次，作为个体的人应当通过自己的努力获得不同程度的教育，国家才有责任通过各种措施促进教育的均等。最后，国家有义务提供对国民的生存与发展具有关键意义的程度的教育，即无偿的义务教育。这三层次含义就是我们宪法上所讲的受教育权的含义。"④上述界定的视角有所区别，但都将受教育权视为国家依法应当保障公民享有的一种权利。在此，公民是受教育权的主体。综合上述说法，我们可以将受教育权界定为公民依法享有并在国家的保障下获得平等接受教育的机会与权利。⑤马歇尔在谈到教育权利时就指出，"接受教育的权利是公民身份真正的社会权利之一，因为儿童教育的目标就是要塑造一个未来的成年人。从根本上说，它不应该视为儿童入学的

---

① 陈鹏、祈占勇：《教育法学的理论与实践》，中国社会科学出版社 2006 年版，第 97 页。
② 龚向和：《受教育权论》，中国人民公安大学出版社 2004 年版，第 29 页。
③ 秦惠民：《走入教育法制的深处——论教育权的演变》，中国人民公安大学出版社 1998 年版，第 191 页。
④ 韩大元主编：《宪法学》，高等教育出版社 2006 年版，第 308 页。
⑤ 易承志：《城市农民工子女教育保障的逻辑与路径反思——公民权的视角》，载《兰州学刊》，2010 年第 4 期。

权利,而应该被视为成年公民接受教育的权利。这与个人主义时代所理解的公民权利并不冲突,因为公民权利是为那些能读会写的、理智的、有知识的人而设计的。"① 在此,马歇尔更为关注的是未成年公民接受教育的权利。实际上,接受教育的对象包括未成年公民和成年公民,随着经济社会和现代国家的发展,公民受教育权的涵盖对象范围也在不断扩展,逐渐由重视未成年公民向未成年公民和成年公民两者并重。新中国建立后,国家一直重视公民的受教育权。除了1949年通过的起临时宪法作用的《中国人民政治协商会议共同纲领》(以下简称《共同纲领》)中未对受教育权作出规定外,在以后的历次宪法中都明确规定了公民的受教育权。但《共同纲领》也对教育政策作出了重要规定,第四十七条规定,"有计划有步骤地实行普及教育,加强中等教育和高等教育,注重技术教育,加强劳动者的业余教育和在职干部教育,给青年知识分子和旧知识分子以革命的政治教育,以应革命工作和国家建设工作的广泛需要。"② 1954年《中华人民共和国宪法》(以下简称《宪法》)第九十四条规定"中华人民共和国公民有受教育的权利"③。1975年《宪法》第二十七条规定公民"有受教育的权利"。1978年《宪法》第五十一条规定:"公民有受教育的权利。国家逐步增加各种类型的学校和其他文化教育设施,普及教育,以保证公民享有这种权利。"1956年1月23日中央政治局提出的《一九五六年到一九六七年全国农业发展纲要(草案)》指出:"从1956年开始,按照各地情况,分别在5年或

---

① 〔英〕T. H. 马歇尔、安东尼·吉登斯等:《公民身份与社会阶级》,江苏人民出版社2008年版,第21页。

② 《中国人民政治协商会议共同纲领》,http://law.lawtime.cn/d611892616986.html/pos=0.

③ 《中华人民共和国宪法(1954年)》,http://china.findlaw.cn/info/guojiafa/xffl/95747.html.

者7年内基本上扫除文盲,扫除文盲的标准是认识1500字以上。并且乡乡设立业余文化学校,以便进一步地提高农村基层干部和农民的文化水平。按照各地情况,分别在7年或者12年内普及小学义务教育。乡村小学基本上由农业生产合作社办理。"① 总体而言,改革开放之前公民的受教育权尽管有宪法的保障,但由于经济社会发展较为落后,国家对教育的投入能力也很有限,公民受教育权在落实上还限于一种非常初步的"扫盲"阶段。另外,随着新中国成立后尤其是"文革"时期"左"的色彩抬头,对公民的教育片面重视以阶级意识灌输为重点的政治教育,而对公民的文化教育则在相当程度上被忽略了。

2. 农民的就业权

就业权又称工作权或劳动就业权,是指公民享有的使自己的劳动力与生产资料相互结合实现职业劳动的权利。② 农民的就业权保障主要表现在两个方面:一是在不存在农业剩余劳动力的条件下使农业劳动力与农业生产资料相结合;二是在出现农业剩余劳动力情况下,使剩余的农业劳动力实现合理的转移。建国初期土地改革完成后,农民分得了作为生产资料的土地,但由于中国人多地少的现实情况,农业剩余劳动力从分得土地的一开始就存在。这也是在土地改革之后不少农民流向城市的重要原因。据1951年春统计,仅沈阳、鞍山两市,即有进城找工作的农民2万余人。到1952年,东北地区流入城市的农民32117人,占失业人员总数的22.4%。③ 1954年《宪法》第九十一条规定"中华人民共和国公民有劳动的权利。

---

① 《一九五六年到一九六七年全国农业发展纲要(草案)》,http://news.xinhuanet.com/ziliao/2004—12/30/content_2397284.htm.

② 李景森:《劳动法学》,北京大学出版社2000年版,第231—233页。

③ 中国社会科学院、中央档案馆编:《1949—1952中华人民共和国经济档案资料选编·劳动工资和职工保险福利卷》,中国社会科学出版社1995年版,第300页。

国家通过国民经济有计划的发展，逐步扩大劳动就业，改善劳动条件和工资待遇，以保证公民享受这种权利。"[1] 尽管有《宪法》的规定，然而随着农民自发流入城市对城市和工农业计划管理造成冲击，国家又加强对农民自由流入城市和招工的限制，这种限制在一定程度上体现了农民就业权的丧失。这种情况最早出现于 50 年代中期，1955 年 4 月 12 日，中共中央在《关于第二次全国省、市计划会议总结报告》中批示："一切部门的劳动调配必须纳入计划，增加人员必须统一通过劳动部门统一调配，不准随便招收人员，更不准从农村中招收人员"。1956 年 8 月 28 日，中共中央批转劳动部党组报送的《关于解决城市事业问题的意见》，提出各企业事业单位招收人员时，仍应遵守先城市后农村的原则。1957 年 12 月 13 日，国务院通过《关于各单位从农村招用临时工的暂行规定》，明确要求城市"各单位一律不得私自介绍农民到城市和工矿区工作"。"招用临时工必须尽量在当地城市中招用，不足的时候，才可以从农村中招用。"而这种限制又使得农民的劳动力无法有效地与生产资料相结合而实现充分就业。对于农民而言，随着农村集体化的推进，农民的土地和其他生产资料逐渐被收归公有，农民也作为集体的成员共同参与劳动。这在人民公社时期表现得最为明显。因此，这一时期的农民实现了形式上的充分就业，然而，由于人民公社的制度大大超越了农村的经济社会现实，农民表面上的充分就业并没有反映农业劳动力与农业生产资料的有效结合，反而导致了生产力和生产效率的倒退。总的说来，随着"土地改革"的完成，农民与生产资料实现了空前高程度的结合，然而，由于人均土地有限，农村劳动力的剩余现象一直存在，"人民公社"时期的集体劳动制度并没有结束这种现象，而

---

[1] 《中华人民共和国宪法（1954 年）》，http://china.findlaw.cn/info/guojiafa/xffl/95747.html。

是一直持续到改革开放前。

3. 农民的社会保障权

社会保障权是公民权利体系中的一项基本权利,是公民在一定条件下从国家和社会获得物质帮助,以满足其维持一定生活水平或质量之需要的权利。王小章认为,"作为特定社会的成员,他之所以能够享有特定国家及其各级政府提供的社会保障,乃是因为,这是他和该社会的其他成员一样平等地拥有的一项权利。"[①] 1949年新中国成立,1951年政务院颁布《中华人民共和国劳动保险条例》,中华人民共和国社会保障制度初步确立。但是该条例针对的是企业工人职员,当时占人口绝大多数的农民没有被纳入保障之列。1954年《宪法》明确规定:"中华人民共和国劳动者在年老、疾病或者丧失劳动力的时候,有获得物质帮助的权利",这就首次从法律上肯定了包括农民在内的公民有获得社会保障的权利。随着农村集体化的推进和人民公社制度的建立,集体经济也不断壮大并在农村占据绝对主导地位。以集体经济为依托,包括农村低保救济制度、农村合作医疗制度等在内的农村社会保障体系逐渐建立,为农民提供了较为全面的保障机制。

农村低保救济制度主要表现为"五保"制度。农村"五保"制度建立于农业合作化时期,1956年出台的《1956年到1967年全国农业发展纲要(草案)》和《高级农业生产合作社示范章程》对农村"五保"制度进行了具体规定。前者规定:"农业合作社对于社内缺乏劳动力、生活无依靠的鳏寡孤独农户和残废军人,应当在生产上和生活上给以适当的安排,做到保吃、保穿、保烧(燃料)、保教

---

① 王小章:《公民权利、市场的两重性和社会保障》,载《学术论坛》,2007年第7期。

(儿童和少年)、保葬,使这些人的生养死葬都有指靠。"① 此后吃、穿、烧、教、葬的五项保证被称为"五保",而享受"五保"的家庭则被称为"五保户"。后者第五十二条规定:"农业生产合作社对于缺乏劳动力或者完全丧失劳动力、生活没有依靠的老、弱、孤、寡、残疾的社员,在生产上和生活上给以适当的安排和照顾,保证他们的吃、穿和柴火的供应,保证年幼的受到教育和年老的死后安葬,使他们生养死葬都有依靠。"② 上述两项制度形成了农村五保制度的雏形。由于农村低保救济制度是建立在集体经济的基础上的,改革前农村低保救济制度的发展和实施情况也与集体经济密切相关。例如,1958年山东省共建敬老院2.81万处,入院人数(包括孤老烈属)达80.54万人。1960年后因集体经济困难,敬老院大部分解散,五保老人回村(队)分散供养。到1963年底,山东省敬老院仅剩300处,在院老人2000余人。③ 也就是说,当集体经济发展较顺利时,农村的低保救济制度就会得到较好的实施,而每当在集体经济发展遇到问题的时候,农村的低保救济制度的实施也通常会出现低潮。由于改革开放前集体经济在中国农村占据着绝对优势,这就使得农村的低保救济制度在改革前得到了较好的实施。

新中国成立后至改革开放前农村的医疗保障制度也取得了显著的成绩。1950年前后,面对当时农村医疗资源紧缺的现状,东北地区率先开展了通过合作和群众集资的方式建立农村基层卫生组织的探索。据统计,到1952年,在东北大区的1 290个农村卫生所中,属

---

① 李春根、赖志杰:《我国农村五保供养制度:回顾和评述》,载《沈阳师范大学学报(社会科学版)》,2009年第1期。
② 《高级农业生产合作社示范章程》,载《人民日报》,1956年7月1日,第2版。
③ 高鉴国、黄智雄:《中国农村五保救助制度的特征》,载《社会科学》,2008年第6期。

于合作社和群众集资举办的有 310 个,占全区卫生所总数的 17.44%。① 1952 年 9 月 27 日,《人民日报》发文对农民互助性的合作医疗表示肯定。② 在农业集体化过程中,农村合作医疗制度也逐渐走向正轨。1953 年,山西高平县米山乡的 3 家私人药铺和 10 个民间医生自愿组合创办了高平县第一个联合诊所。1955 年 5 月 1 日,在联合诊所的基础上,米山乡联合保健站正式成立。保健站接受乡政府领导,由农业生产合作社、农民群众和医生共同集资兴建,日常经费来自农民交纳的"保健费"、从农业社提取的 15%—20% 的公益金和医疗收入(主要是药费)。每个农民每年自愿缴纳 2 角钱的"保健费",就可以享受预防保健服务,患病就诊免收门诊费、出诊费、挂号费、手术费。保健站挂签治病、巡回医疗,医生分片负责村民的卫生预防医疗。③ 1955 年冬,山西省人民委员会(省政府)和国家卫生部在充分调查的基础上,肯定了该乡的经验,认为这是"初步实现了走上集体化农民的'无病早防,有病早治,省工省钱,方便可靠'的理想,为农村预防保健工作建立了可靠的社会主义的组织基础"④。1959 年 11 月,卫生部在山西省稷山县召开全国农村卫生工作会议,正式肯定了农村合作医疗制度。在此背景下,中国农村合作医疗保障事业迅速发展,据统计,农村合作医疗在全国行政村的覆盖面,1958 年为 10%,1960 年为 32%,1962 年上升到

---

① 张自宽:《对合作医疗早期历史情况的回顾》,载《中国卫生经济》,1992 年第 6 期。
② 李德全:《三年来中国人民的卫生事业》,载《人民日报》,1952 年 9 月 27 日。
③ 曹普:《人民公社时期的农村合作医疗制度》,载《中共中央党校学报》,2009 年第 6 期。
④ 张自宽:《对合作医疗早期历史情况的回顾》,载《中国卫生经济》,1992 年第 6 期。

46％。① 但在农村合作医疗保障事业迅速发展的同时，也蕴含着一些问题。主要表现为当时农村合作医疗保障事业发展过速，标准过高，脱离了农村集体经济的实际，也超出了当时三年经济困难时期集体经济的支持能力。此后，农村合作医疗保障的覆盖面下降较多。到1964年，全国农村只有不到30％的社队还维持着合作医疗制度。② 为了解决农村医疗保障中的问题，1964年4月卫生部下发了《关于继续加强农村不脱离生产的卫生员、接生员训练工作的意见》，提出，"在3—5年内，争取做到每个生产大队都有接生员，每个生产队都有卫生员"③。1965年6月26日，毛泽东针对农村医疗资源短缺等问题，作出了"把医疗卫生工作的重点放到农村去"的指示。同年9月，中共中央批转了卫生部党委的《关于把医疗工作的重点放到农村的报告》。到1965年底，全国已有山西、湖北、江西等10多个省、自治区、直辖市的一部分农村建立起农村合作医疗制度。到1978年底我国"赤脚医生"约477万人，卫生员约167万人，农村人口中合作医疗覆盖率达90％以上。④ 改革开放前中国农村医疗保障取得的成绩赢得了来自包括世界卫生组织在内的广泛国际赞誉。世界银行和世界卫生组织在20世纪80年代初的一份考察报告中指出："中国在占80％人口的农村地区，发展了一个成功的基层卫生保健系统，向人民提供低费用和适宜的医疗保障技术服务，满足大多

---

① 周寿祺：《探寻农民健康保障制度的发展轨迹》，载《国际医药卫生导报》，2002年第6期。

② 曹普：《人民公社时期的农村合作医疗制度》，载《中共中央党校学报》，2009年第6期。

③ 昆明医学院健康研究所编：《从赤脚医生到乡村医生》，云南人民出版社2002年版，第5页。

④ 张德元：《中国农村医疗卫生事业发展历程回顾与分析》，中金在线，http://insurance.cnfo.1com/060112/135,1387,1642767,00.shtml/2006—01—12.

数人的基本卫生需求,这种模式很适合发展中国家的需要",认为"中国农村实行的合作医疗制度,是发展中国家群众解决卫生经费的唯一范例"①,联合国妇女儿童基金会在 1980—1981 年年报中也指出,"中国的赤脚医生制度在落后的农村地区提供了初级护理,为不发达国家提高医疗卫生水平提供了样板。"②

现代国家是以主权和公民权为核心表现形式的国家形态。随着现代国家建设的推进,公民权的建设也随之表现出来。总的说来,1949 年,新生国家政权建立后,随着现代国家建设的不断推进也逐渐注重公民权的建设。农民的公民权在建国后到改革开放前经历了一个变迁的过程。这一时期中国农民的公民权有得有失,在民事、政治和社会三个方面都存在着农民公民权的保障问题。

第四节 农民公民权问题的遮蔽

在解释现代国家建设中公民权何以得到发展的原因时,不同的研究者提出了各自的意见。马歇尔很大程度上认为公民权是随英国资本主义的发展自然出现的结果,从而在英国呈现出一个从民事权到政治权再到社会权的持续的发展过程。马歇尔指出,"如果我关于公民身份在英国至少从 17 世纪下半叶就已经开始发展的观点是正确的话,那么,很显然,它的成长就同时伴随着资本主义的兴起。"③查尔斯·蒂利强调了战争和暴力的作用,结合欧洲民族国家形成的

---

① 世界银行:《中国:卫生模式转变中的长远问题与对策》,中国财政经济出版社 1994 年版,第 1 页。
② 李砚洪:《赤脚医生》,载《北京日报》,2008 年 1 月 22 日。
③ 〔英〕T. H. 马歇尔、安东尼·吉登斯等:《公民身份与社会阶级》,江苏人民出版社 2008 年版,第 23 页。

历史，认为战争和准备战争对现代民族国家的形成有着独特的作用，"日益增长的战争规模以及欧洲国家体系通过商业的、军事的和外交的交往形成的交织，最终把进行战争的优势给了那些能够把常规军队投入战场的国家；能够利用大量农村人口、资本家和相对商业化经济相结合的国家胜出。它们制定战争规范，它们的国家形式在欧洲也成了主流的形式。最终欧洲国家都集中到这种形式：民族国家。"① 在蒂利看来，公民权则是西方近代国家与社会就战争资源进行谈判而带来的产物。"确实，我们现在所称为'公民权'的核心包括由统治者和被统治者在他们关于国家行为手段特别是交战手段的斗争过程中推敲出的多重契约。"② 吉登斯则在批评马歇尔观点的基础上强调了阶级斗争对公民权发展的意义，他指出，"与其将公民权的三个范畴看成公民权整体发展的三个阶段，还不如把它们理解为斗争或冲突的三个舞台即公民权的诸权利是作为'阶级冲突的焦点'出现的；与其说公民权诸权利的普及弱化了阶级分化（但无法消解阶级分化），倒不如说阶级冲突是公民权得以扩展的中介"。③ 杜赞奇认为现代国家建设本身即包含着公民权所涉权利的扩张，在他看来，一个成功的现代国家政权建设应当包括两个方面的含义："政府权力对社会经济生活各个方面的干预和控制逐渐增强：在现代化的民族国家内，公民的权利和义务也在逐步地扩大。在发展中国家，尽管政权更迭频繁，但是国家权力却在持续扩张。"④ 然而，如果我们从

---

① 〔美〕查尔斯·蒂利：《强制、资本和欧洲国家（公元990—1992年）》，魏洪钟译，上海人民出版社2007年版，第18页。

② 同上书，第112页。

③ 陈鹏：《公民权社会学的先声——读T.H.马歇尔〈公民权与社会阶级〉》，载《社会学研究》，2008年第4期。

④ 〔美〕杜赞奇：《文化、权力与国家：1900—1942年的华北农村》，江苏人民出版社1994年版，第2页。

现代国家建设的角度进一步分析的话,就会发现上述研究者尽管都明显或隐晦地将公民权与民族—国家联系在一起,但对于公民权与民族—国家具体关系并没有进行明确的阐述。

实际上,民族国家的建立和发展是公民权得以提出和发展的前提,而现代国家是以主权和公民权为核心表现形式的。一般说来,在现代国家较为成熟的情势下,主权和公民权是相互促进的。主权的巩固会为公民权提供坚强的保障;而公民权的有效保障又会增强公民对一个国家的认同和支持,从而巩固国家政权及其主权。然而,在现代国家成长的初级阶段,在一定时期国家对主权建设的侧重可能会影响国家建设在民主和民生两个维度的开展,进而会影响公民权的具体实现。根据上述逻辑,对于新生国家政权建立后到改革开放前这一段时间中国农民公民权的呈现原因就能够有效地进行解释。新中国成立后,国家在近代国家建设的基础继续推进了现代化和国家建设,然而,从国家建设的维度来讲,由于建国后面临的复杂国际形势和出于迅速推进现代化的战略考虑,国家建设更多地是在民族—国家的维度上推进,强调的是主权建设。而国家对民族—国家和主权建设的强调在一定程度上忽略了国家建设的其他维度,从而遮蔽了公民权问题,不仅仅是农民的公民权,还包括其他群体的公民权。正是在这种意义上,我们看到改革开放前对某些公民权如自由迁徙权的限制不仅仅是针对农民,而是针对所有的国家成员,只是由于城市化的效应这种限制更多地表现为对农民的作用。

与此同时,改革开放前的城市化进程也在一定程度上影响了农民公民权问题的呈现。总的说来,尽管建国初期随着工业化的推进城市化也取得了较大的进展,但国家基于现代化的战略考虑很快选择了一条重视工业化而限制城市化的现代化道路,并一直持续到改革开放。国家通过一系列制度安排对农民公民权在民事、政治和社会方面的限制既是推进上述现代化道路的条件，又在上述现代化进程中被进一步强化。受限的城市化在时空上限制了农村与城市、农民与城市居民的联系，国家的制度安排又进一步强化了城乡区隔的情景，而农民公民权问题也因为城乡区隔而缺失了比较的对象，从而也在一定程度上强化了对农民公民权问题的遮蔽。

第四章 城市化转折、二维国家建设与农民公民权

随着改革开放战略的启动，中国的城市化在经历了改革前的波折后也开始了快速发展。这一时期的国家建设在民族—国家和民主—国家两个维度上展开，但更重要的体现在民主—国家的维度。在城市化由改革前的总体受限转变到快速发展的情况下，大量农民流入城市；在城市工作和生活的过程中，农民一方面因户籍等原因而受到了与市民不平等的待遇，另一方面在城市化所提供的比较情景下开始追求自身的权利。而随着国家建设在民族—国家和民主—国家建设两个层面的推进，农民公民权在受限的同时日益受到重视。上述方面使得农民的公民权问题渐显。

第一节 城市化转折

改革开放战略的启动不仅是中国现代化的重要转折点，也是中国城市化的重要转折点。新中国成立后到改革开放之前，中国的城市化处于总体受限的阶段，农村人口向城市转移受到多种因素的阻碍。改革开放战略的启动推动了工业化和城市的发展，扩大了城市对农村人口的吸纳需求和能力，中国的城市化也进入了一个快速发

展的时期。"从改革开放以来中国城市化发展的总体情况来看,城市化不再像计划经济体制时期那样受到政策的严密控制,人口流动性增强,且更多受到市场经济因素影响"①。1975年美国地理学家诺瑟姆(Ray M. Northam)通过研究世界各国城市化发展轨迹,把城市化进程概括为呈现"S"形曲线的三个阶段:一是城市化初始发展阶段。该阶段城市化水平低于30%,也称初始城市化阶段。二是城市化加速发展阶段。该阶段城市化水平介于30%—70%之间,也称中期城市化阶段。三是城市化成熟稳定发展阶段。城市化水平大于70%,也称后期城市化阶段。②尽管对该观点有不少批评意见,但诺瑟姆关于城市化发展的三阶段论在城市化研究领域产生了较大影响,并被城市化研究者广泛引用。根据上述标准,从1978年到1999年,中国城市化已经由城市化的初级阶段迈入城市化的加速发展阶段。因此,这一时期可以看做是中国城市化的转折阶段。

一、城市化进程

随着改革开放的启动和不断深化,中国的城市化也开始迅速推进。1978年,中国的城市总数为193个,其中200万以上人口的10个,100—200万人口的19个,到1999年,全国城市总数为667个,其中200万以上人口的13个,100—200万人口的24个,50—100万的49个,20—50万的216个,20万以下人口的365个。③从表1可以看出,中国的城镇人口由1978年的17245万人增长到1999年

---

① 陈洋、李郇、许学强:《改革开放以来中国城市化的时空演变及其影响因素分析》,载《地理科学》,2007年第2期。

② Ray. M. Northam, *Urban Geography*, 2nd edition, New York: John Wiley and Sons, 1979, pp. 65-67.

③ 国家统计局城市社会经济调查总队:《中国城市统计年鉴2000》,中国统计出版社2000年版,第26页。

的43748万人,短短的21年时间内城镇人口增长了26503万人,增长了154%;城市化水平从1978年的17.9%迅速提升至1999年的34.8%。21年时间城市化水平提高了16.9个百分点,与1949—1977年28年间的10个百分点相比超过了6.9个百分点;改革后21年间年均增加0.80个百分点,与1949—1977年年均增长0.36个百分点相比超过了0.44个百分点,是后者的2.22倍,其中80年代上升了6.8个百分点,90年代上升了8.4个百分点,呈现出加速发展的趋势。

表1　1978—1999年中国城镇人口的变迁

年份	1978	1979	1980	1981	1982	1983	1984	1985	1986	1987	1988
城镇人口(万)	17245	18495	19140	20171	21480	22274	24017	25094	26366	27674	28661
城市化率(%)	17.9	19.0	19.4	20.2	21.1	21.6	23.0	23.7	24.5	25.3	25.8
年份	1989	1990	1991	1992	1993	1994	1995	1996	1997	1998	1999
城镇人口(万)	29540	30195	31203	32175	33173	34169	35174	37304	39449	41608	43748
城市化率(%)	26.2	26.4	26.9	27.5	28.0	28.5	29.0	30.5	32.0	33.4	34.8

注:1982年以前数据为户籍统计数,1982—1989年数据根据1990年人口普查数据有所调整,1990—1999年数据根据2000年人口普查数据进行了调整。

资料来源:国家统计局人口和就业统计司:《中国人口统计年鉴1995》,中国统计出版社1995年版,第376页;国家统计局人口和就业统计司:《中国人口统计年鉴2006》,中国统计出版社2006年版,第376页。

二、城市化特征

1. 高速城市化

客观说来，在世界范围内，这一时期中国的城市化绝对水平仍然较低。据世界银行资料，1997年中国人均GNP为860美元，第一次脱离低收入国家，进入下中等收入国家行列，而中国当时的城市化水平仅相当于下中等收入国家1980年的水平。① 然而，世界范围内的城市化绝对水平横向比较并不能否认这一时期中国较高的城市化相对水平以及城市化本身的高速推进。根据世界银行人口资料数据，1980—1990年的10年中，世界城市化水平提高了4个百分点，中国提高了7个百分点。1990—2000年的10年中，世界城市化水平提高了3.4个百分点，中国提高了9.4个百分点。这说明了中国城市化相对较高的发展水平。② 从城市化本身来说，随着改革开放的启动，中国开始了一条高速城市化之路。城市化水平从1978年的17.9%迅速提升至1999年的34.8%。根据世界银行人口资料数据，1980—1990年的10年中，世界城市化水平提高了4%，中国提高了7%。其他国家中，土耳其提高了17.4%，韩国提高了16.9%，菲律宾提高了11.3%，巴西、印度尼西亚、尼日利亚和马来西亚分别提高了8%左右，其余国家都低于7%。1990—2000年的10年中，世界城市化水平提高了3.4%③，而从1990年到1999年，中国城市化水平提高8.4%，远远高出同期世界城市化水平。这一时期高速城市化的重要特征之一就是大量的农村人口从农村转移到城市。

---

① 周一星、曹广忠：《改革开放20年来的中国城市化进程》，载《城市规划》，1999年第12期。

② 方创琳：《改革开放30年来中国的城市化与城镇发展》，载《经济地理》，2009年第1期。

③ 同上。

2. 国家主导的城市化

对于西方早发现代国家而言，城市化基本上呈现出一个与市场经济发展和工业化相适应的自然发展过程。但是，作为一个发展中国家，新中国成立以来的城市化一直呈现出很强的国家主导特征。改革开放以来的中国城市化高速发展之路也反映了国家对城市化的主要推动作用。可以说，改革开放以来中国城市化的每一次大的提升，都与国家的推动作用密不可分。例如，1981到1985年的"六五"计划时期，国家提出加快小城镇发展的战略方针。从1984年后试行新的市镇建制标准，规定乡政府所在地非农业人口超过2千的，可以撤乡建镇，实行镇管村制，即乡改镇。新的制度安排大大促进了中国小城镇的发展。这一时期建制镇从1981年的2678个迅速增加到1985年的9140个，平均每年增加1615个。

3. 不完全城市化

这一时期的城市化尽管推进速度快，但还属于不完全的城市化。城市化是一个包括人口、生产和生活方式等内容的综合概念，不完全的城市化用来描述那些符合城市化的某一方面或某些方面的内容，但又没有实现城市化全部内容的城市化现象。随着我国家庭联产承包责任制的开展和全面实施，农村剩余劳动力逐渐显现和释放出来，需要寻找新的职业；同时，改革开放以来，工业化和城市化的推进需要大量的劳动力。这样，随着相关政策的放开，城市和工业对劳动力的需要与农村剩余劳动力对就业的需求很快就实现了对接，大量农村外出务工劳动力（即后来所称的农民工）进入城市从事各种职业。① 一方面，大量农村劳动力进入城市，从形式上来讲，这部分人已经进入城市了，但是他们并未取得与城市居民相同的待遇，也

---

① 易承志：《进城务工农民子女教育问题的政府治理——以上海为个案》，载《华中师范大学学报（人文社会科学版）》，2007年第6期。

并未完全适应城市的生活方式。另一方面，对城市而言，尽管不断地将新的人口容纳进来，但是在提供相应的公共品方面还存在严重的能力不足。上述两方面都表现为不完全的城市化。

三、城市化因素

1. 经济发展水平

经济发展水平是影响城市化进程的重要因素。经济学[①]、城市地理学[②]等领域的研究均证实了经济发展水平与城市化之间的密切相关关系。库兹涅茨指出，现代经济增长过程中将出现城市化的提升。这些相互关系不论何时，只要存在着经济增长，都十分明显。[③] 经济发展对城市化的影响主要通过产业结构和就业结构的变动而体现出来。钱纳里等人指出，城市化不仅是生产结构变化的结果，而且受未来收入、对就业的期望和政府政策等因素的影响。[④] 从表2中可以看出产业结构和就业结构对城市化的一般影响。随着人均收入水平的上升，农业及农业人口在生产结构和就业结构中所占比重逐步减低，而工业和服务业在生产结构和就业结构中所占比重逐步上升，由此带来了城市人口比重的不断上升和城市化水平的不断提升。以上所呈现的是钱纳里等人所提出的产业结构、就业结构与城市化的一般关系。这种一般关系是根据钱纳里等人对世界上百个国家和地

---

① 〔美〕霍利斯·钱纳里、莫尔塞斯·塞尔昆：《发展的格局 1950—1970》，中国财政经济出版社 1989 年版，第 56 页。

② 陈洋、李郇、许学强：《改革开放以来中国城市化的时空演变及其影响因素分析》，载《地理科学》，2007 年第 2 期。

③ 〔美〕西蒙·库兹涅茨：《现代经济增长》，北京经济学院出版社 1989 年版，第 170 页。

④ 〔美〕霍利斯·钱纳里、莫尔塞斯·塞尔昆：《发展的格局 1950—1970》，中国财政经济出版社 1989 年版，第 56 页。

区的数据分析总结后得出的理想状态。由于各国和地区具体情况的差异，在不同的国家和地区，产业结构、就业结构与城市化的具体关系并不如此一致，而是差别非常大的。尽管如此，产业结构、就业结构与城市化的一般关系对于研究城市化的进程还是有着重要的启示意义。

表2 产业结构、就业结构与城市化的一般关系（1964年）

人均收入（美元）	100以下	100	200	300	400	500	800	1000	1000以上
农业占生产结构比重（%）	52.2	45.2	32.7	26.6	22.8	20.2	15.6	13.8	12.7
工业占生产结构比重（%）	12.5	14.9	21.5	25.1	27.6	29.4	33.1	34.7	37.9
服务业占生产结构比重（%）	30.0	33.8	38.5	40.3	41.1	41.5	41.6	41.3	38.6
农业人口比重（%）	71.2	65.8	55.7	48.9	43.8	39.5	30.0	25.2	15.9
工业人口比重（%）	7.8	9.1	16.4	20.6	23.5	25.8	30.3	32.5	36.8
服务业人口比重（%）	21	25.1	27.9	30.4	32.7	34.7	39.0	42.3	47.3
城市人口比重（%）	12.8	22.0	36.2	43.9	49.0	52.9	60.1	63.4	65.8

注：1. 此处的产业结构包括农业（初级产业）、工业、公共产业和服务业，就业结构包括农业人口、工业人口和服务业人口。所以产业结构中农业、工业和服务业占比的汇总数据与就业结构不同。

2. 100美元以下为接近70美元，1000美元以上为接近1500美元。

资料来源：霍利斯·钱纳里、莫尔塞斯·塞尔昆：《发展的格局 1950—1970》，中国财政经济出版社1989年版，第22—23页。

从产业结构变动来看，1978 年到 1999 年，中国经济年均增长率为 9.46%[1]，呈现出持续高速的增长趋势。以 1978 年的数据为 100，则 1999 年国民总收入比 1978 年增长 5.892 倍，国内生产总值增长 6.009 倍，第一产业增长 1.705 倍，第二产业增长 8.886 倍，第三产业增长 7.712 倍，人均国内生产总值增长 4.349 倍。[2] 经济的持续高速增长为城市化提供了基础设施建设、人口就业、消费品提供等多方面的支持，与此相一致，中国的城市化也从 1978 年的 17.9% 迅速提升至 1999 年的 34.8%。第一产业生产产值由 1978 年的 1027.5 亿元增加至 1999 年的 14770 亿元，占产业结构的比重由 28.2% 下降至 16.5%；第二产业生产总值由 1978 年的 1745.2 亿元增加至 1999 年的 41033.6 亿元，占产业结构的比重由 47.9% 下降至 45.8%，其中工业占产业结构的比重由 44.1% 下降至 40.0%；第三产业生产总值由 1978 年的 872.5 亿元增加至 1999 年的 33873.4 亿元，占产业结构的比重由 23.9% 上升至 37.7%（见表 3、表 4）。尽管三大产业的比重尤其是第一产业及第二产业和城市化水平之间的对应关系与钱纳里等人的模型相差较大，但第三产业与城市化水平之间的对应关系以及三大产业变动趋势与城市化水平的总体关系与该模型是基本吻合的。实际上，不仅经济发展会带来城市化的提升，而且城市化的提升又会进一步促进经济的发展，从而形成城市化与国民经济相互促进的局面。据孙自铎的研究，农民工创造的 GDP 在北京、上海、广东、江苏、浙江、福建几个省市分别为 796.43 亿元、1432.5 亿元、2966.63 亿元、906.09 亿元、1014.66 亿元、683.87 亿元，

---

[1] Yan Wang and Yudong Yao, "Sources of China's Economic Growth 1952—1999: Incorporating Human Capital Accumulation", *China Economic Review*, 2003 (14), p. 44.

[2] 国家统计局国民经济核算司：《中国国内生产总值历史核算资料（1952—2004）》，中国统计出版社 2007 年版，第 6 页。

相当于北京 GDP 总量的 32.13%、上海的 31.48%、广东的 30.07%、江苏的 10.56%、浙江的 16.81%、福建的 17.45%。① 据统计，城市化水平每提高 1 个百分点，可拉动 GDP 增长 1.5—2 个百分点，对经济发展直接和间接的贡献率将达到 3 个百分点左右，新增加的城市人口大约为 1500 万。②

表3　1978—1999 年中国产业结构的变迁（单位：亿元；%）

年份		1978	1979	1980	1981	1982	1983	1984	1985	1986	1987	1988
第一产业	产值	1027.5	1270.2	1371.6	1559.5	1777.4	1978.4	2316.1	2564.4	2788.7	3233.0	3865.4
	比重	28.2	31.3	30.2	31.9	33.4	33.2	32.1	28.4	24.2	26.8	25.7
第二产业	产值	1745.2	1913.5	2192.0	2255.5	2383.0	2646.2	3105.7	3866.6	4492.7	5251.6	6587.2
	比重	47.9	47.1	48.2	46.1	44.8	44.4	43.1	42.9	43.7	43.6	43.8
第三产业	产值	872.5	878.9	982.0	1076.6	1163.0	1338.1	1786.3	2585.0	2993.8	3574.0	4590.3
	比重	23.9	21.6	21.6	22.0	21.8	22.4	24.8	28.7	29.1	29.6	30.5
年份		1989	1990	1991	1992	1993	1994	1995	1996	1997	1998	1999
第一产业	产值	4265.9	5062.0	5342.2	5866.6	6963.8	9572.7	12135.8	14015.7	14441.9	14817.6	14770.0
	比重	25.1	27.1	24.5	21.8	19.7	19.8	19.9	19.7	18.3	17.6	16.5
第二产业	产值	7278.0	7717.4	9102.2	11699.5	16454.4	22445.4	28679.5	33835.0	37543.0	39004.2	41033.6
	比重	42.8	41.3	41.8	43.4	46.6	46.6	47.2	47.5	47.5	46.2	45.8
第三产业	产值	5448.4	5888.4	7337.1	9357.4	11915.7	16179.8	19978.5	23326.2	26988.1	30580.5	33873.4
	比重	32.1	31.6	33.7	34.8	33.7	33.6	32.9	32.8	38.2	36.2	37.7

注：第二产业包括工业与建筑业。

资料来源：国家统计局国民经济核算司：《中国国内生产总值历史核算资料（1952—2004）》，中国统计出版社 2007 年版，第 3—6 页。

---

① 孙自铎：《农民跨省务工对区域经济发展的影响研究》，载《中国农村经济》，2004 年第 3 期。

② 李继凯、杨雅清：《农村城市化进程启示录》，载《人民论坛》，2005 年第 4 期。

表 4　1978—1999 年中国工业占产业结构的比重变迁（单位:%）

年份	1978	1979	1980	1981	1982	1983	1984	1985	1986	1987	1988
比重	44.1	43.6	43.9	41.9	40.6	39.9	38.7	38.3	38.6	38.0	38.4
年份	1989	1990	1991	1992	1993	1994	1995	1996	1997	1998	1999
比重	38.2	36.7	37.1	38.2	40.2	40.4	41.0	41.4	41.7	40.3	40.0

资料来源：国家统计局国民经济核算司：《中国国内生产总值历史核算资料(1952—2004)》，中国统计出版社 2007 年版，第 4 页。

从就业结构变动来看，从 1978 年到 1999 年，第一产业就业人口由 1978 年的 28313 万人增加至 1999 年的 35364 万人，占就业结构的比重由 70.5% 下降至 50.1%；第二产业就业人口由 1978 年的 6970 万人增加至 1999 年的 16235 万人，占就业结构的比重由 17.4% 上升至 23.0%；第三产业就业人口由 1978 年的 4689 万人增加至 1999 年的 18987 万人，占就业结构的比重由 12.1% 上升至 26.9%（见表 5）。

表 5　1978—1999 年中国就业结构的变迁（单位：万人；%）

年份		1978	1979	1980	1981	1982	1983	1984	1985	1986	1987	1988
第一产业	人口	28313	28629	29117	30853	31145	29771	30862	31165	31254	31663	32249
	比重	70.5	69.8	68.7	68.1	68.1	67.1	64.0	62.4	60.9	66.0	59.3
第二产业	人口	6970	7241	7736	8033	8377	8712	9622	10418	11216	11726	12152
	比重	17.4	17.7	18.3	18.4	18.5	18.7	20.0	20.9	21.9	22.2	22.4
第三产业	人口	4869	5154	5508	5921	6065	6580	7713	8350	8811	9395	9936
	比重	12.1	12.6	13.0	13.5	13.4	14.2	16.0	16.7	17.2	17.8	18.3
年份		1989	1990	1991	1992	1993	1994	1995	1996	1997	1998	1999
第一产业	人口	33225	38428	38685	38349	37434	36489	35468	34769	34730	34838	35364
	比重	60.1	60.1	59.7	58.5	56.4	54.3	52.2	50.5	49.9	49.8	50.1
第二产业	人口	11976	13654	13867	14226	14868	15254	15628	16180	16495	16440	16235
	比重	21.6	21.4	21.4	21.7	22.4	22.7	23.0	23.5	23.7	23.5	23.0
第三产业	人口	10129	11828	12247	12979	14071	15456	16851	17901	18375	18679	18987
	比重	18.3	18.5	18.9	19.8	21.2	23.0	24.8	26.0	26.4	26.7	26.9

注：1. 因 1983 年第一、第二、第三产业人口比重四舍五入后总和大于 100%，所以对数值有所取舍。

2. 1978—1985 年数据来源于《中国统计年鉴 1993》,1986—1999 年数据来源于《中国统计年鉴 2000》。

资料来源：中华人民共和国国家统计局主编：《中国统计年鉴 1993》,中国统计出版社 1993 年版,第 101 页；中华人民共和国国家统计局主编：《中国统计年鉴 2000》,中国统计出版社 2000 年版,第 116 页。

这一时期就业结构的改变使得越来越多的劳动力由农业转移到非农产业,直接带来了在城市工作和生活人口的增加,从而推动了城市化水平的加速提升。对此,有研究指出,改革开放以来,非农产业就业比重的较快上升对城市化率的较大幅度上升起了直接的带动作用。① 相对于产业结构而言,这一时期的就业结构变迁与城市化之间的关系更吻合于钱纳里等人的一般模式结论。以工业就业结构为例,与一般模式相比,1980 年中国工业就业人数占就业结构的比重为 13.4%,处于一般模式中第二三级的水平,同年的城市化水平为 19.4%,接近于一般模式中第二级的水平；2000 年中国工业就业人数为 18.0%,处于一般模式中第三四级的水平,同年的城市化水平为 36.1%,接近于一般模式中第三级的水平。② 上述关系与一般模式所揭示的关系还是基本吻合的。再以农业就业结构为例,与一般模式相比,1978 年中国农业就业人数占就业结构的比重为 70.5%,处于一般模式中第一二级的水平,同年的城市化水平为 17.9%,也处于一般模式中第一二级的水平；1999 年中国农业就业人数为 50.1%,处于一般模式中第三四级的水平,同年的城市化水平为 34.8%,接近于一般模式中第三级的水平。上述关系与一般模式所揭示的关系也是基本吻合的。另外,根据经济学的推拉模型理论解释,在工业化的背景下,当农业占国民经济比重逐步下降导致的农

---

① "工业化与城市化协调发展研究"课题组：《工业化与城市化关系的经济学分析》,载《中国社会科学》,2002 年第 2 期。

② 同上。

村剩余劳动力激增的推力和非农产业比重上升带来的对于劳动力需求的拉力共同作用的时候，农民将离开土地进入第二、第三产业从而推动城市化的进程。①

中国这一时期产业结构和就业结构两个方面的变化，显示了产业结构和就业结构的高级化发展，带来了大量农业人口向城市和非农产业的转移，为城市化的加速发展提供了强劲的动力。这一时期，产生于农村的乡镇企业直接对产业结构和就业结构的变迁产生了深远影响，并进而影响到中国的城市化进程。据统计，20世纪80年代初期，中国乡镇企业异军突起，其产值由1978年占农村社会总产值不到1/4的比重，发展到1987年首次超过农业总产值，达52.4%。②乡镇企业的兴起一方面带来了农村产业结构的变迁，并进而对中国的产业结构产生了深远影响，提升了非农产业占产业结构的比重；另一方面，乡镇企业的兴起带来了农村就业结构的变迁，使得大批农民在离土不离乡的情况下实现了职业转变，进而影响整个就业结构。乡镇企业对产业结构和就业结构变迁的影响在很大程度上促进了农村城市化的发展。随着乡镇企业的发展，农村出现了一大批新的集镇。农村集镇的发展不仅是中国城市化的一个内在组成部分，而且也对改革开放后中国城市化的发展战略尤其是促进小城镇发展战略的制定产生了深远的影响。

2. 促进城市化的制度安排

新中国成立后到改革开放之前，在对待工业化与城市化的态度上，国家在很大程度上采取了偏重工业化而限制城市化的态度。改

---

① 文军：《论农民市民化的动因及其支持系统——以上海市郊区为例》，载《华东师范大学学报（哲学社会科学版）》，2006年第4期。

② 文军：《农民的"终结"与新市民群体的角色"再造"——以上海郊区农民市民化为例》，载《社会科学研究》，2009年第2期。

革开放以来国家对待城市化的态度与之形成了鲜明的对比,国家不再限制城市化的进程,而是随着市场经济改革的推动和工业化的发展相应地促进城市化的发展。与此同时,国家也出台了一系列促进城市化的制度安排。这些制度安排基本上可以分为两类,一类是直接促进城市化的制度安排,另一类是间接促进城市化的制度安排。直接促进城市化的制度安排主要表现为城市发展方针和城镇建制的改革。在改革开放前,国家采取的主要是一种限制城市化的总体思路。改革开放之后,城乡非农经济发展和农业劳动力的剩余对农村人口向非农产业和城市转移施加了拉和推两方面的力量。对此,国家开始采取一种促进城市化的思路。这一时期城市化发展方针的一个重要特点是重视小城镇的发展。这既与改革初期农村和农业的快速发展有关,也与这一时期乡镇企业的兴起有关。1978年的第三次全国城市会议制定了"控制大城市规模,多搞小城镇"的城市发展方针。1980年12月,由国务院批转的《全国城市规划工作会议纪要》中又提出了"控制大城市规模,合理发展中等城市,积极发展小城市"的城市发展总方针。① 1985年公布的"七五"计划的建议中更明确指出:"坚决防止大城市过度膨胀,重点发展中小城市和城镇"。② 1990年4月1日开始实施的《城市规划法》中亦提出"严格控制大城市规模、合理发展中等城市和小城市"的城市发展方针。1993年11月中共十四届三中全会通过的《中共中央关于建立社会主义市场经济体制若干问题的决定》指出:"加强规划,引导乡镇企业适当集中,充分利用和改造现有小城镇,建设新的小城镇"。1998年

---

① 《国务院批转全国城市规划工作会议纪要》,http://www.realestate.gov.cn/file.asprecordno=4185&teamno=103.

② 方创琳:《改革开放30年来中国的城市化与城镇发展》,载《经济地理》,2009年第1期。

12月中共十五届三中全会通过的《中共中央关于农业和农村工作若干重大问题的决定》提出:"发展小城镇,是带动农村经济和社会发展的一个大战略"。在上述城市发展方针的指导下,这一时期中国的小城市和城镇迅速发展。

从城镇建制改革来说,1984年我国撤销"人民公社",恢复乡作为县以下的乡村基层行政单位。这一年国务院颁布了新的比以前要低的设镇的标准,并且推行"整乡设镇"和"镇管村"的体制。这些制度安排大大促进了我国城镇尤其是小城镇的发展。我国建制镇的个数从1981年的2678个迅速增加到1985年的9140个,平均每年增加1615个。[1] 1986年,国家降低设镇的最低非农业人口标准,建制城市由10万人降低到6万人。1990年4月开始施行的城市规划法规定"城市"的概念包括建制镇。1993年国务院对1986年的设市标准又作了调整,要点是采取了分类指导的原则和增加了考察的指标。从1980年到1998年我国消失了大约450个县,行政上升格为"市"或大城市的"区",还有10000个以上的乡在行政上变成了"镇"。[2] 城镇建制改革对于城镇数量的增加和城市化统计水平的提升具有直接的作用。

间接促进城市化的制度安排包括经济和社会领域的改革。1984年10月通过的《关于经济体制改革的决定》,提出要将改革的重点从农村推向城市,随后城市经济体制改革在国有企业、财税、金融等方面得到了迅速推进并促进了城市经济的发展和活力的增强。社会领域的改革在这里主要表现为户籍管理制度的松动。改革开放以

---

[1] 方创琳:《改革开放30年来中国的城市化与城镇发展》,载《经济地理》,2009年第1期。

[2] 周一星、曹广忠:《改革开放20年来的中国城市化进程》,载《城市规划》,1999年第12期。

后,束缚农民自由迁移的户籍制度已经有所松动。1984年1月,《中共中央关于1984年农村工作的通知》肯定了农民离开耕地转入小工业和小城镇服务业"是一个必然的历史进步,可为农业生产向深度广度进军,为改变人口和工业的布局创造条件"。同时决定,"1984年,各省、自治区、直辖市可选若干集镇进行试点,允许务工、经商、办服务业的农民自理口粮到集镇落户"①。10月,国务院发出了《关于农民进集镇落户问题的通知》,规定凡申请到集镇(指县以下集镇,不含城镇)务工、经商、办服务业的农民和家属,在城镇有固定住所、有经营能力、或在乡镇企业事业单位长期务工的,公安部门应准予落常住户口,发给《自理口粮户口簿》,统计为"非农业人口",这些人的管理方式、权利义务与集镇居民一样。至1986年底,在不到三年的时间里,全国办理自理粮食户口多达163万余户,计454万余人。② 1990年,第四次全国人口普查首次统计城镇实际常住人口,规定流动人口在城市、县城居住一年以上即为城镇常住人口。1993年,国务院户籍制度改革文件起草小组在草拟户籍改革总体方案时确认,改革的最终目标是取消多种性质的户口类型,废止"农转非"制度,实行全国统一的中华人民共和国居民户口,建立以《户籍法》为基础的科学完备的户籍管理体系。中国共产党第十四届三中全会提出要逐步改革小城镇户籍管理制度,1997年7月国务院批转公安部《关于小城镇户籍制度改革试点方案》,规定试点镇具备条件的农村人口可以办理城镇常住户口。1998年国发24号文件第四条规定:"在城市投资、兴办实业、购买商品房的公民,及随其共同居住的直系亲属,凡在城市有合法固定的住所、合法稳定的

---

① 中共中央文献研究室编:《十二大以来重要文献选编》(上),人民出版社1986年版,第434—435页。

② 何家栋、喻希来:《城乡二元社会是怎样形成的?》,载《书屋》,2003年第5期。

职业或生活来源,已居住一定年限并符合当地政府有关规定的,可准予在该城市落户。"1998年7月,《国务院批转公安部关于解决当前户口管理工作中几个突出问题意见的通知》提出:①今后实行婴儿落户随父随母自愿政策,对以往出生并要求在城市随父落户的未成年人,可以逐步解决其在城市落户问题。②放宽解决夫妻分居问题的户口政策,对已在配偶所在城市居住一定年限的公民,应根据自愿的原则准予在城市落户。③男性超过六十周岁、女性超过五十五周岁,身边无一子女而需到城市投靠子女的公民,可以在该城市落户。④在城市投资、兴办实业、购买商品房的公民及其直系亲属,凡在城市有合法固定的住所、合法稳定的职业或者生活来源,已居住一定年限并符合当地政府有关规定的,可准予在该城市落户。文件要求各省、自治区、直辖市政府结合本地发展情况和综合承受能力,制定相应的具体政策,并强调对于在城市落户的人员,不得收取城市增容费和类似增容费的费用。户籍管理制度的松动,为一部分农民获得与城市居民同等的身份和权利从而融入城市生活方式提供了重要的制度支持。

3. 人口城市化

城市化在一定意义上是指人口由农村向城市迁移的过程和状态。对于中国而言,由于户籍制度的存在,人口城市化具有相对性和暂时性,也就是说,从农村向城市转移的人口在城市就业和生活是暂时的,在户籍限制没有放开的情况下,这些人口最终还是要回到农村的。那么,农村人口为什么会向城市转移呢?对此主要有两种解释理论,一是推拉理论。理推拉理论认为,农村人口向城市流动的选择主要是在家乡和城市的各种收益进行比较的基础上作出的权衡。理性选择是推拉理论的核心。例如,苏黛瑞认为,改革后中国大量农村剩余劳动力向城市流动是市场力量和国家政策共同作用的产物,其中国家政策导致可耕土地减少并带动剩余劳动力以及农业生产无利可图构成推动因素，而市场力量下城乡收入差距则构成拉力。① 发展经济学家舒尔茨（T. Schultz）从人力资本投资的角度研究人口迁移，认为迁移的发生是因为个体期望从迁移中得到大于迁移成本的收益。② 而托达罗（M. P. Todaro）的人口迁移模型认为，人口迁移决策主要是在理性地权衡包括经济和心理方面的成本和收益以及预期城乡工资差异的基础上作出的。③ 刘易斯二元经济条件下劳动力无限供给模型，将传统部门（维持生计部门）看做是现代部门劳动力的"蓄水池"，对处于经济低收入部门的人来说，"当高工资部门已经确定了所需的资本和技术水平后，其他所有的人必然会尽最大的努力挤入高工资部门中去"④。文军的理性迁移论也一定程度上是推拉理论的表现形式。文军认为，当代中国农民外出就业的行为是一种理性选择的表现，农民在具体行动过程中一般遵循着从生存理性选择到经济理性选择再到社会理性选择的逻辑顺序。在农民外出就业发生初期，往往更多表现的是生存理性选择，随着外出寻求就业次数的增多和时间的拉长，社会理性选择和经济理性选择将表现得越来越突出。在制度性条件松动的情况下，农民外出就业的动向由生存理性选择向经济理性选择和社会理性选择跃迁。⑤ 从上述论述中可以看到，无论是生存理性选择、经济理性选择还是社会理性选择，

---

① 〔美〕苏黛瑞：《在中国城市中争取公民权》，浙江人民出版社2009年版，第164—189页。

② 〔美〕舒尔茨：《论人力资本投资》，北京经济学院出版社1990年版。

③ Todaro, Michael P., *Internal Migration in Developing Countries: A Review of Theory, Evidence, Methodology and Research Priorities*, Geneva: International Labor Office, 1976, pp. 35-36.

④ 〔美〕阿瑟·刘易斯：《二元经济论》，北京经济学院出版社1989年版，第75页。

⑤ 文军：《从生存理性到社会理性选择：当代中国农民外出就业动因的社会学分析》，载《社会学研究》，2001年第6期。

都是基于比较考虑之上的一种理性选择。推拉理论的一个前提是劳动力的自由流动，随着中国改革开放的启动和推进，限制人口流动的户籍政策有所放松，这就使得中国改革开放后在一定程度上出现了劳动力的自由流动。二是社会资本理论。社会资本理论认为推拉理论所作的经济学解释不能有效地解释为何会存在不同的迁移模式。① 在社会资本理论看来，经济方面的原因并非促使农村人口向城市迁移的唯一因素，相反，人口流动在很大程度上是"一个由社会关系网驱动的过程"②。改革开放后中国农村人口向城市流动是多种因素综合作用的结果，其中包含了市场的力量、国家政策的作用、农民的理性选择和社会资本的影响，就此而言，上述理论分别从各自的角度解释了中国改革开放后大规模的农村劳动力流动和农民工进城就业现象。总的来说，改革开放后中国的人口城市化是由现代化、工业化和城市化综合作用带来的产物，而人口城市化又构成城市化的一个重要组成部分并推动着城市化的发展。

4. 影响城市化的传统制度惯性

尽管随着改革开放战略的启动和不断推进，国家逐渐放松了对人口流动的限制，然而，影响人口自由流动和城市化的传统制度安排并没有完全消失，还在或隐或显地发挥某种程度的作用。例如，改革开放后，国家对户籍管理的制度安排尽管总体有所放松，但由于没有从根本上改变原有的户籍管理制度，就使得户籍管理存在波动性。例如，1984年国家放松对农民获得城镇户籍的控制后，1989年10月，在治理整顿的大环境下，国家又强调严格户籍制度管理，

---

① Portes, Alejandro and Robert L. Bach, *Latin Journey*: *Cuban and Mexican Immigrants in the United States*, Berkeley: University of California Press, 1985, p. 3.

② Portes, Alejandro and Ruben G. Rumbaut, *Immigrant America*: *A Portrait*, Berkeley: University of California Press, 1990, p. 232.

国务院发出了《关于严格控制"农转非"过快增长的通知》,要求把"农转非"纳入国民经济与社会发展计划。上述制度尽管在改革开放后出现了一些宽松,但基本没有大的改变。制度的惯性对城市化的全面发展带来了较大的负面影响。

第二节 国家建设

改革开放的启动标志着中国的现代化进入了新的阶段,在此基础上国家建设也进入了新的阶段。这一时期农村的国家建设不仅在民族—国家的层面展开,也开始在民主—国家的层面展开。

一、民族—国家建设

民族—国家建设强调的是国家建设的主权性维度。改革开放后,农村的国家建设在民族—国家层面的展开主要有两个方面的原因。其一是增强国家对于乡村治理和整合能力的需要。改革开放前,农村普遍确立了以"人民公社"为组织形式的农村基层政权。随着市场导向的经济体制改革的启动,国家开始对"人民公社"制度进行逐步改革,进行了农村基层政权建设的新探索。这一探索是在改革开放驱动的社会主义现代化的大背景下进行的,其主要目标就是保持农村的稳定、推动农村经济社会发展并为社会主义现代化建设注入活力。由于在改革开放之前"人民公社"制度背离了农村生产力和生产关系的现实,束缚了农民的积极性,因此上述目标的实现必然要求增强国家对乡村的治理和整合能力。而乡村治理和整合能力的提升又需要有组织上的保障,这又需要通过改变"人民公社"制度来实现。就此而言,农村基层政权组织改革和乡村治理能力的提升是相辅相成的,在一定程度上体现了农村国家政权建设的主权性维度。罗荣渠强调,在后发国家的现代化过程中,强大的国家导向与政治权力的推动是必不可少的。① 有效地推动社会主义现代化也要求国家加强在农村地区的国家政权建设,改变与现代化建设要求不相适应的传统基层政权组织形式及其制度,代之以适应农村经济社会发展要求和社会现代化需要的新的组织形式及其制度。其二是增强国家认同的需要。现代国家的一个重要表现是国民对国家的高度认同,而发展中国家要获得和保持国民对国家的高度认同并不是很容易的。亨廷顿认为,在发展中国家,存在多种原生的社会势力。"怎样把这些原生的社会势力糅合为单一的民族政治共同体,就成为一个越发棘手的问题。此外,现代化已造就出或者在政治上唤醒了某些社会和经济集团,这些集团过去或者根本就不存在,或者被排除在传统社会的政治范围之外,现在它们也开始参与政治活动了,它们要么被现存政治体制所同化,要么成为对抗或推翻现代政治体制的祸根。因此,一个处于现代化的社会,其政治共同体的建立,应当在'横向'上能将社会群体加以融合,在'纵向'上能把社会和经济集团加以同化。"② 在中国这样一个以农民为主体的发展中国家,获得农民的高度认同是建设现代国家的基本条件。而无论是横向的整合还是纵向的同化都需要通过一种制度安排将广大的农民群体吸收到国家体系之内。"人民公社"制度尽管也实现了将分散的农民高度整合到政权体系内的目标,但是由于"人民公社"制度的高度集权控制和平均主义分配,严重影响了农民和乡村社会的主动性和积极性,反而削弱了农民对国家的认同。

在此背景下,改革开放后,国家开始逐步改革政社不分的"人

---

① 罗荣渠:《现代化新论续编》,北京大学出版社1997年版,第119—120页。
② 〔美〕亨廷顿:《变化社会中的政治秩序》,生活·读书·新知三联书店1989年版,第336页。

民公社"制度，代之以政社分开的乡镇制度。以四川为例，1979年9月，四川省广汉县率先在向阳人民公社开展"政社分开"的改革试点，初步形成了党、政、经分设的基本组织框架。1980年6月18日，"四川省广汉县向阳人民公社"的牌子被摘了下来，10月，向阳乡人民代表大会召开，正式选举产立了向阳乡人民政府，由此掀开了四川省乃至全国"社改乡"的序幕。① 1982年宪法对农村基层政权形式进行了宪法上的规定，为政社分开的农村基层政权改革提供了宪法上的保障。1982年宪法第八条规定，"农村人民公社、农业生产合作社和其他生产、供销、信用、消费等各种形式的合作经济，是社会主义劳动群众集体所有制经济。"② 这就使得原来政社合一的人民公社回归到单纯的经济组织。第九十五条规定，"省、直辖市、县、市、市辖区、乡、民族乡、镇设立人民代表大会和人民政府。"③乡镇人民代表大会和人民政府构成农村基层政权组织，主要行使国家管理职能。宪法第一百一十条规定，"城市和农村按居民居住地区设立的居民委员会或者村民委员会是基层群众性自治组织。居民委员会、村民委员会的主任、副主任和委员由居民选举。居民委员会、村民委员会同基层政权的相互关系由法律规定。居民委员会、村民委员会设人民调解、治安保卫、公共卫生等委员会，办理本居住地区的公共事务和公益事业，调解民间纠纷，协助维护社会治安，并且向人民政府反映群众的意见、要求和提出建议。"④ 据此规定，在乡（镇）以下建立村民委员会，实行自治。截至1985年底，全国共建乡79306个、民族乡3144个、镇9140个、村民委员会948628个

---

① 刘文耀：《四川广汉向阳人民公社撤社建乡的前前后后》，载《中共党史研究》，2000年第2期。
② 《中华人民共和国宪法》，载《人民日报》，1982年12月5日，第1版。
③ 同上。
④ 同上。

和村民组588万多个。① 至此，"人民公社"制度终于退出了中国的历史舞台。由于农村乡镇政权建设是在现代化的背景下进行的，因而这一政权建设必然要契合后发国家通过国家权力推动现代化的发展方向。就此而言，改革后建立的乡镇政权尽管相对于人民公社而言，带有某种程度的权力下放的特性，即将原来由政权组织所执掌的经济和社会权力下放或返还给村庄和农民。② 但是，这种乡镇政权组织形式仍然是高度整合性的。这是因为，基层自治组织为乡镇政府整合基层社会提供了一种制度上的渠道。徐勇指出，"中国农村村民自治是在人民公社体制被废除的过程中形成的，它是国家下放权力，在通过家庭承包制给予农民经济自主权的同时，以村民自治体制赋予农民政治自主权，从而在新的历史条件下对农村进行整合和再组织的一种民主化治理方式。"③ 尽管改革后的农村基层社会由村民委员会实施自治，然而，村民委员会与乡镇政府之间的关系并非从此隔离，相反，乡镇政府需要对村民委员会进行指导、支持和帮助，村民委员会也需要协助乡镇政府对基层社会进行整合。1987年11月24日，第六届全国人大常委会第二十三次会议审议通过《中华人民共和国村民委员会组织法（试行）》，该法第三条规定，"乡、民族乡、镇的人民政府对村民委员会的工作给予指导、支持和帮助。村民委员会协助乡、民族乡、镇的人民政府开展工作。"④ 为此，村民委员会需要通过宣传、教育和管理等各项活动保障国家权力在基

---

① 国家统计局：《中国统计年鉴1997》，中国统计出版社1998年版，第366页。
② 徐勇：《政权下乡：现代国家对乡土社会的整合》，载《贵州社会科学》，2007年第11期。
③ 徐勇：《村民自治、政府任务及税费改革——对村民自治外部行政环境的总体性思考》，载《中国农村经济》，2001年第11期。
④ 《中华人民共和国村民委员会组织法（试行）》，载《人民日报》，1987年11月25日，第3版。

层社会的贯彻。该法第五条规定,"村民委员会应当宣传宪法、法律、法规和国家的政策,教育和推动村民履行依法应尽的义务,爱护公共财产,维护村民的合法的权利和利益,促进村和村之间的团结、互助,开展多种形式的社会主义精神文明建设活动。"① 第十六条规定,"村规民约由村民会议讨论制定,报乡、民族乡、镇的人民政府备案,由村民委员会监督、执行。村规民约不得与宪法、法律和法规相抵触。"② 其中,宪法、法律、法规和国家政策本身就是国家权力的象征和体现,社会主义精神文明建设则从精神的层面保障国家权力在基层得到认同和贯彻。乡镇政府与农村基层自治组织的指导与协助关系在法律上的厘清为乡镇政府整合基层社会提供了制度上的保障。

在实践中,乡镇政权与基层自治组织之间的关系则可能偏离法律规范的要求,形成了乡镇政权与村民自治组织之间的"乡村关系"问题。乡村关系问题的核心在于乡镇政权逾越了法定的职能,将对村民自治组织的指导、支持与帮助转变为领导、干预和控制,使得村民自治组织在一定程度上由自治组织变成政权组织体系中的基础环节。在这一体系中,基层自治组织需要完成乡镇政权交代的"任务",接受乡镇政权的"领导"。为什么会出现如此的乡村关系问题?对此,徐勇认为其深层次的原因是农村微观体制变革与国家宏观治理体制不配套,在实行村民自治的条件下,国家一直延伸到乡村的治理体制仍然是行政—命令式的治理体制,乡镇政权为完成日益增多的行政任务而将"要办什么,不办什么,先办什么,后办什么"的主导权控制在自己手中,为此采取各种行政措施控制村民委员会,

---

① 《中华人民共和国村民委员会组织法(试行)》,载《人民日报》,1987年11月25日,第3版。

② 同上。

将村民委员会行政化为自己的一条腿，村干部成为主要完成政府任务的"准行政干部"，其身份也由村民变为"村官"。① 实际上，顺此逻辑，我们可以进一步追问，为什么在村民自治的条件下，国家还是沿用行政—命令式的治理体制呢？这是由后发国家现代化与国家建设的历史任务决定的。前文已经指出，后发国家建设现代国家离不开国家权力的推动，为完成此目标，国家必然强调自上而下的政权组织建设和整合能力建设。在这样一个大的背景下，乡村关系问题的出现也就可以理解了。乡村关系问题在本质上就是村民自治组织的行政化问题，在现代化背景下，这一问题在农村基层社会的出现有一定的必然性。

二、民主—国家建设

这一时期国家建设不仅在民族—国家层面展开，而且也在民主—国家层面展开。民主—国家层面强调的是公民的权利，尤其是公民的民事和政治权利。对此，张静指出，"国家政权建设，并非只涉及权力扩张，更为实质性的内容是，它必定还涉及权力本身性质的变化，国家—公共（政府）组织角色的变化、与此相关的各种制度——法律、税收、授权和治理方式的变化，以及公共权威与公民关系的变化。"② 改革开放后，国家建设在民主—国家层面的展开主要表现为村民自治的启动和不断推进。村民自治的启动在一定程度上是人民公社体制解体的直接结果。"政社合一"的人民公社体制解体，使得国家权力从作为基层社会末梢的村社向上收缩到乡镇政权

---

① 徐勇：《村民自治的深化：权利保障与社区重建——新世纪以来中国村民自治发展的走向》，载《学习与探索》，2005年第4期。

② 张静：《国家政权建设与乡村自治单位——问题与回顾》，载《开放时代》，2001年第9期。

这一层级。一方面，国家权力撤出了农村基层社会，而另一方面，原来由国家权力处理的基层社会治安、纠纷裁决、公共事业和公益事务等事项仍然存在并随着基层经济社会的发展而不断扩展。在此背景下，村民自治作为填补国家权力撤出后留下的组织空缺以及应对基层社会治理的需要而提出来了。20世纪80年代初，广西河池地区宜山县、罗城县的农民群众自发建立起一种全新的基层组织形式——村民委员会，其最初的功能只是为了协助乡镇政府维持社会治安和集体水利设施，后来逐渐扩展到农村社区政治、经济、文化和社会生活多方面事务的自我管理，最终演化为一种基层群众性自治组织。之后，四川、河南、安徽、山东等部分地区也陆续出现了类似的农村基层组织形式。[①] 1982年宪法明确规定了村民委员会的基层群众性自治组织的地位。1983年10月，在《中共中央、国务院关于实行政社分开建立乡政府的通知》中，强调在建乡过程中，设立村民委员会，村民委员会是基层群众性自治组织。1987年《中华人民共和国村民委员会组织法（试行）》第二条具体规定了村民委员会的自治组织性质，"村民委员会是村民自我管理、自我教育、自我服务的基层群众性自治组织，办理本村的公共事务和公益事业，调解民间纠纷，协助维护社会治安，向人民政府反映村民的意见、要求和提出建议"[②]。同年7月，彭真在全国人大常委会讨论《中华人民共和国村民委员会组织法（试行）》时发表了长篇讲话，强调在村民委员会内，"农民群众按照民主集中制的原则，实行直接民主，要

---

① 中共中央党史研究室：《中国新时期农村的变革》上册，中共党史出版社1998年版，第196页。
② 《中华人民共和国村民委员会组织法（试行）》，载《人民日报》，1987年11月25日，第3版。

办什么，不办什么，先办什么，后办什么，都由群众自己依法决定"①。相对于民族—国家建设强调的主权性，民主—国家建设更多强调的是公民的权利。村民自治主要体现的就是国家建设在民主层面的展开。在此，村民委员会作为自治组织需要代表村民的利益，向政府反映村民的意见和要求，维护村民的权利。例如，上述组织法第四条规定，"村民委员会应当尊重集体经济组织依照法律规定独立进行经济活动的自主权，维护集体经济组织和村民、承包经营户、联户或者合伙的合法的财产权和其他合法的权利和利益。"② 值得注意的是，村民既是所在基层自治社会组织的成员，又是国家的公民，作为基层自治社会组织的成员享有集体赋予的权利，作为国家的公民则享有国家赋予的权利。在此，我们主要关注的是村民作为国家公民所享有的权利。1998年修订后的《中华人民共和国村民委员会组织法》进一步突出了对村民权利的重视和保障。例如，该法第一条增加了村民委员会"实行民主选举、民主决策、民主管理、民主监督"的表述，第四条对于乡镇政府与村民委员会关系的规定，新增了乡镇政府"不得干预依法属于村民自治范围内的事项"，第二十条规定村民自治章程、村规民约以及村民会议或者村民代表讨论决定的事项"不得有侵犯村民的人身权利、民主权利和合法财产权利的内容"③。上述规定都强调了对村民作为国家公民的权利保障。

在实践中，民主—国家层面的国家建设又是与民族—国家层面

---

① 《彭真文选》，人民出版社1991年版，第608页。
② 《中华人民共和国村民委员会组织法（试行）》，载《人民日报》，1987年11月25日，第3版。
③ 《中华人民共和国村民委员会组织法》，载《人民日报》，1998年11月5日，第3版。

的国家建设相互联系、相互影响的。改革开放以来乡镇政权组织的建立和逐步完善为村民自治的实施提供了秩序和权威的支持,在村民自治的实践中,农民的公民权也不断得以充实。然而,以村民自治为主要内容的农村民主—国家建设与以乡镇政权组织建设为主要内容的农村民族—国家建设又存在一定的张力,后者的强化必然会对前者造成一定的阻碍。因此,随着改革开放后农村基层政权组织建设的加强,村民自治组织日益出现了行政化的倾向并在实际上被纳入到基层政权组织体系中,"人民公社体制废除后,乡镇以下建立的村民委员会在性质上尽管属于群众性自治组织,却仍然属于乡镇管辖下的行政村,也就是说,政府工作最终要落实和延伸到村。国家的体制性权力虽然上收至乡镇,而功能性权力仍然会下沉到村。本来只是村民委员会给予协助的政府工作,却以政府任务的方式指定村民委员会完成,由此势必导致村民委员会的行政化。"[1] 这在相当大的程度上影响了村民自治组织自身功能的实现,也影响了农民公民权的实践发展。

第三节 农民公民权利的呈现

相对于改革开放前农民的公民权利而言,这一时期农民的公民权利既有积极发展的方面,仍然也有不足的地方。

---

[1] 徐勇:《村民自治、政府任务及税费改革——对村民自治外部行政环境的总体性思考》,载《中国农村经济》,2001年第11期。

一、民事权利

1. 农民自由迁徙权的变迁

（1）积极方面。这一时期，农民自由迁徙权相比改革开放之前有了较大的进步。其主要原因可以从客观和主观两个方面进行分析。客观上讲，随着经济体制改革的启动和推进，城市和工业的发展需要大量的能够自由流动的劳动力，而随着农村家庭联产承包责任制的渐次展开，原来隐藏在集体劳动制度背后的农村剩余劳动力不断显露出来，需要寻找新的就业机会。上述两种需要的对接客观上要求农民能够突破传统体制的束缚，实现自由迁徙和自由流动。主观上讲，执政党和政府逐渐认识到了市场经济改革导向下农民自由流动对促进经济运行和经济发展的必要性以及限制农民流动的传统制度安排的弊端，从而加快了制度改革，以此保障和促进农民的自由流动。这些制度安排的改革体现为几个配套的方面：其一是户籍制度的逐渐松动。前述改革开放以来户籍制度的改革历程即在一定程度上体现了户籍控制的放松对保障和促进农民自由流动的重要作用。其二是劳动用工制度的松动。改革开放前，在国家重工业优先的工业化战略导向下，为了向工业和城市提供支持，保障工业和城市的运行，农民往往成为限制进城和招工的对象。改革开放以来，工业和城市发展对劳动力的需要成为打破限制农民的传统劳动用工制度的强劲动力。在此背景下，农民得以不断突破传统劳动用工制度的限制而进入城市工作。尤其是随着国营和集体单位之外所有制企业的发展，这些单位受传统劳动用工制度的限制更少，而农民也更容易获得上述企业提供的就业机会。其三是统购统销制度的松动。农村家庭联产承包责任制实行以来，极大地解放了农村生产力，农业生产全面迅速增长，主要农产品供应紧缺状况得到很大改善。在此背景下，1985年，中共中央、国务院发布《关于进一步活跃农村经济的十项政策》，宣布从当年起除个别产品外，国家不再向农民下达农产品统购统派的任务。按照不同情况，分别实行不同的定购和市场收购，粮食、棉花取消统购，改为合同定购。如果说户籍制度的松动为农民流动到城市提供了推力的话，那么城市劳动用工制度和统购统销制度的松动则为农民流动到城市提供了强大的拉力，两者一起推动和保障着农民的自由迁徙和自由流动。

（2）仍然存在的不足。相对于改革开放以前而言，农民的自由迁移权出现了一些积极发展的情况。然而，这一时期的农民自由迁徙权也仍然存在着一些不足的地方。一是自由迁徙权的宪法保障不足。自由迁徙权作为一项重要的公民权利已经得到了诸多国际法的承认。1966年12月16日联合国大会通过了《公民权利和政治权利国际公约》，该公约第12条规定："一、合法处在一国领土内的每一个人在该领土内有权享受居住和迁徙自由和选择住所的自由。二、人人有自由离开任何国家，包括其本国在内。三、上述权利，除法律所规定并为保护国家安全、公共秩序、公共卫生或道德、或他人的权利和自由所必需且与本公约所承认的其他权利不抵触的限制外，应不受任何其他限制。四、任何人进入其本国的权利，不得任意加以剥夺。"[①] 1998年底，中国政府签署了联合国《公民权利和政治权利国际公约》。这就意味着保障公民的自由迁徙权作为一项国际法原则得到了中国政府的认可。然而，自从1975年《宪法》将公民的居住和迁徙自由从宪法条文中予以取消之后，这一时期的1978年宪法和1982年的宪法都没有恢复居住和迁徙自由的规定，从而使得保障包括农民在内的公民自由迁徙权缺乏宪法的保障。二是自由迁徙权

---

① 董云虎、刘武萍：《世界人权约法总览》，四川人民出版社1990年版，第975页。

但对于劳动改造与公民的关系，也没有明确的阐述。1953年2月11日邓小平在中央人民政府委员会上作《关于"中华人民共和国全国人民代表大会及地方各级人民代表大会选举法"草案的说明》时着重谈到了不同群体选举资格的甄别问题，"选民登记中的最大问题，是关于选民资格的确定。在这方面，无论城市或农村，都在一系列的民主改革运动中，遗留了一批尚待解决而在这次必须加以解决的问题。例如对于地主阶级分子，需要确定哪些是经过五年以上劳动改造而又完全服从政府法令、没有任何反动行为应依法改变成分并给以政治权利的，哪些是尚未具备上述条件不应改变成分的。对于地主阶级的青年子女，需要确定哪些是没有参加过直接剥削而又完全服从政府法令应给以政治权利的，哪些是没有具备上述条件不应给以政治权利的。对于富农分子，一般并不存在有无政治权利的问题，即使说他们是有政治权利的，但在老解放区，对于旧富农分子有无政治权利的问题，需要按照政务院一九五〇年八月四日的决定加以甄别和确定"[①]。但这中间还是规定得比较模糊抽象。对此，1953年2月中央人民政府委员会通过的《中华人民共和国全国人民代表大会和地方各级人民代表大会选举法》（以下简称《选举法》）第五条作了概括性的规定，依法尚未改变成分的地主阶级分子，无选举权和被选举权。[②] 1956年1月23日中央政治局提出的《一九五六年到一九六七年全国农业发展纲要（草案）》在谈到原地主富农分子入社时指出："对于过去的地主分子和已经放弃剥削的富农分子要求入社的问题，在1956年内应当开始着手解决。解决的办法是：

[①] 邓小平：《关于"中华人民共和国全国人民代表大会及地方各级人民代表大会选举法"草案的说明》，载《人民日报》，1953年3月3日，第1版。

[②] 《中华人民共和国全国人民代表大会和地方各级人民代表大会选举法》，载《人民日报》，1953年3月2日，第1版。

的制度保障不足。尽管改革开放以来随着户籍制度、劳动用工制度和统购统销制度等的松动，农民在自由流动和自由迁徙方面有了一定程度的选择权。但是由于上述制度尤其是户籍制度和劳动用工制度并未从根本上进行改革，甚至随着具体情况的不同而有所反复，这就使得农民的自由迁徙权缺乏制度上的保障，反而是受到制度上的阻碍。三是自由迁徙权的实现途径受限。这一时期，尽管相关制度有所宽松，但农民要获得城市居民的身份，其途径基本上只有三条：一是通过联姻，或者被没有小孩的直系亲属收养。二是被城市工厂招聘进城，然后获得城市户口，但这种机会极少。三是考大学或参军，大学毕业后分配到城市，或做了军官以后转业被安置到城市工作。这三条道路不仅狭窄，而且竞争异常激烈，一般的农民实际上是很难走通的。① 这就说明，在改革开放后的相当一段时期内，农民实现自由迁徙的途径还是相当少的。

2. 农民土地权的变迁

建国后的土地改革运动使得农民成了小块土地的主人，拥有了土地的所有权。随着农村集体化的推进和人民公社制度的建立，包括土地在内的生产资料逐渐收归集体所有。1982年宪法第十条明确规定："城市的土地属于国家所有。农村和城市郊区的土地，除由法律规定属于国家所有的以外，属于集体所有；宅基地和自留地、自留山，也属于集体所有。"第八条规定，"参加农村集体经济组织的劳动者，有权在法律规定的范围内经营自留地、自留山、家庭副业和饲养自留畜。"② 1986年6月25日通过的《中华人民共和国土地管理法》第二条规定，"中华人民共和国实行土地的社会主义公有

---

① 文军：《论我国城市劳动力新移民的系统构成及其行为选择》，载《南京社会科学》，2005年第1期。

② 《中华人民共和国宪法》，载《人民日报》，1982年12月5日，第1版。

制,即全民所有制和劳动群众集体所有制。任何单位和个人不得侵占、买卖、出租或者以其他形式非法转让土地。国家为了公共利益的需要,可以依法对集体所有的土地实行征用。"① 据此规定,土地的所有权是属于国家或集体的,农民无权买卖或出租土地。1988年12月29日第七届全国人大常委会第五次会议通过的《全国人民代表大会常务委员会关于修改〈中华人民共和国土地管理法〉的决定》删去了第二条中"出租"土地的表述,改为"任何单位和个人不得侵占、买卖或者以其他形式非法转让土地"②。上述修改规定为农民依法流转土地的使用权去除了法律上的障碍。1998年8月29日第九届人大常委会第四次会议修改通过的《中华人民共和国土地管理法》明确规定,"土地使用权可以依法转让"③。这就为农民土地使用权的依法流转提供了法律上的保障。对于农村土地的所有权和使用权,1986年通过的《中华人民共和国土地管理法》规定,"农村和城市郊区的土地,除法律规定属于国家所有的以外,属于集体所有;宅基地和自留地、自留山,属于集体所有。""国有土地可以依法确定给全民所有制单位或者集体所有制单位使用,国有土地和集体所有的土地可以依法确定给个人使用。使用土地的单位和个人,有保护、管理和合理利用土地的义务。""集体所有的土地依照法律属于村农民集体所有,由村农业生产合作社等农业集体经济组织或者村民委员会经营、管理。已经属于乡(镇)农民集体经济组织所有的,可以属于乡(镇)农民集体所有。村农民集体所有的土地已经分别属于村内两个以上农业集体经济组织所有的,可以属于各该农业集体

---

① 《中华人民共和国土地管理法》,载《人民日报》,1986年6月27日,第2版。
② 《全国人民代表大会常务委员会关于修改〈中华人民共和国土地管理法〉的决定》,载《人民日报》,1988年12月31日,第4版。
③ 《中华人民共和国土地管理法》,载《人民日报》,1998年9月2日,第8版。

经济组织的农民集体所有。"① 1998年修改通过的《中华人民共和国土地管理法》进一步明确规定,"农民集体所有的土地依法属于村农民集体所有的,由村集体经济组织或者村民委员会经营、管理;已经分别属于村内两个以上农村集体经济组织的农民集体所有的,由村内各该农村集体经济组织或者村民小组经营、管理;已经属于乡(镇)农民集体所有的,由乡(镇)农村集体经济组织经营、管理。"② 也就是说,农村土地的所有权同使用权是分开的。农民对这些土地拥有使用权,但没有所有权。改革开放以来,随着工业化和城市化的推进,城市数量增多和空间拓展对土地资源的需求越来越大,这种需要主要是通过不断占有周边农村的土地而得以实现的。而城市和工业建设对土地资源的占有意味则一部分农民将失去土地。在理想的情况下,如果土地从农民手中的转移伴随着农民身份的转换和权利保障制度的完善,那么,农民是愿意转让手中的土地的。然而,在身份管理和社会保障制度不健全的情况下,农民土地的转让则往往意味着农民的生存失去保障。改革开放之初,国家在沿海城市设立了一些经济开发区,各地也设立了一些地方经济开发区,这些开发区的建设占有了城市周边农民的一部分土地。但总的来说,80年代农村土地被侵占的规模还是比较小的。统计资料显示,在1991年前,全国仅有117个开发区。1992—1993年,平均每天诞生5个以上的开发区,到1993年初,全国乡镇以上开发区已达8700多个,占有土地1.5万平方公里。而1997年,全国开发区规划面积就达到1.2万平方公里。③ 一方面是农民土地的大规模流失,另一方面却是农民在土地流转收益中所得的极少的份额。据国家有关统计资

---

① 《中华人民共和国土地管理法》,载《人民日报》,1986年6月27日,第2版。
② 《中华人民共和国土地管理法》,载《人民日报》,1998年9月2日,第8版。
③ 沈种、张冉然:《农地博弈》,载《瞭望》,2004年第19期。

料显示,在土地收益分配中,农民只得5%—10%,村一级得25%—30%,政府及部门得60%—70%。① 土地收益中的绝大部分为政府所得,而失去土地的农民则拿到了土地流转收益中的极少部分,这显然无法保障农民的生存和发展权利。

二、政治权利

1. 农民的选举权和被选举权

(1) 积极的方面。一是宪法保障的增强。1954年《宪法》规定,"中华人民共和国年满十八岁的公民,不分民族、种族、性别、职业、社会出身、宗教信仰、教育程度、财产状况、居住期限,都有选举权和被选举权。但是有精神病的人和依照法律被剥夺选举权和被选举权的人除外。"② 这一宪法上的规定,为农民享有平等的选举权提供了宪法保障。在"文革"期间修改的1975年《宪法》只是简单规定为,"年满十八岁的公民,都有选举权和被选举权。依照法律被剥夺选举权和被选举权的人除外。"同时,"中华人民共和国公民在法律上一律平等"③ 的条文也被取消了。1978年《宪法》在公民权利规定上有不少改进,但由于历史条件的限制,对于公民选举权和被选举权的规定沿用了1975年的规定。1982年《宪法》重新恢复了"中华人民共和国年满十八周岁的公民,不分民族、种族、性别、职业、家庭出身、宗教信仰、教育程度、财产状况、居住期限,都有选举权和被选举权"和"中华人民共和国公民在法律面前一律平等"的规定。这对于促进农民选举权和被选举权的平等发展具有重要的意义。二是城乡渐趋平等。自人大制度建立起来后,城乡就各

---

① 万朝林:《失地农民权益流失与保障》,载《理论与改革》,2004年第1期。
② 《中华人民共和国宪法》,载《人民日报》,1954年9月21日,第2版。
③ 《中华人民共和国宪法》,载《人民日报》,1975年1月20日,第1版。

自按照一定的人口比例选举人大代表。1953 年《中华人民共和国全国人民代表大会和地方各级人民代表大会选举法》（以下称为《选举法》）没有直接规定各级人大代表应选额的城乡人口比例差别，而是通过规定城镇和非城镇地区选举各级人大代表的人口比例间接体现了这种差别。1979 年 7 月五届全国人大二次会议对《选举法》进行了修改，并直接规定了各级人大代表应选额的城乡比例差别。不同层级人大代表选举的城乡人口比例也是有区别的。一般来说，由于乡镇城乡人口结构相对单一，这一层级人大代表选举的城乡人口差别并不突出，选举法也就没有关于这一问题的专门规定。然而，在乡镇级以上，人大代表的选举就体现了较为明显的城乡人口比例差异。越往较高的层级，人大代表选举的城乡人口比例差异就越明显。例如，1979 年《选举法》第十条、十一条、十二条和十四条分别对地方和全国人大代表应选举额的城乡比例差别作了具体规定。其中第十条规定，"自治州、县、自治县人民代表大会代表的名额，由本级人民代表大会常务委员会按照农村每一代表所代表的人口数四倍于镇每一代表所代表的人口数的原则分配。人口特少的人民公社、镇，也应有代表参加。"第十一条规定，"直辖市、市、市辖区的农村每一代表所代表的人口数，应多于市区每一代表所代表的人口数。"第十二条规定，"省、自治区人民代表大会代表的名额，由本级人民代表大会常务委员会按照农村每一代表所代表的人口数五倍于城市每一代表所代表的人口数的原则分配。"第十四条规定，"省、自治区、直辖市应选全国人民代表大会代表的名额，由全国人民代表大会常务委员会按照农村每一代表所代表的人口数八倍于城市每一代表所代表的人口数的原则分配。"① 随着改革开放和城市化的推

---

① 《中华人民共和国全国人民代表大会和地方各级人民代表大会选举法》，载《人民日报》，1979 年 7 月 5 日，第 1 版。

进,不同层级人大代表选举的城乡人口比例差异都呈现缩小的趋势。例如,1982年12月10日第五届全国人民代表大会第五次会议对1979年选举法中选举县级人大代表的城乡人口比例差异进行了修改,规定"县、自治县行政区域内,镇的人口特多的,或者不属于县级以下人民政府领导的企业事业组织的职工人数在全县总人口中所占比例较大的,经省、自治区、直辖市的人民代表大会常务委员会决定,农村每一代表所代表的人口数同镇或者企业事业组织职工每一代表所代表的人口数之比可以小于四比一直至一比一。"[①] 这就在一定程度上缩小了农民与非农业户籍者选举县级人大代表的人口比例差距。此后《选举法》又经过了1982年、1986年、1995年和2004年的四次修正,但自治州、县、自治县人大代表名额确定或分配的城乡人口比例一直沿用了该规定。省级人大代表选举的城乡人口比例差距同样有缩小的趋势,1995年2月28日,第八届全国人大常委会第12次会议在作《选举法》修正时,对省级人大代表选举中城乡人口比例差距进行了限制。该法第十四条规定,"省、自治区的人民代表大会代表的名额,由本级人民代表大会常务委员会按照农村每一代表所代表的人口数四倍于城市每一代表所代表的人口数的原则分配。"[②] 据此规定,省、自治区人大代表选举的城乡人口比例关系从1:5缩减到1:4。与此同时,该法对直辖市人大代表选举中城乡人口比例差距也进行了限制,仅规定直辖市农村每一代表所代表的人口数应多于市区每一代表所代表的人口数,相对于之前的1:5,无疑大大缩减了直辖市人大代表选举中城乡人口比例差距。此后2004年修正后的《选举法》沿用了该规定。全国人大代表选举的城乡人

[①] 《五届人大五次会议关于修改全国人大和地方各级人大选举法的若干规定的决议》,载《人民日报》,1982年12月11日,第2版。

[②] 《全国人大和地方各级人大选举法》,载《人民日报》,1995年3月1日,第3版。

口比例差距也有缩小的趋势，1995 年修正后的《选举法》将全国人大代表名额的分配原则，由农村每一代表所代表的人口数八倍于改为四倍于城市每一代表所代表的人口数；将省、自治区的人大代表名额的分配原则，由农村每一代表所代表的人口数五倍于改为四倍于城市每一代表所代表的人口数，并新增第二十五条规定"城镇各选区每一代表所代表的人口数应当大体相等。农村各选区每一代表所代表的人口数应当大体相等"①。这就在此前的基础上进一步缩小了选举权的城乡差距，这体现了农民选举权和被选举权保障的进步。

（2）不足的方面。这一时期农民的选举权和被选举权仍然存在不足，主要体现在以下三方面。一是应选代表名额的城乡差距仍然存在。以全国人大代表的选举为例，1953 年 2 月的《选举法》规定，全国人大代表的名额按照农村每一代表所代表的人口数八倍于城市一代表所代表的人口数的原则分配。1995 年 2 月对《选举法》进行修订时，将农村与城市人口选举全国人大代表的比例关系由八倍改为四倍。尽管相对于之前农民的选举权已经有了较大的提升，但与城市居民相比，农民的选举权显示还是不平等的。这一时期农民代表在全国人大的构成比例与其总人数仍然不相称，第七届有农民代表 321 人，占 10.5%；第八届 280 人，占 9.4%；第九届 240 人，占 8.1%（见表 6）。

表6　第七届至第九届全国人民代表大会代表构成统计表（单位：人，%）

	总名额	农民名额	农民比例%	工人名额	工人比例%	干部名额	干部比例%	知识分子名额	知识分子比例%
七届	2970	321	10.5	363	12.5	733	24.7	697	23.4
八届	2978	280	9.4	332	11.2	842	28.3	988	33.2
九届	2979	240	8.1	323	10.8	649	21.8	628	21.1

---

① 《全国人大常委会关于修改全国人大和地方各级人大选举法的决定》，载《人民日报》，1995 年 3 月 1 日，第 3 版。

数据来源：《历届全国人民代表大会代表构成统计表》，载《人民日报》，1999年9月15日，第10版；张富良：《完善人民代表大会制度保障农民民主政治权利》，载《人大研究》，2004年第10期。

而且，从上述数据可以看出，农民在人大代表名额中所占比例在这一时期有逐渐下降的趋势。二是农民代表的实际名额还远低于根据规定所应得到的代表名额。1982年12月10日，五届全国人大五次会议通过了《关于六届人大代表名额和选举问题的决议》，决定各省、自治区、直辖市应选全国人大代表的名额，农村人口比例为每104万人选代表1人，市镇人口比例为每13万人选代表1人。人口特少的省、自治区，代表名额不得少于15人。① 第七届和第八届全国人大代表的选举维持了与之前相同的办法。据此规定，第七、八届全国人大代表选举中，规定按照每104万农村人口选举1名全国人大代表，1995年2月全国人大对选举法进行了修订，1997年3月14日，第八届全国人大五次会议通过《关于第九届全国人大代表名额和选举问题的决定》，规定各省、自治区、直辖市应选九届全国人大代表名额，农村按人口每88万人选代表1人，城市按人口每22万人选代表1人。② 根据国家统计局公布的数据，1987、1992和1997年末，全国有乡村人口分别为81626、84799、86637万人。③ 按照上述全国人大代表的选举规定，分别应该选举全国人大代表785、815、985人，当然，这里所说的应选人大代表不一定就是农民身份的代表，因为能否代表农民利益与代表的身份没有必然的联系。

---

① 全国人大常委会办公厅研究室编：《中华人民共和国人民代表大会文献资料汇编（1949—1990）》，中国民主法制出版社1990年版，第183页。

② 《八届全国人大五次会议关于第九届全国人大代表名额和选举问题的决定》，载《人民日报》，1997年3月15日。

③ 国家统计局：《中国统计年鉴1999》，中国统计出版社1999年版，第111页。

但是，由于农民的利益与农民身份有着内在的联系，如果不能保证一定数量的农民身份的代表，就难以充分代表和保障农民的权益。而在第七、八、九届全国人大代表中，实际选出的农民身份的代表人数分别为321、280、240人，分别仅为农村人口应选代表人数的41%、34%、24%，还是与应选人数存在着较大的差距（见表7）。

表7 第七届至第九届应选和实选全国人民代表大会代表统计表（单位：人，%）

	七届人大	八届人大	九届人大
代表总数	2970	2978	2979
应选代表	785	815	985
实选农民代表	321	280	240
实选占应选比例	41	34	34

资料来源：《历届全国人民代表大会代表构成统计表》，载《人民日报》，1999年9月15日，第10版；国家统计局：《中国统计年鉴1999》，中国统计出版社1999年版，第111页。

三是农民工选举权和被选举权的缺失。随着改革开放的启动和不断推进，农民越来越多地进入城市成为农民工。1982年修改通过的《选举法》第二十二条规定，"不设区的市、市辖区、县、自治县、乡、民族乡、镇的人民代表大会的代表名额分配到选区，按选区进行选举。选区应按生产单位、事业单位、工作单位和居住状况划分。"第二十三条规定，"选民登记按选区进行。"① 上述规定尽管没有明确农民工的选区是按生产单位还是居住状况划分，但由于在当时农民外出规模还不大，而且农民工在户籍身份上属于农民，因此农民工的选区是在农村，应该在户籍所在地参与选举与被选举。随

---

① 《中华人民共和国全国人民代表大会和地方各级人民代表大会选举法》，载《人民日报》，1982年12月16日，第1版。

着农民工外出规模的日益扩大,1983年通过的《全国人民代表大会常务委员会关于县级以下人民代表大会代表直接选举的若干规定》对农民工的特殊情况进行了变通规定:"选民在选举期间临时在外地劳动、工作或者居住,不能回原选区参加选举的,经原居住地的选举委员会认可,可以书面委托有选举权的家属或者其他选民在原选区代为投票。选民实际上已经迁居外地,但是没有转出户口的,在取得原选区选民资格的证明后,可以在现居住地的选区参加选举。"但由于农民工离家远,回去参与选举和办理选民资格证明成本都较高,而且该规定只是说可以参与现居住地的选举,但"可以"并不表示其一定能够在现居住地参与选举。这就使得农民工选举权和被选举权在很大程度上是缺失的。针对农民工大量进城务工对选举工作带来的新情况,1986年修改通过的《选举法》第二十二条将选区划分标准修改为,"选区可以按居住状况划分,也可以按生产单位、事业单位、工作单位划分。"第二十三条增加了原选区和新选区的规定,"对选民经登记后迁出原选区的,列入新迁入的选区的选民名单。"然而,由于对于改变选区没有进行明确的规定以及可能给农民工带来的不方便,实际上对农民工选举权和被选举权保障带来的影响较小。

2. 农民的结社权

建国之后,农民的结社权在实践中经历了一个变迁的过程。随着"土地改革"在全国范围内的完成,作为农村改革土地制度合法执行机关的农民协会逐渐为乡村政权所取代,20世纪60年代作为阶级斗争动员工具的贫下中农协会在全国各地纷纷出现,也在一定程度上体现了农民结社的权利。"文化大革命"结束后,大规模阶级斗争逐渐停止,1978年中共十一届三中全会将党的中心工作转移到经济建设上来,作为阶级斗争产物的贫下中农协会也逐渐被取消。不过，20世纪80年代农民协会在湖北省普遍建立，是这一时期农民结社权的重要实践。1980年4月湖北省武昌县农会正式成立，这是改革开放后成立的全国第一个县农会。到1981年11月底，湖北省普遍建立了农会组织。1982年2月湖北省正式成立全国第一个省级农会。然而，在20世纪80年代中期的机构改革中，农会机构面临撤并等困境。鉴于当时的困难处境，1986年7月24日中共湖北省委常委会决定撤销省农会，8月15日中共湖北省委发出《关于撤销省农会办事机构问题的通知》，全省各级农会机构被撤销。① 此后农民的结社权长期处于虚置状态。改革开放后，农民的结社权也开始分为留守农民的结社权和农民工的结社权。

随着改革开放和城市化的不断推进，越来越多的农民进入城市成为农民工。在中国社会转型时期，农民工在新旧体制的过渡背景下具有复杂的身份特征：从职业角度来讲，农民工属于工人；而从户籍角度来讲，在取得城市非农户籍之前，农民工仍然属于农业户籍，属于农民。与农村相对单一的环境不同，城市是一个陌生人社会，农民工在工作和生活中也经常面临一些待遇不公和权益受损的情况，迫切需要有专门的团体来代表和维护其利益。然而，尴尬的是，农民工的双重属性使得其难以被代表和维护职工权益的《中华人民共和国工会法》（以下简称《工会法》）所接纳。1992年修改通过的《工会法》第三条规定，"在中国境内的企业、事业单位、机关中以工资收入为主要生活来源的体力劳动者和脑力劳动者，不分民族、种族、性别、职业、宗教信仰、教育程度，都有依法参加和组织工会的权利。"② 依此规定，农民工应该是符合参加和组织工会条件的，但该法第二条规定，"工会是职工自愿结合的工人阶级的群众

---

① 郭圣福：《贫下中农协会述论》，载《中共党史研究》，2005年第6期。
② 《中华人民共和国工会法》，载《人民日报》，1992年4月9日，第3版。

组。"① 由于农民工在国有和集体企业中多是作为临时工而工作的，一般不被视为职工，因此在实践中往往不被接纳进入工会。该法没有专门针对农民工进行规定，也没有对农民工人数较多的私营企业进行规定，这就使得农民工参加和组织工会的权利没有得到有效的保障。而农民结社权虚置的现实又意味着没有专门的团体来代表和维护农民工属性中农民的权益。1994—1995 年在全国开展的对35000 多农民工的问卷调查显示，有 31％的被调查对象回答说他们在城市里感到生命和财产不安全。② 这一数据在一定程度上与农民工结社权的缺位不无关系。当然，农民工有时也会争取工会的支持以维护自身的权益，例如，1994 年一家设在珠海的香港唱片厂共有4000 多名农民工，其中有 2000 多人参与了为期三天的罢工，并争取到了工会成员的支持，最终满足了农民工的要求。③ 在这一过程中，农民工也逐渐认识到参与工会对于维护自身权益的重要性，并积极争取加入工会。不过，在这一时期，根据《工会法》的规定，农民工很少被视为正式的职工，也就难以被接纳进入工会，至少在 2000 年前仍然如此。

三、社会权利

1. 农民的受教育权

改革开放后，宪法和相关法律日益重视对公民受教育权利的规定。1978 年《宪法》第五十一条规定："公民有受教育的权利。国家逐步增加各种类型的学校和其他文化教育设施，普及教育，以保证

---

① 《中华人民共和国工会法》，载《人民日报》，1992 年 4 月 9 日，第 3 版。
② 张晓辉、赵长保、陈良彪：《1994：农村劳动力跨区域流动的实证描述》，载《战略与管理》，1995 年第 6 期。
③ 〔美〕苏黛瑞：《在中国城市中争取公民权》，浙江人民出版社 2009 年版，第 315 页。

公民享有这种权利。"1982年《宪法》第四十六条规定，中华人民共和国公民有受教育的权利和义务。国家培养青年、少年、儿童在品德、智力、体质等方面全面发展。第十九条规定，国家发展社会主义的教育事业，提高全国人民的科学文化水平。国家举办各种学校，普及初等义务教育，发展中等教育、职业教育和高等教育，并且发展学前教育。国家发展各种教育设施，扫除文盲，对工人、农民、国家工作人员和其他劳动者进行政治、文化、科学、技术、业务的教育，鼓励自学成才。国家鼓励集体经济组织、国家企业事业组织和其他社会力量依照法律规定举办各种教育事业。1986年7月1日施行的《中华人民共和国义务教育法》（以下简称《义务教育法》）第四条规定"国家、社会、学校和家庭依法保障适龄儿童、少年接受义务教育的权利"，第十条规定"国家对接受义务教育的学生免收学费"。1995年公布的《中华人民共和国教育法》第九条第一款作出了与现行《宪法》第四十六条相同的规定，第二款规定："公民不分民族、种族、性别、职业、财产状况、宗教信仰等，依法享有平等的教育机会。"第三十六条规定："受教育者在入学、升学、就业等方面依法享有平等权利。"上述规定为农民的受教育权提供了宪法和法律上的保障。教育的基础是义务教育，受教育权的保障也主要体现在接受义务教育权利的保障上。客观地说，改革开放以来，中国农民接受义务教育的情况有了相当大的改善。据统计，"到1997年底，全国已有13个省、自治区、直辖市和2300个县级单位基本扫除青壮年文盲，90%的人口、地区普及了六年义务教育，65%的人口、地区普及了九年义务教育"。① 然而，与城市居民相比，农民接受义务教育的权利还有一定的差距。

---

① 《人民日报》，1998年10月12日，第1版。

改革开放以来,随着农民向城市的流动,农村儿童接受义务教育的权利可以分为留守儿童和流动儿童的义务教育受教育权。

首先来看留守儿童的受教育权。1985年,中共中央颁布了《关于教育体制改革的决定》,规定对义务教育开始实行"分级办学、分级管理",使地方政府成为义务教育经费筹集的直接责任者。1986年实施的《义务教育法》规定,"义务教育事业,在国务院领导下,实行地方负责,分级管理。"这就进一步明确了各级政府在义务教育事业中的职能和地位。同年9月由国家教育委员会等发布的《关于实施〈义务教育法〉若干问题的意见》进一步规定,"农村中小学校舍建设投资,以乡、村自筹为主。地方人民政府对经济有困难的地方,酌情予以补助。"根据国务院发展研究中心的调查,自实施义务教育以来,在农村义务教育资金的投资比例中,中央政府负担的部分仅为2%,省和地区(包括地级市)的负担部分合起来也只有11%,县和县级市的负担为9%,而乡镇则负担了全部的78%。[①] 在实践中,由于地方财政实力的差异,要由农村基层政府承担大部分义务教育经费是有很大困难的。张玉林分析指出,尽管乡镇政府的财政收入主要来自农民交纳的税收,但即便乡镇政府将其60%—80%的财政支出都用于义务教育,仍然不能满足需求,因此乡镇政府必须对农民重复进行教育费用征收。自1985年开始政府财政取消了对农村每个中学生31.5元、小学生22.5元的教育拨款,在全国范围内对农民征收"教育附加费",征收基准原则上为农民纯收入的1.5%—2.0%以来,征收金额逐年增加,1998年达到165亿元,而在1985—1999年的十五年间,其总额超过了1100亿元。[②] 由于城市政府税源相对广泛,财政实力相对雄厚,因此义务教育"地方负责、

---

① 张玉林:《中国城乡教育差距》,载《战略与管理》,2002年第6期。
② 同上。

分级管理"的体制造成城市中小学教育全部由政府投资,农村中小学教育则以摊派的方式由农民掏腰包解决,农村的义务教育由政府的主要责任变为农民的主要义务。① 对于义务教育实行"地方负责、分级管理"的原因,国家教委和财政部于 1987 年 6 月共同制订的《关于农村基础教育管理体制改革若干问题的意见》解释为,"基础教育是地方事业,担负着为地方培养和输送劳动后备力量的重要任务。基础教育办得好坏,直接关系到地方经济和社会的发展与进步。基础教育又是国民教育,其发展速度的快慢、质量的高低,直接关系着整个民族的素质。我国是一个人口众多、地域辽阔的大国,各地区、各民族的经济、文化发展很不平衡。发展基础教育必须从这一特点出发,充分发挥地方和全社会的作用,坚持因地制宜,讲求实效,分类指导。把发展基础教育的责任交给地方,实行地方负责、分级管理,正是从实际出发,推动基础教育更好地面向当地经济和社会的需要、稳步健康发展的重要措施。""农村经济体制改革的成功带来了农村经济的蓬勃发展,这不但对教育提出了更为迫切的要求,而且为教育管理体制改革提供了良好的社会环境,创造了有利条件。"② 其主要逻辑包括两个方面,一是认为义务教育是地方的事务,二是认为农村经济的发展为义务教育的经费筹集提供了条件。基于上述逻辑,该意见明确规定,基础教育实行地方负责以后,"对农村基础教育,省、地(市)必须加强领导,同时,应把县、乡两级职责权限的划分作为工作重点"③。"县一级政府,长期以来担负着管理农村学校的重要责任。目前,县财政拨款仍是农村基础教育经

---

① 易承志、龙翠红:《社会主义新农村建设中的政府能力:公共产品的视角》,载《公共管理学报》,2007 年第 1 期。

② 《关于农村基础教育管理体制改革若干问题的意见》,http://www.people.com.cn/item/flfgk/gwyfg/1987/206002198701.html。

③ 同上。

费的主要来源。……各县要根据中央的方针政策,从当地实际出发,把教育事业的发展纳入全县的总体规划;制定调动本地区各级政府和社会力量办学积极性的具体办法;抓好干部和师资队伍建设,制定有关民办教师的政策,检查贯彻落实情况,努力改善办学条件;加强对教学业务的指导,不断提高教育质量,在扎扎实实普及小学教育的基础上,有计划、有步骤地普及九年义务教育;规划和调整教育结构,使基础教育、职业技术教育、成人教育更好地结合起来,使教育与经济协调发展,着重为当地的经济和社会发展服务"①。"乡是我国农村的基层政权。扩大乡一级管理农村学校的职责权限,是这次改革的一个重要特点。……目前不宜把乡一级的职责权限搞得过大。为了充分发挥乡管教育的作用,乡应成立管理教育的机构。这个机构可由乡政府、企业、学校负责人及财税等有关人员兼职组成。乡管学校的机构要在乡政府直接领导和县教育行政部门的指导下,行使上级赋予自己的职权,做好职责范围之内的各项工作。如:协助县教育行政部门搞好教育规划和教师、教育行政干部队伍建设;筹措并管好、用好本乡教育经费,切实解决民办教师工资福利待遇问题;密切学校与社会的联系,逐步改善办学条件等。乡管教育要充分发挥现有学区和中心中学、小学在教育行政业务方面的作用"②。"村是我国农村基层的自治组织。在农村基础教育管理体制改革中,要注意发挥村在解决危房、改善办学条件、提高教师待遇、筹措解决民办教师的工资、管好学校财产、维护学校权益、动员适龄儿童入学、参与监督学校工作等方面的作用"③。从上述各条规定可以看

---

① 《关于农村基础教育管理体制改革若干问题的意见》,http://www.people.com.cn/item/flfgk/gwyfg/1987/206002198701.html.
② 同上。
③ 同上。

出，县和乡级政府主要承担的是一些义务教育的管理责任，但义务教育的经费负担，有很大一部分切实地落到了农民的身上。正是基于上述逻辑，该意见认为征收教育事业费附加，是调动地方和社会办学积极性、促进基础教育发展的重要措施，体现了"取之于民，用之于民"的精神。从长远看，这样做不但有利于基础教育的发展，而且有利于农村经济的发展，符合农民的根本利益，不应视为"加重农民负担"。① 实际上，上述逻辑是有一定缺陷的。其一，义务教育是地方的事务，但绝不仅仅是地方事务，更是一个国家的事务，从根本上关系着国家的发展，是一个国家应该提供的公共产品。其二，尽管20世纪80年代农村经济的发展促进了农民收入的增长，但农民的绝对收入还是较低的，且与城市居民存在较大的差距。而城市义务教育已经由政府负责提供了，如果由农民自己负责筹集义务教育的经费，不仅会增加农民的负担，扩大城乡收入差距，而且会加剧城乡义务教育的不均衡，影响农民受教育权的实现。

从国际上看，以中央和省级政府作为农村义务教育投资主体，也是许多国家通行的做法。根据经济合作与发展组织1994年对其相关数据的20个成员国统计，由中央政府作为投资主体的国家有十个，由高层地方政府作为投资主体的国家有七个，由基层地方政府作为投资主体的只有三个。例如1994年以初等和中等教育公共经费的分担比例为例，美国联邦政府承担8%，州政府承担48%，地方学区承担44%；德国联邦政府承担3%，州政府承担77%，乡政府承担19%；法国中央政府承担72%，省政府承担12%，乡镇政府承担16%；日本中央政府承担23%，其余77%由两级地方政府各承担

---

① 《关于农村基础教育管理体制改革若干问题的意见》，http://www.people.com.cn/item/flfgk/gwyfg/1987/206002198701.html.

一半左右；韩国中央政府承担96%，市、道政府承担4%。① 义务教育投资的城乡差异和国别差异，反映了改革开放后一定时期内中国农民承担了较重的义务教育经费负担，也在很大程度上影响了留守儿童受教育权的实现。根据张玉林的计算，自1986年《义务教育法》颁布实施到2000年的15年间，中国大约有1.5亿左右的人完全没有或没有完全接受义务教育。其中除了未入小学的数千万人之外，还包括小学阶段失学的3791.5万人、小学毕业后未能升学的5000多万人，以及初中阶段失学的3067.6万人。②

再来看流动儿童的受教育权。随着改革开放的推进，大量农村外出务工劳动力（即后来所称的农民工）进入城市从事各种职业。当农民工在工作的城市有了相对固定的收入和住所后，出于对子女照顾和发展的考虑，开始将孩子带到身边，从而带来流动儿童的义务教育问题。③ 改革开放后的一段时间，国家尚未制定涉及农民工子女教育问题的全国性法律或政策。例如，1986年《中华人民共和国义务教育法》确立了地方负责、分级管理的义务教育实施原则，并没有对城市流动儿童日益增多的新情况作出任何政策性规定。在上述法律规定中，各地只对本地学龄儿童少年的义务教育负责，没有义务也不会去管外来儿童的义务教育。④ 这一状况一直延续到20世纪90年代中期都没有改变。法律和政策对流动儿童教育情况的反应迟滞成为流动儿童教育问题上政府职能缺位的重要因素。进入城市

---

① 高如峰：《重构中国农村义务教育财政体制的政策建议》，载《教育研究》，2004年第7期。

② 张玉林：《目前中国农村的教育危机》，载《战略与管理》，2004年第4期。

③ 易承志：《进城务工农民子女教育问题的政府治理——以上海为个案》，载《华中师范大学学报（人文社会科学版）》，2007年第6期。

④ 吕绍青、张守礼：《城乡差别下的流动儿童教育——关于北京打工子弟学校的调查》，载《战略与管理》，2001年第4期。

的农民工子女从户籍上说仍然属于农村,在当时城乡分殊的公共产品经费筹集体制下,流动儿童尽管已经离开农村,但其义务教育经费仍然由流出地政府负责筹集,而不是由流入地政府承担。问题在于流动儿童在空间上已经脱离了流出地的管辖范围,仍然由流出地政府来负责流动儿童的义务教育实施显然有客观的困难,而且流出地政府也倾向于认为农民工子女为流入地提供了税费,其子女在当地接受义务教育合情合理。而流出地则以法律政策的规定为理由推脱向流动儿童提供义务教育服务。也有少数地方政府根据自身的情况开展了向流动儿童提供义务教育的探索,但一开始效果并不令人满意。例如,在20世纪90年代中期,有少数地方政府开办了一些临时的、没有资质的学校,它们的教育质量差别很大,而且几乎没有一所学校能够达到公办学校的水平。① 上述情况综合起来造成了流动儿童非常高的辍学率,"有资料显示,1995年,在北京打工的外来人员携带孩子率为3%,他们的入学率仅为12.5%,照这样计算,目前我国大城市中约有180万外地民工子女,其中就有160万漂流在外"②。随着农民工进城规模的日益扩大,其子女在城市接受义务教育的问题也日益凸显,逐渐引起了国家的关注。国家教育委员会于1996年4月2日制定下发了《城镇流动人口中适龄儿童少年就学办法(试行)》,该办法规定"流入地人民政府(市、区、镇,下同),要为流动人口中适龄儿童、少年创造条件,提供接受义务教育的机会。流入地教育行政部门,应具体承担城镇流动人口中适龄儿

---

① 〔美〕苏黛瑞:《在中国城市中争取公民权》,浙江人民出版社2009年版,第296页。
② 史柏年:《城市流动儿童少年就学问题政策介析》,载《中国青年政治学院报》,2002年第1期。

童、少年接受义务教育的管理职责。"① 该规定在一定程度上明确了流入地政府在流动儿童义务教育提供中的责任，有利于促进农民工子女义务教育的实施。另外，该试行办法规定，"城镇流动人口中适龄儿童、少年就学，应以在流入地全日制中小学借读为主。"② 然而，进入城市公办学校的流动儿童需要支付高额的借读费和赞助费，段成荣等人在对北京市外来人口的调查中发现，外来人口普遍反映北京市的学校所收"赞助费"过高，他们无法承担，他们的孩子也上不起北京市的学校。③ 为了解决流动儿童就学渠道窄的问题，该办法允许建立农民工子弟学校，"经流入地市、区人民政府批准，企事业组织、社会团体、其他社会组织及公民个人，可依本办法举办专门招收流动人口中适龄儿童、少年的学校或教学班、组。所需经费由办学者负责筹措"④。据此规定，此后许多城市出现了日益增多的农民工子弟学校，大量流动儿童得以进入这些学校就读。尽管农民工子弟学校的条件较差，但至少其在一定程度上促进了流动儿童接受教育权利的实现。例如，韩嘉玲在对北京50所农民工子弟学校的调查中发现，这些学校有74%是在1996年之后建立的。⑤ 根据1997年外来人口普查结果，北京市共有66392名6至15岁流动儿童少年人口。其中共有9230名6至15岁流动儿童少年申报"未上学"，占同

---

① 《城镇流动人口中适龄儿童少年就学办法（试行）》，http://www.hbe.gov.cn/content.php?id=1357.

② 同上。

③ 段成荣、周皓：《北京市流动儿童少年状况分析》，载《人口与经济》，2001年第1期。

④ 《城镇流动人口中适龄儿童少年就学办法（试行）》，http://www.hbe.gov.cn/content.php?id=1357.

⑤ 韩嘉玲：《北京市流动儿童义务教育状况调查报告》，载《青年研究》，2001年第8期。

年龄组流动儿童少年人口的13.9%。① 根据1997年5月中国青年政治学院《北京市流动人口适龄儿童就学问题》课题组对北京3—12岁的471名流动儿童随机抽样的调查，失学率为29%。② 从上述数据可以看出，尽管失学率还是比较高，但相比1995年已经有了很大的改善。随后，国家教委、公安部1998年3月颁发了《流动儿童少年就学暂行办法》，该办法第三条规定，"流入地人民政府应为流动儿童少年创造条件，提供接受义务教育的机会。流入地教育行政部门应具体承担流动儿童少年接受义务教育的管理职责。流动儿童少年就学，应保证完成其常住户籍所在地人民政府规定的义务教育年限，有条件的地方，可执行流入地人民政府的有关规定。"第七条规定，"流动儿童少年就学，以在流入地全日制公办中小学借读为主，也可入民办学校、全日制公办中小学附属教学班（组）以及专门招收流动儿童少年的简易学校接受义务教育。"该办法在一定程度上促进了流动儿童义务教育权利的实现。例如，到了2000年底，北京的6—15岁流动孩童失学或辍学的比例占2.8%，已经较之前有了大幅的降低。然而，由于该办法在流动儿童义务教育经费来源、流入地与流入地政府如何配合等方面规定不明确，使得办法在实施过程中又出现了一些新的问题。而该办法仍然规定流动儿童进入城市公办学校就读需要交纳一定的借读费显然也不利于流动儿童进入公办学校就读。

在改革开放之初，由于进入城市就业的农民工多数是年轻的单身农民，其子女的就学问题并没有立即引起这些人的关注。随着越

---

① Poston, Dudley, and Chengrong Duan, "Floating Population in Beijing", *Paper presented at the Annual Meeting of Population Association of America*, New York, March, 23-25, 1999.

② 周拥平：《北京市流动人口适龄儿童就学状况分析》，载《中国青年政治学院报》，1998年第2期。

来越多的农民工将子女接入城市一起生活或者在城市结婚生子，子女入学问题开始逐渐引起农民工的关注，这从北京行知打工子弟学校的创办人李淑梅对创办学校过程的回忆中可以明显地反映出来："我的娘家兄妹于1990年左右都纷纷到京务工经商，他们最大的忧患是子女受教育难。送回家乡入学无人监护，拖带在身边想进北京当地学校就读，又交不起赞助费，欲为子女入学举家回迁而放弃在京打工挣钱的机会又于心不忍。在进退两难、焦急无奈之际，他们恳求我自发办学，让亲戚家的孩子也有学可上。我曾经当过十年民办教师，在亲戚们的一再规劝、怂恿之下，也觉得责无旁贷，总不能眼睁睁地看着亲属的孩子成为新文盲，没容多想地就应承了下来。随后去书店买回六年制课本，大伙帮我在菜地里搭了一间窝棚权作教室，用砖头、木板垒起桌凳，打工子弟小学就这样开办起来了。"①根据段成荣等人的数据分析，在1997年北京市"有流动儿童少年的外来人口户""最关心和希望解决的问题"上，"子女上学难"已由原来的最后一位上升到第二位。② 作为受教育对象的流动儿童也对受教育情况开始有自己的认识，吕绍青等人在1999年北京打工子弟学校调查中收集了一些学生作文。从这些作文中也可以看出流动儿童对接受义务教育的认识，其中一名儿童写道，"……我姑姑在北京，后来我家就到北京打工。北京找工作很难，后来就卖盒饭、卖水果、烙大饼。父母整完了他们的事，又为我的事操心，因为我在北京不上学，找不着学校，北京的学校学费太贵了，差不多得二三万。后来我们听人说有一个打工子弟小学，我们就到学校去跟校长说，校

---

① 韩嘉玲：《北京市流动儿童义务教育状况调查报告》，载《青年研究》，2001年第8期。

② 段成荣、周皓：《北京市流动儿童少年状况分析》，载《人口与经济》，2001年第1期。

长不同意,我妈把我送到了老家上学。……过了一个学期,该上六年级了,我又来了北京,到打工子弟小学跟校长说,后来校长说考试能考上就能念,最后我考上了就在这念书了。我妈妈和爸爸为我操了很多心,我一定不能辜负他们的希望,好好学习。"① 在上文中,我们可以看到流动儿童对学习机会的珍惜,但在此之外,也可以读出流动儿童实现自身受教育权利的艰难以及他们隐含的不满。

2. 农民的就业权

1982年《宪法》第四十二条规定:"中华人民共和国公民有劳动的权利和义务,国家通过各种途径,创造劳动就业条件,加强劳动保护,改善劳动条件,并在发展生产的基础上,提高劳动报酬和福利待遇。"改革开放后,国家逐步放松了对农民的就业限制,农民被允许甚至鼓励从事非农产业。然而,当农民离开土地进入城市后,其就业还是受到了一定的限制。一是职业的限制。一些城市出于保障本地居民就业和保护本地居民利益的考虑,对城市的职业进行分类,将某些更轻松待遇更好的职业保留给非农业户口的市民,没有本地户籍的农民即便在其他方面与市民有着同等的条件,也被限制进入这些职业。例如,1995年2月13日,上海市劳动局发布《上海市单位使用外地劳动力分类管理办法》,确立了使用外地劳动力实际上是农民工的分类管理制度,这一制度将行业工种分为三类:A类为可以使用外地劳动力的行业工种;B类为调剂使用外地劳动力的行业工种;C类为不准使用外地劳动力的行业工种。根据该办法,凡单位申请使用外地劳动力,除特殊情况经劳动行政部门同意外,均须登报公开招聘本市劳动力。也就是说,上述三类行业工种只是对外地农民工构成限制,对本地市民是不构成限制的。随即,根据

---

① 吕绍青、张守礼:《城乡差别下的流动儿童教育——关于北京打工子弟学校的调查》,载《战略与管理》,2001年第4期。

上海市劳动局通告（1995年第1号）规定，本市单位不准招聘外地劳动力从事金融与保险行业。工种为各类管理业务员、调度员、商场营业员、星级宾馆与饭店前厅服务员、话务员（总机接线员）、核价员、司磅员、出租车驾驶员、各类售票、检票员、保育员、电梯工、设备保管工、描绘图工、文印员（打字、油印、复印、电传）、各类抄表工、库工（仓库管理工、保管员、记账员）、门卫（警卫）、分析工、检验工、计量工、调试工。对单位已经使用的外地劳动力，属于上述行业、工种范围的，要求必须限期清返，违反通告的单位一经查实，将按《上海市单位使用和聘用外地劳动力管理暂行规定》予以经济处罚。① 随后，青岛市也出台了《青岛市城镇单位招聘使用外来劳动力管理办法》。该《办法》规定，全市实行统一规范用工审批程序，按使用劳动力的单位、行业、工种等特点分为允许使用、禁止使用、调剂使用三类标准，实行分类等级管理。对金融保险、宾馆服务、驾驶、售票等行业规定禁止使用外来劳动力，并限期清退。这些行业的缺员，从富余职工、失业职工和其他城镇失业人员中调剂补充。② 此后，在实施下岗再就业工程的压力下，全国多数大中城市仿效上述城市建立农民工职业分类管理制度，对农民的就业权造成了严重的冲击。苏黛瑞通过对中国城市农民工职业的考察也指出，"城市企业的农民被限制在特定的行业中工作：他们主要工作在纺织、化学、建筑等工作条件很差以致连城市年轻人都不愿干的行业中。即便外来劳动力出现在其他的行业，他们实际从事的也往

---

① 《上海市不准招聘外地劳动力的行业工种》，载《劳动理论与实践》，1995年第4期。

② 俞德鹏：《论外地劳动力分类管理制度的不合理性》，载《中国农村经济》，2000年第11期。

往是需要重体力的工作。"① 二是待遇的区隔。这种情况主要体现于国家和集体主导的职业领域即国有和集体企业,在这些领域,即使是从事同样的工作,农民工的待遇也往往低于来自城市的同事。② 三是职业培训的限制。除上述情况之外,农民(工)在职业培训方面往往也受到限制。1998年《劳动和社会保障部关于进一步加强就业服务大力促进下岗职工再就业的通知》,要求各地劳动和社会保障部门要为每个参加技能培训的下岗职工提供一次免费(或部门免费)的培训机会。而从适用范围看,这个规定都不适用农民工。职业培训的限制又制约了农民素质的提升,使得本来就处于就业弱势的农民(工)在就业市场上处于更加不利的地位。

3. 农民的社会保障权

(1)留守农民的社会保障权。上文已经指出,改革开放前,以集体经济为依托,中国普遍推行了包括农村低保救济制度、合作医疗制度在内的社会保障制度。然而,改革开放后,农村的社会保障体系出现了较大的波动。

在农村合作医疗方面。改革开放后一段时间,农村合作医疗体系受到了较大的冲击,其原因主要如下。一是农村集体经济的变迁。随着人民公社制度的解体和家庭联产承包责任制的推行,单一的集体经济变成了以家庭联产承包责任制为主体的多元经济,使得依托集体经济的传统农村合作医疗体系体系面临着资金筹集的困难。二是农村合作医疗人才的不足。由于农村医疗人员的工作条件和待遇较城市相比普遍较低,使得大学毕业生通常不愿意到农村医疗机构

---

① 〔美〕苏黛瑞:《在中国城市中争取公民权》,浙江人民出版社2009年版,第235—236页。

② Bian Yanjie, "Guanxi and the Allocation of Urban Jobs in China", *China Quarterly*, 1994, 140 (4):971-999.

工作,这影响了农村医疗人员队伍综合素质的提升。20世纪80年代初,国家对125万名赤脚医生进行了统一考核,结果只有64万人通过并获得"乡村医生"证书。① 对农村医疗人员的资格限制,有利于提升农村医疗队伍的综合素质,但也影响了合作医疗体系的发展。三是国家投入的减少。国家对农村社会保障的投入不足是导致农村合作医疗保障水平下降的一个原因。例如,国家财政在卫生事业费中用于农村合作医疗的补助费1980年为1亿元,1993年减少到了3500万元,仅占卫生事业费的0.4%,农民人均不足5分钱。② 上述原因使得农村合作医疗保障水平在改革开放后的一段时间内呈现出下降的趋势。从全国的情况看,实行合作医疗的大队(后为行政村、村委会)的比重,从鼎盛时期的90%以上降至1978年的82%、1980年的63.8%、1981年的58.2%、1982年的52.8%、1983年的11%;1989年又进一步降到4.8%。③ 农村合作医疗覆盖率的不断下降,不利于农村经济社会的可持续发展,也引起了决策层的关注。1990年3月,卫生部、国家计委、农业部、国家环保总局、全国爱卫会联合发布的《我国农村实现"2000年人人享有卫生保健"的规划目标(试行)》规定,"我国农村实现人人享有卫生保健的基本途径和基本策略是在全体农村居民中实施初级卫生保健。所谓初级卫生保健是指最基本的、人人都能得到的、体现社会平等权利的、人民群众和政府都能负担得起的卫生保健服务。实施初级卫生保健是全社会的事业。就国家而言,实施初级卫生保健是政府的职责、社

---

① 蔡天新:《新中国成立以来我国农村合作医疗制度的发展历程》,载《党的文献》,2009年第3期。
② 胡美灵:《建国以来我国农民社会保障权的嬗变》,载《湖南省社会主义学院学报》,2007年第2期。
③ 周寿祺:《探寻农民健康保障制度的发展轨迹》,载《国际医药卫生导报》,2002年第6期。

会的职责。就人民群众而言,人人都有权享受初级卫生保健,人人又都有义务参与初级卫生保健并为初级卫生保健作贡献。就卫生工作而言,实施初级卫生保健是为全体居民提供最基本的卫生保健服务,以保障与增进人民健康,提高全民族的身体素质。"① 该文件从平等权利的视角强调了发展农村医疗卫生保障事业的重要性。1992年9月,卫生部、财政部发布的《关于加强农村卫生工作若干意见的通知》指出,"在积极发展农村医疗卫生事业的同时,还要大力倡导和推行农村多种形式的医疗保健制度,特别是合作医疗制度,不断健全社会保障系统。"② 1993年10月第八届全国人大四次会议批准的《关于国民经济和社会发展"九五"计划和2010年远景目标纲要》要求因地制宜地发展和完善不同形式的农村合作医疗制度。1997年5月,国务院批转卫生部、国家计委、财政部、农业部、民政部制定的《关于发展和完善农村合作医疗的若干意见》规定,"农村合作医疗制度是农民通过互助共济,共同抵御疾病风险的制度。举办农村合作医疗,要坚持民办公助、自愿量力、因地制宜的原则。筹资以个人投入为主,集体扶持,政府适当支持。农民个人交纳的费用是农村合作医疗资金的主要来源。""乡、村集体经济的投入是农村合作医疗资金的重要组成部分,起到扶持的作用。村提留公益金中应有一定数额用于农村合作医疗。具体比例由集体经济组织依据实际情况确定,应随着经济的发展逐步提高。地方各级人民政府应根据各自财力,以不同方式引导、支持农村合作医疗的建立和发展。农村集体经济组织应适当资助农村优抚对象和特困户交纳农村

---

① 《关于我国农村实现"2000年人人享有卫生保健""的规划目标(试行)》,http://law.lawtime.cn/d527813532907.html

② 《卫生部、财政部关于加强农村卫生工作若干意见的通知》,http://www.chinaacc.com/new/63/64/80/2006/3/zh8445153150123600216485—0.htm

合作医疗资金。农民自愿交纳的农村合作医疗费用，属于农民个人消费性支出，不计入乡统筹、村提留。"① 在决策层的重视和大力推动下，到了1997年，实行合作医疗的村占全国行政村总数的18%，比之前的1989年增加不少，但农村人口覆盖面仍然很窄，仅为9.8%。② 2000年《中共中央关于国民经济与社会发展"十五"计划建议》则取消了合作医疗制度。③ 这种情况总的来说不利于农民社会保障权的实现。

在农村低保和救济制度方面。随着改革开放后集体经济的收缩，农村以"五保"制度为中心的低保和救济制度在许多地方也因缺乏集体经济的支持而受到了严重影响。1978年，国家在研究五保工作立法时，虽然把五保户条件进一步修改成无法定扶养义务人、无劳动能力、无生活来源的老年人、残疾人和未成年人，明确了五保供养的对象范围，但对其供养经费来源仍规定以五保户的代耕收入为主。1985年，《中共中央、国务院关于制止向农民乱派款、乱收费的通知》针对农村五保户供养经费筹集指出，"乡和村兴办教育、修建公路、实施计划生育、优待烈军属、供养五保户等事业的费用，原则上应当以税收或其他法定的收费办法来解决。在这一制度建立之前，应按照中共中央一九八四年一号文件的规定，实行收取公共事业统筹费的办法。（一）由省、自治区、直辖市按不同类型地区经济状况分别规定统筹费的最高限额和减免办法；（二）由乡人民代表大会定项目、限款额，一年定一次，中间不得任意追加；（三）由农户和乡办、村办企业按一定的比例合理分担。对贫困户应酌情减免，

---

① 《国务院批转卫生部等部门关于发展和完善农村合作医疗若干意见的通知》，http://law.baidu.com/pages/chinalawinfo/1/89/0e576952aeab3a8befe2780242b4524a_0.html
② 郑秉文、春雷主编：《社会保障分析导论》，法律出版社2001年版，第266页。
③ 郑蕾、郑少锋：《中国农村合作医疗的演进与反思》，载《西北大学学报（自然科学版）》，2010年第2期。

高收入户应适当多负担一些，不要简单地按田亩或按人平均分配；（四）统筹费的使用，要兼顾乡和村两级的需要，由乡政府建立预决算制度，接受县财政的监督。"① 1994年，国务院发布《农村五保供养工作条例》，对供养的对象、供养的内容、供养的形式、经费来源等作了明确的规定。1995年民政部在部分地区开展农村最低生活保障试点工作，将救助目标由传统的"三无"对象覆盖到所有的贫困人口，一些农村贫困老年人也被纳入了保障范围。1997年，民政部颁布了《农村敬老院管理暂行办法》，该办法第四条规定，"敬老院所需经费实行乡镇统筹，并通过发展院办经济和社会捐赠逐步改善供养人员的生活条件。村办敬老院所需经费由村公益金解决。"第七条规定，"敬老院以供养五保对象为主。"② 上述规定推动了农村五保对象的集中供养。据统计，用于供养五保户的生活费，1994年全国人均达670元，其中在敬老院集中供养的五保对象人均达1070元，超过了1993年全国人均收入水平。③ 从改革开放后农村低保救济制度的变迁历程来看，尽管规定有所不同，但作为制度核心的经费来源规定并无本质改变，即农村低保救济制度的经费主要由农村集体承担。不过，问题在于，在农村单一的集体经济不断向以家庭联产承包责任制为主的多元经济转变的情况下，除了少数富裕的村集体外，农村集体经济的实力都非常有限。在乡镇财政普遍困难和集体经济实力非常有限的情况下，敬老院的经费无论是来自乡镇统筹还是村公益金，都会有相当大的一部分会转给农民，从而加重农民负担。而如果作为农民公民权利一部分的保障基本

---

① 《中共中央、国务院关于制止向农民乱派款、乱收费的通知》，http://www.people.com.cn/item/flfgk/gwyfg/1985/112401198503.html。

② 《农村敬老院管理暂行办法》，http://www.people.com.cn/item/flfgk/gwyfg/1997/213171199701.html。

③ 李本公、姜力：《救灾救济》，中国社会出版社1996年版，第200页。

生活的权利需要由农民自身来承担的话,这与公民权利的本义就不相符合。

在农村养老保障方面。中国农村传统养老保障是建立在以土地和孝文化为核心基础上的家庭养老保障模式。从本质上讲,以土地和孝文化为核心基础的农村家庭养老保障模式将农民养老置于其子女的责任之上,从而在实践中虚置了农民在年老时获得国家帮助的权利。这一家庭养老保障模式的有效推行有几个条件。一是孝文化的广受认同。孝文化在家庭的影响上主要体现为养老敬亲,即家庭内部的养老敬亲是孝文化的基本内涵。[①] 二是足够的土地保障能力。土地是农民赖以生存和发展的基本资源,也是农村养老保障的基础。三是合适的农村人口结构。应该说,改革前农村的土地保障能力是相对较低的,"人民公社"制度压抑了农民的生产积极性,使得农业生产率和农民家庭收入水平都非常低,然而,由于孝文化的广受认同以及多子女的家庭结构,为农村家庭养老保障模式的低水平推行提供了必要的条件。随着改革开放的启动和推动,"人民公社"制度为家庭联产承包责任制所取代,单位土地的保障水平大幅度增加。但是,随着城市化的不断推进,不少农村地区尤其是城市郊区的农民日益面临失去土地的风险,与此同时,随着计划生育政策的严格推行,农村的家庭结构出现了较大的改变,加上孝文化在城市化带来的日益多元价值观影响下受到的冲击,农村的家庭养老保障模式也受到了挑战。在此情况下,农民从国家获得养老保障权利的重要性和必要性逐渐显现出来。在此背景下,1992 年 1 月 3 日民政部正式颁发《县级农村社会养老保险基本方案(试行)》,主要内容是:农村社会养老保险以个人缴费为主、集体补助为辅,个人缴费和集

---

① 张占力:《试述农村家庭保障的历史变迁及其道路选择》,载《社会保障研究》,2010 年第 5 期。

体补助全部记在个人名下；农村社会养老保险基金以县级为基本核算单位，主要通过存入银行和购买国债增值；参保人年满 60 周岁后，根据其个人账户基金积累总额计发养老金。在该方案的指导下，农村养老保险开始在全国农村推行。以比较发达的江苏省苏州地区养老保险为例，1999 年参加经济组织办理农村合作养老统筹和民政部门组织实施并管理的农村养老保险的人数分别为 5.4 万人和 7.9 万人，且大多数是乡镇企业职工，两项合并不足农村劳动力总数的 5%。① 而到 1999 年底，全国 31 个省、自治区、直辖市 76% 的乡镇开展了农村社会养老保险工作，参保的农村人口为 8000 万人②，然而，与农村人口总数相比，参保的农村人口还是比例偏低。而且，1999 年 7 月，国务院提出农村尚不具备建立农村社会养老保险制度的条件，决定对已有的业务进行清理整顿，停止接受新业务，有条件的地方逐步向商业保险过渡。③ 从改革后中国农村养老保障模式变迁的历程可以看出，在传统家庭养老保障模式不断受到冲击的过程中，国家从公民权角度提供的农民养老保障还比较有限。

（2）农民工的社会保障权。自 20 世纪 80 年代以来，伴随着改革开放步伐的加快和城市化水平的不断提高，我国的农民工以日益扩大的规模和不断加快的速度进入城市就业和生活。与农村相对单一和稳定的环境不同，在城市中就业和生活面临着复杂多变的风险，迫切需要社会保障权利和社会保障体系为其提供一个可以解决后顾之忧的安全网。而中国城市社会保障制度的发展是与单位制度的变

---

① 王学军：《建设社会主义新农村与健全农民利益表达机制》，载《四川行政学院学报》，2006 年第 5 期。

② 韩荣、关今华：《新农村建设背景下的农民社会保障权》，载《东南学术》，2010 年第 4 期。

③ 许亚敏：《我国农村养老保障事业发展的历程、现状与政策取向研究——基于制度分析的视角》，载《社会保障研究》，2009 年第 6 期。

迁联系在一起。单位是建国初中国城市社会整合的产物。从另一角度来讲，单位也是与国家建设联系在一起的，新中国建立后，为了在严峻的国内外形势下迅速推进社会主义工业化建设，国家必须首先要实现政府对社会各种资源的全面占有和控制，对社会生产和社会生活的全面管制和干预，对社会成员的基本生活需要的全面包揽和满足。① 而单位和单位制的建立正好有利于实现上述目标。也是在这种意义上，路风认为单位以及单位制是中国从落后状态中推进社会主义工业化在组织上的反映。② 从资源供给的源头来看，单位生存的最终支撑者是国家，从而导致了单位的生存路径不是向市场领域拓展，而是向国家权威机构拓展。③ 也就是说，单位是与国家权力联系在一起的，单位所提供的保障也就带有国家再分配的性质。"在中国，单位不仅通过社会成员的工作使之取得一定的经济报酬，通过分配住房、公费医疗、兴办托儿所、幼儿园、食堂、澡堂以及为职工子女就业需要的服务公司或集体企业等等，为单位成员提供各种社会保障和福利方面的服务，更多地，还给予单位成员在单位内外行为的权力（利）、社会身份以及社会政治地位"④。改革前，中国城市就业领域的单位根据所有制的不同主要分为国有企业和集体企业两类单位。改革初期，城市仍然基本处于单位制的主导下，福利保障也主要由单位而非社会提供，因此当时主要是一种单位保障制度。在改革开放之初，当农民工进入城市工作的时候，他们主要关注的

---

① 李汉林：《中国单位现象与城市社区的整合机制》，载《社会学研究》，1993年第5期。
② 路风：《单位：一种特殊的社会组织形式》，载《中国社会科学》，1989年第1期。
③ 刘建军：《社会调控体系重构中的个人、组织与国家》，天津人民出版社2000年版，第10—11页。
④ 李汉林：《中国单位现象与城市社区的整合机制》，载《社会学研究》，1993年第5期。

是在城市挣取的工资扣除花销后高于在农村可得的收入,对于福利保障方面的待遇则不是很关注。实际上,农民工进入城市就业的领域很多就是城市居民不愿从事的工作,这些工作普遍地带有脏、苦、累的特征,并且地位不高。例如,在农民工较多聚集的纺织行业,苏黛瑞观察到,"那里的工作环境特别恶劣:噪音震耳欲聋,灰尘满天飞舞,并且伴随着让人难以忍受的嘈杂、高温、潮湿,对身体有很大的伤害"①。纺织业在改革之初往往较多是国有的,农民工在此类国有企业工作相比在其他所有制企业工作尽管工资不一定更高,但福利待遇往往更好,但即使如此,其所享受到的也不过是以下福利保障中的部分或全部,"他们的用人单位给予至少 1 年,但经常多达 3 年的就业保证;一次的培训机会,通常是关于工作流程和安全的培训;少量卫生和劳保用品;稳定的工资,有时还能拿到奖金和补贴;有规律和有限度的工作时间;住宿和吃饭方面的一定帮助;以及工作期间最低限度的医疗帮助"②。这种情况至少在作者进行观察的 20 世纪 90 年代初仍是如此,然而,在这些福利待遇中,我们至少还可以看到包括就业和医疗帮助在内的少量社会保障,与此相比,在其他所有制企业工作的农民工更缺乏保障,"在外资企业工作的人,除了要忍受超长的工作时间外,还面临着身体受损的威胁,不同公司之间情况差别很大,有的公司至少会为员工提供一些社会保险或养老金,但多数公司不会像国有企业那样为雇员提供医疗、工伤保险和安全、卫生保护保障"③。而私营部门的大多数雇主都不

---

① 〔美〕苏黛瑞:《在中国城市中争取公民权》,浙江人民出版社 2009 年版,第 237 页。
② 同上书,第 237—238 页。
③ 同上书,第 242—243 页。

提供健康保险。① 如果说上述材料描述了改革开放初期到20世纪90年代初不同所有制企业中工作的农民工存在的差别较大的社会保障待遇，那么接下来的材料则说明在农民工和城市居民之间存在的社会保障待遇差异。苏黛瑞观察到，农民工被排斥在城市卫生保健之外，"进入改革阶段，国家仍然只依据每个城市的市民人数对公共健康设施、医疗以及人员等方面投入资金，有关外来人口卫生保障方面的制度安排并不在城市政府的考虑之内"②。在企业工作的农民工与城市居民也有较大的保障待遇方面的差别，这种差别主要与单位制有关并体现在国有和集体企业。改革初期，在单位制的主导下，城市居民的福利保障主要由其所属的单位提供，并因单位而异。总的说来，国有单位的福利保障优于集体单位，而国有和集体企业之外的企业则由于处于国家体系之外不具有单位保障的功能。由于改革初期仍然处于计划经济体制的主导下，城市实行的是一种充分就业体制，而当时尽管已经出现了多种所有制企业，但城市居民主要还是在国有或集体企业就业因而较为普遍地处于单位福利保障的覆盖下。因此，这里主要以国有企业的农民工和城市职工的单位保障差别进行分析。在国有企业中，农民工往往只能取得临时的工人身份，城市职工则是正式的。他们享受的单位保障差别也主要源于这种身份的差别。对此，李强指出，"城市农民工的工作是临时性的，他们在单位里的身份被统称为临时工。不仅不享有单位职工的福利，而且，连工资级别也完全与职工是两个体系。"③ 以1990年年初的武汉市第一棉纺厂为例，该厂"每月扣留农民工工资的19%作为保证

---

① 〔美〕苏黛瑞：《在中国城市中争取公民权》，浙江人民出版社2009年版，第250页。

② 同上书，第292页。

③ 李强：《中国大陆城市农民工的职业流动》，载《社会学研究》，1999年第3期。

金,以确保他们一直干到合同规定的期限,工人们离开的时候这笔钱会返回给他们。截止1992年夏天,农民工与正式职工享受同等待遇,在生病期间能够拿到60%—70%的工资,但是正式职工能终生享受到这样的待遇(至少是这样规定的),农民工则享受不到这两项特权"①。上述差别说明,随着农民工大规模进入城市就业,他们一开始就在保障待遇方面与城市居民存在较大的差别。这些待遇上的差别对比开始对农民工的权利意识产生影响。据报道,"1985年年中,数以千计来自城郊工厂的农民工聚集在天津市委门口,抗议政府只向城市居民提供因生活成本上涨而发放的补贴,而不向他们发放。"② 上述例子说明农民工在对比自己和城市居民的保障待遇差异中已经有了一定的权利意识。

单位体制的经济基础是高度集中统一的计划经济体制。③ 随着改革开放以来整个社会经济体制和社会调控体制的变革,单位和单位体制也在走向弱化。在这一背景下,原来由单位承担的保障功能也在逐渐向社会转移。在这一过程中,农民工的社会保障问题也逐渐显现出来并引起农民工自身的关注。随着单位保障体制向社会保障体制转变,城市居民的失业、养老、医疗等项保障功能逐渐由单位向社会转移,但与此同时,农民工的社会保障却面临着较多问题。由于当时国家没有出台针对农民工的统一的社会保障制度,各地根据自身情况开展了农民工社会保障的探索。总的说来,都对农民工社会保障设置了较高的条件,影响了农民工社会保障权利的实现。以深圳为例,从1987年3月起允许非户籍人员在深圳参加养老保

---

① 〔美〕苏黛瑞:《在中国城市中争取公民权》,浙江人民出版社2009年版,第293页。

② 同上书,第313页。

③ 刘建军:《社会调控体系重构中的个人、组织与国家》,天津人民出版社2000年版,第10—11页。

险，经过 15 年以后，能够享受养老待遇的外来务工人员仅有 100 多人。而河北省自 1987 年开始城镇养老保险以来，连续缴费满 15 年，达到领取养老金条件的农民工，全省尚无一人。① 1997 年 5—11 月原全国总工会副主席薛昭组织了一次农民工状况的调查。该调查共有农民工问卷调查 4400 份，覆盖 20 个省（市）、61 个省辖市、43 个行业，农民个人访谈 521 人，有 149 个企业和 30 个省、产业工会和城市工会分别提供了有关当前农民工问题的调查报告。应该说，该调查的结果具有一定的代表性。从调查结果来看，农民工社会保障是一个严重问题。据各地调查，在同样的岗位上，一个固定工的工资待遇相当于农民工的 1—3 倍。尤其是劳务工，只拿用人单位付给的市场劳务费用，不享有任何奖金、津贴、福利和保险等其他利益分配。在本次问卷调查中，对"农民工最需要政府、单位帮助解决"的问题所预设的 9 项内容里，选择"实行同工同酬"的居首位，占 26%；选择"受到歧视和不公正待遇"的居第二位，占 22.7%。调查也反映农民工处于各项社会保险难以覆盖的"盲区"。用人单位以农民工流动性大、建立个人账户不便、参加各项保险企业负担过重等为理由，不予以办理保险。而在农民工中，他们的最大忧虑正是：将来有了伤病、老了以后没有保障怎么办！②

第四节 农民公民权问题的渐显

对于改革开放后到 20 世纪末期的农民，无论是留守的农民还是

---

① 邵艳梅：《河北省农民工社会保障制度探析》，载《河北学刊》，2007 年第 3 期。
② 薛绍：《农民工的权益谁来保护？——由农民工队伍基本状况调查引发的一些思考》，载《中国劳动》，1998 年第 10 期。

进城就业的农民工，研究者更多是从"生存论"的视角进行分析的。例如，曹锦清在《黄河边的中国》一书中通过实地调研分析了导致当时农民负担加重的原因和解决"三农"问题的思路。① 于建嵘认为农民负担加重是引发农村群体性事件的一个重要因素。② 这些研究主要着眼的是农民的生存状况和压力。王小章归纳了农民工研究中的"生存论"视角，在他看来，改革开放后，在相当长的时间中，生存论视角都在"农民工"研究中占据着主导地位。这种视角更多认为，农民是迫于生存的需要和压力而外出务工，一些研究即使论及农民工的"权利"，也通常是围绕满足农民工的基本生存需要，"即从农民工与自身的关系中，来考察农民工的待遇需求与缺失，从而将权利转换成主体需要和满足需要的对象之间的关系，而不是从农民工的身份资格出发，即从农民工与他人的社会关系中，来讨论他们的基本尊严和权利应享，从而把权利理解为不同主体之间的关系"③。上述判断有一定的道理，即改革开放后的一段时间内农民的行为更多是基于生存的需要和压力，包括家庭联产承包制最初的出现以及农民外出打工的现象都可以从这种视角进行分析。然而，改革开放以来，随着城市化的推进和国家建设在民族—国家与民主—国家两个层面的展开，农民的公民权问题也日渐显现出来。

城市化是农民公民权日渐显现的一个重要因素。改革开放后，城市化由之前的总体受限状态进入一个快速发展的时期。城市化的快速发展改变了之前农村与城市高度区隔的状态。大量的农民在多

---

① 曹锦清：《黄河边的中国：一个学者对乡村社会的观察与思考》，上海文艺出版社2003年版。

② 于建嵘：《利益、权威和秩序——对村民对抗基层政府的群体性事件的分析》，载《中国农村观察》，2000年第4期。

③ 王小章：《从"生存"到"承认"：公民权视野下的农民工问题》，载《社会学研究》，2009年第1期。

重推拉因素的作用下由农村转移到城市,在一开始推拉力量更多地表现为经济因素,即农村的经济压力和城市的经济吸引力。然而,由于农民工一开始具有身份上的双重属性且这种双重属性在城市化的过程中并没有发生本质的改变,使得农民在具备职业上的工人身份的同时,始终无法获得基于户籍而配置的城市居民的同等权利。农民工权利的缺失在一种比较的视野下呈现出来并逐渐引起主体的意识。1995年年初在318个村庄中进行的对离乡者的调查显示,79%的被访者承认他们感到自己的权益缺乏保障。[1] 另一方面,随着改革开放后城市化和工业化进程的加快,占用农村和农业用地的现象日益增多。这种情况在城郊地区更为多见。农业和农村用地被占用意味着一部分农民失去了自己耕种的土地。由于大部分情况下土地都是以公共利益的名义而被各级政府征用的,不管土地被转为非农用地后价值有没有增长或增长多高,农民从土地中获得的收益都非常小。正如有学者指出的,"各级政府可以'公共建设'或者经济发展的需要以较低的价格从农民手中征用土地,而农民没有讨价还价的制度性可能,即征地是一种政府的单边行为,作为田地经营者的农民处于被动地位。他们的土地被征用后,容易出现得不到合理补偿和报偿的情况,使他们成为失地便失业(土地是他们的劳动资料)和失保(土地是他们的生存保障)的'无地农民'。"[2] 土地原本为农民的主要生存保障,一旦农民耕种的土地被征用而又得不到合理的补偿,那么农民就面临着失去土地及其收益从而生存得不到保障的严重问题。在现代国家与农民的关系中,国家因赋予农民以公

---

[1] 张晓辉、赵长保、陈良彪:《1994:农村劳动力跨区域流动的实证描述》,载《战略与管理》,1995年第6期。

[2] 徐勇:《现代国家建构与土地制度变迁——写在〈物权法〉讨论通过之际》,载《河北学刊》,2007年第2期。

民的权利而获得农民的认同,从而保持其主权和权威性。在上述国家所赋予的农民权利中,土地的收益是一个主要的部分。因此一旦农民的土地被征用而得不到合理补偿,农民通常有两种选择,一是基于对国家的认同而积极地争取自己权利,二是减少对国家的认同甚至不再认同国家。由于现代国家的观念已经深入人心,现代国家基于农村国家建设而拥有很强的控制能力,而且随着现代社会公共事务的扩张,作为公民的农民在许多方面都依赖于国家提供公共产品,因此农民优先选择的是向国家争取自己的权利。在这一过程中农民的公民权问题也逐渐显现。

  国家建设是农民公民权日渐显现的另一个重要因素。改革开放后,国家建设除了在民族—国家层面展开之外,也开始在民主—国家层面展开。前者强调的是国家权力的逻辑,而后者强调的则是公民权利的逻辑。随着以村民自治为核心的农村基层民主实践的不断推进,农民的权利意识不断增强,权利实践也不断推进。在这一过程中,农民不断地意识到自身作为一个公民在权利上存在的问题和不足。这些问题和不足通常也是在比较的基础上作出的判断,既包括实际权利与法律权利之间的比较,也包括农民权利与其他主体(主要是市民)权利之间的比较。

  总的说来,城市化更多地作用于外出农民的公民权意识和实践,而国家建设则更多地作用于留守农民的公民权意识和实践。而两者又是相互联系在一起的,因为城市化会不断将留守农民转变为外出的农民工,而农民工身份的双重性又使得其不断地从城市返回农村,或者至少与农村保持一种内在的联系。

第五章 城市化持续、三维国家建设与农民公民权

进入新世纪后，中国的城市化经历了持续的推进。这一时期的国家建设在民族—国家、民主—国家和民生—国家三个维度上展开，但更重要的体现在民生—国家的维度。在城市化持续推进的情况下，越来越多的农民在空间上融入城市，然而户籍等原因仍然使得其受到了与市民不平等的待遇，农民在这一过程中对自身权利的意识和追求则日益增强。与此同时，国家建设在民族—国家、民主—国家和民生—国家三个层面的全面推进要求重视对农民公民权的保障。上述方面使得农民的公民权问题日益凸显。

第一节 城市化持续

随着改革开放战略的启动和日益深入，中国的城市化进程也不断推进。进入新世纪后，中国的城市化进入了持续推进的阶段。

一、城市化进程

进入新世纪后，中国的城市化继续迅速推进。从表1可以看出，中国的城镇人口由2000年的45906万人迅速增长到2009年的62186

万人，短短的九年时间内城镇人口增长了16280万人，增长了35%；城市化水平从2000年的36.2%迅速提升至2009年的46.6%（见表1），9年时间城市化水平提高了10.4个百分点。从各个阶段城市化水平的年均增长率来看，1949—1977年年均增长0.36个百分点，1978—1999年的21年间年均增加0.80个百分点，进入新世纪后的9年年均增长1.16个百分点，大大超过了上述两个阶段的城市化年均增长率，呈现出持续快速推进的趋势。随着城市化的持续推进，越来越多的农村人口涌入城市，有研究表明，我国城市化水平每提高一个百分点，就有1500多万农村人口转移到城市。[①] 根据国家统计局2008年农民工监测调查摸底数据，并结合2005年1%人口抽样调查推算，2008年年末，我国城市外来人口规模已达1.75亿。而在上述城市外来人口中，来自农村的（含乡镇）占74%，来自其他城市的占26%。[②] 上述数据说明，城市化过程中的流动人口主要是农民。农民的大规模持续快速流动，既是城市化持续快速推进的一个重要体现，又在一定程度上推进了城市化的进程。

表1　2000—2009年中国城镇人口的变迁

年份	2000	2001	2002	2003	2004	2005	2006	2007	2008	2009
城镇人口（万）	45906	48064	50212	52376	54283	56212	57706	59379	60667	62186
城市化率（%）	36.2	37.7	39.1	40.5	41.8	43.0	43.9	44.9	45.7	46.6

注：2000年数据根据2000年人口普查数据进行了调整，2001—2004年、2006—2009年数据为人口变动情况抽样调查推算数，2005年数据根据全国1%

---

① 李继凯、杨雅清：《农村城市化进程启示录》，载《人民论坛》，2005年第4期。
② 国家统计局城市社会经济调查司：《中国城市统计年鉴2009》，中国统计出版社2010年版，第27页。

人口抽样调查数据推算；按城乡分人口中现役军人计入城镇人口。

资料来源：国家统计局人口和就业统计司：《中国人口统计年鉴2010》，中国统计出版社2010年版，第95页。

二、城市化特征

1. 持续高速城市化

从上述中国的城市化进程状况可以看出，进入新世纪后，中国的城市化呈现出持续高速的发展势头。据相关研究指出，在2000—2005年的五年中，世界城市化水平从47.0%提升到49%，增长了两个百分点，而同一时期中国的城市化水平则提高了6.8个百分点，是世界城市水平的3.4倍。从2000年到2005年，世界城市人口比重的年度增长率为2.1%[①]，而中国的年均增长率为4.5%，是世界水平的2.1倍。当然，这一时期中国城市化水平能够大大超过世界平均城市化水平，与两者城市化绝对水平的比较差距分不开。从城市化的绝对水平来说，2000年世界城市化水平比中国高出10.8个百分点，到2005年仍然高六个百分点，根据钱纳里的城市化发展模型可以推出，中国的城市化绝对水平比同期的世界平均水平低了一个层级。在一定程度上，正是因为世界城市化绝对水平已经到达了一定的高度，才使得其增速逐渐放缓。不过，就城市化发展速度而言，上述差距并不影响中国城市化的持续高速增长。随着中国城市化的持续高速推进，中国的城市化水平将赶上世界平均水平。作为一个人口大国，中国的城市化进程将深刻地影响人类社会的结构。对此，美国诺贝尔经济学奖获得者斯蒂格利茨指出，影响21世纪人类社会

---

① 郭志仪、李娟：《世界人口城市化现状及存在的问题》，载《西北人口》，2008年第6期。

进程两件最深刻的事情：第一是以美国为首的新技术革命，第二是中国的城市化。①

2. 城市大型化趋势

这一时期中国城市化的一个重要特征表现为城市规模的不断扩大。据统计，1999年中国城市总数为667个，其中200万以上人口的13个，100—200万人口的24个，50—100万的49个，20—50万的216个，20万以下人口的365个。② 到2008年底，全国城市总数达到655个，其中200万以上人口的41个，100—200万人口的81个，50—100万的118个，20—50万的151个，20万以下人口的264个（见表2）。③④ 与1999年全国城市发展状况相比，2008年全国城市总数略有下降，但城市人口结构发生了很大的变化，主要表现为城市人口规模的扩大。

表2 中国城市人口结构变迁

城市	1949年	1978年	1999年	2008年	2008年比1999年增加
城市合计（个）	132	193	667	655	—12
200万以上人口	3	10	13	41	28
100—200万人	7	19	24	81	57
50—100万人	6	35	49	118	69
20—50万人	32	80	216	151	—65
20万人以下	84	49	365	264	—101

---

① 国家统计局课题组：《我国城镇化战略研究》，载《经济研究参考》，2002年第35期。

② 国家统计局城市社会经济调查总队：《中国城市统计年鉴2000》，中国统计出版社2000年版，第26页。

③ 同上。

④ 国家统计局城市社会经济调查司：《中国城市统计年鉴2009》，中国统计出版社2010年版，第11页。

资料来源：国家统计局城市社会经济调查司：《中国城市统计年鉴2009》，中国统计出版社2010年版，第11页。

3. 城市结构合理化

进入新世纪后，小城镇的发展依然得到重视。2000年7月国务院颁布的《中共中央关于促进小城镇健康发展的意见》中指出："加快城镇化进程的时机和条件已经成熟，抓住机遇，适时引导小城镇健康发展，应当成为当前和今后较长时期农村改革与发展的一项重要任务"；2000年10月，第十五届五中全会通过了《中共中央关于制定国民经济和社会发展第十个五年计划的建议》，其中指出，"发展小城镇是推进我国城镇化的重要途径"①。与此同时，大中城市的发展也日益受到重视，国家开始强调大中小城市和小城镇的协调发展。例如，上述建议强调，由于"我国不同地区的经济发展水平和市场发育程度差异很大"，所以"要从各地的实际情况出发推进城镇化，逐步形成合理的城镇体系"，"注意发展城市间的经济联系，发挥中小城市对小城镇发展的带动作用。在着重发展小城镇的同时，积极发展中小城市，完善区域性中心城市功能，发挥大城市的辐射带动作用，提高各类城市的规划、建设和综合管理水平，走出一条符合我国国情、大中小城市和小城镇协调发展的城镇化道路"②。2002年11月，中共十六大报告强调，要逐步提高城镇化水平，坚持大中小城市和小城镇协调发展，走中国特色的城镇化道路。在此背景下，中国城市的结构趋于合理化。例如，到2008年，一方面中国小城镇人口占城镇总人口的比重由1978年的20%上升到45%以上，另一方面中国大中城市的规模也不断发展，促进了中国城市结构的合理化进程。

---

① 中共中央关于制定国民经济和社会发展第十个五年计划的建议，http://www.people.com.cn/GB/paper464/1711/277326.html.

② 同上。

第二节　国家建设

进入21世纪后，中国的现代化建设在更深的层次上继续向前推进。正如有研究者指出的，"现代化作为一种进程，是一种全方位的历史变迁，其中，建构一个现代国家，既是现代化的逻辑结果，也是现代化的推进动力。"[①] 进入现代化的新阶段后，国家建设也在新的基础上向前推进。而现代国家实际上包含了三个层面，一个层面是作为主权性的民族国家，另外两个层面是作为权利性的民主国家和民生国家。进入新的阶段后，国家建设不仅在民族—国家和民主—国家的层面上展开，也开始在民生—国家的层面上展开，从而开始了系统全面的国家建设时期。在中国这样一个长期以来农民占据人口主体的发展中国家，现代国家建设的成功离不开国家对农村社会的权力整合以及农民对国家的高度认同，国家建设的上述三个层面也需要在农村展开，以实现对农村社会的权力整合以及农民对国家的高度认同。

一、民族—国家建设

主权是民族—国家的核心特征，"主权作为一个国家固有的权力，国家凭借这一权力可以以最高权威和独立自主的方式处理其一切内部和外部事务，而不受任何其他国家或实体的干涉和影响"[②]。因此，主权不仅意味着国家对外的自主性，而且意味着对内的最高

[①] 徐勇：《现代国家的建构与村民自治的成长——对中国村民自治发生与发展的一种阐释》，载《学习与探索》，2006年第6期。

[②] 徐勇：《"回归国家"与现代国家的建构》，载《东南学术》，2006年第4期。

权威性。主权对内的最高权威性建立在国家政权体系不断下沉并深入社会的基础之上，对后发国家而言，国家政权体系深入社会主要表现为深入乡村社会。正如有学者指出的，"在现代化过程中，国家是在现代国家建设框架下把乡村社会纳入国家体系之中，国家对制度一体化的追求以及对社会保障体系的建构，使各种国家因素都直接或间接地进入乡村社会，从而在许多方面直接将乡村社会整合到国家体系之中。"①

在改革开放后村民自治的背景下，国家政权体系继续深入乡村社会必然在村民自治组织的行政化上有所体现。根据徐勇等人的实地调查，自20世纪80年代农村改革以来，村民委员会所担负的行政任务主要集中在计划生产、计划生育、税费收取三个方面，这三个方面的任务在不同时期所占的分量有所不同，到20世纪90年代末期，税费收取的任务日益成为基层政府的主要任务。② 村委会税费收取任务日益加重的另一面是农民负担问题的日益突出。而农民负担的日益沉重超出了农民承担的能力，必然会引起农民的不满和反对。为了完成日益加重且为农民所不满的税费收取任务，村民委员会受到了来自基层政府更大的压力和控制从而进一步行政化。农民负担问题的日益突出引起了国家的关注。20世纪90年代中期国家开始在安徽、河北等省份进行农村税费改革的尝试。2000年，中央确定安徽省以省为单位进行农村税费制度改革试点，其他省、直辖市、自治区则选择少数县市进行改革试点。2001年3月，第九届全国人大第四次会议通过的《关于国民经济和社会发展第十个五年计划纲

---

① 林尚立：《国家的责任：现代化过程中的乡村建设》，载《中共浙江省委党校学报》，2009年第6期。

② 徐勇：《村民自治、政府任务及税费改革——对村民自治外部行政环境的总体性思考》，载《中国农村经济》，2001年第1期。

要的报告》中指出:"推进农村税费制度改革,取消乡统筹、村提留和其他面向农民征收的一切行政性收费,同时适当提高现行农业税和农业特产税税率。这是保障农民合法权益,减轻农民负担的治本之策。要在总结安徽省试点经验的基础上,加快改革步伐。"2003年,国家全面推进了农村税费改革。2004年3月,温家宝总理在政府工作报告中提出,取消农林特产税,五年内取消农业税。2006年,全国取消农业税。农村税费改革的推进以及后来农业税的取消既减轻了农民的负担,也减轻了村民委员会收取税费的任务,为其减轻了沉重的行政压力。

二、民主—国家建设

与民族—国家强调主权不同,民主—国家更多强调的是公民权。上文已经讲到,改革开放以来农村民主—国家建设的一个重要表现就是村民自治。1998年11月修订通过了《中华人民共和国村民委员会组织法》(以下简称《村组法》),为中国村民自治的进一步推进提供了法律保障,也标志着农村民主—国家建设的新阶段。对此,有学者认为,1998年新《村组法》的实施,标志着"村民自治的组织建设已基本完成,开始进入一个通过组织重建实现村民民主权利的新的历史时期"[①]。进入新世纪后,国家根据实际情况继续对村民自治和农村的民主—国家建设进行法律和政策上的保障。2002年发布的《中共中央办公厅、国务院办公厅关于进一步做好村民委员会换届选举工作的通知》明确指出,"由村民直接选举村民委员会,是法律赋予村民的一项基本民主权利,是基层民主的重要体现。搞好村民委员会换届选举,必须充分发扬民主,切实保障广大村民在选举

---

① 徐勇:《村民自治的深化:权利保障与社区重建——新世纪以来中国村民自治发展的走向》,载《学习与探索》,2005年第4期。

各环节中的权利,使村民委员会的选举真正体现农民群众的意愿。"2004年下发的《中共中央办公厅、国务院办公厅关于健全和完善村务公开和民主管理制度的意见》提出,"进一步健全村务公开制度,保障农民的知情权;进一步规范民主决策机制,保障农民群众的决策权;进一步完善民主管理制度,保障农民群众的参与权;进一步强化村务管理的监督制约机制,保障农民群众的监督权"①。上述权威性文件的发布,在一定程度上体现了村民自治逐步由注重组织形式向着更为深入的阶段迈进。

然而,要真正了解和把握中国村民自治的发展情况,还得深入到实践领域,了解农民自身对村民自治的认识和态度。农民工大多属于农村中具有较高素质的农民,据2001年徐增阳与黄辉祥对武汉市753位农民工的调查,调查对象中的文盲数占6.8%,显著低于全国农村劳动力中文盲半文盲占15.3%的比例;初中和高中文化程度者分别占到50.1%和22.4%,大专文化者占4.5%,显著高于全国农村劳动力37.2%、8.4%和0.2%的水平。②因此,受访农民工对于村民自治的认识在一定程度上反映了农村民主—国家建设的实践运行情况。随着村民自治的不断推进,农民对村民自治也逐渐了解,村民自治也开始为越来越多的农村所认同,例如,当被问到"您认为村委会干部应不应该由村民选举"时,有81%的人选择了"应该"。然而,即使是这些农村中相对高素质的人员,其对于村民自治制度也并非完全了解,只有7.8%的人认为"非常了解",有45.6%的人认为"知道一些",还有26.3%的人表示听都没有听说过。再如

---

① 全国村务公开协调小组办公室:《健全和完善村务公开和民主管理制度学习读本》,中国青年出版社2004年版,第2—8页。

② 徐增阳、黄辉祥:《武汉市农民工政治参与状况调查》,载《战略与管理》,2002年第6期。

在回答"在您眼里实际生活中的村民自治是什么"这一问题时，有 55.1% 的人选择"农民群众当家做主"。该数据显示农民对村民自治的性质已经有了一定的认识，然而，不容忽视的是，即使在村民自治在中国推行了 10 多年之后，仍然有 24.8% 的人认为村民自治是"走过场、搞形式"，还有 10.9% 的人认为村民自治是"村干部的事情，与我无关"。这说明村民自治制度还有待进一步获得农民的广泛认同。农民参与村委会选举是村民自治的重要内容，据徐增阳与黄辉祥的调查，有 19.3% 的被调查者参与过最近一次的村委会选举，没有参与过的比例为 79.5%。① 结合受访农民对由村民选举村委会主任的较高认同度，上述数据说明了农民在基层政治参与上还存在较多的障碍。邓秀华 2004 年对长沙市 439 户农民工政治参与状况的一次问卷调查也显示：农民工无论在城市还是农村的政治参与比例都很低，参加过社区选举的只有 26 人，仅占受调查者总数的 5.9%。农民工参与村委会选举的比例也相当低，只有 99 人参加过家乡的最近一次村委会选举，仅占受调查者总数的 22.6%。②

2005 年民政部村民自治调查数据报告也显示，农村居民与农民工相比，年龄偏高、文化程度偏低、家庭经济状况偏差。在对村委会选举的公正性评价方面，83.5% 的选民表示非常公平或比较公平，而认为村委会选举不太公平或很不公平的占 15.2%。在对外出务工农民的调查中，18.9% 的人表示其参加了这一届村委会的选举。③ 与 2001 年的数据基本持平。

总的来说，以村民自治为核心的农村民主—国家建设对于促进

---

① 徐增阳、黄辉祥：《武汉市农民工政治参与状况调查》，载《战略与管理》，2002 年第 6 期。

② 邓秀华：《权利分割：农民工政治参与的前提条件》，湖南红网，2005 年 1 月 6 日。

③ 中国社会科学院社会学研究所：《2005 年民政部村民自治调查抽样数据报告》。

农民的公民权利意识和公民权利保障均有着重要的意义。这是因为，村民自治尽管不直接归属为一种公民权利，而属于作为农村集体成员所享有的一种农民权利，然而由于农民和公民主体的重合性，村民自治的实践将促进农民学习、了解和维护作为公民的权利意识。对此，彭真在通过《村民委员会组织法（试行）》时曾指出，"至于说到群众的议政能力，这也要通过实践来锻炼、提高嘛。有了村民委员会，农民群众按照民主集中制的原则，实行直接民主，要办什么，不办什么，先办什么，后办什么，都由群众自己依法决定，这是最广泛的民主实践。他们把一个村的事情管好了，逐渐就会管一个乡的事情；把一个乡的事情管好了，逐渐就会管一个县的事情，逐步锻炼、提高议政能力。"[①] 也就是说，村民自治的实践将为农民认识和维护公民权利提供意识和能力方面的支持。事实也是如此，随着村民自治的不断推进，农民在践行和维护自身作为农村集体成员的农民权利的同时，也不断意识到自身作为国家成员的公民权利，并且日益努力争取和维护自身的公民权利。

三、民生—国家建设

国家建设的民族和民主两个维度已经受到了学者的关注，"与现代化相伴随的现代国家有两个特性，一是民族—国家，即居住在具有明确主权边界里的集体为统一的国家机器所控制，并形成统一的国家认同；二是民主—国家，即居住在国家内的人民居于主权地位，国家机器的权威来源于公民授予"[②]。民族—国家所展示的主权性和民主—国家所展示的自主性诚然是国家建设的两个重要层面，然而，

[①]《彭真文选》，人民出版社1991年版，第608页。
[②] 徐勇：《现代国家建构中的非均衡性和自主性分析》，载《华中师范大学学报（人文社会科学版）》，2003年第5期。

如果没有国家建设在民生维度的展开，那么民主—国家的自主性便会因为缺乏物质条件的支撑而难以实现，民族—国家的主权性也会因为社会认同的削弱而出现合法性问题。叶本乾认为，"'民生—国家'主要指以现代大工业和市场经济为基础，承担发展经济并解决民生公共品和促进民众福祉为重任的国家。"① 民生—国家建设强调的是国家和社会有责任给予每个需要的公民必要的支持以便其能共享基本的文明生活。从公民权的角度来讲，公民权利的充分行使离不开国家提供的公共产品的支持，因而上述观点是有一定道理的。不过，叶本乾在论述中国国家建设的路径时，混淆了国家建设的理想逻辑和历史逻辑。他将包括中国在内的后发国家建设归纳为由民族—国家到民生—国家再到民主—国家的顺序，实际上这只是一种理想逻辑，从历史发展来看，中国的国家建设是沿着民族—国家到民主—国家再到民生—国家的顺序进行的，至少在农村是如此。

上文已经指出，改革开放后，尤其是到了 20 世纪 90 年代，农民负担有加重的趋势。农民负担的不断加重直接带来了两个严重的后果。其一是阻碍了农村的民主—国家建设。村民自治意味着农民获得了参与民主选举、民主决策、民主管理和民主监督的权利，但这些权利的践行绝不是无条件的。相反，村民自治权利的践行不仅要求主体具备一定的素质和能力，而且要求主体拥有一定的经济基础和时间闲暇。在这一点上，拉尔夫针对公民权利限制因素的论述具有启发意义，他指出，"公民的基本权利不仅受到享有特权者的政治权力的限制，而且也受到很多人在经济上的软弱乏力的限制，尽

---

① 叶本乾：《生成与重构：现代国家建构中的农村基层政权——以河南弦乡为例》，华中师范大学政治学理论专业博士学位论文，2007 年，第 205 页。

管法律和宪法承诺他们享有公民的基本权利。"[①] 在践行村民自治所要求的条件中，农民的经济基础是一个重要的条件，否则，农民就将在生存的压力下为养家糊口而劳作，没有足够的时间去正常地参与村民自治。其二是阻碍了农村的民族—国家建设。由于农民的负担主要来自于政府的税收和各项涉农收费，农民负担的不断加重引起了农民对基层政府的不满，也削弱了农民对国家的认同。在农民看来，国家是一个抽象的概念，基层政府才是国家具体的代表。因此，对基层政府的不满必然侵蚀其对国家的认同，对国家认同的削弱又直接影响国家权力的合法性与权威性。而在农民负担的不断加重的背景下，推行村民自治又为农民表达和争取自身利益提供了一个制度性的渠道。20世纪90年代以来，在村民自治不断推进和农民负担问题日益突出的背景下，不少地方出现了"清账"、村务监督等为形式的群体性事件[②]，在相当程度上影响了农村的社会稳定，也影响了农村的民族和民主国家建设。

为减轻农民负担，国家在20世纪90年代开始进行农村税费改革，进入新世纪后，农村税费改革的力度不断加大，农村税费改革的主要内容是"三个取消，一个逐步取消，两个调整和一项改革"。具体地说，"三个取消"就是取消屠宰税、乡镇统筹款和教育集资等专门向农民征收的行政事业性收费和政府性基金；"一个逐步取消"就是逐步减少直至全部取消统一规定的劳动积累工和义务工；"两个调整"就是调整农业税政策、调整农业特产税征收办法，规定新农业税税率上限为7%；"一项改革"就是以农业税额的20%为上限征

[①] 〔德〕拉尔夫·达仁道夫：《现代社会冲突》，中国社会科学出版社2000年版，第55页。

[②] 于建嵘：《集体行动的原动力机制研究——基于H县农民维权抗争的考察》，载《学海》，2006年第2期。

收农业税附加，替代原来的村提留。① 农村税费改革的思路本来是清理各项收费，然后代之以规范的税收。然而，出于改善农民民生的考虑，国家减轻农民负担的行动很快就超越了农村税费改革的思路。从2004年起，国家逐步取消农业税，到2006年，全国已全部取消农业税，并实行粮食直补。

进入新世纪以来民生—国家建设在农村的推进坚持了"少取多予"的原则，在减轻农民经济负担的同时逐渐增加了对农民的物质扶持。其主要意义在于两个方面，一是使得农民的公民权利问题及其保障日益受到重视；二是为农民践行其他公民权利提供了条件。

第三节　农民公民权利的呈现

公民权利涉及的是国家与公民之间的关系。在上述关系中，国家承担着赋予公民权利的义务和责任，而公民则需要具备相应的权利意识，否则难以维护和实现自身的公民权利。权利意识是一个主观的范畴，不同的个体有着自己对权利的不同理解和看法，而个体的权利意识又会随着时间而改变，为了较为准确地获得农民权利意识的变动情况，分时段调查研究是必要的。由于现有的涉及农民权利意识的调查基本上是2000年以后进行的，本书作者也组织了华东政法大学政治学与公共管理学院的39名学生，于2010年寒假期间到其家庭所在地进行了公民权利意识的调查，涉及上海、浙江、江苏、山东、安徽、甘肃、辽宁、广东、广西、河北、湖北、河南、四川、重庆、山西、青海、新疆等17个省、自治区、直辖市，获得

---

① 王闻：《中国义务教育财政改革与地区差异分析：教育财政的公平与充足》，载《公共行政评论》，2009年第2期。

了当前农民公民权利意识的一手数据。调查问卷包括农村卷和城市卷两种。农村卷有效样本为 188 份,其中男性受访者 112 位,占 59.6%,女性受访者 76 位,占 40.4%。在文化程度方面,小学及以下学历程度的 39 人,占 20.7%;初中学历的 68 人,占 36.2%;高中/中专学历的 48 人,占 25.5%;大专学历的 16 人,占 8.5%;本科及以上学历的 17 人,占 9.0%。在受访者的职业方面,农业劳动者(种植、养殖农民)40 人,占 21.3%;外出农民工(包括曾经外出现已返乡的农民工)76 人,占 40.4%;农村知识分子(农技员、医生、教师、文化工作者等)19 人,占 10.1%;学生 19 人,占 10.1%。城市卷有效样本为 166 份,其中男性受访者 70 位,占 42.2%,女性受访者 96 位,占 57.8%。在文化程度方面,小学及以下学历程度的 2 人,占 1.2%;初中学历的 27 人,占 16.3%;高中/中专学历的 33 人,占 19.9%;大专学历的 32 人,占 19.3%;本科及以上学历的 71 人,占 42.8%;另有 1 人未提供文化程度。在受访者的就业状况方面,在职 115 人,占 69.3%;离退休 13 人,占 7.8%;下岗 6 人,占 3.6%;失业 24 人,占 14.5%;另有 8 人未提供就业状况。现有的农民公民权利意识数据涉及的主要是进入新世纪以来的这一段时间。基于上述情况,对于进入新世纪以来的农民公民权利,本节准备从国家赋权和公民权利意识两个方面进行分析。

一、民事权利

1. 农民自由迁徙权的变迁

(1) 积极方面。进入新世纪后,户籍改革的思路越来越清晰,即逐渐放开对农民的户籍限制,允许和促进农民在城市工作和生活,并获得与城市居民的同等权利。因此,这一时期,农民自由迁徙权继续向前发展。2001 年 3 月国务院批转公安部《关于推进小城镇户籍管理制度改革的意见》，小城镇户籍制度改革全面推进。2004 年 9 月公安部废止了《城市户口管理暂行条例》。2008 年，中央提出，统筹城乡社会管理，推行户籍制度改革，放宽中小城市落户条件，使在城镇稳定就业和居住的农民能够获得与城镇居民同等的身份。2009 年，温家宝在谈到户籍改革的思路时指出，"要解决那些常年在城里打工，有固定工作和固定住所而又没有户籍的人们，让他们融入城市，和城里人一样工作和生活，享受同样的权利和待遇。"① 与此同时，考虑到大城市的承载能力，农民工还是优先被引导在中小城市和大的集镇安家落户。应该说，这样一种引导思路在综合考虑各种因素基础上作出的选择，并不是要限制农民的自由迁徙权，即使是对大城市，也只是强调不超出大城市承载能力，也就是说，在大城市承载能力范围内应尽量放松农民的户籍控制，因此，这一思路的贯彻实施有利于更好地保障农民在城市的生活，从而更实际地保障农民自由迁徙权的发展。在这一思路的指导下，2010 年 6 月 7 日，广东省首先提出"积分入户"的思路，对农民工入户城镇的条件进行指标量化，当指标累计积分达到规定分值时，农民工即可申请入户城镇。重庆则在 2010 年 7 月 28 日，启动全国最大规模的户籍制度改革，并明确表示转户农民要享受"就业、社保、住房、教育、医疗"等城市待遇。进入新世纪后，一些大城市在户籍管理上转变传统的思维，逐渐地放开对农民工的落户限制。

（2）仍然存在的不足。尽管这一时期农民的自由迁移权继续出现了一些积极发展的情况，但该时期的农民自由迁徙权仍然存在着一些不足的地方。一是自由迁徙权的宪法保障不足。2004 年《中华人民共和国宪法修正案》第三十三条增加了一款规定："国家尊重和

---

① 《温家宝：考虑大城市承载能力　积极稳妥推进户籍改革》，http：//news. sohu. com/20091227/n269238243. shtml

保障人权。"① 然而，宪法仍然还没有恢复居住和迁徙自由的规定，在一定程度上使得保障包括农民在内的公民自由迁徙权缺乏宪法的保障。二是自由迁徙权的制度保障不足。进入新世纪以来，一些地方对包括户籍制度在内的影响农民自由迁徙权利的制度进行了改革，但总体说来，国家还没有对影响农民自由迁徙权利的制度尤其是户籍制度和劳动用工制度从根本上进行改革，这就使得农民的自由迁徙权缺乏制度上的保障。三是自由迁徙权的实现带有前置条件。由于城乡经济社会发展的差距和农民尤其是青年农民对城市生活方式的日益熟悉，相当比例的农民工希望将户口迁往城市。"改革开放后出生的农民工已经成为农民工的主体，他们的参照系已经不再是父辈，而是城市同龄人；他们在内心比较的更不是自己父辈从事农业生产的时期，而是拥有城市户籍居民身份的劳动者的生产与生活；他们中的绝大多数从未做过农民，并在向往着城市生活"②。据2001年徐增阳与黄辉祥对武汉市农民工的调查，在问到"农民工是否希望把户口迁到城市"时，有45.7%的人明确作出了肯定的回答，只有16.1%的人作出了否定的回答。③ 在笔者组织的2010年寒假社会调查中，当农村受访者被问到"您是怎样看待我国户籍分为城市户籍和农村户籍的制度的"时，选择"有一定的合理性"的占36.1%，认为"不合理"占35.1%，与前述回答持平，而认为"无所谓"和"不清楚"的分别占到17.0%和11.8%，考虑到不少选择第三、四选项的受访者多基于当前户籍制度的实现而作出的选择，因此认为当前户籍制度不合理的所占比例应高于认为合理的比例。上述

---

① 《中华人民共和国宪法修正案》，载《人民日报》，2004年3月16日，第1版。

② 郑功成等：《中国农民工问题与社会保护》（上），人民出版社2007年版，第2页。

③ 徐增阳、黄辉祥：《武汉市农民工政治参与状况调查》，载《战略与管理》，2002年第6期。

考虑也得到了随后一个问题回答情况的佐证。当被问到"如果有机会拿到城市户籍,您愿意成为城里人吗"时,选择"愿意"的占到54.7%,而明确选择"不愿意"的只占到32.6%(见表3)。

表3 中国农村经济社会调查问卷中部分内容

您是怎样看待我国户籍分为城市户籍和农村户籍的制度的?(%)			
有一定的合理性	不合理	无所谓	不清楚
36.1	35.1	17.0	11.8
如果有机会拿到城市户籍,您愿意成为城里人吗?(%)			
愿意	不愿意	不清楚	
54.7	32.6	12.7	

资料来源:2010年寒假中国农村经济社会调查数据。

即使如此,也说明在对待户籍制度上,尽管较多的农民开始对户籍制度的合法性开始进行反思,但还有相当大比例的农民将之作为国家的一项制度而默认其合法性。而在城市受访者中,则有54.2%的人明确认为我国户籍分为城市户籍和农村户籍的制度合理,认为不合理的只有26.5%之多。与此同时,在城市受访者对于城市户籍向农民工开放的态度选择上,认为"弊大于利"的占22.0%;认为"利大于弊"的占40.9%;选择"不清楚"的占37.1%。这说明城市公众在对待向农民工开放城市户籍的态度上还是比较矛盾的。而在那些对向农民工开放城市户籍持开放态度的城市受访者中,选择"农民工应得的"的只占26.8%,选择"应对城市老龄化的需要"、"为了吸引各方面的人才"、"不清楚"分别占了16.3%、40.7%、16.2%(见表4)。上述回答既包含了社会公众对于不同类型身份差别的认识,也说明了农民和农民工对于自由迁徙权的向往。但是,一些地方户籍制度改革试点允许农民迁入城市并获得城市户口,是以农民放弃自己的土地为前提的。例如2010年重庆和陕西都提出了

表 4 中国城市经济社会调查问卷中部分内容

您是怎样看待我国户籍分为城市户籍和农村户籍的制度的？（％）			
有一定的合理性	不合理	无所谓	不清楚
54.2	26.5	11.4	7.9
您是怎样看待城市户籍向农民工开放的？（％）			
弊大于利	利大于弊	不清楚	
22.0	40.9	37.1	
什么因素促使您认为城市户籍向农民工开放利大于弊？（％）			
应对城市老龄化的需要	农民工应得的	为了吸引各方面的人才	不清楚
16.3	26.8	40.7	16.2

资料来源：2010 年寒假中国城市经济社会调查数据。

户籍改革方案，但无论是重庆还是陕西的改革内容，一个重要的方面都是以土地换户籍。陕西的改革与重庆推动的户籍改革都规定在一定的过渡期内，原本是农村户口的居民可以任意选择，可以选择继续享受原有的宅基地、责任田的政策，或者可以直接享受社保、就业等城镇居民的待遇。过渡期满之后，参加户籍改革的居民，将在享受城市的就业、社保、住房等待遇时，放弃农村承包地、宅基地和林地。[①] 本来，农民如果能够在城市获得足够的社会保障，对于放弃农村的土地迁移到城市，也是能够得到其认同的。有研究者指出，土地换户籍"应该有两个前提。一是就业，放弃土地的农民获得城镇户籍，必须以在城镇地区有就业为前提；二是自愿，任何政府强制性地低补偿地征用农民土地的做法应立即停止"[②]。但是如果允许农民迁入城市主要是为了获得更多的城市化和工业化用地，而

---

① 《陕西启动户籍一元化试点改革 5 年内交叉享受政策待遇》，http://news.sina.com.cn/o/2010—09—19/164821134489.shtml

② 陆铭：《土地换户籍：妥协中变革》，载《财经》，2010 年第 22 期。

没有切实地为迁移农民提供相应的社会保障，那这种户籍改革政策就存在很大的风险。那些迁入城市的农民将面临城市社会保障不够，而农村的生存保障已经放弃的两难境地。在此背景下，中央有关部门希望通过出台政策，要求地方政府在自行试点进行户籍改革的同时，不再将农民土地与城市户籍捆绑运作。

2. 农民土地权的变迁

（1）积极的方面。2004年3月14日第十届全国人民代表大会第二次会议通过的《中华人民共和国宪法修正案》第二十条将原宪法第十条第三款"国家为了公共利益的需要，可以依照法律规定对土地实行征用"，修改为"国家为了公共利益的需要，可以依照法律规定对土地实行征收或者征用，并给予补偿"[①]。上述条款的修改尽管只有几个字的区别，但对于农民土地权利影响至关重要，体现了立法者保障农民土地权利的思路。正如2004年3月8日王兆国在第十届全国人民代表大会第二次会议上关于《中华人民共和国宪法修正案（草案）》的说明中指出的，"征收和征用既有共同之处，又有不同之处。共同之处在于，都是为了公共利益需要，都要经过法定程序，都要依法给予补偿。不同之处在于，征收主要是所有权的改变，征用只是使用权的改变"[②]。因此上述条款的修改有利于理顺市场经济条件下因征收、征用而发生的不同的财产关系，更好地保障农民的土地权利。新宪法也完善了对私有财产权利的保护规定。此外，宪法修正案第二十二条将原宪法第十三条"国家保护公民的合法的收入、储蓄、房屋和其他合法财产的所有权"、"国家依照法律规定

---

① 《中华人民共和国宪法修正案》，载《人民日报》，2004年3月16日，第2版。

② 王兆国：《关于〈中华人民共和国宪法修正案（草案）〉的说明——2004年3月8日在第十届全国人民代表大会第二次会议上》，载《人民日报》，2004年3月9日，第2版。

保护公民的私有财产的继承权"修改为"公民的合法的私有财产不受侵犯"、"国家依照法律规定保护公民的私有财产权和继承权"、"国家为了公共利益的需要，可以依照法律规定对公民的私有财产实行征收或者征用，并给予补偿"①。上述条款的修改为农民的土地权利提供了重要的宪法保障。因为不仅农民土地上附着的房屋和庄稼属于其合法财产，而且农民拥有使用权的土地也被认为是其合法财产的内在组成部分。王兆国指出，用"财产权"代替原条文中的"所有权"，在权利含意上更加准确、全面。我国几个现行法律根据不同情况已经作出了征收或者征用的规定，在宪法中增加规定对私有财产的征收、征用制度，有利于正确处理私有财产保护和公共利益需要的关系，许多国家的宪法都有类似的规定。② 从上述修改说明中可以看出，立法者是站在公民合法财产权不受侵犯的高度看待农民的土地权利的。2007年3月16日第十届全国人民代表大会第五次会议通过了《中华人民共和国物权法》（以下简称《物权法》）。《物权法》的通过也为农民土地权利提供了重要的法律保障。《物权法》规定，物权包括动产和不动产，"国家、集体、私人的物权和其他权利人的物权受法律保护，任何单位和个人不得侵犯。"③ 这就将农民的土地及其附着物的权利更为明确地置于法律的保障之下。为了公共利益的需要，依照法律规定的权限和程序可以征收集体所有的土地和单位、个人的房屋及其他不动产。但同时，该法第四十二条也明确规定，"征收集体所有的土地，应当依法足额支付土地补偿费、安置补助费、地上附着物和青苗的补偿费等费用，安排被征地农民的社会

---

① 《中华人民共和国宪法修正案》，载《人民日报》，2004年3月16日，第2版。
② 王兆国：《关于〈中华人民共和国宪法修正案（草案）〉的说明——2004年3月8日在第十届全国人民代表大会第二次会议上》，载《人民日报》，2004年3月9日，第2版。
③ 《中华人民共和国物权法》，载《人民日报》，2007年3月20日，第1版。

保障费用,保障被征地农民的生活,维护被征地农民的合法权益。征收单位、个人的房屋及其他不动产,应当依法给予拆迁补偿,维护被征收人的合法权益;征收个人住宅的,还应当保障被征收人的居住条件。"① 考虑到城市化和工业化对农民耕地的严重威胁,该法第四十三条进一步规定,"国家对耕地实行特殊保护,严格限制农用地转为建设用地,控制建设用地总量。不得违反法律规定的权限和程序征收集体所有的土地。"② 这无疑对土地征用方尤其是各级政府施加了一个严格的限制。尤为重要的是,《物权法》对用益物权进行了明确的规定,第一百一十七条规定,"用益物权人对他人所有的不动产或者动产,依法享有占有、使用和收益的权利。"③ 第一百一十八条规定,"国家所有或者国家所有由集体使用以及法律规定属于集体所有的自然资源,单位、个人依法可以占有、使用和收益。"④ 据此规定,农民对集体所有的土地依法享有占有、使用和收益的权利。因而当农民土地的用益物权遭受征地导致的损失时,有权获得相应的补偿。为此,该法第一百三十二条规定。"承包地被征收的,土地承包经营权人有权依照本法第四十二条第二款的规定获得相应补偿。"⑤ 该法体现农民土地权利保障的另一个重要之处是对农民土地流转的规定,第一百三十三条规定,"通过招标、拍卖、公开协商等方式承包荒地等农村土地,依照农村土地承包法等法律和国务院的有关规定,其土地承包经营权可以转让、入股、抵押或者以其他方式流转。"⑥ 尽管该条款规定针对的土地是有限制的,但无疑为农民

---

① 《中华人民共和国物权法》,载《人民日报》,2007年3月20日,第1版。
② 同上。
③ 同上。
④ 同上。
⑤ 同上。
⑥ 同上。

自由处置其土地财产权利提供了一个重要的开始。

(2) 仍然存在的不足。土地是农民赖以生存和发展的主要基础,农民的诸多权利也都直接或间接地与所拥有的土地相关。在笔者组织的 2010 年寒假社会调查中,农村受访者在回答"您对家庭联产承包责任制满意吗"这一问题时,选择"很满意"和"基本满意"的分别占到 31.7% 和 53.7%,合计达到 85.4%(见表 5)。而农村家庭联产承包责任制在本质上关系到农村土地制度。这说明大多数农民在比较家庭联产承包责任制前后土地制度的基础上,倾向于现行的土地制度。

表 5　中国农村经济社会调查问卷中部分内容

您对家庭联产承包责任制满意吗?(%)			
很满意	基本满意	不太满意	很不满意
31.7	53.7	11.3	3.3

资料来源:2010 年寒假中国农村经济社会调查数据。

然而,农村的现行土地制度在城市化不断推进的背景下也面临着较大的冲击。1998 年修改通过的《中华人民共和国土地管理法》(以下简称《土地管理法》)第四十七条规定,征用土地根据被征用土地的原用途给予补偿。对于农民而言,主要的土地是耕地,征用耕地的补偿费用又主要是土地补偿费和安置补助费,"征用耕地的土地补偿费,为该耕地被征用前三年平均年产值的六至十倍。征用耕地的安置补助费,按照需要安置的农业人口数计算。需要安置的农业人口数,按照被征用的耕地数量除以征地前被征用单位平均每人占有耕地的数量计算。每一个需要安置的农业人口的安置补助费标准,为该耕地被征用前三年平均年产值的四至六倍。但是,每公顷被征用耕地的安置补助费,最高不得超过被征用前三年平均年产值的十五倍。"① 这里的问题在于，耕地产值本身是一个模糊的概念，耕地种植不同的作物其产值往往有较大的差别，在不同的时期耕地产值也与市场价格走向、国家政策等大背景有关，如果不进行系统的规定，那么耕地产值实际上是难以确定的。而作为征地主要实施者的地方政府则可能在自身利益的考量下确定一个低于耕地实际产值的数值。应该说，国家在一定程度上也考虑到了上述情况，并随后作出了补充规定，"依照本条第二款的规定支付土地补偿费和安置补助费，尚不能使需要安置的农民保持原有生活水平的，经省、自治区、直辖市人民政府批准，可以增加安置补助费。但是，土地补偿费和安置补助费的总和不得超过土地被征用前三年平均年产值的三十倍。国务院根据社会、经济发展水平，在特殊情况下，可以提高征用耕地的土地补偿费和安置补助费的标准。"② 上述补偿规定体现了立法者区分不同情况努力保障农民土地权利的意图。但是，对最高补偿费用进行限制在实际操作中有可能造成补偿费用尽量就低不就高，从而不利于充分保障农民的土地权利。除了土地补偿费和安置补助费之外，耕地补偿费用还包括地上附着物和青苗的补偿费，这一部分补偿费用由省级政府规定。实际上，耕地上附着物和青苗的补偿费比较低，相比土地补偿费和安置补助费而言，对农民的补偿费用基本没有实质性的增加。在耕地之外，征用其他土地的土地补偿费和安置补助费标准也由省级政府参照征用耕地的土地补偿费和安置补助费的标准规定。但实际上，由于其他土地远没有耕地那样受到国家和社会的关注，其补偿标准也相对低很多。而一旦农民的土地尤其是处于城市化进程中的农民土地在征用后进入市场，其价值往往上升很多。以南京市 2002 年为例，政府向农民征用土地的

---

① 《中华人民共和国土地管理法》，载《人民日报》，1998年9月2日，第8版。
② 同上。

最低价为每亩 8 万元（含土地补偿费、安置补助费以及地上附属物和青苗的补偿费），最高价 20 万元。而政府转手拍卖最高价每亩 980 万元，最低价每亩 120 万元，中间差距非常大。① 实际上，即使是根据现行土地管理法规定的征地补偿，也有很大一部分是不属于农民的。因为根据 1998 年 12 月 24 日通过的《中华人民共和国土地管理法实施条例》，"土地补偿费归农村集体经济组织所有；地上附着物及青苗补偿费归地上附着物及青苗的所有者所有。征用土地的安置补助费必须专款专用，不得挪作他用。需要安置的人员由农村集体经济组织安置的，安置补助费支付给农村集体经济组织，由农村集体经济组织管理和使用；由其他单位安置的，安置补助费支付给安置单位；不需要统一安置的，安置补助费发放给被安置人员个人或者征得被安置人员同意后用于支付被安置人员的保险费用。"也就是说，因土地被征用的失地农民，得到的主要是征地费用中所占份额较少的一部分安置补偿费用以及地上附着物及青苗补偿费。尽管实施条例规定了被征地农民由农村集体经济组织安置、由其他单位安置和不需要统一安置三种安置办法，但实际上每一种安置办法都有一些问题。进入新世纪后，尽管一些地方的农村集体经济组织不断发展壮大，但这主要是一些经济发达地区或城郊地区，随着农村家庭联产承包责任制的稳定推行，大部分地方的农村集体经济组织实力日益薄弱。这些农村集体经济组织或者不具备安置被征地农民的能力，或者对被征地农民的安置不具备可持续性，真正有条件安置的只是少数。另外，《土地管理法》第六十三条规定，"农民集体所有的土地的使用权不得出让、转让或者出租用于非农业建设。"② 由此可以看出，宅基地不得转让、买卖、出租和抵押，而宅基地上附

---

① 万朝林：《失地农民权益流失与保障》，载《理论与改革》，2004 年第 4 期。
② 《中华人民共和国土地管理法》，载《人民日报》，1998 年 9 月 2 日，第 8 版。

着的建筑物也不能进行转让、买卖、出租和抵押。这使得农民很难实现其土地及附着物的财产权利。

再如,《物权法》的出台给农民土地权利提供了重要的法律保障。但由于实际情况的复杂性,《物权法》也还是存在着一些不足。《土地管理法》对宅基地的转让、买卖、出租和抵押进行了限制,《物权法》第一百五十三条规定,"宅基地使用权的取得、行使和转让,适用《土地管理法》等法律和国家有关规定。"[①] 这就沿用了《土地管理法》的规定。不利于充分保障农民的土地权利。另外,《物权法》虽规定建筑物和其他土地附着物可以抵押,"以建筑物抵押的,该建筑物占用范围内的建设用地使用权一并抵押。以建设用地使用权抵押的,该土地上的建筑物一并抵押。"[②] 但同时又规定一些财产不得抵押,其中就包括"耕地、宅基地、自留地、自留山等集体所有的土地使用权。"[③] 随着农村经济的发展和农民经营活动的多样性,越来越多的农民有通过抵押贷款进行经营活动的需要,但上述规定使得农民土地及其附着物的财产权利无法有效实现。

进入新世纪后,随着城市化和工业化的不断推进,因农民土地权利得不到保障而发生的群体性事件有日益增多的趋势。据劳动和社会保障部统计,目前中国有大约4000多万失地农民。国土资源部提供的数据表明,目前全国1/3以上的群众上访都归因于土地问题,而其中60%左右的纠纷是直接由征地引起的。[④] 2010年7月,苏州市接连发生了两起农民动迁户群体性事件,先是虎丘区(高新区)通安镇发生农民因向镇委镇政府领导要求补发动迁补偿款遭拒,引

[①] 《中华人民共和国物权法》,载《人民日报》,2007年3月20日,第1版。

[②] 同上。

[③] 同上。

[④] 李飞、钟涨宝:《人力资本、社会资本与失地农民的职业获得——基于江苏省扬州市两个失地农民社区的调查》,载《中国农村观察》,2010年第6期。

发了过万人冲击镇政府、封堵国道、与防暴警察发生言语和肢体冲突的群体性事件。随后，21 日当晚，浒墅关镇数千农民聚集镇政府门口，与防暴警察发生对峙，期间双方发生冲突并导致数人受伤。期间通安镇和东清镇也出现农民聚集的现象。① 上述事件由源自 2003 年的征地补偿款引发，尽管具体原因有些不同，但其中的实质性问题都是农民土地权保障的缺失。在农民土地被征用又得不到相应保障从而危及其自身的生存时，就可能引发上述群体性事件。进入新世纪后，城市化和工业化的深入推进对土地的需求越来越大，而土地扩展的空间一般是城郊或农村的土地。因此城市化和工业化用地的增加就意味着农民因土地被征用而失去土地。一旦农民土地被征用而又得不到相应的权利保障，必然引发土地征用方与农民之间的矛盾。由于土地是农民生存和发展的主要物质载体，因此农民对失去土地有一种本能的恐惧，同时对土地征用补偿如何才能保障自己和家庭的生存和发展并不是很有把握，这导致其考虑的复杂性、目标的多样性和对土地征用补偿的怀疑，而国家规定的土地征用补偿标准比较模糊，基层政府在土地征用成本的考虑下又倾向于尽量降低成本，而土地的开发商更是在利润的考虑下尽量压低农民的土地出让价格。在上述因素的作用下，由于各方力量的悬殊，农民的目标往往很难实现。因此，在这样一种情况下，即使在政府看来已经给了农民土地征用非常高的补偿，农民也可能不满意而引发两者间的矛盾和冲突。例如，在上述苏州农民动迁户群体性事件中，同意拆迁的农户全部住上新房，幼儿园、小学、商店、公交、市政公用等公共设施建设配套齐全。征地失地农民享受到社保、医保和养老保险及社会救济金。② 正如一个住进新房的拆迁户所说的，他还是

---

① 陈统奎：《苏州"通安事件"善后》，载《南风窗》，2010 年第 17 期。
② 同上。

不习惯这里的生活方式,"一开门就是几十块钱。菜也要买,米也要买。上个厕所用水,都要花钱"①。上述话语在本质上反映的还是农民对失地后生存无法得到有效保障的顾虑。而这样一种顾虑主要又是因为政府对征地决策的包揽、被征地农民弱势的博弈能力和征地决策中的低度参与,以至于农民的土地权利缺乏有效的保障。而这一缺失实际上反映了农民土地权利背后的两种逻辑之争,"一是国家(政府)逻辑,即认为只有国家才能代表全体人民整体利益,国家所有权优先,以国家为本位;一是国民逻辑,即认为土地财产权应该更多地由作为国民的农民所支配,公民个人的财产权也是神圣不可剥夺的"②。在国家逻辑优先的考量下,农民作为公民的土地权利更加因弱势的博弈能力和征地决策中的低度参与而得不到保障。

二、政治权利

1. 农民的选举权和被选举权

(1)积极方面。2002年3月15日,第九届全国人大五次会议通过《关于第十届全国人大代表名额和选举问题的决定》,决定各省、自治区、直辖市应选的第十届全国人大代表的名额,农村按人口每96万人选代表1人,城市按人口每24万人选代表1人。人口特少的省、自治区,代表名额不得少于15人。至2004年10月第十届全国人大常委会第十二次会议作《选举法》第四次修正时,仍然延续了城乡在省、自治区、直辖市应选全国人大代表中按1:4的人口比例

---

① 谢海涛:《苏州"城乡一体化"反思》,载《中国改革》,2010年第10期。
② 徐勇:《现代国家建构与土地制度变迁——写在〈物权法〉讨论通过之际》,载《河北学刊》,2007年第2期。

关系分配名额的政策。① 而随着城市化的不断推进，农村人口占全国人口的比重不断下降。1995年以来我国城乡人口比例以每年1‰的比例增长，2006年城乡人口比达到43.9∶56.1。② 到2008年年底，我国农村人口占全国人口总数的比例已下降到54%。③ 这样，建立在城乡人口差距基础上的各级人大代表选举中城乡人口比例差异也就没有存在的必要性了。基于此种考虑，2009年10月27日被提请审议的《选举法》修正案草案规定，城乡按相同人口比例选举人大代表。2010年3月14日，第十一届全国人大三次会议表决通过了关于修改《选举法》的决定，修改后的《选举法》第十四条规定，"地方各级人民代表大会代表名额，由本级人民代表大会常务委员会或者本级选举委员会根据本行政区域所辖的下一级各行政区域或者各选区的人口数，按照每一代表所代表的城乡人口数相同的原则，以及保证各地区、各民族、各方面都有适当数量代表的要求进行分配。"④ 第十六条规定，"全国人民代表大会代表名额，由全国人民代表大会常务委员会根据各省、自治区、直辖市的人口数，按照每一代表所代表的城乡人口数相同的原则，以及保证各地区、各民族、各方面都有适当数量代表的要求进行分配。"⑤ 据此规定，我国农村和城市每一名全国人大代表所代表的人口数比例规定为1∶1。而在此之前，尽管各级人大代表选举的城乡人口比例差距就体现了不断

---

① 宋月红：《当代中国经济社会变动与人大代表选举中城乡人口比例政策的演进》，载《北京行政学院学报》，2011年第1期。

② 杜强强：《保证城乡平等选举权——选举法修改的历史进步》，http://finance.sina.com.cn/roll/20100308/06557518087.shtml。

③ 陈丽平：《中国分三步走向城乡选举权完全平等》，http：//news.sina.com.cn/o/2009—10—28/083616513456s.shtml。

④ 《中华人民共和国全国人民代表大会和地方各级人民代表大会选举法》，载《人民日报》，2010年3月15日，第15版。

⑤ 同上。

下降的趋势,但这一差距并没有彻底取消,因而农民的平等选举权也就没有法律上的保障。因此,人大代表选举由"城乡差别比例"原则转变到"城乡相同比例"原则,标志着农民作为国家的公民终于与其他户籍身份的公民有了平等的选举权利,对于保障农民的平等选举权具有非常重要的意义。根据修改后《选举法》的规定,2012年12月中旬至2013年1月,全国35个选举单位共选举产生了2987名十二届全国人大代表,并经全国人大常委会确认代表资格全部有效。这标志着2010年《选举法》修改后,首次实行城乡按相同人口比例选举的全国人大代表正式产生。据统计,在2987名代表中,来自一线的工人、农民代表401名,占代表总数的13.42%,提高了5.81个百分点,其中农民工代表数量大幅增加;党政领导干部代表1042名,占代表总数的34.88%,降低了6.93个百分点。①

(2) 不足的方面。尽管进入新世纪后,各级人大代表选举中的城乡人口比例差距不断缩小直至消失。但农民选举权和被选举权的保障仍然存在着一些不足之处。

一是应选代表名额的城乡差距仍然存在。例如,2003年第十届全国人大代表中农民身份的代表仅占全部代表总数的8.4%(见表6),

表6 第十至十一届全国人民代表大会代表构成统计表(单位:人,%)

	总名额	农民名额	农民比例%	工人名额	工人比例%	干部名额	干部比例%	知识分子名额	知识分子比例%
十届	2985	251	8.4	300	10.05	968	32.4	631	21.1
十一届	2987	280	9.4	332	11.2	842	28.3	988	33.2

数据来源:王雷鸣、沈路涛、邹声文:《我们来自人民——十届全国人大代表构成特色评析》,http://www.people.com.cn/GB/shizheng/1026/2369476.html;张富良:《完善人民代表大会制度保障农民民主政治权利》,载

---

① 毛磊:《首次实行城乡按相同人口比例选举》,载《人民日报》,2013年2月28日,第4版。

《人大研究》，2004年第10期。

尽管相比上一届稍有上升，第十一届全国人大代表结构中农民所占比例也改变不大。而第十二届全国人大代表结构中农民代表的名额和所占比例尚未公布，因此这里主要以第十届和第十一届的相关数据为基础进行分析，据上述数据可知农民身份的代表人数与农村人口的比例差距很大。二是农民代表的实际名额仍然远低于根据规定所应得到的代表名额。根据国家统计局公布的数据，2002和2007年末，全国有乡村人口分别为78241万人和72750万人[①]，按照上述全国人大代表的选举规定，分别应该选举全国人大代表889人和827人，而在第十届全国人大代表中，实际选出的农民身份的代表人数为251人，第十一届全国人大代表的构成没有具体公布，第十届全国人大五次会议通过的"决定"明确规定：第十一届全国人大代表中，来自一线的工人和农民代表人数应高于上一届。[②] 据报道，第十一届全国人大代表中一线农民与上届相比增加70%[③]，但农民代表总数相差不大，假设与上届同为251人，分别仅为农村人口应选代表人数的28.2%和30.4%，还是与应选人数存在着较大的差距（见表7）。

表7　第十至十一届应选和实选全国人民代表大会代表统计表（单位：人，%）

	十届人大	十一届人大
代表总数	2985	2987
应选代表	889	827
实选农民代表	251	约251
实选占应选比例	28.2	约30.4

---

① 国家统计局：《中国统计年鉴2008》，中国统计出版社2008年版，第87页。
② 《结构优化　构成广泛（热点解读）》，载《人民日报》，2008年2月29日，第5版。
③ 同上。

数据来源：国家统计局：《中国统计年鉴 2008》，中国统计出版社 2008 年版，第 87 页；王雷鸣、沈路涛、邹声文：《我们来自人民——十届全国人大代表构成特色评析》，http://www.people.com.cn/GB/shizheng/1026/2369476.html；张富良：《完善人民代表大会制度保障农民民主政治权利》，载《人大研究》，2004 年第 10 期。

例如，1995 年修改《选举法》后，全国人大代表选举中的城乡人口比例差异由之前的 8：1 变更为 4：1，但第九届全国人大代表中农民代表为 240 名，农民代表的数量反而少于《选举法》修改前第八届全国人大代表中的 280 名。对此，有研究者指出，"实行城乡按相同比例选举人大代表制度之后，工农代表占整个代表的比例可能会有所上升。但比例的调整与实际农民代表的人数之间的联系并不具有正比例关系，也不意味着农村人口所产生的代表就是农民。"① 为什么会出现这种情况呢？主要原因在于代表选举城乡人口比例差距的缩减乃至取消解决的只是城乡人口代表权利的不平等问题，而不是应选名额的城乡差距问题，后者的解决有赖于候选人制度的改革。三是农民工选举权和被选举权仍然缺失。第十一届全国人大代表中首次出现了三位农民工代表，② 在第十二届全国人大上，来自全国各地的农民工代表 31 人，比上一届的人数有了大幅增加。③ 这是农民工被选举权发展的一个重要标志。但与此同时，农民工的选举权和被选举权与之前相比仍然改变不大。而实践调研也佐证了农民选举权保障中存在的一些不足。在笔者组织的 2010 年寒假社会调查中，

---

① 韩大元：《"城乡按相同人口比例选举人大代表"的规范分析及影响》，载《国家行政学院学报》，2010 年第 2 期。

② 《结构优化 构成广泛（热点解读）》，载《人民日报》，2008 年 2 月 29 日，第 5 版。

③ 姚雪青：《31 位代表，身后是 2.6 亿农民工》，载《人民日报》，2013 年 3 月 12 日，第 5 版。

农村受访者在对"您是否参加过乡镇人大代表选举"这一问题的回答中,选择"是"和"否"的分别占到13.5%和69.2%,由于有少数受访者没有作出明确回答,因此上述统计也许存在一定的误差。尽管如此,说明相当比例的农民对于选举的实践还是比较疏离的。由于村委会的选举在本质上不属于宪法规定的公民选举权范畴,乡镇人大代表的选举是与农民选举权实践联系最为紧密的一种选举,因此农民在乡镇人大代表选举中的参与情况能够在一定程度上说明农民选举权的实践情况。在对"您对乡镇人大代表选举的情况满意吗"这一问题的回答中,选择"很满意"和"比较满意"的合计占到54.0%,选择"不太满意"和"很不满意"的合计占到46.0%(见表8),上述数据也说明相当多的农民有更高的实践自身选举权的诉求。

表8 中国农村经济社会调查问卷中部分内容

您是否参加过乡镇人大代表选举?(%)		
是	否	不清楚
13.5	69.2	17.3
您对乡镇人大代表选举的情况满意吗?(%)			
很满意	比较满意	不太满意	很不满意
4.8	49.2	39.0	7.0

资料来源:2010年寒假中国农村经济社会调查数据。

2. 农民的结社权

农民的结社权是农民作为国家公民的一项法定权利。1982年修正后的《宪法》第三十五条明确规定,"中华人民共和国公民有言论、出版、集会、结社、游行、示威的自由。"[①] 就宪法权利属性而

---

① 《中华人民共和国宪法》,载《人民日报》,1982年12月5日,第1版。

言，结社自由是指公民为了一定的宗旨并按照一定的原则，自主、自愿、自由地组织各种社会团体进行活动的权利。① 而宪法的权利一般是原则性的，宪法权利的实现还需要借助于具体法律的细化规定。例如，《中华人民共和国工会法》（以下简称《工会法》）、《中华人民共和国注册会计师法》（以下简称《注册会计师法》）、《中华人民共和国律师法》（以下简称《律师法》）等法律对相关公民的结社权进行了具体规定，使得职工、注册会计师、律师作为公民的结社权有了落实的法律依据。更进一步说，无论注册会计师还是律师，他们都属于职工的范围，从而都可以加入工会组织，因此他们的结社权都有实现的具体渠道。由于城市居民作为公民的就业权是有法律保障的，这就使得城市居民的结社权也有了具体的保障。而对于农民来说，改革开放以来，由于没有具体的法律制度对《宪法》规定的结社自由进行具体化②，导致农民的结社权在实践中很难落实。因此，就结社权而言，实际上变成了农民与城市居民基于户籍身份之上的权利区隔。改革开放以来，许多研究者日益认识到结社权对农民、农业和农村发展的重要性。于建嵘主张建立以农民为主体、体现农民意志和利益的农民组织，在他看来，"如果没有以农民为主体、体现农民意志和利益的农民组织，建设新农村就缺乏真正的行动主体，农业和农村发展的政策就难以得到真正的实施。"③ 在笔者组织的 2010 年寒假社会调查中，农村受访者在回答"您觉得您参加民间团体会不会受到限制"这一问题时，选择"会"和"不会"的分别占到 25.0% 和 75.0%（见表 9）。尽管如此，在实践中，农民的

---

① 杜承铭：《论结社自由权的宪法权利属性、价值及其限制》，载《河北法学》，2002 年第 6 期。

② 郭殊：《论农会问题与农民的结社自由》，载《法商研究》，2006 年第 3 期。

③ 于建嵘：《新农村建设需要新的农民组织》，载《华中师范大学学报（人文社会科学版）》，2007 年第 1 期。

正式组织化还是基本上没有得到政府的正式认可。

表9　中国农村经济社会调查问卷中部分内容

您觉得您参加民间团体会不会受到限制？（%）	
会	不会
25.0	75.0

资料来源：2010年寒假中国农村经济社会调查数据。

随着进入新世纪后农民工的规模日益扩大，其对结社权的意识也日益增强。据2001年徐增阳与黄辉祥对武汉市农民工的调查，有79.8%的人明确表示同意"在打工的地方急需代表外来人员利益的组织或机构来代表和维护外来人员利益"这种说法。[①] 工会的本义是劳动关系中工人一方利益的代表者和维护者。然而，2001年10月27日第九届全国人民代表大会常务委员会第二十四次会议修改通过的《工会法》仍然没有对农民工加入工会组织作出明确规定。

进入新世纪后，各地也日益采取多种措施尝试吸纳农民工进入工会组织。随着单位制的瓦解和社区建设的推进，越来越多的劳动者与单位脱离联系，在社区内灵活就业，其中很大一部分从业人员就是农民工。为维护社区从业人员的权益，一些地方把工会组织拓展到社区。社区工会最早出现在南京。2000年6月，南京市的所有社区都建立了工会，全市所有街道均成立社区工会联合会，并建立社区工会基层组织。[②] 而随着农民大规模地外出打工，一些农民工输出地也开始尝试建立农民工的工会组织以维护农民工的权益。例如，从2002年起，河南省信阳市在县乡两级建立了"民工工会"，以维

---

① 徐增阳、黄辉祥：《武汉市农民工政治参与状况调查》，载《战略与管理》，2002年第6期。

② 蒋银华、张晓明：《论结社权视野下的农民工权益保护》，载《华南理工大学学报（社会科学版）》，2007年第1期。

护外出务工农民的合法权益。"民工工会"由主管领导担任负责人，劳动、民政、司法、公安等部门的负责人为机构成员，该机构负责与农民工务工地相对应的工会组织建立联系，为农民工提供咨询服务和法律援助，参与或协助有关部门处理劳资纠纷和工伤事故等事务。① 此外，信阳市总工会还与信阳市农民较为集中地方的工会组织进行联系，在征得对方同意后，在上海、浙江等地建立农民工工会组织，接受当地总工会领导，形成农民工输出和输入地联合维护农民工权利的双向维权机制。这种机制有利于农民工的工会关系得到及时转移，随劳动关系流动，从而使工会可以合法地介入农民工的维权工作。② 在大规模农民工进城就业的背景下，如何维护农民工的权益也日益受到农民工输入地工会组织的重视并开始采取相应的措施。例如，2003年泉州市总工会的负责人在接受采访时介绍了当地工会组织的一些创新举措；其中一个重要的创新就是实行了流动会员制，也就是说，任何一家工会的会员证在当地都是有效的。泉州还实行了会员确认制，从外省来的进城务工人员，只要有会员证就能进行确认，不需要再重新入会。泉州市总工会还和劳务输出地签订协议，由输出地负责培训员工，组织他们到泉州市企业就业，泉州市总工会吸收员工入会，并维护他们的合法权益。③ 上述各地的举措在一定程度上回应了农民结社权的需要。应该说，结社权是中国公民的一项宪法权利，近些年工会也在日益推进农民工结社权的落实，为农民工结社权的保障提供了重要的基础。但是，也必须看到，当前农民工的结社权是以工会的组织框架作为载体的，而规范该组织框架的基本法律《工会法》的一些规定恰恰在一定程度上限制了

---

① 李钧德、訾红旗：《信阳：建立"农民工会"》，载《半月谈》，2003年第4期。
② 《工代会观察：关注进城务工人员问题（中）》，http://14da.acftu.org/template/10001/file.jsp?cid=35&aid=2170
③ 同上。

农民工的结社权。现行《工会法》是 2001 年 10 月 27 日第九届全国人民代表大会常务委员会第二十四次会议修正的。尽管在该法修正时中国正在经历着大规模的农民工到城市就业的过程，但该法并没有对农民工参与工会进行具体的规定。例如，《工会法》第三条规定，"在中国境内的企业、事业单位、机关中的以工资收入为主要生活来源的体力劳动者和脑力劳动者，不分民族、种族、性别、职业、宗教信仰、教育程度，都有依法参加和组织工会的权利。"形式上看，农民工似乎也在上述条款的规定中，但由于农民工的户籍限制，其在身份上属于农民，而不属于《工会法》第二条所规定的情况，即"工会是职工自愿结合的工人阶级的群众组织"。2003 年 8 月中华全国总工会发出的《关于切实做好维护进城务工人员合法权益的通知》中要求把进城务工人员组织到工会中去，要求"与用人单位建立劳动关系（含事实劳动关系）的职工，不论户籍在何地，无论工作时间长短，都有依法组织和参加工会的权利"。2003 年 9 月王兆国在中国工会第十四次全国代表大会上的报告中指出，"进城务工人员是工人阶级队伍的新成员，在促进城乡经济发展、巩固工农联盟方面发挥着重要作用，他们在工作、生活中面临的困难和问题，需要工会组织予以更多的关心和帮助，维护好他们的合法权益，把他们进一步组织起来、团结起来。"① 2003 年年底召开的全国总工会第十四届三次主席团会议决定"突出抓好进城务工人员的工会组建工作"。2004 年的《政府工作报告》明确"农民工是我国产业工人的一部分"。同年的中央一号文件也肯定了这一点。尽管 2003 年全国总工会的报告和 2004 年《政府工作报告》都明确规定了农民工的职工身份，但如果不在规范工会的基本法律中进行相应修改，还是很难

---

① 《王兆国在中国工会十四大上的报告》，http://14da.acftu.org/template/10001/file.jsp?cid=33&aid=2269.

保障农民工结社权的落实。另外，现行《工会法》没有对农民工这一群体进行专门的规定，也不利于体现农民工结社权的特殊性。

三、社会权利

1. 农民的受教育权

2006年6月29日第十届全国人民代表大会常务委员会第二十二次会议修订通过的《义务教育法》第二条规定，"实施义务教育，不收学费、杂费。"对于农民工子女的义务教育，《义务教育法》第十二条规定"父母或者其他法定监护人在非户籍所在地工作或者居住的适龄儿童、少年，在其父母或者其他法定监护人工作或者居住地接受义务教育的，当地人民政府应当为其提供平等接受义务教育的条件。"对于农村义务教育教育的经费保障和筹集，《义务教育法》第四十二条规定，"国家将义务教育全面纳入财政保障范围，义务教育经费由国务院和地方各级人民政府依照本法规定予以保障。"第四十四条规定，"义务教育经费投入实行国务院和地方各级人民政府根据职责共同负担，省、自治区、直辖市人民政府负责统筹落实的体制。农村义务教育所需经费，由各级人民政府根据国务院的规定分项目、按比例分担。"[①] 对比2006年修改前后的《义务教育法》可以发现几个大的转变：一是义务教育经费筹集体制的改变。在之前的《义务教育法》中，义务教育的经费是地方负责，而新的《义务教育法》尽管还是体现了地方负责的精神，但义务教育经费的主要责任承担者已经由县乡政府转向省级政府。二是义务教育将由收费义务教育逐步向免费义务教育转变。新的《义务教育法》明确规定了实施义务教育不收学杂费，这也是之前的法律中没有规定的。三是义务教育经费保障体制的改变。新的义务教育法将义务教育经费纳入

---

① 《中华人民共和国义务教育法》，载《人民日报》，2006年6月30日，第6版。

了财政保障的范围,要求地方各级人民政府在财政预算中将义务教育经费单列,而且规定了问责的办法,这就改变了原来农村义务教育经费主要依赖农民集资和缺乏稳定的保障渠道的情况,更好地保障了义务教育经费。四是对农民工子女义务教育的规定。新的《义务教育法》规定流入地政府应该为农民工子女义务教育提供条件,这就改变了之前的《义务教育法》没有涉及农民工子女的情况,使得农民工子女的义务教育权利更加有法律上的保障。从新《义务教育法》的内容来看,国家已经从根本上改变了改革开放初期在义务教育上的认识逻辑,之前国家将义务教育主要视为地方事务并使得农村义务教育的经费主要为农民所承担,而该法的内容已经反映出国家认识到了义务教育是政府应该提供的公共产品和政府的责任。

首先来看留守儿童的受教育权。教育部2003年2月公布的《中国教育与人力资源问题报告》指出,2000年我国15岁以上人口中文盲、半文盲2 699.2万人,其中四分之三分布在农村。农村人均受教育年限为7.43年,城市为10.20年。城市、乡镇和农村之间劳动力人口受教育水平比较情况是:具有大专以上受教育水平的人口比是20∶9∶1;高中以上受教育水平的人口比是4∶3∶1;初中以上受教育水平的人口比是0.91∶1.01∶1,小学比是0.37∶0.55∶1。[①] 因此,无论从城乡人口的人均教育年限还是从不同受教育水平群体的城乡分布情况来看,城乡的受教育差距都非常显著,城乡受教育差距的显著又反映了农民受教育权的限制。1985年开始的教育体制改革使地方政府成为义务教育经费的筹集者,农村义务教育主要由乡镇政府承担。1994年的分税制改革进一步强化了地方的义务教育经费投入责任,由于财政实力非常薄弱,乡镇政府很大程度上依靠农

---

① 高成军:《我国公民权保障的城乡差异》,载《武汉科技大学学报(社会科学版)》,2007年第3期。

村教育集资和教育费附加来支付义务教育经费。进入新世纪前后的农村税费改革取消这两项收入来源后,削弱了乡镇通过自有资金为教育提供充足经费的能力,使义务教育的经费不充足成为一个显著的问题。① 为了解决农村义务教育经费投入不足的问题,2001 年国务院发布了《关于基础教育改革与发展的决定》,提出建立由地方政府负责、分级管理、以县为主的农村义务教育管理体制,并规定县级政府对本地农村义务教育负有主要责任。但该决定只是要求地方政府将教育优先作为预算内拨款和政府间转移支付的重点,并没有为农村义务教育经费提供新的来源渠道。在地方政府财政实力没有增长的情况下,义务教育财政优先保障目标的实现会受到不同群体间利益博弈能力的影响。而学生、教师和作为学生家长的农民并不一定能够在上述利益博弈中占据优势。在这种情况下,一方面是义务教育的负债问题日益突出。根据国家审计总署 2003 年对 17 个省 50 个县的研究报告,义务教育负债在 2001 年达到 23.8 亿元,2003 年上升到 39.4 亿元,两年内上升了 65%。② 另一方面是农村义务教育阶段学生失学率的反弹。例如,在江苏省,"普九"达标后几项重要指标在 2001 年陡然下降,小学在校生巩固率从前一年的 99.6% 降至 91.6%,小学毕业生升学率从 97.2% 降至 92.1%;初中阶段的巩固率从 96.3% 降至 91.7%。而在福建省,据 2002 年春对三明、南平等地的调查,农村中学生辍学率平均在 10% 左右,有的地方高达 30%。③ 2005 年底,国务院发出了《国务院关于深化农村义务教育经费保障机制改革的通知》(以下简称《通知》),针对农村义务教育

---

① Kennedy, J. J., "From the Tax-for-Fee Reform to the Abolition of Agricultural Taxes: The Impact on Township Governments in North-west China", *The China Quarterly*, 2007, 189 (1): 43-59.

② 王闻:《中国义务教育财政改革与地区差异分析:教育财政的公平与充足》,载《公共行政评论》,2009 年第 2 期。

③ 张玉林:《目前中国农村的教育危机》,载《战略与管理》,2004 年第 4 期。

经费保障机制方面仍然存在的各级政府投入责任不明确、经费供需矛盾比较突出、教育资源配置不尽合理、农民教育负担较重等突出问题，要求按照"明确各级责任、中央地方共担、加大财政投入、提高保障水平、分步组织实施"的基本原则，逐步将农村义务教育全面纳入公共财政保障范围，建立中央和地方分项目、按比例分担的农村义务教育经费保障机制。《通知》规定了农村义务教育经费保障机制的主要内容和实施步骤。在主要内容上，《通知》强调了四个方面，即全部免除农村义务教育阶段学生学杂费及对贫困家庭学生免费提供教科书并补助寄宿生生活费、提高农村义务教育阶段中小学公用经费保障水平、建立农村义务教育阶段中小学校舍维修改造长效机制、巩固和完善农村中小学教师工资保障机制。上述四个方面均体现了中央重点支持中西部地区、适当兼顾东部部分困难地区的原则。例如，免学杂费资金由中央和地方按比例分担，西部地区为8：2，中部地区为6：4；东部地区除直辖市外，按照财力状况分省确定；免费提供教科书资金，中西部地区由中央全额承担，东部地区由地方自行承担；校舍维修方面，对中西部地区，中央根据农村义务教育阶段中小学在校生人数和校舍生均面积、使用年限、单位造价等因素，分省（区、市）测定每年校舍维修改造所需资金，由中央和地方按照5：5比例共同承担。对东部地区，农村义务教育阶段中小学校舍维修改造所需资金主要由地方自行承担，中央根据其财力状况以及校舍维修改造成效等情况，给予适当奖励；农村中小学教师工资保障方面，中央继续按照现行体制，对中西部及东部部分地区农村中小学教师工资经费给予支持。省级人民政府要加大对本行政区域内财力薄弱地区的转移支付力度，确保农村中小学教师工资按照国家标准按时足额发放。在实施步骤上，《通知》确定农村义务教育经费保障机制改革，从2006年农村中小学春季学期开学起，分年度、分地区逐步实施。其中，2006年西部地区农村义务教育阶段中小学生全部免除学杂费，2007年中部地区和东部地区农村义务教育阶段中小学生全部免除学杂费。①《通知》的内容涉及农村义务教育经费保障的各个方面，并且规定了具体的实施步骤和落实措施，为保障留守儿童的义务教育权利提供了重要的政策保障。《通知》下发后，国家2006年在西部农村地区实施，2007年春季在全国农村地区全面推开了新机制，在广大农村地区实施"两免一补"政策（免除农村义务教育阶段学生学杂费，对贫困家庭学生免费提供教科书并补助寄宿生生活费），从而大大降低了农民的教育负担。据教育部统计，2006年新机制实施第一年就直接减轻农民经济负担100多亿元，农村贫困家庭小学生每人每年平均可免除书本费和学杂费210元，初中生可免除320元，其中寄宿生还可享受200元至300元的生活补助。2006年西部地区约有20万辍学学生重返校园。②

再来看流动儿童的受教育权。进入新世纪后，进城农民工及其子女规模不断扩大，根据国家统计局资料，2004年全国进城农民工达11823万人，随同父母进入城市的义务教育阶段适龄儿童达到700万人。③ 为了保障农民工子女接受义务教育的权利，2001年5月，国务院发布的《关于基础教育改革与发展的决定》规定："要重视解决流动人口子女接受义务教育问题，以流入地区政府管理为主，以全日制公办中小学为主，采取多种形式，依法保障流动人口子女接受义务教育的权利。"2005年底国务院发出的《通知》，也对流动儿童的义务教育经费保障机制进行了规定。《通知》规定，"进城务工

---

① 《国务院关于深化农村义务教育经费保障机制改革的通知》，http://edu.people.com.cn/GB/8216/28350/63351/4331756.html

② 《我国实施新义务教育法取得初步成效》，载《人民日报》，2007年6月30日，第5版。

③ 四川省农调队：《四川农民工子女教育问题的调查与研究》，http://www.ccrs.org.cn/article_view.asp?ID=5743。

农民子女在城市义务教育阶段学校就读的,与所在城市义务教育阶段学生享受同等政策。"① 2006 年实行的《义务教育法》则规定,"父母或者其他法定监护人在非户籍所在地工作或者居住的适龄儿童、少年,在其父母或者其他法定监护人工作或者居住地接受义务教育的,当地人民政府应当为其提供平等接受义务教育的条件。"据此,越来越多的城市公办学校在这一政策的推动下逐步向农民工子女开放。例如,截至 2008 年上半年,在上海接受义务教育的外来流动人口的子女总人数 379980 人,其中小学阶段是 297000 人,初中阶段是 83000 人。在全日制公办和民办中小学就读的学生约占 57.2%,其余的就读于农民工子弟学校。②

在笔者组织的 2010 年寒假社会调查中,农村受访者在回答"您赞成九年义务教育这一政策吗"这一问题时,选择"赞成"和"不赞成"的分别占到 88.2% 和 11.8%。在回答"您认为村里孩子的义务教育的费用应该由谁负责"这一问题时,选择"中央政府"、"省级政府"、"市级政府"、"县级政府"和"乡镇政府"的分别占到 34.5%、18.6%、7.1%、12.6% 和 11.0%,选择"村委会"和"所有村民"的仅为 0.5% 和 1.1%。还有 14.6% 的受访者选择"不清楚"。从上述情况可以看出,大多数农民已经具备了义务教育公民权意识,认为义务教育应该是政府承担的责任。农村受访者在回答"您对村里孩子九年义务教育的完成情况满意吗"这一问题时,选择"非常满意"和"基本满意"的合计占到 75%;而选择"不太满意"和"完全不满意"的合计占到 21.3%。农村受访者在对"农村免费义务教育政策实施后,您家里孩子的义务教育费用下降了吗"这一

---

① 《国务院关于深化农村义务教育经费保障机制改革的通知》,http://edu.people.com.cn/GB/8216/28350/63351/4331756.html

② 熊易寒:《底层、学校与阶级再生产》,载《开放时代》,2010 年第 1 期。

问题的回答中,选择"是"的占到50.4%;而选择"否"和"差不多"的合计占到36.0%。对于上题中回答"否"的受访者,在对"是什么原因造成您家里孩子的义务教育费用没有下降呢"这一问题的回答中,选择"没有免受学杂费"、"收课本费"、"收午餐费"、"收住宿费"的分别占到33.3%、17.8%、9.4%和12.5%(见表10)。这说明尽管国家已经制定了免除农村义务教育阶段适龄儿童学杂费的政策,但这一政策的执行效果还有待改善。而免除学杂费政策的执行不到位,又在一定程度上影响了农村儿童的义务教育权利实现。

表10 中国农村经济社会调查问卷中部分内容

您赞成九年义务教育这一政策吗?(%)				
赞成			不赞成	
88.2			11.8	
您对村里孩子九年义务教育的完成情况满意吗?(%)				
非常满意	基本满意	不太满意	完全不满意	不清楚
18.6	56.4	15.4	5.9	3.7
农村免费义务教育政策实施后,您家里孩子的义务教育费用下降了吗?(%)				
是	否	差不多	不清楚	
50.4	17.0	19.0	13.6	

是什么原因造成您家里孩子的义务教育费用没有下降呢?(%)				
没有免收学杂费	收课本费	收午餐费	收住宿费	其他
33.3	17.8	9.4	12.5	27.0

您认为村里孩子的义务教育的费用应该由谁负责?(%)							
中央政府	省级政府	市级政府	县级政府	乡镇政府	村委会	所有村民	不清楚
34.5	18.6	7.1	12.6	11.0	0.5	1.1	14.6

资料来源:2010年寒假中国农村经济社会调查数据。

城市受访者在对"您赞成九年义务教育这一政策吗"这一问题的回答中，选择"赞成"和"不赞成"的分别占到86.7%和4.8%，与农村受访者的情况持平。这说明无论是农村还是城市公民都已经对义务教育有了很强的认同。在对"您认为城市孩子的义务教育的费用应该由谁负责"这一问题的回答中，选择"中央政府"、"省级政府"、"市级政府"、"区级政府"和"街道"的分别占到44.6%、16.3%、21.1%、3.2%和0.6%，合计占到84.6%，选择"居民自己"的仅为5.4%。还有8.8%的受访者选择"不清楚"。在对"您认为农村孩子的义务教育的费用应该由谁负责"这一问题的回答中，选择"中央政府"、"省级政府"、"市级政府"、"县级政府"和"乡镇政府"的分别占到48.2%、16.3%、8.4%、10.2%和6.0%，合计占到86.7%，选择"村委会"和"所有村民"的仅为0.6%和1.2%。还有9.1%的受访者选择"不清楚"（见表11）。从上述两个回答情况可以看出，绝大多数城市受访者认为无论城市还是农村的义务教育都应该是政府承担的责任。

表11 中国城市经济社会调查问卷中部分内容

您赞成九年义务教育这一政策吗？（%）							
赞成			不赞成			不清楚	
86.7			4.8			8.5	
您认为城市孩子的义务教育的费用应该由谁负责？（%）							
中央政府	省级政府	市级政府	区级政府	街道	居民自己	不清楚	
44.6	16.3	21.1	3.2	0.6	5.4	8.8	
您认为农村孩子的义务教育的费用应该由谁负责？（%）							
中央政府	省级政府	市级政府	县级政府	乡镇政府	村委会	所有村民	不清楚
48.2	16.3	8.4	10.2	6.0	0.6	1.2	9.1

资料来源：2010年寒假中国城市经济社会调查数据。

2. 农民的就业权

在法律保障方面，1997年10月，我国签署了《经济、社会和文化权利国际公约》（以下称《公约》）。《公约》第6条明确规定"缔约各国承认工作权，包括人人应有机会凭其自由选择和接受的工作来谋生的权利"。《公约》还规定，每个缔约国应采用一切适当尤其是立法的方法，逐渐、无歧视地充分实现公约所承认的权利。2007年8月30日第十届全国人民代表大会常务委员会第二十九次会议通过的《中华人民共和国就业促进法》（以下简称《就业促进法》）对农民就业权的保障具有重要意义。该法第二十条规定，"国家实行城乡统筹的就业政策，建立健全城乡劳动者平等就业的制度，引导农业富余劳动力有序转移就业。县级以上地方人民政府推进小城镇建设和加快县域经济发展，引导农业富余劳动力就地就近转移就业；在制定小城镇规划时，将本地区农业富余劳动力转移就业作为重要内容。县级以上地方人民政府引导农业富余劳动力有序向城市异地转移就业；劳动力输出地和输入地人民政府应当互相配合，改善农村劳动者进城就业的环境和条件。"[①] 据此规定，农村剩余劳动力的就业安置进入政府的规划范围内，从而成为政府应当履行的职责，而农民的就业权保障则首次以城乡统筹的方式在法律上得到规定，这对于促进农民平等就业权保障具有重要意义。第三十一条规定，"农村劳动者进城就业享有与城镇劳动者平等的劳动权利，不得对农村劳动者进城就业设置歧视性限制。"[②] 该条款规定明确赋予了农民平等的就业权。第三十三条规定，"县级以上人民政府鼓励社会各方面依法开展就业服务活动，加强对公共就业服务和职业中介服务的

[①] 《中华人民共和国就业促进法》，载《人民日报》，2007年10月4日，第4版。
[②] 同上。

指导和监督，逐步完善覆盖城乡的就业服务体系。"① 覆盖城乡的就业服务体系的建立，对于促进农民平等就业权的实现至关重要。第五十条规定："地方各级人民政府采取有效措施，组织和引导进城就业的农村劳动者参加技能培训，鼓励各类培训机构为进城就业的农村劳动者提供技能培训，增强其就业能力和创业能力。"② 农民平等就业权的实现与农民自身的素质密切相关，而为农民提供劳动技能培训，有利于提升农民的自身素质从而切实地促进其平等就业权的实现。当然，该法也有一定的不足之处。例如，《就业促进法》第三条第二款规定"劳动者就业，不因民族、种族、性别、宗教信仰等不同而受歧视"，与《劳动法》第十二条的规定"劳动者就业，不因民族、种族、性别、宗教信仰不同而受歧视"相比有所进步，但明显缺漏了我国正式加入的《1958年消除就业和职业歧视公约》中规定的因社会出身等而产生的就业歧视③，而我国现实生活中农民因户籍问题遭受的就业歧视还比较多见，这种因户籍而产生的就业歧视实际上就是一种因社会出身而产生的歧视。这反映了该法对赋予农民平等就业权的不彻底性。

在现实层面，随着农村耕种技术进步和机械化手段运用带来的劳动生产率的提升，进入新世纪后农村剩余劳动力进一步显现，这种情况导致的一个直接结果就是越来越大比例的农村人口需要通过就业市场进行就业。尽管随着产业结构的调整，东部沿海地区和城市的一部分产业已经开始向内陆和城郊地区转移，吸纳了一部分农村人口在当地城乡就业，但总体而言，内陆地区的城乡尤其是乡村就业机会非常

---

① 《中华人民共和国就业促进法》，载《人民日报》，2007年10月4日，第4版。
② 同上。
③ 丁大晴：《农民平等就业权在〈就业促进法〉中的缺陷与完善》，载《北方法学》，2010年第3期。

少,绝大多数农民还是需要到沿海地区寻找就业机会。每当出现金融危机或城市产业结构调整的时候,农民工都是主要的受冲击对象。例如,在2008年的金融危机冲击下,长三角的不少农民工被迫返乡,对此,浙江劳动和社会保障科学院院长陈诗达在接受《东方早报》记者采访时表示:"经济困局之下,最先受冲击的就是劳动密集型的建筑、纺织、服装等行业,首先面临用工问题的必然是替代性强、技术要求不高的普通工种,这恰是外来工最集中的岗位。"① 尽管企业裁员无可厚非,但裁员的压力主要落在农民工身上也在一定程度上反映了农民工就业权和劳动保障的脆弱性。据2001年徐增阳与黄辉祥对武汉市农民工的调查,农民工尽管对劳动法有了一定的了解,回答"非常了解"和"知道一些"的占了调查对象的64.2%,但其中回答"知道一些"占了54.1%,可见大部分作出了肯定回答的农民工对劳动法的了解也是非常有限的。对劳动法的不熟悉又会影响到农民工的就业权意识,农民工一旦失去工作,很少主动采取劳动法规定的维权行为。不主动采取劳动法规定的维权行为并不意味着农民工不会采取行动,事实上,这种情况积累到一定程度,就可能造成包括群体性事件在内的社会问题。例如,2003年以来,广东省30人以上群体性事件的宗数和参与人数,分别以年均10.6%和22%的幅度增长。深圳2004年上百农民工的冲突事件就有几十起。② 而上述涉及农民工群体性事件的频发又反映了农民工就业权保障的缺失。

在笔者组织的2010年寒假社会调查中,65.1%的农村受访者有到城市打工的经历,在这些到过城市打工的人对"您在城市打工印象最深的是什么"这一问题的回答中,选择"城里机会多"和"城

---

① 吴正懿、葛熔金、鲁勋:《企业岗位减少江浙农民工提前返乡"窝冬"》,载《东方早报》,2008年11月13日。

② 杨正喜:《中国珠三角劳资冲突问题研究》,西北大学出版社2008年版,第91页。

里人看不起农村人"的分别占到57.1%和22.1%。在对"如果有机会，您是否希望到城市打工"这一问题的回答中，选择"是"的占到63.0%，这说明农民工在向往城市的同时也希望获得城市居民对其的平等相待。在对"您认为什么因素促使难于在城市找到工作"这一问题的回答中，选择"没有技术"、"企业照顾城里人"、"国家不管"和"城里政府区别对待本地人和外地人"的分别占到66.2%、8.5%、7.7%和12.3%。可以看出，大多数农村受访者还是将就业的劣势归因于自身，但也有不少的受访者开始从公民权的角度看待自身就业的劣势。例如，在对"您认为政府有义务为您提供工作吗"这一问题的回答中，选择"有"的占到50.0%；而选择"没有"和"不清楚"的分别占到22.0%和28.0%（见表12）。

表12 中国农村经济社会调查问卷中部分内容

您是否有到城市打工的经历？（%）			
是		否	
59.6		40.4	
您在城市打工印象最深的是什么？（%）			
城里机会多	城里人看不起农村人	其他	不清楚
57.1	22.1	6.4	14.4
如果有机会，您是否希望到城市打工？（%）			
是		否	
63.0		37.0	
您认为什么因素促使难于在城市找到工作？（%）			
没有技术	企业照顾城里人	国家不管	城里政府区别对待本地人和外地人	其他
66.2	8.5	7.7	12.3	5.3
您认为政府有义务为您提供工作吗？（%）			
有	没有	不清楚	
50.0	22.0	28.0	

资料来源：2010年寒假中国农村经济社会调查数据。

在上述调查中，城市调查问卷也设置了一些问题和判断让城市受访者回答。在城市受访者对"农民工为城市作出了贡献"这一判断的回答中，选择"很同意"和"比较同意"的合计占到98.2%。在对"您认为政府有义务为农村进城务工人员提供工作吗"这一问题的回答中，选择"有"的占到52.4%；而选择"没有"和"不清楚"的分别占到33.7%和13.9%。这说明绝大多数城市受访者包括城市公民对农民工的贡献持肯定态度，也有较多的城市受访者认为就业是农民工应得的权利。在对"农民工对城市的贡献大于对压力"这一判断的回答中，选择"很同意"和"比较同意"的合计占到74.4%。对该判断的认同比例低于上一个判断，说明一部分城市受访者在对待农民工的态度上还存在着矛盾心理，既乐于见到农民工在推动城市发展方面的积极贡献，又担心农民工进城后给城市和自身带来的一系列影响。尽管如此，上述数据说明大多数城市受访者包括城市公民对农民工持积极的评价。在对"农民工是城市中的一员"这一判断的回答中，选择"很同意"和"比较同意"的合计占到89.0%。在对"农民工应享有与城市居民相同的待遇"这一关键判断的回答中，选择"很同意"和"比较同意"的合计占到84.9%。上述回答情况说明大多数城市受访者包括城市公民已经认同农民工作为城市的一个成员，也认为应该赋予农民工与城市居民相同的权利，反观农村受访者对"您认为什么因素促使难于在城市找到工作"这一问题的回答情况，认为"企业照顾城里人"和"城里政府区别对待本地人和外地人"的合计占到20.8%（见表13）。与城市受访者对"农民工对城市的贡献大于对压力"这一判断的否定回答率持平。两类问卷的数据可以相互印证，既说明两类问卷具有较高的可信度，也说明农民工的平等权利已经获得了越来越高的共识。

表13 中国城市经济社会调查问卷中部分内容

您认为政府有义务为农村进城务工人员提供工作吗？（%）		
有	没有	不清楚
52.4	33.7	13.9

农民工为城市作出了贡献（%）			
很同意	比较同意	不太同意	很不同意
55.8	42.4	1.2	0.6

农民工对城市的贡献大于对压力（%）			
很同意	比较同意	不太同意	很不同意
29.3	45.1	25.0	0.6

农民工是城市中的一员（%）			
很同意	比较同意	不太同意	很不同意
34.5	54.5	10.3	0.7

农民工应享有与城市居民相同的待遇（%）			
很同意	比较同意	不太同意	很不同意
35.2	49.7	13.3	1.8

资料来源： 2010年寒假中国城市经济社会调查数据。

3. 农民的社会保障权

（1）留守农民的社会保障权。对于这一时期留守农民的社会保障权，也将从农村低保救济制度、合作医疗制度、养老保障制度等方面进行阐述。

在农村合作医疗方面。2000年《中共中央关于国民经济与社会发展"十五"计划建议》取消了合作医疗制度。[①] 2002年10月，《中共中央、国务院关于进一步加强农村卫生工作的决定》首次提出

---

① 郑蕾、郑少锋：《中国农村合作医疗的演进与反思》，载《西北大学学报（自然科学版）》，2010年第2期。

建立新型农村合作医疗制度的概念。2003年1月，国务院办公厅转发卫生部等部门《关于建立新型农村合作医疗制度的意见》，正式实施新型农村合作医疗制度（以下简称"新农合"）。根据该意见的规定，新型农村合作医疗制度是由政府组织、引导、支持，农民自愿参加，个人、集体和政府多方筹资，以大病统筹为主的农民医疗互助共济制度。从上述界定可以看出，新型农村合作医疗制度是政府引导农民自愿参与的，其目标是从2003年起在各省、自治区、直辖市中至少选择2—3个县（市）先行试点，到2010年在全国建立基本覆盖农村居民的新型农村合作医疗制度，减轻农民因疾病带来的经济负担，提高农民健康水平。"新农合"的资金来源于个人、集体和政府三方，其中主要来自政府的补助。据统计，2004年到2008年，各级政府对全国"新农合"补助1196.56亿元，占全国筹资总额1842.01亿元的64.96%，其中中央政府对全国"新农合"财政补助415.19亿元，占全国筹资总额的22.54%；地方政府财政补助781.37亿元，占全国筹资总额的42.42%。① 截至2008年年底，全国开展新型农村合作医疗的县（市、区）近3000个，参加"新农合"人口8.2亿人，参合率达91.5%，基本接近"新农合"全覆盖的目标。②

在农村低保和救济制度方面。进入新世纪后，农村税费改革取消了专门向农民征收的行政事业性收费和政府性基金。这就使得1994年《农村五保供养工作条例》和1997年《农村敬老院管理暂行办法》规定的筹资来源面临很大的落实困难。为此，温家宝在第十

---

① 郑蕾、郑少锋：《中国农村合作医疗的演进与反思》，载《西北大学学报（自然科学版）》，2010年第2期。

② 张占力：《试述农村家庭保障的历史变迁及其道路选择》，载《社会保障研究》，2010年第5期。

届人大第二次会议所作的《政府工作报告》中明确提出了"完善农村'五保户'生活保障制度，确保供养资金"的要求。为了解决农村税费改革后农村低保救济的资金来源问题，2004年8月，民政部、财政部、国家发展和改革委员会发出《关于进一步做好农村五保供养工作的通知》，针对农村税费改革后五保供养资金发生的变化作出了新的资金保障规定，"除保留原由集体经营收入开支的以外，从农业税附加收入中列支；村级开支确有困难的，乡镇财政给予适当补助。免征、减征农业税及其附加后，原从农业税附加中列支的五保供养资金，列入县乡财政预算。地方在安排使用农村税费改革转移支付资金时，应当确保五保供养资金的落实，不得截留、挪用。"①与此同时，该通知也强调，"在保证五保供养经费财政投入基础上，要继续发挥乡村集体经济组织的作用。"②但由于1994年分税制改革后县级和乡镇财政本身就很紧张，农村税费改革在总体上减轻农民负担的同时，由于还没有建立规范的财政转移支付制度，这就使得基层财政在财政有限的压力下可能挤占用于低保救济的资金。随着国家2004年开始实行农业税减免政策并于2006年开始免除农业税，农村低保救济制度的实施面临着新的形势。在新的形势下，2006年1月国务院对《农村五保供养工作条例》进行了修正。新条例第十一条规定，"农村五保供养资金，在地方人民政府财政预算中安排。有农村集体经营等收入的地方，可以从农村集体经营等收入中安排资金，用于补助和改善农村五保供养对象的生活。农村五保供养对象将承包土地交由他人代耕的，其收益归该农村五保供养对象所有。具体办法由省、自治区、直辖市人民政府规定。中央财政对财政困

---

① 《民政部、财政部、国家发展和改革委员会〈关于进一步做好农村五保供养工作的通知〉》，http://www.sdpc.gov.cn/shfz/t20070615_141337.htm。

② 同上。

难地区的农村五保供养，在资金上给予适当补助。"① 与原条例相比，新条例的一个重要特点就是突出了农村低保救济的国家责任，实现了农村低保救济从农民互助保障体制向国家财政保障为主的转变。此外，新条例提高了农村低保救济制度的保障质量，1994年《农村五保供养工作条例》规定："五保供养的实际标准，不应低于当地村民的一般生活水平。具体标准由乡、民族乡、镇人民政府规定。"而新条例则规定，"农村五保供养标准不得低于当地村民的平均生活水平，并根据当地村民平均生活水平的提高适时调整。农村五保供养标准，可以由省、自治区、直辖市人民政府制定，在本行政区域内公布执行，也可以由设区的市级或者县级人民政府制定，报所在的省、自治区、直辖市人民政府备案后公布执行。国务院民政部门、国务院财政部门应当加强对农村五保供养标准制定工作的指导。"②对比新老规定可以发现，新规定不仅对于农村低保救济供养标准的下限作出了更严格的规定，而且提高了供养标准的制定门槛，对于落实农民的社会保障权具有重要意义。2005年全国接受救助的五保人数为349.7万人，2006年跃升至503.3万人，2007年全国农村五保供养人数为531.3万人，到2009年底，全国农村五保供养人数达到556万人③，基本实现了对应保人数的全面覆盖。

  在农村养老保障方面。20世纪90年代建立的农村社会养老保险制度由于种种原因中断了。然而，进入新的世纪，农村的孝文化在价值观多元化的冲击下继续衰微，而中国老龄化的加剧和农村家庭的核心化趋势进一步改变着农村的人口结构。一般而言，60岁以上

---

① 《农村五保供养工作条例》，http://www.gov.cn/flfg/2006—01/26/content_172472.htm。

② 同上。

③ 战建华：《农村五保供养制度的历史演变》，载《经济与社会发展》，2010年第5期。

人口达到总人口的10%或65岁以上人口达到总人口的7%是人口老龄化的国际标准。① 据统计，1990年全国65岁以上人口的比重为5.6%，而农村则达到5.7%；到了2000年全国65岁以上人口的比重为7%，而农村则达到7.4%。② 农村家庭结构的核心化在进入新世纪后也日益突出，据统计，中国农村家庭每户平均人数从1973年的4.81人，降到1982年的4.51人，1990年的3.97人，1997年的3.64人，到2002年降为3.39人。29年间减少了1.42人，下降了29.52%。③ 另外农村的土地保障能力也在城市化的冲击下进一步弱化。上述这些变化给农村家庭养老保障模式带来日益严重的挑战。2002年党的"十六大"提出在有条件的地方探索建立农村养老保险制度，2007年党的"十七大"则提出探索建立农村养老保险制度。从有关农村养老保障表述的差异可以看出，党对于建立农村养老保险制度的决心在加大。在此背景下，2009年9月，国务院发布了《关于开展新型农村社会养老保险试点的指导意见》，再次从国家层面确定建立新型农村社会养老保险制度（以下简称"新农保"）。"新农保"试点确立了"保基本、广覆盖、有弹性、可持续"的基本原则。意见规定从农村实际出发，政府主导和农民自愿相结合，实行个人（家庭）、集体、政府合理分担责任，引导农村居民普遍参保。规定年满16周岁、不是在校生、未参加城镇职工基本养老保险的农村居民均可参加"新农保"，"新农保"基金由个人缴费、集体补助、政府补贴三部分构成，在支付模式上分基础养老金和个人账户养老金两部分，其中基础养老金由国家财政全部支付。农民参加"新农

---

① 陈银娥：《社会福利》，中国人民大学出版社2004年版，第122页。
② 谢安：《我国农村老龄化趋势及新型养老保险体制的建立》，载《中央财经大学学报》，2009年第9期。
③ 赵慧珠：《中国农村养老保障制度亟待建立》，载《新视野》，2008年第5期。

保"后，年满60周岁、未享受城镇职工基本养老保险待遇的农村有户籍的老年人，可以按月领取养老金。① 建立"新农保"制度对于加快建设覆盖城乡居民的社会保障体系，落实农民社会保障权利具有重要意义。

在笔者组织的2010年寒假社会调查中，在农村受访者对"您是否了解新农村医疗保险制度"这一问题的回答中，选择"是"和"否"的分别占到57.1%和11.2%。这说明较多的农民对农村医疗保险制度有了一定程度的了解。在对"您所在的村是否实行了新农村医疗保险制度"这一问题的回答中，选择"是"和"否"的分别占到71.7%和9.6%。这说明农村已经较为普遍地开展了新农村医疗保险制度。在对"您对新农村医疗保险制度的效果满意吗"这一问题的回答中，选择"非常满意"、"基本满意"、"不太满意"和"完全不满意"的分别占到10.9%、55.7%、24.0%和9.4%。其中"非常满意"和"基本满意"合计占到66.6%，说明多数受访的农民对新农村医疗保障制度的实施效果比较满意。在对"您是否了解新型农村社会养老保险（新农保）制度"这一问题的回答中，选择"是"的占到34.6%；而选择"否"和"不清楚"的分别占到17.3%和48.1%。在对"您所在的村是否实行了新农保制度"这一问题的回答中，选择"是"的占到40.0%；而选择"否"和"不清楚"的分别占到24.9%和35.1%。上述数据反映出农村社会养老保障无论在实施范围还是实施效果方面均不及新农村医疗保险制度。而在对"您认为政府有义务为您提供养老金吗"这一问题的回答中，选择"有"的占到68.4%；而选择"没有"和"不清楚"的分别占到8.6%和23.0%（见表14）。上述数据说明多数农民已经将获得国

---

① 《关于开展新型农村社会养老保险试点的指导意见》，http://www.gov.cn/zwgk/2009—09/04/content_1409216.htm

家的养老保障视为自己的一项权利。

表14 中国农村经济社会调查问卷中部分内容

您是否了解新农村医疗保险制度?（%）		
是	否	不清楚
57.1	11.2	31.7
您所在的村是否实行了新农村医疗保险制度?（%）		
是	否	不清楚
71.7	9.6	18.7
您对新农村医疗保险制度的效果满意吗?（%）			
非常满意	基本满意	不太满意	完全不满意
10.9	55.7	24.0	9.4
您是否了解新型农村社会养老保险（新农保）制度?（%）		
是	否	不清楚
34.6	17.3	48.1
您所在的村是否实行了新农保制度?（%）		
是	否	不清楚
40.0	24.9	35.1
您认为政府有义务为您提供养老金吗?（%）		
有	没有	不清楚
68.4	8.6	23.0

资料来源：2010年寒假中国农村经济社会调查数据。

在城市受访者对"您参与了下述某一种医疗保险制度"这一问题的回答中，选择"城镇职工基本医疗保险"、"城镇居民基本医疗保险"、"新型农村合作医疗保险"和"商业医疗保险"的分别占到56.6%、25.9%、7.2%和10.3%。参与前两种形式城镇医疗保险的城市居民占到受访者总数的82.5%，说明城市医疗保险制度的涵盖范围已经较为普遍。因为选择第一、二个选项的主要为城市户籍的公民，而选择"新型农村合作医疗保险"的受访者主要为进城就业的农民工。根据对上述问题的回答情况，我们基本能推测出受访者中城市户籍公民和农民工分别所占的大致比例。这也说明城市受访者的绝大多数为城市公民。在对"您对参与的医疗保险制度满意吗"这一问题的回答中，选择"非常满意"、"基本满意"、"不太满意"和"完全不满意"的分别占到10.7%、55.3%、28.9%和5.1%。其中"非常满意"和"基本满意"合计占到66.0%，与农村受访者的比例持平，说明城乡受访者对医疗保障制度的实施效果没有显著区别。当然，这里面的一个影响因素是城市医疗保障制度已经实施了多年，城市公民对其要求相对更高些，满意度相对会更低些，而农村的新农合制度推行时间还不长，农民对其要求相对低些，满意度相对应更高些。考虑到上述因素，尽管城乡受访者对医疗保障制度的满意度差不多，但反映出城市医疗保障水平无疑更高些。在对"您认为政府有义务提供农村医疗保险吗"这一问题的回答中，选择"有"的占到87.3%；而选择"没有"和"不清楚"的分别占到4.2%和8.5%。在对"您是否认为农民应该享有养老保险"这一问题的回答中，选择"是"的占到88.6%；而选择"否"和"不清楚"的分别占到3.0%和8.4%。在对"您认为农民的养老保险应该由谁负责提供"这一问题的回答中，选择"政府"的占到77.1%（见表15）。上述数据说明多数城市受访者也认同农民的社会保障是其应得的一项权利。

表15 中国城市经济社会调查问卷中部分内容

您参与了下述某一种医疗保险制度？（%）			
城镇职工基本医疗保险	城镇居民基本医疗保险	新型农村合作医疗保险	商业医疗保险
56.6	25.9	7.2	10.3

您对参与的医疗保险制度满意吗？（%）			
非常满意	基本满意	不太满意	完全不满意
10.7	55.3	28.9	5.1
您认为政府有义务提供农村医疗保险吗？（%）			
有		没有	不清楚
87.3		4.2	8.5
您是否认为农民应该享有养老保险？（%）			
是		否	不清楚
88.6		3.0	8.4
认为农民的养老保险应该由谁负责提供？（%）			
政府	保险公司	村集体	不清楚
77.1	6.6	10.2	6.1

资料来源：2010年寒假中国城市经济社会调查数据。

(2) 农民工的社会保障权。

进入新世纪后，农民工的社会保障不断出现新的问题，也在逐步解决问题过程中取得新的进展。虽然一些城市为辖区内的农民工建立了社会养老金保险项目，但由于社会养老保险计划尚未实现全国的统筹以及农村养老保险的不完善，农民工养老金保险很难在城市之间、城乡之间转移，而导致许多农民工不愿参保。劳动和社会保障部2006年调查显示：温州地区农民工参加养老保险比率仅为3.4%，重庆8.6%，湖南不足7%，并大都在效益好的外资企业或大型企业。[1] 国家统计局2006年的调查表明，没有购买养老保险、医疗保险、失业保险、工伤保险的农民工分别占被调查农民工总数

---

[1] 方利军：《论中国农民工社会保障制度的完善》，http://www.china court, org/flwr/2004—11—20。

的 73.37%、73.77%、84.65%、67.46%。① 与此同时，农民工退保率却居高不下，2008 年全国农民工的退保率达 40% 左右。② 出现这种情况，诚然有农民工"短视"的因素，但一定程度上也是农民工在成本收益考量下作出的理性选择。但这种理性选择也从另一方面反映出农民工保障权利的缺失。2009 年，河南省新密市农民工张海超由于工作期间患上尘肺病在两年的时间里得不到工伤认定，最后无奈选择开胸验肺，引起全国关注。据《劳动和民政统计年鉴》中披露的数据，2003 年城镇劳动者人均社会保障支出为 1765 元，而农民工仅为 14 元，差距高达 126∶1。中国社科院发布的 2007 年《社会保障绿皮书》指出，国家社保基金的供给严重向城市倾斜，占 35% 的城市人口得到近 80% 的社保基金。③ 2009 年，国家出台了《农民工参加基本养老保险办法》。至 2009 年底，全国农民工参加基本养老、基本医疗、失业、工伤保险人数分别为 2 647 万人、4 335 万人、1 643 万人、5 580 万人，分别比上年底增加 231 万人、69 万人、94 万人、638 万人。④ 2010 年初，《流动就业人员基本医疗保障关系转移接续暂行办法》也正式出台。《2010 年政府工作报告》明确指出，"加快完善覆盖城乡居民的社会保障体系，积极推进农民工参加社会保险。加强城乡低保工作，逐步提高保障水平，切实做到动

---

① 国家统计局课题组：《城市农民工生活质量状况调查报告》，载《调研世界》，2007 年第 1 期。

② 夏必明：《从"退保潮"看农民工养老保险出路》，载《现代农业》，2009 年第 6 期。

③ 林瑜胜：《新形势下我国农民工社会保障体系建设再思考》，载《社会科学》，2010 年第 5 期。

④ 尹成基：《人力资源和社会保障部 2009 年第四季度新闻发布会报告》，http://www.china.com.cn/zhibo/2010—01/22/content_ 19260918 • htm? show＝t/2010—01—22/2010—01—28。

态管理、应保尽保。"① 在国家的重视下，我国农民工的社会保障问题也日益取得新的进展。但总的来说，农民工的社会保障权及其保障还存在着较大的缺失，在保障内容、保障范围、保障质量等方面距离作为公民的社会保障权都还有一定的差距。

第四节　农民公民权问题的凸显

随着进入新世纪以来城市化和国家建设的不断推进，农民公民权问题也日益凸显。

农民公民权问题的凸显涵盖主客观两个方面。一方面，权利问题是与主体意识联系在一起的。从一定的意义上说，只有当作为主体的农民意识到自身的权利现状与权利要求之间的差距时，公民权问题才会产生并日益凸显。而农民的公民权意识又是与城市化和国家建设联系在一起的。城市化和国家建设分别是国家现代化在经济和政治两个方面的体现，随着现代化在经济和政治层面的推进，农民的公民权意识也日益苏醒。对此，徐勇指出，"现代化一方面带来了社会分化，另一方面又将平等、人权、公民、法治等现代性意识传递到社会。接受了现代教育的农民不再是'愚不可及'的'草民'，他们的权益意识得以萌生，希望通过法律、制度和自己的集体活动来表达其意志，维护其权益。"② 另一方面，权利问题的凸显也是一个客观过程。权利问题之所以能够被主观感知而成为一个问题，

---

① 温家宝：《2010 年政府工作报告》，http：//www.china.com.cn/policy/txt/2010—03/15/content _ 19612372.htm/2010—03—15/2010—03—16。

② 徐勇：《现代国家建构中的农民权益维护》，载《华中师范大学学报（人文社会科学版）》，2008 年第 2 期。

根本说来还是因为存在权利的缺失这一客观背景。对于中国农民公民权问题的凸显而言，长期以来就存在着农民公民权利的缺失，而城市化和国家建设的客观历史进程则使得农民公民权利的缺失日益显现出来。

农民公民权问题的凸显是国家建设的必然产物。进入新世纪后，国家建设开始在民族、民主和民生等领域全面展开。就农村而言，民族—国家层面的国家建设通过政权组织建设增强了国家的权威性及对农村的整合能力；民主—国家层面的国家建设促进了农村的基层民主政治发展和农民权利意识的发育；民生—国家层面的国家建设彰显了农民权利保障的重要性和国家对农村社会资源投入的重视。在此背景下，农民的公民权问题日益凸显。从这个意义上来讲，新世纪国家建设的不断推进，为农民公民权问题的日益凸显孕育了多方面的条件，是农民公民权问题日益凸显的背景因素。换句话说，国家建设推进到了一定程度，就必然产生和不断凸显农民公民权的问题，也需要加强对农民公民权的保障。

农民公民权问题的凸显也是城市化的必然产物。进入新世纪后，城市化的持续推进使得越来越多的农民工进入城市工作和生活，也提供了一个农民工得以审视自身与其他群体关系的背景。由于农民工职业身份和户籍身份的非重合性，使得农民工在空间上得以融入城市的同时，在权利上却面临着与城市其他群体的巨大差异。权利上的差异一方面给农民工的城市就业和生活造成严重的不利影响，另一方面也促使农民工日益审视、反思和追求自身的公民权。与此同时，进入新世纪后，随着城市化和工业化的不断推进，因农民土地权利得不到保障而发生的群体性事件有日益增多的趋势，由此不断凸显了农民的公民权问题。就此而言，农民公民权问题的日益凸显也是中国城市化的必然产物，随着改革开放以来城市化的不断推进，越来越多农民身份的进城者得以在城市化提供的比较情境中获知自身权利的缺失并开始追求自身的公民权，从而导致农民公民权问题的凸显。农民是中国城市化的重要影响因素，城市化的推进离不开农民的积极影响，而农民公民权问题的凸显又会在一定程度上影响中国城市化的进程。

第六章 城市化、国家建设与农民公民权的保障之道

第一节 中国城市化进程中农民公民权的展开逻辑

现代国家的形成和成长需要经历现代化和国家建设两个环节。现代化是传统社会向现代社会变迁的历史过程,而国家建设是现代国家的形成及其过程。现代化和国家建设是走向现代国家的两个重要条件。对于特定国家而言,要成为一个现代国家,不仅需要国家建设,而且需要实现现代化。城市化则是现代化的重要内容和核心特征,反映了在现代化过程中农村人口向城市迁移、工业生产向城市聚集以及城市生活方式获得普及化的过程。由此可见,现代国家的形成和成长过程也是一个城市化水平不断提升的过程。现代国家又是建立在现代经济和社会基础之上的以国家主权和平等公民权为核心特征的国家形式。公民权是现代国家的国民基于成员身份而获得和承担的、为该国法律所确认的成员平等的权利和义务。就此而言,现代国家的形成和成长过程又是不断赋予和发展公民权的过程。城市化与公民权尤其是农民的公民权联系在一起。这是因为,城市化的一个重要方面就是人口的城市化,是农村人口不断向城市迁移

并适应城市生产生活方式的过程。在这一过程中，农民日益由传统村社共同体的成员转变为国家共同体的成员。

从中国农民公民权与城市化的实践历程可以看出，中国农民的公民权随着城市化的进程而呈现出不同的面貌。客观而言，公民权的缺失问题是现代国家成长过程中的一个普遍性问题。由于现代国家有一个不断成长的过程，其所赋予的公民权在不同历史时期是有较大差别的。一般而言，现代国家越成长，其所赋予的公民权也越发展。相对于现代国家的成长过程而言，可以认为公民权也处于一个从不完善到逐步完善的过程，从遇到问题到逐步解决问题的过程。上述问题主要表现为公民权内容缺陷和主体资格限制两个方面。对于现代国家成长中的中国农民而言，上述问题的两个方面均存在，而其实际影响则与城市化的具体历程相联系。总的说来，农民公民权存在的缺失因城市化受限而遮蔽，随着城市化的不断推进而日益凸显。新中国成立以来，中国城市化本身经历了从总体受限到迅速推进再到持续发展的深刻转变过程。受限的城市化在时空上限制了农村与城市、农民与城市居民的联系，国家的制度安排又进一步强化了城乡区隔的情景，而农民公民权问题也因为城乡区隔而缺失了比较的对象，从而也在一定程度上强化了对农民公民权问题的遮蔽。改革开放后，城市化由之前的总体受限状态进入一个快速发展的时期。城市化的快速发展改变了之前农村与城市高度区隔的状态。一方面，城市化使农民大规模流向城市并取得职业上的工人身份和空间上的市民身份，但制度性的身份属性将农民工与城市社会的其他成员区隔开来造成了农民工的权利保障问题。农民工权利的缺失在一种比较的视野下呈现出来并逐渐引起主体的意识。另一方面，随着改革开放后城市化和工业化进程的加快，占用农村和农业用地的现象日益增多，农民因失去土地而导致的权利保障问题也日益突出。

在主体意识日益增强和权利内容客观缺失等因素的作用下,农民的公民权问题也逐渐显现。进入新世纪后,城市化的持续推进使得越来越多的农民工进入城市工作和生活,也提供了一个农民工得以审视自身与其他群体关系的背景。由于农民工职业身份和户籍身份的非重合性,使得农民工在空间上得以融入城市的同时,在权利上却面临着与城市其他群体的巨大差异。权利上的差异一方面给农民工的城市就业和生活造成严重的不利影响,另一方面也促使农民工日益审视、反思和追求自身的公民权。与此同时,进入新世纪后,随着城市化和工业化的不断推进,因农民土地权利得不到保障而发生的群体性事件有日益增多的趋势,由此不断凸显了农民的公民权问题。

第二节 国家建设:中国城市化进程中农民公民权的保障

实际上,中国城市化不仅仅体现为一个自然的历史过程,更重要的是体现为现代国家成长过程中的一种重大制度安排,是与国家建设联系在一起的。因此,中国城市化过程中农民公民权的展开在更深的层面上体现了国家建设的逻辑。国家建设有民族—国家、民主—国家和民生—国家三个维度,民族—国家建设强调的是国家的主权,民主—国家和民生—国家强调的是国民的公民权。在中国这样的后发国家,现代国家建设的三个维度是分时段先后展开的。先有民族—国家建设,然后在国家权力的主导下开展民主—国家与民生—国家建设。由于建国后面临的复杂国际形势和出于迅速推进现代化的战略考虑,国家建设更多地是在民族—国家的维度上推进,强调的是主权建设。而国家对民族—国家和主权建设的强调在一定程度上忽略了国家建设的其他维度，从而遮蔽了包括农民在内的所有群体的公民权问题。改革开放后，国家建设除了在民族—国家层面展开之外，也开始在民主—国家层面展开。前者强调的是国家权力的逻辑，而后者强调的则是公民权利的逻辑。随着以村民自治为核心的农村基层民主实践的不断推进，农民的权利意识不断增强，权利实践也不断推进。在这一过程中，农民不断地意识到自身作为一个公民在权利上存在的问题和不足。进入新世纪后，国家建设开始在民族、民主和民生等领域全面展开。

通过上述分析，中国城市化、国家建设与农民公民权的关系已经较为清晰。农民公民权问题的凸显是中国城市化和国家建设的产物，而城市化又体现了国家建设的逻辑。因此，农民公民权问题的凸显在根本上体现了中国国家建设的逻辑。由此得出的一个重要结论是，尽管农民（工）的权利保障问题凸显是中国大规模城市化带来的，但其根源是中国的国家建设逻辑。中国大规模城市化使得农民（工）遇到的权利保障危机要求国家迅速作出反应，来改变原有的权利保障体系，但这种改变不是弥补性的，而需要定位在国家建设上面，主要体现为宪政建设、制度建设和社会建设三个方面。

1. 宪政建设

宪政是指政府权力受到宪法有效控制，公民权受到宪法有效保障的政治制度。从宪政的定义可以看出，作为一种政治制度，宪政的核心要素有两个，即限制政府权力和保障公民权。这两个核心要素均反映在作为现代国家根本大法的宪法中，而限制政府权力的目的又是为了加强公民权的保障，正是在上述意义上，列宁指出："什么是宪法？宪法就是一张写着人民权利的纸。"[①] 中国农民公民权问

---

① 《列宁全集》第12卷，人民出版社1987年版，第50页。

题的凸显是国家建设造成的,也需要从国家建设的高度予以解决。而在现代政治文明中,社会发展对国家建设的要求最基本也是最集中的体现就是宪法,这决定了国家建设的最基本依据就是宪法。① 因此,从国家建设的角度保障农民公民权首先就需要从宪法的高度予以保障。这种保障主要体现在两个方面,一是农民享有公民权的主体保障;二是农民享有公民权的内容保障。尽管在少数情况下,宪法也会针对某些群体限制其享有公民权的主体资格。但一般来说,宪法的公民权保障针对的是所有公民,因此宪法对农民公民权的保障主要体现在原则性的公民权规定中。从中国《宪法》文本来看,除了那些不能行使或依法被剥夺某一权利的群体之外,很少对某一群体享有公民权的主体资格进行限制。这样,从宪法的高度保障农民的公民权主要是随着社会的发展而相应拓展公民法定权利的内容,不断将公民的应有权利转变为法定权利。在这方面,宪法对于公民法定权利的规定还有待拓展,例如,自从1975年《宪法》将公民的居住和迁徙自由从宪法条文中予以取消之后,以后的宪法都没有恢复居住和迁徙自由的规定,从而使得包括农民在内的公民自由迁徙权缺乏宪法的保障。应该说,法定权利和应有权利是有区别的,应有权利上升为法定权利需要一定的经济社会基础。无论是宪法还是其他法律制度的规定均不能脱离经济社会的现实基础,否则即使将公民的某些应有权利规定为法定权利,也很难在实践中予以保障。但这并非意味着宪法对公民法定权利的规定就可以无限制地与应有权利脱节。相反,宪法必须随着经济社会的发展不断地拓展公民的法定权利,将公民的应有权利与法定权利有机衔接起来。如果说宪法主要是对政府权力进行明确限制和对公民权进行明确赋予的话,

---

① 林尚立:《社会主义与国家建设——基于中国的立场和实践》,载《社会科学战线》,2009年第6期。

那么建立在宪法基础上的宪政，其主要的考虑则是如何更好地在实践中体现和落实宪法的相关规定。

2. 制度建设

对于制度，已经有相当多的界定。诺斯认为制度"是一系列被制定出来的规则、守法程序和行为的道德伦理规范，它旨在约束正式主体的福利或效益最大化的个人行为"①。这里的制度主要是指相对于宪法这种根本制度而言的一般制度。宪法是一个国家的根本大法，宪法规定对公民权的保障具有至关重要的意义，然而，由于宪法的规定多是抽象和原则性的，宪法权利的实现还需要借助于一般制度的细化规定。实际上，随着改革开放以来中国法制建设的进步，宪法经过多次的修改已经逐步完善，宪法对公民权的规定也相对全面。然而，由于一般的制度建设相对滞后，影响了宪法权利的具体实现。对于农民公民权保障而言更为关键的是，由于一般制度建设的缺失，给农民公民权保障带来了两个方面的严重问题。一是农民公民权的主体资格限制问题。从农民公民权的主体资格受限情况来看，造成上述情况很少是由于宪法的规定，而主要是由于一般法律制度的规定。因为宪法对公民权的规定是原则的，很少针对农民这个特殊的主体进行限制性规定，而一些具体的法律制度则进行了区隔性的规定。例如2010年3月14日，第十一届全国人大三次会议表决通过了关于修改《中华人民共和国全国人民代表大会和地方各级人民代表大会选举法》（以下简称《选举法》）的决定，修改后的《选举法》规定，"全国人民代表大会代表名额，由全国人民代表大会常务委员会根据各省、自治区、直辖市的人口数，按照每一代表所代表的城乡人口数相同的原则，以及保证各地区、各民族、各方

---

① 〔美〕诺斯：《经济史中的结构与变迁》，生活·读书·新知三联书店1999年版，第189页。

面都有适当数量代表的要求进行分配。"① 然而，在此之前，《选举法》曾进行了城乡人口选举的差别性规定，实际上针对农民进行了选举权的限制。二是农民公民权的内容缺失问题。这是农民公民权实践中相对于前者更为严重的问题，而且该问题又在实际上导致了前一问题。例如，由于相关制度的缺失，导致农民的结社权和社会保障权难以落实，在实际上造成了农民这一群体结社权和社会保障权的缺失。从上述导致农民公民权问题的主体资格和内容缺失方面来看，造成问题的主要原因都是相关制度的缺失。而一个国家要成长为现代国家，制度建设在其中具有关键的作用。可以说，制度建设是国家建设的基石，一个现代国家必然是各项制度相对健全和发达的国家，而国家发展中取得的成绩和经历的教训也主要根源于制度。对此，邓小平在总结新中国成立以来的经验教训时曾经指出，"我们过去发生的各种错误，固然与某些领导人的思想、作风有关，但是组织制度、工作制度方面的问题更重要。"② 从国家建设角度加强农民公民权的保障就需要加强农民公民权保障的制度建设，不仅要从制度上取消针对农民群体享有公民权的限制，而且要从制度上拓展和落实农民享有公民权的内容。另外，制度建设不仅包括内容的设计和完善，而且包括内容的贯彻和落实。这两个方面是相辅相成的，制度内容的设计和不断健全有利于制度的贯彻落实，而制度贯彻落实过程中发现的问题又能够推动制度的进一步健全，而且制度的贯彻落实过程由于体现了制度制定主体的意志和制度受众的支持将为制度的进一步健全提供强大的动力。

3. 社会建设

随着改革开放以来中国经济社会的日益发展和法制建设的不断

---

① 《中华人民共和国全国人民代表大会和地方各级人民代表大会选举法》，载《人民日报》，2010年3月15日，第15版。

② 《邓小平文选》第2卷，人民出版社1994年版，第333页。

推进，农民作为公民的应有权利上升为法定权利方面取得了越来越大的成绩，例如《选举法》对城乡人口比例差别的取消，除此之外，农民作为公民的法定权利也在其他法律制度中日益得到体现。例如，2006年6月29日通过的《义务教育法》第四十四条规定，"义务教育经费投入实行国务院和地方各级人民政府根据职责共同负担，省、自治区、直辖市人民政府负责统筹落实的体制。农村义务教育所需经费，由各级人民政府根据国务院的规定分项目、按比例分担。"① 相对于原来农村义务教育经费主要依赖农民集资和缺乏稳定的保障渠道的情况，上述规定更好地保障了农村的义务教育经费。2007年8月30日通过的《中华人民共和国就业促进法》第三十一条规定，"农村劳动者进城就业享有与城镇劳动者平等的劳动权利，不得对农村劳动者进城就业设置歧视性限制。"② 该款规定明确赋予了农民平等的就业权。然而，法定权利并不等同于实然权利，并不是所有的法定公民权利都会成为农民享有的实然权利。在实证调研中发现，当前中国农民所享有的实然权利与法定权利之间还存在着一定的差距。例如，尽管选举权是公民的法定权利，但在笔者组织的2010年寒假社会调查中，多数农村受访者表示没有参加过乡镇人大代表选举，说明相当比例的农民对于选举的实践还是比较疏离的。由于村委会的选举在本质上不属于宪法规定的公民选举权范畴，乡镇人大代表的选举是与农民选举权实践联系最为紧密的一种选举，因此农民在乡镇人大代表选举中的参与情况能够在一定程度上说明农民选举权的实践情况。再如，接受义务教育是公民的法定权利，国家也建立了农民免费义务教育的制度。但农村受访者在对"农村免费义务教育政策实施后，您家里孩子的义务教育费用下降了吗"这一问

---

① 《中华人民共和国义务教育法》，载《人民日报》，2006年6月30日，第6版。
② 《中华人民共和国就业促进法》，载《人民日报》，2007年10月4日，第4版。

题的回答中,选择"是"的占到 50.4%;而选择"否"和"差不多"的合计占到 36.0%。对于上题中回答"否"的受访者,在对"是什么原因造成您家里孩子的义务教育费用没有下降呢"这一问题的回答中,选择"没有免收学杂费"、"收课本费"、"收午餐费"、"收住宿费"的分别占到 33.3%、17.8%、9.4% 和 12.5%(见表1)。

表1 中国农村经济社会调查问卷中部分内容

您是否参加过乡镇人大代表选举?(%)			
是	否		不清楚
13.5	69.2		17.3
农村免费义务教育政策实施后,您家里孩子的义务教育费用下降了吗?(%)			
是	否	差不多	不清楚
50.4	17.0	19.0	13.6
是什么原因造成您家里孩子的义务教育费用没有下降呢?(%)			
没有免收学杂费	收课本费	收午餐费	收住宿费	其他
33.3	17.8	9.4	12.5	27.0

资料来源:2010 年寒假中国农村经济社会调查数据。

这说明尽管国家已经制定了免除农村义务教育阶段适龄儿童学杂费的政策,但这一政策的执行效果还有待改善。而免除学杂费政策的执行不到位,又在一定程度上影响了农村孩童义务教育权利的实现。公民权利是国家与公民双方互动的过程,从这个角度而言,造成农民公民权法定权利与实然权利脱节的原因主要归结为两个方面:一是国家对法定权利的设定不够科学或贯彻落实不够。对此问题的解决有赖于国家的宪政建设或制度建设。二是公民对法定权利的自主意识和行为把握不够。法定权利转变为实然权利不能完全依赖于国家单方面的努力,而是必须借助于国家和公民双方的互动。对此问题的解决有赖于社会建设。社会建设是与国家建设联系在一起的。

国家不是一个孤立的概念，国家正是在与社会的互动中才确立了自身的概念。同样，国家建设也意味着国家与社会关系的调整。从国家建设角度出发的农民公民权保障更要求进行社会建设。这是因为，公民权反映的是国家与社会的关系，公民权的保障建立在合适的国家与社会关系基础之上并要求有一定的社会条件。而这都离不开社会建设。具体说来，对于农民公民权的保障而言，社会建设主要包括这样两个方面：一是权利主体培育。公民权从一种法定权利转变为实然权利要求有合格的权利主体，否则公民的权利就难以实现。而合格的权利主体则意味着权利主体具备了一定的权利意识，具备行使自身权利的能力素质并能够积极主动地促使自身权利的实现。对于中国这样一个传统的农业大国而言，大多数农民在小农经济和村社文化的影响下，离合格的公民权利主体还有一定的差距。这就要求加强权利主体的培育，通过公民文化的传播、农民教育的促进和相关社会组织的培育来培育合格的农民公民权主体。二是国家与社会关系的厘清。公民权的保障建立在合适的国家与社会关系基础之上，因此，要保障农民的公民权就需要厘清国家与社会的关系。

第三节 走向现代国家：城市化、国家建设与农民公民权保障的关系

人类社会步入现代化之后，任何走上现代化发展道路的社会，都必然要把完成现代国家建设作为现代化发展的基本使命。[①] 建设一个现代国家也是中国国家建设的一贯理想。对于中国这样一个发展中国家而言，走向现代国家的过程是城市化、国家建设和公民权保

---

① 林尚立：《国家建设：中国共产党的探索与实践》，载《毛泽东邓小平理论研究》，2008年第1期。

障等多种因素相互作用的过程。现代国家既以现代经济和社会为基础，又以国家主权和平等公民权为特征，前者是现代化的产物，而后者则是国家建设的产物。城市化则是现代化的重要内容和核心特征。现代国家的形成和成长过程又是不断赋予和发展公民权的过程。公民权是现代国家的核心特征之一，一个成熟的现代国家必定是公民权得到平等保障和全面实现的国家。反之，公民权的缺失则会影响现代国家的建设，也反映了现代国家需要努力的方向及其程度。在中国由一个传统的农业国家向现代的工业国家转变的背景下，公民权的缺失主要表现为农民这一群体的公民权缺失，而在城市化和国家建设不断推进的背景下，农民公民权的问题日益凸显，如果该问题不能得到妥善的解决，那么就会对中国国家建设造成严重的负面影响。从上述分析可以看出，现代国家的成长过程同时就是现代化、城市化和国家建设的过程，而城市化的日益推进凸显了农民公民权保障问题，这一问题在根本上是由国家建设造成，而走向现代国家的逻辑又要求全面系统地解决农民的公民权问题，农民公民权问题的全面系统解决不是弥补性的，而需要站在国家建设的高度予以统筹解决。

附录一 中国城乡经济社会调查问卷（农村卷）

同志：

　　您好！

　　欢迎您参加这次由中国国家社科基金项目课题组和上海市社科基金项目课题组联合组织的科研活动。这次问卷调查活动主要是想了解我国城乡经济社会发展和居民生活方式的一般情况。我是华东政法大学政治学与公共管理学院的学生，也是上述课题问卷调查组的成员。我将耽误您一点时间，向您提出一些问题。您的回答无所谓对错，只要反映了您的真实情况就行。请您放心，我们将在计算机上匿名处理所有调查资料。十分感谢您的合作！

国家社科基金项目课题组
上海市社科基金项目课题组

一、基本情况

题 1. 您的性别　　　　　　　　　　　　　　　　　（　　）

　　1. 男　　　　2. 女

题 2. 您的年龄是：_____周岁

题 3. 您的文化程度　　　　　　　　　　　　　　　（　　）

　　1. 小学及以下　　2. 初中　　3. 高中/中专　　4. 大专

　　5. 本科及以上

题 4. 您的政治面貌　　　　　　　　　　　　　　　（　　）

　　1. 共产党员　　　　　　　2. 共青团员

　　3. 普通群众　　　　　　　4. 民主党派成员

题 5. 您目前的职业是： （ ）

    1. 农业劳动者（种植、养殖农民）

    2. 外出农民工（包括曾经外出现已返乡的农民工）

    3. 农村知识分子（农技员、医生、教师、文化工作者等）

    4. 乡村脱产干部

    5. 农村个体户

    6. 农村私营企业经营者

    7. 农村私营企业受雇人员

    8. 乡镇集体企业管理者

    9. 学生

    10. 其他（请用文字注明）_____

题 6. 2009 年您家收入大概为： （ ）

    1. 3000 元以下　　　　　2. 3001—5000 元

    3. 5001—18000 元　　　 5. 18001 元以上

题 7. 您家庭的收入来源主要是： （ ）

    1. 种庄稼　　　　　　　2. 种蔬菜、水果、花木

    3. 做生意　　　　　　　4. 土地出租分红

    5. 外出打工

    6. 其他（请用文字注明）_____

    如果有两项或以上选择的，请对所选项就重要性做一个排序_____

题 8. 目前您在村里是否担任了下列的职务？（可以多选） （ ）

    1. 村党支部委员　　　　2. 村委会委员

    3. 村民小组长或村民代表　　4. 普通村民

题 9. 您家在村里属于： （ ）

    1. 富裕户　　　　　　　2. 中上等收入户

3. 中等收入户　　　　　4. 中下等收入户

5. 低收入户　　　　　　6. 不知道

二、村民自治情况

题1. 你了解现行《村委会组织法》的全部内容吗？　　　　（　　）

  1. 了解　　　2. 了解一点　　　3. 不了解

题2. 请问您多大程度上信任村委会？　　　　　　　　　　（　　）

  1. 很信任　　2. 比较信任　　3. 不太信任　　4. 很不信任

题3. 请问您多大程度上信任市/县政府？　　　　　　　　（　　）

  1. 很信任　　2. 比较信任　　3. 不太信任　　4. 很不信任

题4. 请问您多大程度上信任中央政府？　　　　　　　　　（　　）

  1. 很信任　　2. 比较信任　　3. 不太信任　　4. 很不信任

题5. 您在村委会选举中享有选举权和被选举权吗？　　　　（　　）

  1. 享有选举权，但不享有被选举权

  2. 享有被选举权，但不享有选举权

  3. 两者都享有

  4. 两者都不享有

题6. 您是如何清楚自己享有选举权和被选举权的？　　　　（　　）

  1. 从宪法和相关法律中得知的

  2. 通过电视宣传得知的

  3. 通过政府宣传得知的

  4. 其他_____

题7. 在选举现在的村委会的过程中，您参与下列活动了吗？请在赞同的方格内打"√"。

序号	活动内容	经常做	有时做	偶尔做	从未做
A	参加选举会议或候选人情况介绍会				

序号	活动内容	经常做	有时做	偶尔做	从未做
B	自己提名、推荐某人为候选人				
C	动员别人参加会议,了解候选人情况				
D	动员别人投某个候选人的票				
E	劝别人不投某个候选人的票				
F	亲自参与投票				
G	对选举表示不满或提出批评				
H	其他活动（请注明）				

题8. 您觉得本届村委会选举公平吗?　　　　　　　　　　（　　）

　　1. 很公平　　　2. 比较公平　3. 不太公平　　　4. 很不公平

题9. 您是如何对待参与村委会选举的?　　　　　　　　　（　　）

　　1. 很重要,是村民的权利

　　2. 比较重要

　　3. 没什么用处,走形式而已

题10. 在选举村委会的过程中,你发现有贿票或胁迫拉票的行为吗?

　　1. 有　　　　2. 没有　　3. 不记得了　　　　　　（　　）

题11. 若你发现选举中有贿票或胁迫拉票的行为,你会采取哪种方式?　　　　　　　　　　　　　　　　　　　　　　　　　（　　）

　　1. 沉默而顺从　　　　　2. 沉默但不接受

　　3. 当场反击　　　　　　4. 向党支部反映

　　5. 向村委会或上级政府反映

6. 向法院控告　　　　　7. 向选委会反映

8. 其他（请注明）_____

题 12. 当你的选举权遭到侵犯时，你会怎么办？　　　　（　　）

1. 找召集人　　　　　2. 找村党支部

3. 找乡镇　　　　　　4. 向法院控告

5. 沉默　　　　　　　6. 其他

题 13. 您认为村委会选举能把大家公认的人选出来吗？　　（　　）

1. 能够　　2. 不能够　　3. 不好说

题 14. 您认为上级任命村干部和由老百姓自己选举村干部，哪种办法更好？　　　　　　　　　　　　　　　　　　　（　　）

1. 上级任命更好

2. 老百姓自己选更好

3. 上级任命和老百姓选举相结合更好

4. 不好说

题 15. 您觉得民主选举产生的村干部能代表群众利益吗？（　　）

1. 能　　2. 不能　　3. 不好说

题 16. 您认为民主选举能使村干部注意听取群众意见和要求吗？（　　）

1. 大多数时候可以　　2. 有时候可以

3. 很少能起这种作用

题 17. 最近三年中，您村村干部提议的事项有没有被村民会议或村民代表会议否决过？　　　　　　　　　　　　　（　　）

1. 有　　2. 没有　　3. 不清楚

题 18. 您认为您村现任村干部在处理村务时的表现如何？（　　）

1. 非常公正、公道　　2. 比较公正、公道

3. 不太公正、公道　　4. 很不公正、公道

题 19. 你认为对于村委会的工作，你是否有监督的权利和义务？（　　）

1. 有　　　　2. 没有　　　3. 不清楚

题20. 若村委会未履行村民大会的决议，你会行使监督权吗？（　　）

1. 会且知道怎么行使　　　2. 会但不知道怎么行使

3. 不会行使　　　　　　　4. 不知道

题21. 您在多大程度上关心本村事务？（　　）

1. 很关心　　　　　　　　2. 比较关心

3. 不太关心　　　　　　　4. 很不关心

题22. 如果对村务不满意，您会采取的措施是？（　　）

1. 找有权势的亲戚或族人

2. 找村党支部或村委会

3. 找乡镇　　　　　　　　4. 向法院控告

5. 沉默　　　　　　　　　6. 其他

题23. 若村委会的决定损害到您个人或家庭利益，也损害到其他村民的利益，您会采取的方式是？（　　）

1. 联合其他村民要求召开村民大会

2. 找村党支部或村委会

3. 找乡镇　　　　　　　　4. 向法院控告

5. 沉默　　　　　　　　　6. 其他

题24. 您对您村财务收支情况清楚吗？（　　）

1. 很清楚　　2. 比较清楚　　3. 不大清楚　　4. 很不清楚

题25. 您认为村务公开栏能起到监督作用吗？（　　）

1. 能　　　2. 不能　　　3. 不好说

题26. 您觉得村干部公开的事项真实可靠吗？（　　）

1. 是　　　2. 否　　　3. 不清楚

题27. 最近三年，您向村干部提过什么建议和意见吗？（　　）

1. 经常提　　2. 偶尔提过　　3. 没有提过

题28. 您感觉您村实行村民自治的效果如何？　　　　　　　　（　　）
　　　1. 很好　　　　2. 比较好　　3. 不太好　　　　4. 很不好
题29. 您是否参加过乡镇人大代表选举？　　　　　　　　　　（　　）
　　　1. 是　　　　　2. 否　　　　3. 不清楚
题30. 您对乡镇人大代表选举的情况满意吗？　　　　　　　　（　　）
　　　1. 很满意　　　2. 比较满意　3. 不太满意　　　4. 很不满意
题31. 您了解城市居委会选举情况吗？　　　　　　　　　　　（　　）
　　　1. 非常了解　　2. 基本了解　3. 不太了解　　　4. 很不了解
题32. 您是否参与过城市居委会选举（外出打工人员请回答本题）？
　　　1. 是　　　　　　　　　　2. 否　　　　　　　　（　　）
题33. 您觉得城市居委会选举与本村的村委会选举相比怎样（外出
　　　打工人员请回答本题）？　　　　　　　　　　　　（　　）
　　　1. 更公平　　　2. 没有这么公平　3. 不清楚

三、经济和生活情况

题1. 国家免除农业税之后，您感觉农民负担真正减轻了吗？（　　）
　　　1. 是　　　　　2. 否　　　　3. 不清楚
题2. 你对国家免除农业税的政策满意吗？　　　　　　　　　（　　）
　　　1. 很满意　　　2. 基本满意　3. 不太满意　　　4. 很不满意
题3. 您对目前的家庭收入满意吗？　　　　　　　　　　　　（　　）
　　　1. 很满意　　　2. 基本满意　3. 不太满意　　　4. 很不满意
题4. 您认为促进当前家庭增收的主要因素（可多选）？　　　（　　）
　　　1. 取消农业税　2. 粮食直补　3. 土地出租
　　　4. 外出打工　　5. 做生意　　6. 不清楚
题5. 您认为限制当前家庭收入的主要因素（可多选）？　　　（　　）
　　　1. 庄稼收成不好　　　　　　2. 农产品价格低
　　　3. 农村机会少　　　　　　　4. 国家投入不够

5. 不清楚

题6. 您对家庭联产承包责任制满意吗？　　　　　　　　（　）

    1. 很满意　　　2. 基本满意　3. 不太满意　　4. 很不满意

题7. 您是怎样看待我国户籍分为城市户籍和农村户籍的制度的？

    1. 有一定的合理性　　　　2. 不合理　　　　（　）

    3. 无所谓　　　　　　　　4. 不清楚

题8. 如果有机会拿到城市户籍，您愿意成为城里人吗？　（　）

    1. 愿意　　　　　　　　　2. 不愿意（请跳答题10）

    3. 不清楚

题9. 什么因素促使您愿意成为城里人呢？　　　　　　　（　）

    1. 收入高　　　2. 生活质量高　　3. 方便　　4. 不清楚

题10. 什么因素促使您不愿意成为城里人呢？　　　　　（　）

    1. 不现实　　　2. 生活成本高　　3. 城里复杂　4. 不清楚

题11. 您认为找对象应通过哪种渠道？　　　　　　　　（　）

    1. 媒人介绍　　2. 自由恋爱　3. 无所谓　　　4. 不清楚

题12. 如果在找对象方面您与父母的意见不一致，您会选择？（　）

    1. 听从父母　　2. 自己决定　3. 不清楚

题13. 如果您跟邻居发生了债务纠纷，您会选择到法院打官司吗？

    1. 不会　　　　　　　2. 会（请跳答题15）　（　）

    3. 看具体情况　　　　4. 不清楚

题14. 什么因素促使您不选择到法院打官司裁决债务纠纷（可多选）？　　　　　　　　　　　　　　　　　　　　　（　）

    1. 纠纷很复杂　　　　　2. 涉及数额不大

    3. 顾及面子和人情　　　4. 不方便

    5. 不知道怎样打官司　　6. 花费高

    7. 其他（请注明）_____　8. 不清楚

题 15. 什么因素促使您选择到法院打官司裁决债务纠纷（可多选）？

    1. 纠纷很复杂　　　　2. 涉及数额较大　　　　（　　）

    3. 公平　　　　　　　　4. 方便

    5. 其他（请注明）_____　6. 不清楚

题 16. 您认为到法院打官司能够解决问题吗？　　　　　　（　　）

    1. 能够　　　2. 不能够　　　3. 不清楚

题 17. 您平时与他人闲聊是否批评过村委会/地方政府/中央政府？请在赞同的方格内打"√"。

序号	内容	曾经批评	从不批评	不知道	不回答
A	批评村委会				
B	批评地方政府				
C	批评中央政府				

题 18. 您平时与他人闲聊批评村委会/地方政府/中央政府时，有顾虑吗？请在赞同的方格内打"√"。

序号	内容	顾虑很大	顾虑较大	有一些	没有顾虑
A	批评村委会				
B	批评地方政府				
C	批评中央政府				

题 19. 您有宗教信仰吗？　　　　　　　　　　　　　　　　（　　）

    1. 有　　　　　　　　2. 没有

题 20. 您觉得现在人们信仰宗教会有顾虑吗？　　　　　　（　　）

    1. 有　　　2. 没有　　　3. 不清楚

题 21. 您觉得您参加民间团体会不会受到限制？　　　　　（　　）

    1. 会　　　　　　　　2. 不会

题 22. 您自己最相信的新闻媒介是哪一种？　　　　　　　（　　）

1. 报纸　　　　2. 电视　　　　3. 广播

4. 亲友传播的消息　　5. 网络　　5. 杂志

题 23. 您认为别人最相信的媒介是哪一种？　　　　（　　）

1. 报纸　　　　2. 电视　　　　3. 广播

4. 亲友传播的消息　　5. 网络　　6. 杂志

题 24. 如果有记者采访，您是否愿意就某种社会现象发表意见？（　　）

1. 是　　　　2. 否　　　　3. 不清楚

四、社会情况

题 1. 您认为三年后您家庭的生活水平会比现在？　　　　（　　）

1. 高　　　　2. 低　　　　3. 不清楚

题 2. 下列那一项是您最担心的？　　　　　　　　　　（　　）

1. 庄稼收成情况　　　　2. 身体状况

3. 儿女教育情况　　　　4. 外出打工能否挣到钱

5. 养老情况　　　　　　6. 其他（请注明）_____

7. 不清楚

题 3. 您对村里的道路情况满意吗？　　　　　　　　　（　　）

1. 非常满意　　2. 基本满意　　3. 不太满意　　4. 很不满意

题 4. 您认为村里道路的修建和维护应该由谁负责？　　（　　）

1. 中央政府　　2. 省级政府　　3. 市级政府　　4. 县级政府

5. 乡镇政府　　6. 村委会　　　7. 所有村民　　8. 不清楚

题 5. 您赞成九年义务教育这一政策吗？　　　　　　　（　　）

1. 赞成　　　　　　　　2. 不赞成

题 6. 您对村里孩子九年义务教育的完成情况满意吗？（　　）

1. 非常满意　　2. 基本满意　　3. 不太满意

4. 完全不满意　　　　　5. 不清楚

题 7. 当前您家里有孩子在小学或初中就读吗？　　　　（　　）

1. 有 2. 没有（请跳答题 11）

题 8. 当前您家里的孩子义务教育免费了吗？ （ ）

1. 是 2. 否

题 9. 农村免费义务教育政策实施后，您家里孩子的义务教育费用下降了吗？ （ ）

1. 是（请跳答题 11） 2. 否

3. 差不多 4. 不清楚

题 10. 是什么原因造成您家里孩子的义务教育费用没有下降呢？（ ）

1. 没有免收学杂费 2. 收课本费 3. 收午餐费

4. 收住宿费 5. 其他（请注明）

题 11. 您认为村里孩子的义务教育的费用应该由谁负责？ （ ）

1. 中央政府 2. 省级政府 3. 市级政府 4. 县级政府

5. 乡镇政府 6. 村委会 7. 所有村民 8. 不清楚

题 12. 您是否有到城市打工的经历？ （ ）

1. 是 2. 否（跳答题 14）

题 13. 您在城市打工印象最深的是什么？ （ ）

1. 城里机会多 2. 城里人看不起农村人

3. 其他（请注明） 4. 不清楚

题 14. 如果有机会，您是否希望到城市打工？ （ ）

1. 是（跳答题 17） 2. 否

题 15. 什么因素促使您不希望到城市打工？ （ ）

1. 工作太辛苦 2. 城里人的态度不好

3. 没有办法照顾家里 4. 很难找到工作

5. 其他（请注明） 6. 不清楚

题 16. 您认为什么因素促使难于在城市找到工作？ （ ）

1. 没有技术 2. 企业照顾城里人

3. 国家不管　　　4. 城里政府区别对待本地人和外地人

5. 其他（请注明）

题17. 您认为政府有义务为您提供工作吗？　　　　　　　（　）

1. 有　　　2. 没有　　3. 不清楚

题18. 您是否了解新农村医疗保险制度？　　　　　　　　（　）

1. 是　　　2. 否　　　3. 不清楚

题19. 您所在的村是否实行了新农村医疗保险制度？　　　（　）

1. 是　　　2. 否　　　3. 不清楚

题20. 您对新农村医疗保险制度的效果满意吗？　　　　　（　）

1. 非常满意　2. 基本满意　3. 不太满意

4. 完全不满意

题21. 您对新农村医疗保险制度的哪些方面不满意？　　　（　）

1. 报销程序　2. 报销额度　3. 定点规定

4. 其他（请注明）　　　5. 不清楚

题22. 您是否了解新型农村社会养老保险（新农保）制度？（　）

1. 是　　　2. 否　　　3. 不清楚

题23. 您所在的村是否实行了新农保制度？　　　　　　　（　）

1. 是　　　2. 否　　　3. 不清楚

题24. 您认为政府有义务为您提供养老金吗？　　　　　　（　）

1. 有　　　2. 没有　　3. 不清楚

说明

1. 每位调查员应到家庭所在地的村民小组（如村民小组范围过小，可以扩大到行政村）随机选择10位受访者（5位外出农民工与5位非外出农民工，同一户家庭原则上不超两人）进行问卷访谈。

2. 每位调查员在上交问卷的同时提交一份所调查村的基本情况

说明，基本情况包括村名、所属行政村村名、乡（镇）名、县（市）名、有无集体经济、村经济发展状况、交通方便情况、与城镇的距离及城镇化状况、（自然）村户数、（自然）村总人口数、民族状况及宗教信仰状况、外出打工人口等。

3. 调查员访谈时请注意访谈技巧，提问和交谈时不表达有倾向性的信息。

4. 调查员访谈时注意对不同年龄、性别、文化程度、家庭收入、政治面貌的调查对象进行均衡。

附录二　中国城乡经济社会调查问卷（城市卷）

同志：

　　您好！

　　欢迎您参加这次由中国国家社科基金项目课题组和上海市社科基金项目课题组联合组织的科研活动。这次问卷调查活动主要是想了解我国城乡经济社会发展和居民生活方式的一般情况。我是华东政法大学政治学与公共管理学院的学生，也是上述课题问卷调查组的成员。我将耽误您一点时间，向您提出一些问题。您的回答无所谓对错，只要反映了您的真实情况就行。请您放心，我们将在计算机上匿名处理所有调查资料。十分感谢您的合作！

国家社科基金项目课题组
上海市社科基金项目课题组

一、基本情况

题1. 您的性别　　　　　　　　　　　　　　　　　　（　　）

　　　1. 男　　　　　　　　2. 女

题2. 您的年龄是：_____周岁

题3. 您的文化程度　　　　　　　　　　　　　　　　（　　）

　　　1. 小学及以下　　2. 初中　　　　3. 高中/中专
　　　4. 大专　　　　　5. 本科及以上

题4. 您的政治面貌　　　　　　　　　　　　　　　　（　　）

　　　1. 共产党员　　　2. 共青团员　　3. 普通群众
　　　4. 民主党派成员

题5. 您目前的就业状况是　　　　　　　　　　　　　（　　）

1. 在职 2. 离休 3. 退休 4. 下岗
5. 失业 6. 其他

题6. 2009年您家收入状况是   (   )
  1. 3000元以下   2. 3001—5000元
  3. 5001—18000元   5. 18001—50000元
  6. 50001元以上

二、居民自治情况

题1. 您感觉您所在小区实行居民自治的效果如何？   (   )
  1. 很好   2. 比较好   3. 一般
  4. 不太好 5. 很不好

题2. 请问您在多大程度上信任居委会？   (   )
  1. 非常信任   2. 比较信任
  3. 不太信任   4. 非常不信任

题3. 请问您在多大程度上信任市/县政府？   (   )
  1. 非常信任   2. 比较信任
  3. 不太信任   4. 非常不信任

题4. 请问您在多大程度上信任中央政府？   (   )
  1. 非常信任   2. 比较信任
  3. 不太信任   4. 非常不信任

题5. 在选举现在的居委会的过程中，您参与下列活动了吗？请在赞同的方格内打"√"。

序号	活动内容	经常做	有时做	偶尔做	从未做
A	参加选举会议或候选人情况介绍会				
B	自己提名、推荐某人为候选人				

序号	活动内容	经常做	有时做	偶尔做	从未做
C	动员别人参加会议，了解候选人情况				
D	动员别人投某个候选人的票				
E	劝别人不投某个候选人的票				
F	亲自参与投票				
G	对选举表示不满或提出批评				
H	其他活动（请注明）_____				

题6. 您觉得这一届居委会选举公平吗？　　　　　　　　　（　　）
  1. 非常公平　　　2. 比较公平　　　3. 不太公平
  4. 很不公平　　　5. 不清楚

题7. 您是如何看待参与居委会选举的？　　　　　　　　　（　　）
  1. 很重要，是居民的权利　　　2. 比较重要
  3. 没什么用处，走形式而已　　4. 不清楚

题8. 在选举现在的居委会时，实行公开计票了吗？　　　（　　）
  1. 实行了　　　2. 没有实行　　　3. 清楚

题9. 您在多大程度上关心本居委会事务？　　　　　　　（　　）
  1. 非常关心　　　　　　　2. 比较关心
  3. 不太关心　　　　　　　4. 一点也不关心

题10. 在选举居委会的过程中，你发现有贿票或胁迫拉票的行为吗？
  1. 有　　　2. 没有　　　3. 不记得了　　　（　　）

题 11. 若你发现选举中有贿票或拉票的行为,你会采取哪种方式?
  1. 沉默而顺从   2. 沉默但不接受   ( )
  3. 当场反击   4. 向党支部反映
  5. 向街道办事处或上级政府反映
  6. 向法院控告   7. 向选委会反映
  8. 其他(请注明)_____

题 12. 您认为上级任命居委会干部和由居民自己选举居委会干部,哪种办法更好?   ( )
  1. 上级任命更好
  2. 居民自己选更好
  3. 上级任命和居民选举相结合更好
  4. 不好说

题 13. 您觉得民主选举产生的居委会干部能真正为居民服务吗?( )
  1. 能   2. 基本能   3. 不能   4. 不好说

题 14. 你认为对于居委会的工作,你是否有监督的权利和义务?( )
  1. 有   2. 没有   3. 无所谓   4. 不好说

题 15. 若居委会未履行居民会议的决议,你会行使监督权吗?( )
  1. 会且知道怎么行使   2. 会但不知道怎么行使
  3. 不会行使   4. 不知道

题 16. 若居委会的决定损害到您个人或家庭利益,也损害到其他居民的利益,您会采取的方式是?   ( )
  1. 联合其他居民要求召开居民会议
  2. 找党支部或居委会
  3. 找街道   4. 向法院控告
  5. 沉默   6. 其他

题 17. 您所在居委会实行居务公开了吗?   ( )

1. 是　　　　2. 否　　　　3. 不清楚

题18. 如果对居务公开不满意,您会采取的措施是？　　（　　）

　　　1. 找党支部或居委会　　　2. 找街道

　　　3. 向法院控告　　　　　　4. 沉默

　　　5. 其他

题19. 您认为居务公开栏能起到监督作用吗？　　　　（　　）

　　　1. 能　　　　2. 不能　　　　3. 不好说

题20. 您觉得居委会公开的事项真实可靠吗？　　　　（　　）

　　　1. 真实可靠　　　　　　2. 基本真实可靠

　　　3. 部分真实可靠　　　　4. 不真实可靠

题21. 最近三年,您向居委会干部提过什么建议和意见吗？（　　）

　　　1. 经常提　　　2. 偶尔提过　　3. 没有提过

题22. 您知道农村居民和城市居民在村/居选举方面的差别吗？（　　）

　　　1. 知道　　　　　　　　2. 不知道

三、经济和生活情况

题1. 您对目前的家庭收入满意吗？　　　　　　　　　（　　）

　　　1. 非常满意　　2. 基本满意　　3. 不太满意

　　　4. 完全不满意　5. 不清楚

题2. 您是怎样看待我国户籍分为城市户籍和农村户籍的制度的？（　　）

　　　1. 有一定的合理性　　　2. 不合理

　　　3. 无所谓　　　　　　　4. 不清楚

题3. 您认为城市户籍与农村户籍相比含金量？　　　（　　）

　　　1. 高　　　　2. 低　　　　3. 不清楚

题4. 您是怎样看待城市户籍向农民工开放的？　　　（　　）

　　　1. 弊大于利　　　　　2. 利大于弊（请跳答题6）

　　　3. 不清楚

题 5. 什么因素促使您认为城市户籍向农民工开放弊大于利？（   ）
　　　1. 超出城市的承载能力　　　2. 农民工素质低
　　　3. 增加了城市居民就业压力　4. 不清楚
题 6. 什么因素促使您认为城市户籍向农民工开放利大于弊？（   ）
　　　1. 应对城市老龄化的需要　　2. 农民工应得的
　　　3. 为了吸引各方面的人才　　4. 不清楚
题 7. 您认为找对象应通过哪种渠道？　　　　　　　　（   ）
　　　1. 媒人介绍　　2. 自由恋爱　3. 无所谓　　　4. 不清楚
题 8. 如果在找对象方面您与父母的意见不一致，您会选择？（   ）
　　　1. 听从父母的　2. 自己决定　3. 不清楚
题 9. 如果您跟邻居发生了债务纠纷，您会选择到法院打官司吗？（   ）
　　　1. 不会　　　　　　　　　2. 会（请跳答题 11）
　　　3. 看具体情况　　　　　　4. 不清楚
题 10. 什么因素促使您不选择到法院打官司裁决债务纠纷（可多
　　　 选）？　　　　　　　　　　　　　　　　　　（   ）
　　　1. 纠纷很复杂　　　　　　2. 涉及数额不大
　　　3. 顾及面子和人情　　　　4. 不方便
　　　5. 不知道怎样打官司　　　6. 花费高
　　　7. 其他（请注明）_____　8. 不清楚
题 11. 什么因素促使您选择到法院打官司解决债务纠纷（可多选）？
　　　1. 纠纷很复杂　2. 涉及数额较大　3. 公平
　　　4. 方便　　　　5. 其他（请注明）　6. 不清楚
题 12. 您认为到法院打官司能够解决问题吗？　　　　（   ）
　　　1. 能够　　　2. 不能够　　　　3. 不清楚
题 13. 您平时与他人闲聊是否批评过居委会/地方政府/中央政府？
　　　 请在赞同的方格内打"√"。

序号	内容	曾经批评	从不批评	不知道	不回答
A	批评居委会				
B	批评地方政府				
C	批评中央政府				

题14．您平时与他人闲聊批评居委会/地方政府/中央政府时，有顾虑吗？请在赞同的方格内打"√"。

序号	内容	顾虑很大	顾虑较大	有一些	没有顾虑
A	批评居委会				
B	批评地方政府				
C	批评中央政府				

题15．您有宗教信仰吗？　　　　　　　　　　　　　　（　　）

　　1．有　　　　　　　　2．没有

题16．您觉得现在人们信仰宗教会有顾虑吗？　　　　　（　　）

　　1．顾虑很大　2．顾虑较大　3．有一些　　4．没有顾虑

题17．您觉得您参加民间团体会不会受到限制？　　　　（　　）

　　1．会　　　2．不会　　　3．不知道

题18．您自己最相信的新闻媒介是哪一种？　　　　　　（　　）

　　1．报纸　　　2．电视　　　3．广播

　　4．亲友传播的消息

　　5．网络　　　6．杂志

题19．您认为别人最相信的媒介是哪一种？　　　　　　（　　）

　　1．报纸　　　2．电视　　　3．广播

　　4．亲友传播的消息

　　5．网络　　　6．杂志

题20．如果有记者采访您对某种社会现象的看法，您是否愿意就此发表意见？　　　　　　　　　　　　　　　　　　（　　）

    1. 是   2. 否   3. 不清楚

四、社会情况

题1. 您认为三年后您家庭的生活水平会比现在？（   ）
    1. 高   2. 低   3. 不清楚

题2. 下列那一项是您最担心的？（   ）
    1. 社会治安   2. 身体状况   3. 儿女教育情况   4. 居住环境
    5. 养老情况   6. 其他（请注明）_____   7. 不清楚

题3. 您赞成九年义务教育这一政策吗？（   ）
    1. 赞成   2. 不赞成   3. 不清楚

题4. 您认为城市孩子的义务教育的费用应该由谁负责？（   ）
    1. 中央政府   2. 省级政府   3. 市级政府   4. 区级政府
    5. 街道   6. 居民自己   7. 不清楚

题5. 您认为农村孩子的义务教育的费用应该由谁负责？（   ）
    1. 中央政府   2. 省级政府   3. 市级政府   4. 县级政府
    5. 乡镇政府   6. 村委会   7. 所有村民   8. 不清楚

题6. 您认为政府有义务为城市居民提供工作吗？（   ）
    1. 有   2. 没有   3. 不清楚

题7. 您认为政府有义务为农村进城务工人员提供工作吗？（   ）
    1. 有   2. 没有   3. 不清楚

题8. 您参与了下述某一种医疗保险制度？（   ）
    1. 城镇职工基本医疗保险   2. 城镇居民基本医疗保险
    3. 新型农村合作医疗保险   4. 商业医疗保险
    5. 其他（请注明）_____ 6. 不清楚

题9. 您对参与的医疗保险制度满意吗？（   ）
    1. 非常满意   2. 基本满意
    3. 不太满意   4. 完全不满意

5. 不清楚

题10. 您对医疗保险制度的哪些方面不满意？   (   )

  1. 报销程序 2. 报销额度 3. 定点规定

  4. 其他（请注明）_____ 5. 不清楚

题11. 您是否了解新农村医疗保险制度？   (   )

  1. 是   2. 否   3. 不清楚

题12. 您认为政府有义务提供农村医疗保险吗？   (   )

  1. 有   2. 没有   3. 不清楚

题13. 您是否享有养老保险？   (   )

  1. 是   2. 否   3. 不清楚

题14. 您是否认为农民应该享有养老保险？   (   )

  1. 是   2. 否   3. 不清楚

题15. 您认为农民的养老保险应该由谁负责提供？   (   )

  1. 政府 2. 保险公司 3. 村集体   4. 不清楚

题16. 下面是一些说法，请您对这些说法表示自己的态度。请在赞同的方格内打√。

序号	观点	很同意	比较同意	不太同意	很不同意
A	农民工为城市作出了贡献				
B	农民工对城市的贡献大于对压力				
C	农民工是城市中的一员				
D	农民工应享有与城市居民相同的待遇				

说明：

①每位调查员应到家庭所在地的居委会随机选择5—10位受访者（不少于5位，同一户家庭原则上不超过两人）进行问卷访谈。

②每位调查员在上交问卷的同时提交一份所调查居委会的基本情况说明，基本情况包括居委会名称、所属镇或街道名、县（市、区）名、有无集体经济、交通方便情况、居委会户数、居委会总人口数、居民的职业构成、年龄构成、民族状况及宗教信仰状况等。

③调查员访谈时请注意访谈技巧，提问和交谈时不表达有倾向性的信息。

④调查员访谈时注意对不同年龄、性别、文化程度、家庭收入、政治面貌的调查对象进行均衡。

参考文献

一、中文文献

《马克思恩格斯选集》第 1 卷，人民出版社 1995 年版。
《马克思恩格斯选集》第 4 卷，人民出版社 1995 年版。
《马克思恩格斯全集》第 1 卷，人民出版社 1956 年版。
《马克思恩格斯全集》第 23 卷，人民出版社 1972 年版。
《马克思恩格斯全集》第 20 卷，人民出版社 1965 年版。
《列宁选集》第 4 卷，人民出版社 1995 年版。
《列宁全集》第 41 卷，人民出版社 1986 年版。
《毛泽东选集》第 4 卷，人民出版社 1991 年版。
《毛泽东文集》第 8 卷，人民出版社 1999 年版。
《建国以来毛泽东文稿》第 4 册，中央文献出版社 1992 年版，第 546 页。
《刘少奇选集》下卷，人民出版社 1985 年版。
《邓小平文选》第三卷，人民出版社 1993 年版。
《陈云文选》第 3 卷，人民出版社 1995 年版。
《彭真文选》，人民出版社 1991 年版。

〔美〕阿瑟·刘易斯：《二元经济论》，施炜等译，北京经济学院出版社 1989 年版。

〔印度〕阿马蒂亚·森：《贫困与饥荒——论权利与剥夺》，王宇等译，商务印书馆 2001 年版。

〔英〕安东尼·吉登斯：《民族国家与暴力》，胡宗泽等译，生活·读书·新知三联书店 1998 年版。

〔美〕安东尼·奥罗姆：《政治社会学》，杨祖功译，上海人民出版社 1989 年版。

〔美〕贝拉：《德川宗教：现代日本的文化渊源》，王晓山等译，生活·读书·新知三联书店 1998 年版。

〔美〕布莱克:《现代化的动力》,景跃进等译,浙江人民出版社 1989 年版。

〔美〕查尔斯·蒂利:《强制、资本和欧洲国家(公元 990—1992 年)》,魏洪钟译,上海人民出版社 2007 年版。

〔英〕戴维·米勒、韦农·波格丹诺:《布莱克维尔政治学百科全书》,邓正来等译,中国政法大学出版社 1992 年版。

〔英〕德里克·希特:《何谓公民身份》,郭忠华译,吉林出版集团有限责任公司 2007 年版。

〔美〕杜赞奇:《文化、权力与国家:1900—1942 年的华北农村》,王福明译,江苏人民出版社 1994 年版。

〔英〕恩靳·F. 伊辛、布雷恩·S. 特纳主编:《公民权研究手册》,王小章译,浙江人民出版社 2007 年版。

〔美〕费正清:《中国:传统与变迁》,张沛译,世界知识出版社 2002 年版。

〔美〕亨廷顿:《变革社会中的政治秩序》,李盛平译,华夏出版社 1998 年版。

〔美〕黄宗智:《长江三角洲小农家庭与乡村发展》,中华书局 1992 年版。

〔美〕霍利斯·钱纳里、莫尔塞斯·塞尔昆:《发展的格局 1950—1970》,李小青等译,中国财政经济出版社 1989 年版。

〔英〕吉登斯:《民族—国家与暴力》,胡宗泽、赵力涛译,生活·读书·新知三联书店 1998 年版。

〔英〕基思·福克斯:《政治社会学》,陈崎等译,华夏出版社 2008 年版。

〔美〕加利布埃尔·A. 阿尔蒙德等:《比较政治学:体系、过程和政策》,上海译文出版社 1987 年版。

〔美〕吉尔伯特·罗兹曼主编:《中国的现代化》,国家社会科学基金"比较现代化"课题组译,江苏人民出版社 1998 年版。

〔美〕贾恩弗朗哥·波齐:《国家:本质、发展与前景》,陈尧译,上海世纪出版集团、上海人民出版社 2007 年版。

〔德〕拉尔夫·达仁道夫:《现代社会冲突》,林荣远译,中国社会科学出版社 2000 年版。

〔美〕米格代尔:《农民、政治与革命:第三世界政治与社会变革的压力》,李玉琪、袁宁译,中央编译出版社 1996 年版。

〔美〕摩尔:《民主和专制的社会起源》,拓夫等译,华夏出版社 1987 年版。

〔英〕T. H. 马歇尔、安东尼·吉登斯等：《公民身份与社会阶级》，郭忠华、刘训练编，江苏人民出版社 2008 年版。

〔美〕苏黛瑞：《在中国城市中争取公民权》，王春光、单丽卿译，浙江人民出版社 2009 年版。

〔美〕詹姆斯·汤森等：《中国政治》，顾速等译，江苏人民出版社 2003 年版。

〔美〕茱迪·史珂拉：《美国公民权：寻求接纳》，刘满贵译，上海人民出版社 2006 年版。

〔美〕阎云翔：《私人生活的变革：一个中国村庄里的爱情、家庭与亲密关系（1949—1999）》，龚小夏译，上海书店出版社 2006 年版。

薄一波：《若干重大决策与事件的回顾》上卷，中共中央党校出版社 1991 年版。

蔡建文：《农道——解读中国粮食问题》，辽宁人民出版社 2005 年版。

陈一筠：《城市化与城市社会学》，光明日报出版社 1986 年版。

傅崇兰、周明俊：《有中国特色的城市化理论与实践》，中国社会科学出版社 2003 年版。

曹锦清：《黄河边的中国：一个学者对乡村社会的观察与思考》，上海文艺出版社 2003 年版。

费孝通：《中国绅士》，中国社会科学出版社 2006 年版。

龚向和：《受教育权论》，中国人民公安大学出版社 2004 年版。

辜胜阻、刘传江：《人口流动与农村城镇化战略管理》，华中理工大学出版社 2000 年版。

刘建军：《社会调控体系重构中的个人、组织与国家》，天津人民出版社 2000 年版。

刘豪兴：《农村社会学》，中国人民大学出版社 2004 年版。

罗荣渠：《现代化新论——世界与中国的现代化进程》，商务印书馆 2004 年版。

秦晖：《耕耘者言：一个农民学研究者的心路》，山东教育出版社 1999 年版。

唐茂华：《中国不完全城市化问题研究》，经济科学出版社 2009 年版。

王沪宁：《国家主权》，人民出版社 1987 年版。

徐勇：《徐勇自选集》，华中理工大学出版社 1999 年版。

张明军等：《当代中国政治社会分析》，中央编译出版社 2008 年版。

张英洪：《农民权利论》，中国经济出版社 2007 年版。

叶国文：《农民、国家政权与现代化——当代中国土地问题的政治学研究》，复旦大学博士学位论文，2006 年。

王佳慧：《当代农民权利保护的法理》，吉林大学博士学位论文，2007 年。

叶本乾：《生成与重构：现代国家建构中的农村基层政权——以河南弦乡为例》，华中师范大学博士学位论文，2007 年。

蔡天新：《新中国成立以来我国农村合作医疗制度的发展历程》，载《党的文献》，2009 年第 3 期。

曹普：《人民公社时期的农村合作医疗制度》，载《中共中央党校学报》，2009 年第 6 期。

陈柏峰：《"气"与村庄生活的互动》，载《开放时代》，2007 年第 6 期。

陈映芳：《"农民工"：制度安排与身份认同》，载《社会学研究》，2005 年第 3 期。

陈鹏：《公民权社会学的先声——读 T. H. 马歇尔〈公民权与社会阶级〉》，载《社会学研究》，2008 年第 4 期。

董志凯：《"大跃进"运动对中国工业建设作用辨析》，载《中共党史研究》，1996 年第 2 期。

杜艳华：《马克思恩格斯对英国现代化起源的科学论证》，载《浙江大学学报（人文社会科学版）》，2009 年第 2 期。

高如峰：《重构中国农村义务教育财政体制的政策建议》，载《教育研究》，2004 年第 7 期。

高鉴国、黄智雄：《中国农村"五保"救助制度的特征》，载《社会科学》，2008 年第 6 期。

"工业化与城市化协调发展研究"课题组：《工业化与城市化关系的经济学分析》，载《中国社会科学》，2002 年第 2 期。

郭圣福：《贫下中农协会述论》，载《中共党史研究》，2005 年第 6 期。

韩嘉玲：《北京市流动儿童义务教育状况调查报告》，载《青年研究》，2001 年第 8 期。

韩荣、关今华：《新农村建设背景下的农民社会保障权》，载《东南学术》，

2010年第4期。

韩大元：《"城乡按相同人口比例选举人大代表"的规范分析及影响》，载《国家行政学院学报》，2010年第2期。

郝铁川：《权利实现的差序格局》，载《中国社会科学》，2002年第5期。

何家栋等：《城乡二元社会是怎样形成的?》，载《书屋》，2003年第5期。

洪朝辉：《论中国城市社会权利的贫困》，载《江苏社会科学》，2003年第2期。

李飞、钟涨宝：《人力资本、社会资本与失地农民的职业获得——基于江苏省扬州市两个失地农民社区的调查》，载《中国农村观察》，2010年第6期。

李强：《中国大陆城市农民工的职业流动》，载《社会学研究》，1999年第3期。

李汉林：《中国单位现象与城市社区的整合机制》，载《社会学研究》，1993年第5期。

林尚立：《有效政治与大国成长——对中国三十年政治发展的反思》，载《公共行政评论》，2008年第1期。

林尚立：《社会主义与国家建设——基于中国的立场和实践》，载《社会科学战线》，2009年第6期。

林毅夫：《李约瑟之谜、韦伯疑问和中国的奇迹——自宋以来的长期经济发展》，载《北京大学学报（哲学社会科学版）》，2007年第4期。

刘文耀：《四川广汉向阳人民公社撤社建乡的前前后后》，载《中共党史研究》，2000年第2期。

林瑜胜：《新形势下我国农民工社会保障体系建设再思考》，载《社会科学》，2010年第5期。

吕绍青、张守礼：《城乡差别下的流动儿童教育——关于北京打工子弟学校的调查》，载《战略与管理》，2001年第4期。

路风：《单位：一种特殊的社会组织形式》，载《中国社会科学》，1989年第1期。

孟继民：《澄清"农民"概念》，载《中国农村经济》，1991年第9期。

孙自铎：《农民跨省务工对区域经济发展的影响研究》，载《中国农村经济》，2004年第3期。

同春芬：《关于农民、农业、农村现代化问题的社会学思考》，载《人文杂志》，2004年第3期。

王闻：《中国义务教育财政改革与地区差异分析：教育财政的公平与充足》，载《公共行政评论》，2009年第2期。

王小章：《公民权视野下的社会保障》，载《浙江社会科学》，2007年第3期。

王小章：《从"生存"到"承认"：公民权视野下的农民工问题》，载《社会学研究》，2009年第1期。

文军：《从生存理性到社会理性选择：当代中国农民外出就业动因的社会学分析》，载《社会学研究》，2001年第6期。

熊易寒：《底层、学校与阶级再生产》，载《开放时代》，2010年第1期。

徐勇：《村民自治、政府任务及税费改革——对村民自治外部行政环境的总体性思考》，载《中国农村经济》，2001年第11期。

徐勇：《村民自治：中国宪政制度的创新》，载《中共党史研究》，2003年第1期。

徐勇：《现代国家建构中的非均衡性与自主性分析》，载《华中师范大学学报（人文社会科学版）》，2003年第5期。

徐勇：《"回归国家"与现代国家的建构》，载《东南学术》，2006年第4期。

徐勇：《政权下乡：现代国家对乡土社会的整合》，载《贵州社会科学》，2007年第11期。

徐勇：《现代国家建构中的农民权益维护》，载《华中师范大学学报（人文社会科学版）》，2008年第2期。

许田波：《战争、国家形成与公民权：春秋战国与近代早期欧洲比较》，载《世界经济与政治》，2008年第9期。

徐增阳、黄辉祥：《武汉市农民工政治参与状况调查》，载《战略与管理》，2002年第6期。

杨雪冬：《政治文明、现代国家与宪政建设》，载《社会科学》，2007年第9期。

易承志、龙翠红：《社会主义新农村建设中的政府能力：公共产品的视角》，载《公共管理学报》，2007年第1期。

易承志：《进城务工农民子女教育问题的政府治理——以上海为个案》，载《华中师范大学学报（人文社会科学版）》，2007年第6期。

俞德鹏:《论外地劳动力分类管理制度的不合理性》,载《中国农村经济》,2000年第11期。

于建嵘:《利益、权威和秩序——对村民对抗基层政府的群体性事件的分析》,载《中国农村观察》,2000年第4期。

于建嵘:《集体行动的原动力机制研究——基于H县农民维权抗争的考察》,载《学海》,2006年第2期。

于建嵘:《新农村建设需要新的农民组织》,载《华中师范大学学报(人文社会科学版)》,2007年第1期。

张英洪:《农民、公民权与国家——以湖南省山脚下村为例》,载《中国农村观察》,2009年第3期。

张静:《国家政权建设与乡村自治单位——问题与回顾》,载《开放时代》,2001年第9期。

二、英文文献

A. Doak Barnett, Cadres, *Bureaucracy and Political Power in Communist China*, New York: Columbia University Press, 1967.

Berry, A., "When Do Agricultural Exports Help the Rural Poor? A Political-economy Approach", *Oxford Development Studies*, 2001, 29(2): 125-144.

Bian Yanjie, "Guanxi and the Allocation of Urban Jobs in China", *China Quarterly*, 1994, 140(4): 971-999.

Brian Downing, *The Military Revolution and Political Change: Origins of Democracy and Autocracy in Early Modern Europe*, Princeton: Princeton University Press, 1992.

Bruce D. Porter, *War and the Rise of the State: The Military Foundations of Modern Politics*, New York: The Free Press, 1994.

Charles Tilly, *Coercion, Capital, and European States: AD 990-1992*, Cambridge, Mass.: B. Blackwell, 1990.

Charles Tilly, "Reflections on the History of European State-Making", in Charles Tilly, ed., *The Formation of the National States in Western Europe*, Princeton: Princeton University Press, 1975.

Franklin F. Mendels, "Proto-industrialization: The First Phase of the Industrialization Process", *The Journal of Economic History*, 1972, 32 (1): 241-261.

George M. Young, W. D. Handcock, Douglas, *English Historical Documents*, 1833-1874: Volume 12, New York: Oxford University Press, 1956.

Jack C. Plano & Milton Greenberg, *The American Political Dictionary* (Sixth Edition), CBS College Publishers, 1982.

Jan de Vries, *European Urbanization* 1500-1800, Cambridge: Harvard University Press, 1984.

Kennedy, J. J, "From the Tax-for-Fee Reform to the Abolition of Agricultural Taxes: The Impact on Township Governments in North-west China", *The China Quarterly*, 2007, 189 (1): 43-59.

Mary C. Wright, *The Last Stand of Chinese Conservatism: The T'ung-chih Restoration*, 1862-1874, Stanford University Press, 1957.

Marshall, T. H., "Citizenship and Social Class", in T. H. Marshall & Tom Bottomore (eds.), *Citizenship and Social Class*, London: Pluto Press, 1992.

Portes, Alejandro and Robert L. Bach, *Latin Journey: Cuban and Mexican Immigrants in the United States*, Berkeley: University of California Press, 1985.

Portes, Alejandro and Ruben G. Rumbaut, *Immigrant America: A Portrait*, Berkeley: University of California Press, 1990.

Ray. M. Northam, *Urban Geography*, 2nd edition, New York: John Wiley and Sons, 1979.

R. E. Allen, *The Concise Oxford Dictionary of Current English* (8th edition), London: Oxford University press, 1989.

Samuel E. Finer, "State-and Nation-Building in Europe: The Role of the Military", in Charles Tilly, ed., *The Formation of National States in Western Europe*, Princeton: Princeton University Press, 1975.

Solinger, Dorothy J., *Contesting Citizenship in Urban China: Peasant Migrants, the State, and the Logic of the Market*, Berkeley: University of California Press, 1999.

Theda Skocpol, *States and Social Revolutions*, Cambridge: Cambridge University Press, 1979.

Thomas Janoski, *Citizenship and civil society*, Cambridge: Cambridge University Press, 1998.

Thomas Ertman, *Birth of the Leviathan: Building States and Regimes in Medieval and Early Modern Europe*, Cambridge: Cambridge university Press, 1997.

Todaro, Michael P., *Internal Migration in Developing Countries: A Review of Theory, Evidence, Methodology and Research Priorities*, Geneva: International Labor Office, 1976.

Will Kymlica, *Multicultural Citizenship: A Liberal Theory of Minority Rights*, Oxford: Clarendon Press, 1995.

Yan Wang and Yudong Yao, "Sources of China's Economic Growth 1952-1999: Incorporating Human Capital Accumulation", *China Economic Review*, 2003, (14).

后 记

在印象中，后记本来应该是一个无关研究内容的部分，但提笔至此，觉得还是有必要对选题缘由稍作交代。国家建设是当前学术界关注的一个重要主题，也是合作导师研究的一个重点领域。城市是中国国家建设的一个重要背景因素，也是我前期研究的一个主要领域，农村则是中国现代国家建设的另一个重要背景因素，也是生我养我的地方，承载着我的成长经历和梦想。选择一个切入点将上述三者结合起来设计一个具体的选题，我觉得是一件非常有吸引力也很有意义的事情。现代国家的形成和成长需要经历现代化和国家建设两个环节。城市化则是现代化的重要内容和核心特征。中国城市化不仅仅体现为一个自然的历史过程，更重要的是体现为现代国家成长过程中的一种重大制度安排。现代国家的形成和成长过程又是不断赋予和发展公民权的过程。上述分析就将城市化与公民权尤其是农民的公民权联系在一起。这是因为，城市化的一个重要方面就是人口的城市化，是农村人口不断向城市迁移并适应城市生产生活方式的过程。在这一过程中，农民日益由传统村社共同体的成员转变为国家共同体的成员。但城市化在中国经历了一条比较曲折的道路，与中国城市化联系在一起的是农民的公民权问题。新中国建立后，中国农民的公民权问题就表现为主体资格的限制和权利内容的缺失两个方面，但该问题在建国后到改革开放前这一段时间内一直处于遮蔽状态。改革开放以来，农民的公民权问题逐渐显露出来并在进入新世纪后日益凸显。农民的公民权问题为何会从遮蔽向凸显转变？本研究力图完成的主要任务就是从城市化、国家建设和公民权变迁相互关系的角度客观地描述并解释这一过程。对公民权的已有研究从政治哲学和政治社会学的角度进行的较多，而本研究则主要从政治学、社会学和公共管理学相结合的角度进行。公民权包括权利和义务两个方面，本研究更为关注的是权利的含义。

在博士后出站报告即将完成之际，我的内心对进站以来所有关心我进步和成长的师长、同学、同事和朋友满怀深深的谢意。

感谢合作导师林尚立教授。出站报告的选题和构思都是在同门讨论会上逐步定型的，每一次汇报自己的选题和构思，聆听林老师的批评和指导意见，然后进行修改。在一次次的指导过程中，论文的选题和构思也经历了很大的调整，从最初的大都市区府际政治到现代国家建设中的政治参与，再到国家建设中的农民政治参与，最后形成了现在的选题和构思。林老师严谨的治学态度和严格的学术要求常让我有敬畏之感，而林老师宏大的学术视野、深厚的研究功底和严密的理论逻辑又每每令我有醍醐灌顶之感。如果说出站报告能够取得一些成绩的话，那么这些成绩首先应该归功于我的合作导师。至于出站报告中存在的一些问题与不足，则完全在于自己学识和能力有限。实际上，在讨论会上，林老师曾指出了出站报告中有待改进的地方，并提出了更高的要求，尽管自己也努力进行了修改，但我不知道这种修改能否符合导师的要求。

感谢桑玉成教授、臧志军教授、沈丁立教授、徐以骅教授、陈明明教授、刘建军教授等诸多老师，他们在博士后面试、开题、中期考核等会议上提出的睿智和包容的意见，常常让我产生对师道的景仰。博士后学习期间，复旦大学博士后办公室的顾美娟老师和王益新老师，国关学院的李瑞昌老师以及政治学流动站的施莹老师、赵信敏老师和肖素平老师对我提供了诸多支持，让我难以忘怀。

感谢朱德米博士、陈周旺博士、韩福国博士、郑长忠博士、汤艳文博士、徐纬光博士、齐凌云博士、董亚炜博士、叶国文博士、王华博士、林哲博士、王建华博士、闻丽博士、郑卫东博士、陈毅博士、张树平博士、刘伟博士、李秘博士、谷宇博士、肖存良博士、刘晨光博士、黄水源博士、张燚博士、孙培军博士、任勇博士以及在读博士生沈夏珠师弟、黄天柱师弟、黄杰师弟、李华师弟等同门，他们在同门讨论会上提出了许多富有创见的观点，让我受益颇多。感谢罗和治博士、张瑜博士和胡翼青博士，作为博士后学习期间的室友，他们不仅在研究中给我提供了富有启发性的跨学科思路，而且在生活上也给了我许多关照，与他们的友谊是我博士后学习期间的宝贵收获。

感谢香港浸会大学陈锋教授，他在担任华东政法大学"东方学者"讲座教授后所作关于"国家与工业公民权"的讲座以及相关讨论给了我有益的启示。2010年10月在南京举行的"第五届中国青年政治学论坛"上我就相关主题与众多青年政治学人进行了交流，期间与天津师范大学韩志明博士、华南师范大学郭台辉博士、华东理工大学博士生郭根等人的讨论让我受益良多。感谢熊易寒博士、盛明科博士、伍洪杏博士、孔祥利博士等同学和朋友，我在与他们的交流和讨论中，获得了不少思想上的启迪和火花。

感谢华东政法大学学校和相关部门的领导和同事，学校提供的韬奋学者岗位、专著出版支持和科研课题支持为我从事博士后的研究工作提供了时间、精力和资源上的保障。感谢政治学与公共管理学院的各位领导和同事，他们对我的博士后学习给予了大力的支持，让我能够从繁忙的教学科研工作中静下心来从事博士后的研究。感谢华东政法大学政治学与公共管理学院 0846、0847、0848、0849 和 0850 班参与 2010 年寒假城乡社会调研的同学们，正是他们的努力为本研究提供了宝贵的一手实证材料。

在出站报告准备和写作阶段，作者将一些阶段性的研究整理成文，其中有一些已经发表在《太平洋学报》、《东南学术》、《学术界》等刊物上，在此对上述刊物编辑同志的厚爱和辛勤工作，表示衷心的感谢。

此外，相关研究还得到了国家社科基金项目、中国博士后科学基金项目等课题的支持，这些相关课题的立项为本研究提供了有力的支持，在此向有关评审专家和领导表示诚挚的感谢。

南京大学洪银兴教授、湖南科技大学田银华教授等老师爱屋及乌，对我的学习和研究工作提供了大力支持，在此表示衷心的感谢。同济大学周敏凯教授，湘潭大学颜佳华教授、彭国甫教授、宁国良教授、成志刚教授、陈建斌教授等老师一直关心我的学习、工作和生活，让我难以忘怀，在此表示诚挚的感谢。

感谢我的父母，他们一直支持我的研究工作。博士后出站报告的完成，也离不开妻子龙翠红女士的大力支持。她不仅从跨学科的角度为我的研究工作提供了许多有益的建议，而且承担了大部分家务劳动，使得我有时间和精力从事博士后的研究工作。

2011 年 4 月初稿
2013 年 3 月定稿

博士后期间科研成果

一、发表论文

1. 《现代公民权起源的两种解释：比较与评析》，载《学术界》，2011年第1期；

2. 《跨国公民社会参与全球治理的角色分析》，载《东南学术》，2011年第2期；

3. 《试论现代国家与公民权的内涵及两者之关系》，载《太平洋学报》，2010年第2期；

4. 《国外大都市区治理研究的演进》，载《城市问题》，2010年第1期，人大复印资料《管理科学》2010年第5期转载；

5. 《探寻公共行政的哲学之维》，载《云梦学刊》，2010年第2期；

6. 《美国大都市区政府治理实践及其启示》，载《中国行政管理》，2010年第5期；

7. 《转型期我国中央与地方关系协调的历程与特征分析——以上海为例》，载《当代中国政治研究报告》，2009年第七集；

8. 《论回应机制的优化与服务型政府建设》，载《河南师范大学学报》，2009年第6期；

9. 《印度大都市政府治理的实践困境与背景因素——以孟买为

例》,载《东南亚纵横》,2009年第3期;

10. 《印度大都市政府治理实践及其对中国的启示》,载《广东行政学院学报》,2009年第3期;

11. 《构建服务型政府对执行机制的要求及其优化路径》,载《学术论坛》,2009年第4期。

二、个人专著

《社会转型与治理成长:新时期上海大都市政府治理研究》,法律出版社2009年版。

三、获奖成果

1. 个人专著《社会转型与治理成长:新时期上海大都市政府治理研究》,2010年获得上海市第十届哲学社会科学优秀成果奖一等奖(著作类);

2. 课题研究报告《政府向社会组织购买服务的经验、问题与对策研究》,2011年获得第九届上海市民主法治建设课题理论研究类二等奖。

四、主持课题

1. 主持国家社科基金青年项目:《大都市发展中的政府治理机制创新与绩效评估体系研究》(10CZZ025),2010年—2012年;

2. 主持中国博士后科学基金第47批面上资助二等资助项目:《基于大都市转型的政府治理机制创新研究》(20100470651),2010年6月—11月;

3. 主持上海市"晨光计划"2010年度项目:《基于大都市和谐发展的政府治理模式创新理论与实践研究》(10CG57),2010年—

2012年；

4. 主持2010年上海市民主法治课题：《政府向社会组织购买服务的经验、问题与对策研究》（2010211）；

5. 主持上海高校选拔培养优秀青年教师专项基金项目：《大都市治理与服务型地方政府建设——以上海市为例》（hzf08006），2008年9月—2010年9月；

6. 主持华东政法大学科学研究项目：《治理变迁与服务型地方政府建设——以上海为例》（08HZK024），2009年—2010年。